国家社科基金重大委托项目

中国民族地区经济社会调查报告

总顾问 陈奎元
总主编 王伟光

勐腊县卷

本卷主编 黄行

中国社会科学出版社

图书在版编目(CIP)数据

中国民族地区经济社会调查报告·勐腊县卷／黄行主编．—北京：
中国社会科学出版社，2021.12

ISBN 978-7-5203-8081-2

Ⅰ.①中…　Ⅱ.①黄…　Ⅲ.①民族地区经济—经济发展—调查报告—
勐腊县　Ⅳ.①F127.8

中国版本图书馆CIP数据核字(2021)第261933号

出 版 人　赵剑英
责任编辑　宫京蕾
特约编辑　李晓丽
责任校对　李　莉
责任印制　李寡寡

出　　版　中国社会科学出版社
社　　址　北京鼓楼西大街甲158号
邮　　编　100720
网　　址　http：//www.csspw.cn
发 行 部　010-84083685
门 市 部　010-84029450
经　　销　新华书店及其他书店

印刷装订　北京君升印刷有限公司
版　　次　2021年12月第1版
印　　次　2021年12月第1次印刷

开　　本　710×1000　1/16
印　　张　24.75
插　　页　2
字　　数　418千字
定　　价　139.00元

《21世纪初中国少数民族地区经济社会发展综合调查》

项目委员会

顾问委员会

总 顾 问 陈奎元

学术指导委员会

主　　任 王伟光

委　　员（按姓氏笔画为序）

丹珠昂奔　李　扬　李培林　李　捷　陈改户　武　寅
郝时远　赵胜轩　高　翔　黄浩涛　斯　塔

专家委员会

首席专家 王延中

委　　员（按姓氏笔画为序）

丁　宏　丁　赛　丁卫东　马　援　王　平　王　锋
王希恩　开　哇　扎　洛　车明怀　方　勇　方素梅
尹虎彬　石玉钢　龙远蔚　卢献匾　田卫疆　包智明
吐尔干·皮达　朱　伦　色　音　刘　泓　刘正寅
刘世哲　江　荻　赤列多吉　李云兵　李红杰　李克强
吴　军　吴大华　何星亮　张若璞　张昌东　张继焦
陈建樾　青　觉　郑　堆　赵立雄　赵明鸣　赵宗福
赵剑英　段小燕　姜培茂　聂鸿音　晋保平　特古斯
俸代瑜　徐　平　徐畅江　高建龙　黄　行　曹宏举
曾少聪　管彦波　毅　松

项目工作组

组　　长 扎　洛　孙　懿

成　　员（按姓氏笔画为序）

丁　赛　孔　敬　刘　真　刘文远　李凤荣　李益志
宋　军　陈　杰　周学文　程阿美　管彦波

《中国民族地区经济社会调查报告》
编辑委员会

总　序

实践的观点是马克思主义哲学最基本的观点，实事求是是马克思主义活的灵魂。坚持一切从实际出发、理论联系实际、实事求是的思想路线，是中国共产党把马克思主义基本原理与中国实际相结合，领导中国人民进行社会主义革命和社会主义建设不断取得胜利的基本经验。改革开放以来，在实事求是、与时俱进思想路线的指导下，中国特色社会主义伟大事业取得了举世瞩目的伟大成就，中国道路、中国经验在世界上赢得了广泛赞誉。丰富多彩的成功实践推进了中国化马克思主义的理论创新，也为哲学社会科学各学科的繁荣发展提供了坚实的沃土。时代呼唤理论创新，实践需要哲学社会科学为中国特色社会主义理论体系的创新发展做出更大的贡献。在中国这样一个统一的多民族的社会主义国家，中国特色的民族理论、民族政策、民族工作，构成了中国特色社会主义的重要组成部分。经济快速发展和社会剧烈转型，民族地区全面建成小康社会，进而实现中华民族的伟大复兴，迫切需要中国特色民族理论和民族工作的创新，而扎扎实实地开展调查研究则是推进民族研究事业适应时代要求、实现理论创新、服务发展需要的基本途径。

早在 20 世纪 50 年代，应民族地区的民主改革和民族识别之需，我国进行了全国规模的少数民族社会历史与语言调查，今称“民族大调查”。这次大调查收集获取了大量有关民族地区社会历史的丰富资料，形成 300 多个调查报告。在这次调查的基础上，整理出版了 400 余种、6000 多万字的民族社会历史建设的巨大系统工程——“民族问题五种丛书”，为党和政府制定民族政策和民族工作方针、在民族地区开展民主改革和推动少数民族经济社会的全面发展提供了重要的依据，也为中华人民共和国民族研究事业的发展奠定了坚实的基础。

半个多世纪过去了，如今我国边疆民族地区发生了巨大而深刻的变化，各民族逐渐摆脱了贫困落后的生产生活状态，正在向文明富裕的现代化社会迈进。但同时我们也要看到，由于历史和现实的原因，各民族之间以及不同民族地区之间经济社会的发展依然存在较大的差距，民族地区经济发展不平衡问题，以及各种社会问题、民族问题、宗教问题、生态问题，日益成为推动民族地区经济社会发展必须着力解决的紧迫问题。深入民族地区开展长期、广泛而深入的调查研究，全面了解各民族地区经济社会发展面临的新情况、新问题，科学把握各民族地区经济社会发展趋势，是时代赋予民族学工作者的使命。

半个多世纪以来，中国社会科学院民族学与人类学研究所一直把调查研究作为立所之本。1956 年成立的少数民族语言研究所和 1958 年成立的民族研究所（1962 年两所合并，以下简称“民族所”），从某种意义上讲，就是第一次民族大调查催生的结果。作为我国多学科、综合性、国家级的民族问题专业研究机构，民族所非常重视田野调查，几代学者已在中国各民族地区近 1000 个地点进行过田野调研。20 世纪 90 年代，民族所进行了第二次民族地区典型调查，积数年之功完成了 20 余部调研专著。进入新的历史时期，为了更好地贯彻党中央对我院“三个定位”的要求，进一步明确今后一个时期的发展目标和主攻方向，民族所集思广益，经过反复酝酿、周密论证，组织实施了“21 世纪初中国少数民族地区经济社会发展综合调查”。这是我国民族学研究事业发展的迫切需要，也是做好新时期民族工作的前提和基础。

在充分利用自 20 世纪 50 年代以来开展的少数民族社会历史与语言调查相关研究成果的基础上，本次民族大调查将选择 60—70 个民族区域自治地方（包括市、县/旗或民族乡）作为调查点，围绕民族地区政治、经济、社会、文化、生态五大文明建设而展开，计划用 4—5 年的时间，形成 60—70 个田野调查报告，出版 50 部左右的田野民族志专著。民族调查是一种专业性、学科性的调查，但在学科分化与整合均非常明显的当代学术背景下，要通过调查研究获得开拓性的成果，除了运用民族学、人类学的田野调查方法外，还需结合社会学问卷调查方式和国情调研、社会调查方式，把静态与动态、微观与宏观、定量分析与定性分析、典型与一般有机结合起来，突出调查研究的时代性、民族性和区域性。这是新时期开展民族大调查的新要求。

立足当代、立足中国的“民族国情”，妥善处理民族问题，促进各民族平等团结，促进各民族地区繁荣发展，是中国特色社会主义的重要任务。“21 世纪初中国少数民族地区经济社会发展综合调查”作为国家社科基金特别委托项目和中国社会科学院创新工程重大项目，希望立足改革开放以来少数民族地区的发展变化，围绕少数民族地区经济社会发展，有针对性地开展如下调查研究：①民族地区经济发展现状与存在的问题调查研究；②民族地区社会转型、进步与发展调查研究；③西部大开发战略与民族问题调查研究；④坚持和完善民族区域自治制度调查研究；⑤民族地区宗教问题调查研究；⑥民族地区教育与科技调查研究；⑦少数民族传统文化与现代化调查研究。

调查研究是加强学科建设、队伍建设和切实发挥智库作用的重要保障。基础研究与应用对策研究是现代社会科学不可分割的有机统一整体。通过全面、深入、系统的调查研究，我们希望努力达成以下几个目标。一是全面考察中国特色民族理论、民族政策的探索和实践过程，凝练和总结中国解决民族地区发展问题、确立和谐民族关系、促进各民族共同繁荣发展的经验，把握民族工作的一般规律，为未来的民族工作提供坚实的理论支撑，为丰富和发展中国特色社会主义理论体系做出贡献。二是全面展示改革开放特别是自 21 世纪以来民族地区经济社会发展的辉煌成就，展示以“平等、团结、互助、和谐”为核心内容的新型民族关系在当代的发展状况，反映各族人民社会生活的深刻变化，增强各民族的自豪感、自信心，建设中华民族共同体，增强中华民族凝聚力。三是深入调查探寻边疆民族地区经济社会发展中存在的问题，准确把握未来发展面临的困难与挑战，为党和国家全面了解各民族发展现状、把握发展趋势、制定未来发展规划提供可靠依据。四是通过深入民族地区进行扎实、系统的调研，收集丰富翔实的第一手资料，构筑我国民族地区社会发展的基础信息平台，夯实民族研究的基础，训练培养一支新时期民族问题研究骨干队伍，为民族学研究和民族地区未来发展奠定坚实的人才基础。

我们深信，参与调查研究的每一位专家和项目组成员，秉承民族学、人类学学界前辈学人脚踏实地、不怕吃苦、勤于田野、精于思考的学风，真正深入民族地区、深入田野，广泛汇集干部、群众的意见，倾听干部、群众的呼声，运用多种方式方法取得丰富的数据资料，通过科学严谨的数据分析和系统深入的理论研究，一定会取得丰硕的成果。这不仅会成为

21 世纪我国民族学与人类学学科建设的一座重要里程碑，也一定会为党和政府提供重要决策参考，为促进我国民族理论和民族工作的新发展，为在民族地区全面建成小康社会，为实现中华民族的伟大复兴做出应有的贡献。

王伟光

目　　录

导　言

勐腊县位于云南省西双版纳傣族自治州东南部，是云南省最南端，位于北纬 21°09′—22°23′、东经 101°05′—101°50′之间，所辖土地面积 7081.2 平方千米。西北紧靠自治州首府景洪市，北面则与普洱市的江城哈尼族彝族自治县相邻。勐腊县有独特的区位优势，东部和南部与老挝接壤，西边与缅甸隔澜沧江相望，中、老、缅三国交界于南腊河汇入澜沧江处，国境线长达 740.8 千米（中老段 677.8 千米，中缅段 63 千米）。勐腊县还是中国通向东南亚的通道，至老挝，延伸到泰国的旅游线路已开通。陆路国境线上有大小通道 46 处，边民互市点 14 个，有 5 条公路直通老挝、缅甸边境。勐腊县是澜沧江—湄公河黄金水道接合部，是中国大陆通向中南半岛的走廊。地处中老边境的磨憨口岸已列为国家级口岸，2021 年 12 月 3 日正式通车的“中老铁路”即从此口岸出入境。从关累港沿澜沧江顺流而下可达缅甸、老挝、泰国、柬埔寨、越南诸国，进而可出太平洋到南亚各国，是云南省实施“中路突破，打开南门，走向亚太”经济发展战略的前沿，是澜沧江—湄公河次区域经济技术合作的门户，是云南省建设“两强一堡”的前沿阵地。

勐腊县地处北回归线以南，属北热带湿润季风气候，其特点是热量丰富，夏无酷热，冬无严寒，降水充沛，旱雨两季分明。区域内山地占 95.63%，山间盆地（坝子）占 4.37%。近 20 年来，勐腊县大量发展山地农业，扩种橡胶、茶叶、咖啡、香蕉等经济作物，地方经济获得长足发展，2012 年，全年实现地区生产总值（GDP）55.01 亿元，比上年增长 12.1%。城镇居民人均可支配收入 13982 元，增长 14%，农村居民人均纯收入 5064 元，增长 14.7%，城乡居民储蓄存款余额 49.77 亿元。

勐腊县是地处边疆的少数民族聚居县，2012 年，全县常住人口 28.55

万人，户籍人口22.95万人，户籍人口中城镇人口8.48万人，农业人口14.47万人。有傣、哈尼、彝、瑶、苗、拉祜等26个少数民族在这里繁衍生息，少数民族人口17.34万人，占户籍人口的75.6%。其中，傣族6.01万人，哈尼族5.7万人，彝族2.45万人，瑶族1.82万人。人口较少民族还有基诺族、布朗族克木支系、傣族、哈尼族、瑶族、基诺族、布朗族等跨境而居。人口自然增长率6.68%，人口密度每平方千米40人。①

勐腊，在傣语中意为盛产茶叶的地方，有悠久的历史和丰富的文化。历史上中央王朝通过世代承袭的土司制度，在西双版纳地区设立车里宣慰司，管辖各族人民。到1949年中华人民共和国成立时，西双版纳傣族社会仍处于封建领主经济形态。1953年，建立西双版纳傣族自治区，1957年7月，经国务院批准设置勐腊县。进入21世纪，在国家实施西部大开发战略和“兴边富民工程”战略，开展新农村建设，连片贫困的地区“整乡整村推进”工作的开展，以及“十五”“十一五”经济社会发展规划的指导下，勐腊县经济社会取得巨大进步，经济总量成倍增长，基础设施明显改善，人民生活水平有了较大提高。2010年，勐腊县生产总值（GDP）达到39.2亿元，城镇居民人均可支配收入11099元，同比增长63.5%，农村居民人均纯收入3663元，同比增长81.2%。扶贫攻坚取得阶段性成果，贫困人口比“十五”时期减少1.2万人，使1.4万贫困群众实现脱贫。“十一五”期间，新农村试点建设投入资金16404万元，农村的生产生活条件和整体面貌得到明显改善。各项社会事业全面发展，到2010年末，在校学生人数达到43135人，高中阶段毛入学率达到52.16%，人均受教育年限从2005年的5.6年提高到了7.1年。医药卫生体制改革稳步推进，新型农村合作医疗参合率达到97.37%，传染病防治、突发性公共卫生事件应急处置和卫生监督执法能力不断增强，妇女儿童健康水平逐步提高。“十一五”期间累计新增就业人数5536人，城镇职工养老、医疗、工伤等保险覆盖面进一步扩大。勐腊县城乡一体化的发展程度进一步推进，至2010年，勐腊县的城镇化率达到34.5%。广播电视、文化体育、环境保护等社会事业健康发展。贯彻国家民族宗教政策，缩小各民族之间的发展差距，促进民族团结和边疆社会稳定。

21世纪头10年，勐腊县各民族社会在经济获得发展的同时，也随着

① 西双版纳州政府办、州统计局编：《西双版纳傣族自治州经济工作手册》（2013年），第80—84页。

整个中国社会一道，经历了社会结构的转型与变迁，各民族人民在获得财富增长的同时，也经历着社会转型过程中从不适应到努力适应的嬗变的历程，各民族人民在迈向共同富裕、民族复兴的中国梦的征程上，对未来的生活充满期待。

一　政治建设

作为以傣族为主体的多民族聚集区，与西双版纳其他地区一样，20世纪50年代以前，勐腊县处于封建领主制社会，受封建领主和国民党政府双重统治。新中国成立后，勐腊实现了历史性跨越，各族人民的政治生活翻开了崭新的一页，真正得到翻身解放。各级党组织发挥着战斗堡垒和先锋模范作用，县乡人民代表大会制度的确立和发展，政治协商制度的建立和发展，基层民主制度的成功实践，农垦管理体制的建立与变革……经过几十年的发展，全县的政治文明建设不断向前推进，体制机制越来越合理，法制越来越健全，民主越来越广泛，人民的合法权益得到充分保障，真正实现了当家作主。

民族区域自治制度是我国的一项基本政治制度。勐腊县作为西双版纳傣族自治州的一部分，一直享受并较好地贯彻执行党和国家的民族区域自治政策，不仅极大地激发了勐腊各族干部群众的政治热情和民主意识，而且还有力地促进了全县经济的发展、社会的跨越、民族的团结和边疆的巩固。由于勐腊县地处边境，与老挝、缅甸两个国家接壤，与泰国毗邻，尤其是邻近“金三角”地区，国境线长达707千米。历届县党委、政府始终把边境维稳和社会治安综合治理工作作为全县工作的重点之一，切实维护了边疆的稳定、社会的和谐。

新中国成立以来，尤其是党的十一届三中全会以来，勐腊县在政治文明建设中取得的成绩是巨大的，但存在的突出问题也不容忽视。主要表现在：一是干部素质依然偏低，干部结构有待进一步改善；二是农垦改革任重道远；三是边境维稳形势严峻。

二　经济发展

党的十一届三中全会后，改革开放激发了各族群众发展生产的积极性，勐腊县经济得到快速发展，人民生活水平由温饱奔向总体小康。通过实施“十五”计划、“十一五”规划、“十二五”规划，特别是国家各项帮扶政策对经济发展的推动，勐腊县经济社会得到前所未有的跨越发展。进入21世纪，国家实施西部大开发战略和“兴边富民工程”行动计划，为勐腊经济发展带来了机遇。2011年，《国务院关于支持云南省加快建设面向西南开放重要桥头堡的意见》出台，由于“桥头堡”战略实施，“十二五”时期，勐腊县经济发展战略做了一些调整，即建设昆曼公路、未来泛亚铁路大通道经济带。2013年以来，勐腊县深入实施“生态保护立县、科技教育兴县、旅游口岸活县、绿色经济富县、民营经济强县、推进依法治县”六大战略，努力把勐腊打造成“绿色、开放、富裕、和谐”的云南南大门，打造成面向老、缅、泰开放的重要“桥头堡”前沿阵地、试验区和战略先行区，昆曼经济走廊上的特色优势产业基地和重要物流节点，全省重要的生物多样性宝库和边疆生态安全屏障区，力争成为云南省民族团结进步、边疆繁荣稳定的示范区。

从经济结构来看，进入21世纪以来，有“九五”期间打下的良好基础，加上国家实施西部大开发战略、“兴边富民工程”和“桥头堡”战略，勐腊县年均GDP增长率保持在9%以上，总体上保持平稳较快发展。同时，顺应国家宏观政策调整，地方政府因地制宜，各个时期的经济增长表现出不同特点。

从城镇发展的情况来看，勐腊县在城市建设方面的成绩斐然，获得多个示范区的名誉称号。“全省绿化模范县”“全国绿化模范县”“国家级生态示范区”“省级园林县城”，连续8届被评为云南省“双拥模范县”，两次荣获“全国双拥模范县”称号。2009年以来，正在向国家级生态乡镇的目标迈进。勐腊县下辖10个乡镇，初步形成了以勐腊镇为中心城区，重点镇和一般镇互补发展的格局。作为昆曼大通道的咽喉，勐腊辖区建有陆路磨憨国家级口岸和水路关累码头及勐满、曼庄、新民三个重要通道，全方位开放的格局基本形成。

基础设施建设方面，城市道路、跨国交通连接、市政建设、城市公交网络等市政设施不断完善；行政办公、文化体育、医疗卫生、社会福利、文物古迹等公共服务设施分布于新老城区。然而，勐腊县的城镇化起点低、起步晚，城镇化水平较低，仍然存在公共服务设施分布不均衡，城市功能不全，欠账太多，发展空间和用地受限等问题。

扶贫攻坚和新农村建设方面，2001年勐腊县被确定为国家扶贫开发工作重点县，先后施行的扶贫措施主要有异地搬迁扶贫、安居温饱工程、小额信贷扶贫、科技产业扶贫、边境县整村推进工程、革命老区开发建设、连片特殊困难地区综合扶贫开发、实行部门挂村和党员干部挂户扶贫制度等。傣族聚居区的生产生活条件得到明显改善，贫困程度大为缓解，贫困面大大降低，部分贫困家庭实现脱贫致富，总体上取得较好效果。新农村建设工程的实施，使勐腊县新农村建设总体上实现了试点村生产持续发展、农民群众收入增加、生活水平普遍提高、村容村貌更加整洁的目标。

区域发展方面，纵向比，勐腊县经济发展成就巨大，但横向比，勐腊县与省内其他民族地方以及全省和全国的发展水平相比，既有优势，也有差距。主要体现在：一是经济总量偏小，但增长速度较快；二是区域发展不平衡，北部乡镇经济发展速度慢于南部乡镇，且南北部差距仍呈进一步扩大之势；三是居民收入水平差距明显；四是农业大县、工业小县、财政穷县现象非常突出。

总之，勐腊县经济社会实现了持续、健康发展，但也存在一定的问题，主要表现在城乡经济发展不平衡，山区坝区差距拉大；经济增长方式落后，农民增收困难较大，扶贫攻坚任务艰巨；产业结构不合理，资源和区位优势没有充分发挥；财政收支矛盾突出，发展建设资金短缺，开发与生态保护压力增大等方面。

结合勐腊县老、少、边、穷的山区、半山区农业县的实际，要进一步促进勐腊县经济社会的发展，就必须扬长避短、利用好水陆开放通道的区位优势，丰富的动植物、土地、民族文化的资源优势，抓住“桥头堡”战略实施、西部大开发、国家扶贫开发工作重点县等发展机遇，全面促进勐腊经济社会的发展。

三　生态保护

近年来，勐腊县紧紧抓住国家实施新一轮西部大开发和云南建设“两强一堡”的战略机遇，提出“生态保护立县”的发展战略，并将其放在了发展县域经济的六大战略之首，不断加大生态建设力度，大力发展生态经济，通过“坚持环保规划先行”“加强基础设施建设”“重视生态资源保护”“开展水资源保护”“试点流域生态补偿工程”等措施，着力解决发展与保护的关系，促进人与自然、自然与社会的和谐，取得了显著的成绩。

在生态乡镇建设方面，全县围绕着“绿化村寨、美化家园、发展庭院经济”建设生态示范村，全县有46个行政村获得了西双版纳州州级生态村的称号，占全县52个涉农行政村的88%。截至2010年年底，全县10个乡镇有8个获得云南省省级生态乡镇的称号，包括勐腊镇、勐仑镇、关累镇、勐满镇、勐捧镇、象明乡、易武乡和瑶区乡。

生态保护区建设方面，勐腊县有勐仑、勐腊、尚勇3个自然保护区，总面积为195.36万亩，占西双版纳国家自然保护区总面积的55.6%，占全县土地面积的19.7%，为西双版纳国家级自然保护区的建设做出了重大贡献。

随着中国—东盟自由贸易区建成、国家继续深入推进西部大开发和云南省实施“两强一堡”战略，勐腊县作为“桥头堡”最前端，将面临难得的发展机遇。同时，作为全省森林覆盖率最高，生态环境优良，生物多样性极为丰富的边疆县，在国家加大生态环境保护与建设力度的宏观背景下，将会得到更多政策倾斜和资金、项目的支持，有利于勐腊县加快实施可持续发展战略。

四　社会和谐

勐腊县民族地区的生计方式随着时代的发展，经历了转型与变迁。坝区傣族从传统稻作农业向经济类作物种植业转向，山区、半山区民族地区从刀耕火种转向多种种植业，土地资源利用方式也经历了综合多元的再配置，然而随着生计方式的转变，勐腊县传统稻作农业或将全面消退。

社会结构也经历着相应的转型与变迁，涵盖城乡结构、社会分层和阶层结构、婚姻家庭关系等多个层面。以婚姻家庭关系为例，跨民族的通婚半径在扩大，婚居模式更加多元，青年男女的择偶观念更加多样化，非婚生育现象有所减少，家庭人口规模经历了由少到多，又由多到少的升降变化。妇女的家庭地位在不断提升的同时，也存在着一些问题，如针对妇女的家庭暴力趋势上升、边境地区的妇女贩卖问题日趋严重、边民通婚与外籍妇女的权益保护不足等问题，需引起足够的重视。

人口结构方面，除了汉族以外，傣、哈尼等民族的人口占比较高，此外还有彝、瑶、苗、壮、布朗、基诺等26个民族。值得注意的是，勐腊县的克木人（划归布朗族）占全州克木人总数的68.98%，汉族人口数曾在20世纪末有过小规模的爆发式增长，不过在勐腊县各民族所占人口比例中始终稳定在30%左右。与之类似的彝、苗、瑶、基诺等民族同样虽然人口数量持续增长，但由于人口基数相对较小，其在勐腊各民族人口所占比例变化不大。

与建设兵团类似，勐腊县拥有国营农场勐捧农场，形成了独特的“勐捧模式”，曾经在少数民族就业和农业生产、带动农民致富等方面发挥了重要的作用。随着时代的发展，勐捧农场不断地推动改革以适应新时代的发展。

民族政策方面，勐腊县积极落实国家、云南省关于“兴边富民”的民族政策，带动了边疆的经济与文化事业的发展，“整乡整村推进”的扶贫模式取得重大成效，带动边疆民族连片区域发展。精准扶贫的模式，使得地区发展更加平衡，对克木人的扶持与发展，成为了精准扶贫的典范。

从经济发展来看，全县城乡居民可支配收入不断提高，人民生活水平不断改善，经济结构不断优化，出现了很多从事橡胶生产、茶叶生产的企业家。同时也存在城镇居民与农民之间收入差距在逐渐增大，年均收入水平都低于全州和全国的平均水平等问题。

勐腊县在社会事业发展方面取得了长足的进步，地方性疾病防治成效显著，艾滋病等传染性疾病的防治工作任务较重，新型农村合作医疗建设增加了勐腊县人民的医疗保障，医疗、卫生、保健事业有了很大的发展。

五　文化繁荣

近十余年来，勐腊县文化事业取得了长足发展，文体设施得到改善，群众文化活动丰富多彩，农村文化阵地不断壮大，文化市场日趋活跃，非物质文化保护业绩突出。但是，长期以来，文化事业发展主要依靠政府投资，没有形成多元化文化投资机制，民族间资本和社会资本对文化事业发展的贡献有限，在政府财力不足的情况下，文化设施建设、文体活动开展、文艺精品创作、传统文化保护、文化产品开发等工作受到制约。这就要求政府以机制创新为重点，不断深化文化体制改革，研究并解决制约文化发展的瓶颈问题，突出公益性，强化服务功能，激发发展活力，推进公益性文化事业单位的改革力度，赋予公益性文化事业单位自主管理权限，对于公共文化产品和服务、公益性文化活动，引入市场机制，繁荣文化市场。

例如可以加强宣传力度，扩大民族文化的知名度和影响力，并借此提高城乡居民文化保护意识。勐腊县民族节日和风俗文化丰富多彩，内涵丰富，著名节日如“傣族泼水节”“哈尼族嘎汤帕节”“彝族百诗佳节”和“瑶族盘王节”，特色风俗如“瑶族歌定会”“咬手定情”和祭祀活动风情浓郁，以这些节日和风俗为平台，经过创意打造，广泛宣传，活跃旅游市场，可以变成创利增收的“文化资本”，旅游收入逐年增加。另外，旅游带动了产业结构的变化，从单一种植业传统模式逐渐转变为以农家乐、旅游表演和养殖业等多种经营活动相辅的农村经济发展方式，第三产业逐渐成为城乡居民增收的主要渠道。

政府要有前瞻性总体思维，主导制定传统文化保护和建设的规划，以满足和解决居民文化需要为前提，从最大限度保护传统文化和提升县域文化软实力两个角度出发，精心策划分步组织实施，充分发挥文化资源优势，促进县域经济发展和社会和谐稳定。

六　语言使用

勐腊县少数民族众多，语言文字资源丰富，世居少数民族语言分属汉藏和南亚两大语系。其中，傣语、哈尼语、彝语、瑶语等属于汉藏语系，这些语言均有文字，有的是传统文字，有的则是新创制的文字；由于使用人口和分布区域的不均衡等原因，各少数民族语言文字的使用和发展并不均衡，或使用范围相对较广，或使用范围狭小，或处于濒危状况，或发生母语转用等。

20 世纪 50 年代，在党和政府的直接关心和支持下，在开展全国性的民族语言普查的基础上，先后为 10 个没有文字的少数民族创制了 14 种文字方案，为 3 个原有文字不完备的少数民族改进了文字。[①] 克木语属于南亚语系，无文字。相对而言，傣语较为通行，不仅傣族群众使用傣语，在多民族杂居的社区，其他民族也使用傣语，甚至（书面）傣文。

勐腊傣族使用的文字为傣仂文，该文字除在西双版纳傣族中使用外，州外孟连、景谷、江城的大部分傣族也使用这套文字。[②] 傣仂文有新、老文字之分，20 世纪 50 年代傣文改革前的文字称“老傣文”，改革后的傣

① 黄行：《我国民族语言研究事业的繁荣和发展》，《中国民族研究年鉴》（1998 年卷），民族出版社 1999 年版。

② 云南省少数民族语文指导工作委员会：《云南少数民族文字概要》，云南民族出版社 1999 年版，第 93 页。

文称“新傣文”。西双版纳州内无论是党政机关的行文，还是傣族地区学校的课本，都使用新傣文。至于保留在文献资料中的老傣文，大都只有老年人能读懂，主要使用于佛寺，年轻人多数只懂新傣文。

西双版纳州的哈尼族自称“爱尼”（雅尼）、“阿尼”，人口16万人，占西双版纳总人口的18%，是西双版纳州的第二大民族，其语言属于哈尼语的哈雅方言雅尼次方言格朗和雅尼土语。由于方言之间差别较大，不能互相通话。与其他民族交往，则多用汉语和傣语。[①] 进过学校或通过各种形式扫盲、自学的部分哈尼族通晓汉文，用汉文记事、写信等。

勐腊县的瑶族有自称“孟”（蓝靛瑶）和“棉”（顶板瑶）两个支系，统称为瑶族。瑶语属于汉藏语系苗瑶语族瑶语支。由于长期与汉、傣接触，瑶族一般男人通汉、傣语。老龄妇女会讲汉语的不多。

克木人是勐腊最早的土著族群之一，现已划归布朗族。今磨憨镇的辖区，以及勐满镇和勐捧镇一带，都是古代克木人的聚居区域，克木人有自己的语言，与佤语、布朗语、德昂语同属南亚语系孟高棉语族。各地克木语虽有细微差别，但未形成不同的方言土语。克木人无文字，仅有少数人识傣文，多数克木人能用傣语交流。

总体来看，傣语在勐腊地区使用范围很广，不仅是本民族内的交际工具，也通用于布朗（克木）、拉祜、哈尼、基诺、佤、瑶等多民族之间。1988年起在全州范围内，党政机关、企事业单位开始使用新傣文，社会文化广告等也普遍使用新傣文。由此可见，傣语言文字，一方面，是当地少数民族群众在日常生产生活中比较通用的交流表达工具，在行政、司法、出版、教育等领域与汉语文并用；另一方面，傣语言的自然使用环境主要还是基层乡村的群众，特别是农村少数民族聚居的村寨。

通过调查我们发现，勐腊县各族人民长期和谐相处、共同发展进步，这是语言文字始终保持活力的条件，也是版纳州地方政府特别是民族语文工作部门多年来坚持不懈努力的结果。同时我们也认识到，勐腊县乃至整个版纳州的少数民族语言和文字在使用发展上还面临一些问题，这些问题如何解决，将直接影响到未来民族语言使用发展的趋势。

七　宗教生活

勐腊县少数民族的宗教信仰与民族文化密切相关。首先在勐腊县占

① 云南省勐腊县志编纂委员会编：《勐腊县志》，云南人民出版社1994年版，第101页。

少数民族人口比例最高的少数民族是傣族，因而勐腊县的宗教状况以傣族信奉的南传上座部佛教为主。其次在各少数民族中也存在程度不同的万物有灵的原始宗教信仰，比如傣族在信仰南传上座部佛教的同时，也保留着原始宗教信仰；哈尼族中除了信仰基督教的人群之外，还有相当一部分哈尼族信仰原始宗教；此外还有一些彝族、苗族等民族都有不同程度和层次的原始宗教信仰的存在，其中包括自然崇拜、祖先崇拜和图腾崇拜。再次，还有部分哈尼族和汉族信仰基督教。最后就是瑶族绝大部分信仰道教。

从影响力、规模和人数来看，勐腊县的主要宗教为南传上座部，其次是原始宗教信仰，然后是基督教。进入 21 世纪以后，各种宗教面临着不同的问题：

一是南传佛教所面临的主要问题是佛教人才的缺乏，尽管群众有宗教活动的需求，但由于佛教人才的缺乏，导致金碧辉煌的佛寺处于无僧人住持的尴尬境地。另外，新修建的佛寺大都模仿东南亚国家的佛寺建筑形式，已经与传统傣族佛寺有了较大的差别，这些都是在今后研究中需要予以特别关注的地方。二是原始宗教的信仰属于非制度性宗教，经历“文化大革命”多年的中断之后，这些年随着经济发展的需要，发掘民族民间文化的口号，使原始宗教信仰得以复苏，但这种复苏在很大程度上已经成为表演性质，原本的宗教含义已经大大减弱。同时，也由于掌握传统原始宗教知识的人才相继离世，年轻一代没有兴趣学习和继承原始宗教知识，原始宗教的继承和发扬也面临人才断层的问题。三是基督教是外来宗教，20 世纪 80 年代宗教政策落实以后，开始在勐腊县有了比较大的发展。目前其发展处于一种平稳的状态，没有大起大落。但是，由于基督教属于外来宗教，而且异端层出不穷，面临着如何保证基督教平稳顺利发展，避免异端蔓延的问题。目前勐腊县的这些宗教所面临的最大问题都是缺乏宗教人才，主要表现在神职人员的数量不够，水平不高，这些都会造成宗教发展的不稳定，为境外宗教人士进入提供了机会。从宗教管理的角度来讲，培养高素质高水平的本土宗教人士是保证宗教平稳发展的重要条件，否则将会面临疲于应付的被动局面。

第一章

政治文明建设

作为以傣族为主体的多民族聚集区，自古以来，勐腊就是西双版纳的一部分，其政治、经济、文化、社会等都与整个西双版纳的历史变迁分不开。了解勐腊县的政治文明建设，同样要拿到西双版纳这个整体中去把握。与西双版纳其他地区一样，20 世纪 50 年代以前，勐腊县处于封建领主制社会，受封建领主和国民党双重统治。新中国成立后，勐腊也实现了历史性跨越，各族人民的政治生活翻开了崭新的一页，真正得到翻身解放。经过几十年的发展，全县的政治文明建设不断向前推进，体制机制越来越合理，法制越来越健全，民主越来越广泛，人民的合法权益得到充分保障，真正实现了当家作主。

第一节　传统的封建领主制度及行政沿革

从傣历 552 年（公元 1160 年）帕雅真统一勐泐各部，建立勐泐王国地方政权，到 1949 年新中国成立的近 800 年中，整个西双版纳地区都实行封建领主制度。勐泐国王即召片领及其所辖的几十个勐的“召勐”（一勐之主，即土司）均实行世袭制。封建领主制，是比较特殊的封建统治制度。与其他封建制度相比，封建领主制具有鲜明的特点。召片领（傣王），一方面，承认中国的皇帝，并接受中央朝廷的封赐，作为朝廷的命官，代替皇帝对当地进行封建统治；另一方面，作为西双版纳的最高统治者，他就是这片土地、山林和各族人民的主人，拥有绝对的统治权（含行政权、司法权等）。

一　传统的封建领主制度

封建领主制度包括政治制度、司法制度、土地制度、军事制度等。

（一）议事庭制

议事庭制，是封建领主制下的主要政治制度。议事庭是直属于西双版纳召片领（宣慰使、傣王）的议事机构，也是傣族封建领主制行使议会和行政权力的最高权力机关，包括内议事庭和外议事庭。内议事庭庭长一般由召片领直接担任，另设两名副庭长。内议事庭主要讨论决定宫内事务，重大事项讨论由召片领亲自主持，一般的会议则由副庭长组织。外议事庭庭长称“召景哈”，一般要求德才兼备，不仅要由召片领任命，而且还要征得各勐认可。成员一般由各勐土司或代表及相关官员组成。主要职能是：决定召片领、各召勐（土司）帕雅龙以上大头人的袭职与废黜；决定各勐土司及各级波朗不能决定的事情；研究西双版纳政治制度及行政区划的变更；研究决定与周边国家战与和等外交问题；研究和处理西双版纳的重大事项和召片领交办的其他事项。外议事庭一般一年召开两次会议，若有重大事项，也可随时召开。会议一旦形成决议，经召片领批准后便立即执行。

（二）波朗制

波朗制是封建领主制政治制度的重要组成部分。“波朗”为傣语，意为监督官或代表。召片领就是通过波朗来监督、管理和联系各勐土司、各寨头人和广大百姓。最初，外议事庭开会，都要求各勐土司或土司代表参加。但土司或代表长住宣慰街（傣王宫）既没有什么事可做，也不方便，于是他们就向召片领请示：能否在议事庭的官员中委托一位官员来做该勐“波朗”即代理人？后来这一奏请得到了召片领的同意，波朗制也就由此诞生。波朗的职责就是发挥桥梁纽带作用。一方面，上情下达，就是将召片领的旨意、议事庭的决议传达到各勐；另一方面，就是下情上传，将各勐的情况及时反映给议事庭和召片领。

西双版纳各勐（含今勐腊境内的勐腊、勐捧、易武等）土司也都根据勐泐王国上述模式建立了自己的政治体制，推行了议事庭制、波朗制，设立了内外议事庭，任命了庭长、副庭长。并且波朗制还一直延伸到各村各寨。

（三）等级制

在封建社会，等级制度是非常严格的。在封建领主制度下的西双版纳傣族社会也不例外。封建领主将人分为贵族和平民两种共 5 个等级。

其中贵族分为“孟”“翁”或“武”两等。“孟”是召片领的后代及其直系亲属，范围很小，人数不多。男性一般尊称为“召勐”，女性尊称为“孟婻”。只有“孟”级贵族才有资格担任召片领和召景哈。“翁”或“武”，一般为召片领的家臣（含波朗）及其后代，男性一般尊称为“召”，女性尊称为“婻”。“孟”和“翁”可以通婚，婚后子女的等级随父亲，但不允许与百姓通婚。平民百姓分为“鲁郎道帕雅”“傣勐”“滚很召”三等。“鲁郎道帕雅”为头人或官员的子孙，一般为“翁”级头人的远亲，占百姓总数的5%左右。他们不承担劳役，拥有自己的土地，并可自由买卖，可以说是自由农民。“傣勐”意为本地人或土著人，他们承担的税赋劳役较轻，占的比例较大，占百姓总数的50%—60%。“滚很召”意为“主子的人”即仆人，为最低等级的百姓。他们有的是家奴、有的是犯过罪的人、有的是从外地投奔“召”的人员、有的则是战俘，等等。他们的田地最少，劳役最重，地位最低，属于封建领主社会的最底层。

（四）份地制

封建领主制下的土地制度实行的是以“份地制”为基础的劳役地租制度。土地全部归最高统治者召片领所有，农民则拥有使用权。即所有权和使用权相分离，农民只能使用，不能买卖、典当、抵押，类似于今天我国农村实行的联产承包责任制。份地实质上就是一种实物工资，即召片领分给各勐土司及大小官员一定的土地，再由他们从土地中收取一定的地租作为工资报酬。在份地制下，领主庄园的土地，被分为领主直属土地和农民占有使用的份地两部分。凡年满18周岁的农民，每人必须领取一份份地，并且不能无故拒绝，年满50岁后再交回村社。农民耕种份地，就要承担约10%的地租。份地约占耕地总面积的86%。

份地制的推行，也基本保证了西双版纳农民“耕者有其田”，这也是封建领主制在西双版纳得以推行近800年，一个家族连续统治西双版纳近800年的重要因素。

二　勐腊县的行政沿革

自有史书记载起，勐腊县就是中国西双版纳的一部分。东汉永平十二年（公元69年），明帝于哀牢地置永昌郡时，勐腊即为永昌郡哀县管辖。1160年傣族首领帕雅真统一西双版纳各部（含勐腊全境），以景洪为中心建立“勐泐”王国，拥南昭大理国王为“共主”，接受中央封建王朝封号。公元1570年车里宣慰司首次将其管辖区域划分为十二个版纳（首称西双版纳）时，今勐腊县境内就有三个：一是版纳勐腊、勐伴，二是版纳勐捧、勐润，三是版纳整董、倚邦、易武。1661年，吴三桂曾将思茅、勐腊等13处隶元江府。三年后的康熙三年（1164），清政府又重新将勐腊复归车里宣慰司管理。雍正七年（1729），澜沧江以东的6个版纳（含今勐腊县全境）归普洱府，其余6个版纳仍由车里宣慰司管理。1913年，民国政府在车里（今景洪）设普思沿边行政总局。勐腊、勐捧、勐仑及补过编为第五行政分局，局治勐腊（1917年移至勐捧）；易武、倚邦、整董、倮德编为第六行政分局，局治易武。1927年，第五行政分局改为镇越县，驻治勐捧；第六分局改为象明县，驻治倚邦。1929年，裁撤象明县，易武划归镇越县，倚邦、倮德并入普文县。1930年，镇越县移治易武，并于1934年划区治理。

1949年11月6日，镇越县人民政府成立，隶属于宁洱专员公署。1953年1月23日，西双版纳傣族自治区成立，镇越县改由西双版纳自治区管辖。1957年7月，经国务院批准设置易武、勐腊两个县级版纳，后改为易武县和勐腊县。1958年底，两县合并为易武县，县府移至勐腊。1960年9月22日，经国务院批准更名为勐腊县，并辖易武、象明、瑶区、勐腊、尚勇、勐捧、勐仑7区。区下设乡。1969年，区乡建制改为公社、大队建制。1984年恢复区乡建制，全县设1镇12区、57乡。1988年“区改乡”时改为5镇（勐腊、勐仑、勐捧、勐满、勐伴镇）、8乡（曼腊、象明、瑶区、芒果树、勐润、易武、勐腊、尚勇乡），46个村公所，24个办事处，538个农业生产合作社。21世纪初期，根据《村民委员会组织法》，村公所改为村民委员会，农业生产合作社改为村小组。后又对乡镇进行了进一步撤并。目前，除县政府直属的26个工作部门外，全县共辖7镇（勐腊、勐仑、勐捧、勐满、勐伴、关累、尚勇镇）、3乡（象明、瑶区、易武乡）、4个农场管委会（勐腊、勐捧、勐满、勐醒），4个居民委员会、52个村民委员会、525个村民小组。其中尚勇镇已于2011年6月划由磨憨经济开发区管理。另外，辖区内还有1个中央科研单位（中国科学院西双版纳热带植物园），1个州属单位：磨憨经济开发区。

第二节　政治体制及政治文明建设

一　党组织建设

（一）党组织的建立和发展情况

勐腊县是西双版纳地区最早建立政党组织的地方。民国 32 年（1943）建立国民党镇越县党部，1948 年 6 月，易武发生击毙国民党镇越县长事件后，国民党镇越县党政组织也随之瓦解。

1948 年 7 月，中共思普特别支部派支部书记潘明等 5 人到易武组织领导群众开展武装斗争，并于 11 月解放了易武，12 月将国民党军队全部驱逐出境。1949 年 7 月成立中共镇越县特别支部。1950 年 5 月中共镇越县委员会正式成立，并从此成为领导全县人民进行社会主义革命和建设的坚强领导核心。

在中共勐腊县委成立时，设秘书室、组织部、宣传部 3 个工作部门，后根据形势发展和工作需要，办事机构逐步健全完善。目前县委下设办公室、纪委、组织部、宣传部、统战部、政法委、老干局、机要局等工作部门共 11 个。

自成立党的组织以来，勐腊县委、县政府自觉接受中共中央和上级党委领导，坚定贯彻执行中央路线方针政策和上级指示精神，领导全县各族人民建立了人民政权，革除了封建领主制度，开展了社会主义革命和建设，取得了伟大的成就。全县经济社会各项事业都有了巨大发展，各族人民紧密团结，边防巩固，社会稳定，人民生活不断改善和提高。但与全国其他地方一样，由于受“左”倾思想的影响，工作中也曾出现过严重失误，给党和人民的事业造成严重损失。党的十一届三中全会后，根据中央和上级的统一部署，勐腊县委及时进行了拨乱反正，逐渐消除了“左”倾思想的影响，重新确立了实事求是的思想路线，及时把工作重心由阶级斗争转移到经济建设上来，开创了社会主义现代化建设新局面。

经过几十年的发展，目前中国共产党在勐腊县组织健全，基本覆盖了全县各行各业、各个领域，队伍也不断发展壮大，结构日趋合理。截至 2013 年底，全县共有基层党组织 1104 个，其中，党委 16 个，党总支 104 个，党支部 984 个；有党员 11326 名，其中农村党员 3962 名，占

34.98%，少数民族党员7005名，占61.85%，35岁以下党员2056名，占18.15%，大专及以上学历党员3475名，占30.68%，女党员2370名，占20.93%，非公有制经济单位党员153名，占1.35%。

（二）各级党组织和广大党员在经济社会稳定和发展中发挥着战斗堡垒和先锋模范作用

进入21世纪以来，勐腊县委坚持“围绕发展抓党建，抓好党建促发展”的工作思路，充分结合边疆民族地区实际，求真务实，开拓创新，扎实推进基层党建工作，不断提高党的建设科学化水平。一是突出基层党组织服务主题，筑牢基层党组织根基。着力抓队伍、抓重点、抓载体，以服务推动基层组织建设转型升级，将基层党组织的根深植在群众之中。突出基层党组织在“服务改革、服务发展、服务民生、服务群众、服务党员”上发挥出更大的作用。抓住“领头雁”队伍这个关键。始终将加强基层党组织带头人队伍建设作为推动发展的基础性工程来抓，着重培养和选拔一大批守信念、讲奉献、有本领、重品行的基层党组织带头人。二是夯实基层，加大关心基层、支持基层工作力度。加大对基层党组织的投入力度，确保基层党组织有资源、有能力为群众服务。不断加大投入力度，全面推进活动阵地建设，确定农村基层组织“十有”：有办公用房、办公设施、党员书屋、制度上墙、宣传栏、工作台账、电教设备、党旗、国旗、标牌。建立了村、社区干部待遇和工作经费保障机制，每年补助行政村工作经费4万元，社区5万元。行政村党总支书记、村委会主任、村务监督委员会主任每人每月各补贴1400元，书记、主任“一肩挑”的每人每月1500元，专职副书记和村委会副主任每人每月各补贴1300元，武装干事每人每月补贴1300元。连选连任的上述村干部各增加100元；社区党总支书记、居委会主任每人每月各补贴2000元，社区专职委员每人每月补贴1900元，副主任每人每月补贴1950元；农场生产队干部补助副职1000元，正职1300元。三是在党员队伍管理中坚持高标准严要求。始终按照“控制总量、优化结构、提高质量、发挥作用”的总要求，从严做好党员发展和教育管理工作，坚持不懈地加强党员队伍建设，着力夯实党的执政根基。严把党员入口，严格标准、严格培养、严格程序、严格调控，既通过严把入口、控制总量来提高质量，又通过好中选优、提高质量来调控总量，努力实现质量与数量的有机统一。严格“三会一课”、民主评议党员、党性定期分析等制度，加强在职党员的教育培训力度，做好无职党员设岗定责。四是基层组织工作创新稳步推进。将基层组织工作创新作为增进基层活力、提高工作效率、推动基层发展的重要保障来抓。创新推进了边疆党建长廊建设，探索了乡镇党代会年会制，实行党代会代表提案制。较好地将党代表从“举手代表”变成了“议事代表”，使党代表履职从“一次性”走向“常态化”，更好地发挥了党组织和党员的战斗堡垒作用和先锋模范作用，有力地促进了全县各项事业的发展。

（三）人才队伍不断壮大

长期以来，勐腊县委及各级党组织十分重视干部队伍和人才队伍建设。经过多年的努力，全县人才队伍不断壮大，结构日趋合理，素质普遍提高，对经济社会发展的贡献率不断上升。截至2013年底，全县286200人中，人力资源总量为223800人，人才总量达到17590人。其中，企业经营管理人才946人：公有制经济领域企业经营管理人才75人，非公经济领域企业经营管理人才871人；专业技术人才5738人：公有制经济领域专业技术人才5157人，非公有制经济领域专业技术人才581人；高技能人才7800人，农村实用人才1366人。人才资源占人力资源总量比率达到7.86%，每万劳动力中研发人员数为5.3人，高技能人才占技能劳动者比例达35.9%，主要劳动年龄人口受过高等教育的年限为6.7年，人才贡献率为13.7%。

在人才培养过程中，各级党组织非常重视加强对党政人才，尤其是少数民族人才的培养和选拔。严格落实党管干部、党管人才的原则，认真贯彻执行党的干部路线、方针和政策，不断加强干部队伍建设，认真落实干部管理措施，积极推进干部人事制度改革，着力为科学发展选干部、配班子、建队伍、聚人才。一是强化思想建设，提高干部素质。注重加强领导班子思想政治建设，切实抓好领导班子作风建设。建立多渠道、多层次、宽领域的干部实践锻炼机制。积极开展以“整合资源，创新机制，服务发展”为主题的培训活动，注重在合作交流中培训干部，通过挂职、互派回访等方式进行培养锻炼，加大与高等院校合作力度，改善干部的专业知识结构。二是从严管理干部，提高选任质量。建立健全并落实干部监督制度，发扬民主和严格组织相结合，不断规范民主推荐的运行方式，严格按照制度管理干部，用制度规范和约束干部的行为。三是深化制度改革，优化班子结构。注重干部教育培养，不断加大年轻干部、妇女干部、党外干部培养选拔力度。全县干部老中青梯次型结构、民族结构、男女结构等配备日趋合理。2013 年，全县有党政人才 1626 名。其中，副科级以上领导干部 460 人，平均年龄 43.7 岁；女性 79 名，男性 381 名；少数民族 296 名，占全县领导干部的 64.3%；研究生学历 11 名，大学学历 371 名，大专学历 74 名，中专及以下学历 4 名；非党干部 46 名。全县所有乡（镇）和农场党政班子都配备有少数民族干部；有 9 个乡镇、2 个农场配有女干部，配备率达 84.62%。县委工作部门全部配备了少数民族干部，配备率达 100%；县政府 26 个工作部门 25 个班子都配备了少数民族干部，配备率达 96.2%；县委、县政府工作部门领导班子配备妇女的班子比例达 53.58%。

二　县乡人民代表大会制度的确立和发展

勐腊县乡人民代表大会制度，经历了一个探索建立和健全发展的过程。全县解放后，1950 年镇越县人民政府根据《中国人民政治协商会议共同纲领》及国务院、省、地有关选举的指示精神，结合镇越县地处边疆，少数民族多、刚解放、各族群众当家作主意识不强等具体实际，制定了《镇越县各族各界人民代表会议组织通则》（以下简称《组织通则》），强调民族平等，规定人民代表的产生及代表任期等事项。根据《组织通则》，从 1950 年 11 月至 1952 年 4 月，全县共召开了 4 次各族各界人民代表会议。1954 年以前，版纳易武、版纳勐腊、版纳勐捧及瑶族自治区也都是根据《组织通则》选举代表，召开人民代表会议。1954 年《中华人民共和国全国人民代表大会及地方各级人民代表大会选举法》（以下简称《选举法》）颁布实施后，各版纳（自治区）根据《选举法》精神，重新划分选区，酝酿、提名、选举各区人民代表，分区召开选民大会，普选产生乡人民代表大会代表，再由乡人民代表大会等额选举产生版纳（自治区）各族各界代表。直至 1980 年新《选举法》公布后，代表会议才由等额选举改为差额选举。县及各人民公社都成立了选民委员会，经过培训干部、宣传发动、选民登记、酝酿并张榜公布代表候选人名单后，召开选民大会，正式进行选举。当时全县共分为 137 个选区，按照“农村每一代表的人口数四倍于城镇每一代表的人口数”的原则分配确定代表候选人，然后分选区直接投票选举乡镇及县人民代表大会代表。

版纳改县至易武、勐腊两县合并，两县分别召开了两次人民代表大会。易武县召开的时间分别为 1958 年 4 月和 1960 年 12 月，勐腊县分别为1958年5月和1962年4月。两县合并为勐腊县后，1963年6月，勐腊县第三届人民代表大会第一次会议在勐腊召开。本次大会应到代表173人，实到114人，政协委员20人及县属部门领导10人列席了会议。大会听取了《县人民委员会工作报告》《人民法院工作报告》《关于代表提案处理情况报告》，选举产生了新一届县人民政府班子及出席州第三届人民代表大会代表。此后第四、第五届人代会分别于1965年10月和1968年6月召开。“文化大革命”期间，人民代表大会工作受到严重影响，直到党的十一届三中全会后才得以恢复，所以，勐腊县第六届人代会于1981年9月才得以召开。此后人民代表大会工作逐步走上规范化、制度化和法制化，县人大每届任期为3年，1993年县十届人大后，每届任期改为5年。截至2013年，勐腊县人民代表大会共召开了十四次，选举产生了十四届领导班子。

党的十一届三中全会后，与全国各行各业一样，勐腊县人民代表大会工作也逐步走上正轨，各项工作得到了长足发展。目前除县人民代表大会及其常委会外，各乡镇也都有了自己的人民代表大会，并设立了乡镇人大主席团作为常设机构，负责日常工作。乡镇人大主席团设主席1名，民族乡还增设1名副主席。县乡人大代表都是根据《选举法》精神和原则产生。2013年勐腊县第十四届人民代表大会代表选举，全县共分为98个选区，依法选出人民代表167名。其中4个选区进行了第二次选举。选民参选率达到93%。选出的代表中，少数民族代表131名，占84%，比上届提高6个百分点；妇女代表50名，占30%，比上届提高7个百分点；大专以上88名，占53%，高中（中专）37名，占22%；年龄最大的60岁，最小的年仅25岁。近年来，县乡人大工作都有了新的起色，取得了新的成效，在全县的经济社会发展中发挥着重要作用。

（一）对“一府两院”的监督力度不断加大

县人大常委会紧紧围绕县委重大决策部署，选择事关科学发展和谐发展跨越发展全局和群众切身利益的重大问题，综合运用各种监督形式和手段，加大监督力度，强化监督实效。根据全县中心工作和人民群众关心的热点问题，主动征求“一府两院”和乡镇人大主席团的意见和建议，科学选择确定常委会监督议题和监督工作重点，力求监督工作具有针对性。一是把推动经济社会发展，提高人民生活质量这条主线贯穿于监督工作的全过程。二是坚持以人为本，切实维护人民群众的合法权益，推动解决人民群众最关心、最直接、最现实的利益问题，促进社会事业协调发展。三是关注生态环境保护工作，积极推进“生态保护立县”战略，加强有关生态环境保护和生态县建设工作的监督，推进生态县建设。四是把营造法治环境、推进依法行政和公正司法作为监督工作的重点，围绕“推进依法治县”战略，依法行使监督权，推进依法治县进程。五是立足实际，创新方式，突出重点，狠抓落实，改进监督工作方式，不断增强监督工作实效。

（二）重大事项决定和人事任免业绩突出

县人大常委会始终把依法行使重大事项决定和人事任免权作为发挥人大作用的重要工作，不断推进重大决策和人事任免工作的科学化、民主化、规范化。本着“抓重点、议大事、求实效”的原则，正确处理党委决策权与人大依法行使决定权的关系，积极探索行使重大事项决定权的有效方式，紧紧抓住事关全县发展中带有全局性、根本性、长远性的重大问题及与人民群众利益密切相关的重大事项，认真行使重大事项决定权。

（三）代表工作不断取得新发展

常委会始终认真贯彻落实州委、县委关于进一步加强人大代表工作的意见，强化职责、落实责任，切实加强代表工作，充分发挥代表作用。一是通过加强代表培训工作，加强常委会组成人员与人大代表的联系，向人大代表通报全县经济社会发展情况和常委会工作情况，邀请部分县人大代表列席常委会会议，参与常委会组织的视察、执法检查和工作调研等活动，确保代表依法履职。二是组织县乡人大代表开展以“每年参加一次代表培训、组织一次代表视察或专题调研、提一个有质量的建议、向原选举单位书面报告一次履职情况、为基层群众办一件好事或实事”为主要内容的“五个一”主题活动，不断增强代表的履职意识和能力。三是通过不断加强和创新建议督办工作，采取重点建议跟踪督办、跨年度建议滚动督办的方式，不断加大督办力度，确保代表议案建议落实。

（四）人大常委会自身建设不断加强

常委会始终坚持和完善人民代表大会制度，认真贯彻落实州委、县委人大工作会议精神，切实加强自身建设，确保机关执行力、创新力、凝聚力进一步增强。

按照“政治坚定、业务精通、务实高效、作风过硬、团结协作、勤政廉洁”的要求，加强学习型机关和学习型领导干部队伍建设，扎实开展了“三讲”“三个代表”重要思想、“党的先进性”、科学发展观、创先争优、“三力”建设以及党的群众路线教育实践活动等主题教育实践活动，并在学习教育活动中，结合人大实际，制定方案，组织落实，认真完成各个阶段的任务，不断解决常委会领导班子和机关干部在思想、工作、作风、纪律等方面存在的问题，促进了机关建设。

与此同时，县人大还不断创新工作方法，加强了交流互动，有力地促进了工作的开展。一是主动加强与省州市县人大的交流联系。积极争取并接受省、州人大的工作指导，组织机关人员参加省、州人大举办的各类学习培训考察活动，注重加强与省、州人大的工作联动，配合做好省、州人大在我县开展的视察、执法检查、工作调研和挂钩扶贫等工作。同时，注重加强与外地州市县人大间的工作联系交流，学习先进经验，拓宽工作视野，提高工作水平，营造良好的外部工作环境。二是始终保持与乡镇人大的密切联系。坚持每年定期召开一次乡镇人大工作座谈会，加强工作交流，采取以会代训、举办培训班、外出考察学习等方式，为基层人大干部开阔视野、增长见识，提高素质搭建平台；坚持邀请乡镇人大主席列席常委会会议，参加常委会组织的视察、执法检查和调研活动，尽力帮助基层人大解决实际困难，形成良好的县乡人大联动工作机制。

三 政治协商制度的建立和发展

人民政协主要有政治协商、民主监督和参政议政三项职能，也担负团结和民主工作以及组织委员学习、宣传党和国家方针政策的任务。政协勐腊县委员会成立于 1958 年 5 月，至今共历经了 13 届政协（见表 1-1）。在 50 多年的风雨历程中，政协勐腊县委员会及其工作都经历了一个不断演变发展的过程。目前，政协已经成为勐腊各族各界人民群众参政议政、表达民意诉求的重要组织和形式，在全县的政治生活中发挥着越来越重要的作用。

（一）历届政协勐腊县委员会简况

自 1958 年召开第一届政治协商会议以来，勐腊县共计召开了 13 次政协会议，选举产生了 13 届政协班子。虽然在“文化大革命”中受到冲击，勐腊县政协曾被迫暂停活动，但随着党的十一届三中全会的召开，全面拨乱反正的落实，勐腊县政协组织及活动不仅得到很好的恢复，而且还得到了长足发展，在全县经济社会稳定和发展中发挥着越来越重要的作用。

表 1-1 勐腊县历界政治协商会议情况

届 别	召开第一次会议时间	界别数	委员数	常委数	班子职数	备 注
第一届	易武县 1958 年 4 月 23 日在易武召开	中共党员 民族上层	13	无	1 正 3 副	1958 年底易武、勐腊合并为易武县，政协也随之合并。1961 年改名为勐腊县
	勐腊县于 1958 年 5 月 14—17 日在勐腊召开	中共党员 民族上层	21	无		
第二届	1960 年 12 月 20—22 日	11	44	无	1 正 6 副	
第三届	1963 年 6 月 6—10 日	不详	43	16	1 正 5 副	
第四届	1965 年 10 月 22—25 日	不详	41	15	1 正 4 副	因受“文化大革命”冲击，于 1967 年 3 月解散
第五届	1981 年 9 月 15—23 日	15	68	11	1 正 7 副	五届二次会议委员将增至 70 人
第六届	1984 年 4 月 29 日	10	66	18	1 正 6 副	二次会议委员增至 80 人，13 个届别；三次会议委员增至 87 人，设 16 个届别
第七届	1987 年 5 月 5—12 日	20	117	17	1 正 6 副	
第八届	1990 年 3 月 20—25 日	18	129	15	1 正 人数不详	二次会议增加委员 3—132 人
第九届	1993 年 3 月 2—7 日	22	140	15	1 正 人数不详	
第十届	1998 年 3 月 16—21 日	23	149	19	1 正 7 副	
第十一届	2003 年 3 月 10—16 日	23	149	19	1 正 5 副	
第十二届	2008 年 1 月 27—31 日	25	156	21	1 正 4 副	
第十三届	2013 年 1 月 14—17 日	14	164	25	1 正 4 副	

（二）工作机构设置与演变

在政协勐腊县委员会成立之初的第一、第二届，政协勐腊县委员会主要体现的是政治象征意义。当时县政协并没有专门的驻会机构和专职工作人员，即便是主席、副主席也都不驻会。从第三届委员会开始，政协勐腊县委员会开始设驻会的主席、副主席和工作人员，但直到 1981 年 9 月政协勐腊县第五届委员会产生前，政协勐腊县委员会一直都没有设立专门的工作机构。直到第五届政协委员会产生后，才开始设立县政协办公室。六届政协一次全会设立了五个工作组（专委会前身），二次全会增扩为七个工作组，即办公室、学习组、科学技术组、文史资料组、文化教育组、卫生及医学药物研究组、民族政策及宗教政策研究组和提案普查处理及经济组。七届政协将工作组改为四个专门委员会，工作机构仍为一办四委：办公室、提案委员会、学习委员会、工作委员会和文史资料委员会。八届政协调整为一办五委。1997 年全县机构改革，九届政协将工作机构改为一办三委，即办公室、提案法制学习宣传委员会、经济科教文卫体委员会和文史民族宗教三胞联络委员会。2003 年根据州县机构改革相关要求，十一届政协将原一办三委改为一办五委，即办公室、提案法制委员会、经济科教文卫体委员、民族宗教三胞联络委员会、文史资料委员会和环境资源保护委员会，将学习和宣传工作职能划归办公室。此机构一直延续至今。

在政协班子配备上，虽然县委没有对政协班子成员的民族结构、妇女结构作出明确的规定，但会根据党委、政府、人大、政协四套班子的情况，进行统筹安排。一般都会考虑勐腊县几个较大的少数民族（傣族、哈尼族、彝族、瑶族）的实际，配备一定比例的民族干部。

（三）政协职能作用的发挥

政协作为一个中国特色的政治组织，在集边疆、民族、宗教等多种因素为一体的勐腊县，自从诞生的那一天起，就发挥着不可替代的重要作用。经过几十年的发展和演变，目前，政协勐腊县委员会机构健全、队伍壮大、素质提高、活动正常、作用明显，已经成为勐腊县政治文明建设不可或缺的重要组成部分，成为全县各族人民参政议政、体现当家作主的重要平台，为维护边疆的稳定和民族的团结，推动全县经济发展和社会进步做出了积极的贡献。

政协履行职能的形式是多样的，通过政协各层次会议、视察调研、委员活动、政协建议案、委员提案、反映社情、听取政情等形式开展协商议政活动，通过民主评议、委员担任行风政风监督员和评议员，以及提案等实现民主监督。三项职能的履行是密不可分的，在履行政治协商时，也同时履行了民主监督和参政议政职能。如县政协第十二届委员会履职期间，共召开全体会议5次，常委会议23次，主席会议80次，听取协商课题59个，完成视察调研40个。为县委、县政府提出了368条富有建设性的意见建议；交流发言37份。围绕全县重点工作，以召开常委会议和主席会议等形式，听取县人民政府关于林权制度改革等36个方面的工作情况通报，并就相关问题开展协商讨论，形成书面协商意见建议。召开“十二五”规划编制工作的协商座谈会，提出综合建议4条。对县交通局、教育局等7个部门进行了民主评议。

为便于开展活动，并使政协活动取得实效，1987年七届政协二次常委会议协商决定，在委员相对集中的乡镇设立委员活动小组。各委员活动小组不作为一级机构，其活动均直接由县政协委员会统一负责。七届政协共设10个小组。此后，各届政协都根据实际，设立若干个活动小组，分头开展工作。

四 基层民主制度的成功实践

勐腊县的基层民主制度同样经历了一个探索发展的过程。早在1958年易武县就在全县4区25乡选举产生了456名乡人民代表大会代表，并分别召开首届乡人民代表大会，选举产生了25个乡人民委员会，选举乡镇25名，委员165名。后全县行政体制经过多次变革。其中1984年，将原全县9个公社56个大队分设为12个区镇、62个乡及5个乡级镇，并于当年开展设区建乡换届选举工作，直接选举县乡两级人民代表。1987年底进行的区乡体制改革，又将原区公所改为乡镇人民政府，将原乡镇人民政府改为村公所或办事处。1988年2月，全县各乡镇直接选举本届乡镇人民代表554人，召开人民代表大会，选举产生了“区改乡”后的首届乡镇人民政府。1998年《中华人民共和国村民委员会组织法》颁布实施，规定村民委员会是村民自我管理、自我教育、自我服务的基层群众性自治组织，实行民主选举、民主决策、民主管理、民主监督。村民委员会办理本村的公共事务和公益事业，调解民间纠纷，协助维护社会治安，向人民政府反映村民的意见、要求和提出建议。根据这一法规及全州的统一安排部署，2001年，全县进行了“村改委”工作，即将原村公所（办事处）统一改为村民委员会，并由村民直接选举产生主任、副主任及委员，村里重大事项由村民委员会或村民大会讨论决定，真正实现了村民自治，当家作主，由此翻开了全县基层民主制度的新篇章。为不断提高和完善村级组织规范化管理，实现加强党的领导与充分发扬民主、严格依法办事的有机统一，确保村级组织工作制度化、民主化、科学化、规范化，全县广大农村普遍实行了“四议两公开”制度，即村里重大事务和与村民切身利益相关的重要事项，均实行“四议两公开”程序，即村党支部（或总支）会议提议、村“两委”会议商议、党员大会审议、村民大会或村民代表大会决议和决议公开、实施结果公开。村委会每届任期为 3 年，与村支部委员会或总支委员会合称“村两委”。

到 2013 年，全县实行村民自治制度已走过 13 个年头，选举产生了 5 届村民委员会，村民自治制度也在实践中得到不断丰富和发展，并得到全县各族群众的由衷拥护和支持。2013 年上半年，全县进行了村级党组织和第五届村民委员会（简称村“两委”）换届选举。本次换届选举呈现出以下几个特点：一是群众满意度高。村“两委”换届选举过程中党员参与率、村民参与率高，到会参加选举的党员 3429 人，参选率 96. 8%；登记选民数 86850 人，参与投票 82727 人，参选率 95. 3%；村委会一次性选举（另行选举）成功率达 100%，确保了组织意图与村民意愿相一致。二是干部结构进一步优化。选出村党总支委员 268 名，其中女性 55 名；村党总支书记 46 名，其中女性 5 名；副书记 5 名，其中女性 2 名。村委会主任 46 名，其中女性 1 名；副主任 46 名，其中女性 8 名；委员 174 名，其中女性 55 名；村务监督委员会（首次设立，从此“两委”变“三委”）委员 173 名，其中女性 20 名；主任 46 名，其中女性 2 名。大专以上学历 117 名、高中 182 名、初中 402 名，比上届分别增加了 65 名、28 名、72 名，有 184 名村干部交叉任职。三是年龄结构进一步优化。35 岁以下的 249 名，比上届多 62 名，平均年龄 36. 3 岁，比上届年轻 3. 7 岁。四是妇女比例进一步提高。有妇女 139 名，比上届多 20 名。五是少数民族比例进一步提高。村“三委”班子成员中有少数民族 662 名，占总数的 93. 6%。

五　农垦管理体制的建立与变革

出于国家战略安全需要，20 世纪 50 年代末，国家通过屯垦戍边的形式，在西双版纳建立了 10 个国营橡胶农场，其中勐腊县境内有勐腊农场、勐捧农场、勐满农场和勐醒农场 4 个农场。截至 2013 年底，勐腊垦区共有土地面积 87. 4 万亩，其中橡胶面积 56. 4 万亩（开割 48. 6 万亩中幼林

7.8万亩)，农田0.21万亩，鱼塘0.24万亩，“五边”地5.1万亩。年产干胶5万吨，生产总值6亿元。常住人口5.2万人，其中在职职工1.3万人，离退休人员0.97万人。一直以来，上述四大农场均属农垦系统，实行垂直管理。勐腊农垦的主要任务就是屯垦戍边和建立国家天然橡胶产业基地。自创建以来，勐腊农垦为维护边疆稳定、发展地方经济、促进民族团结、推动社会进步等方面做出了特殊贡献。但随着我国改革的不断深入，尤其是社会主义市场经济体制的逐步建立健全，农垦管理体制不顺、机制不活、效率不高等矛盾和问题越来越突出，为适应形势发展，农垦内部也进行了多次体制改革，但矛盾和问题始终没有从根本上得到解决。2009年，云南省委、省政府决定，按照全面建设小康社会和构建社会主义和谐社会的要求，在保持农场国有土地性质不变、企业职工身份不变的前提下，按照“体制融入地方、管理融入社会、经济融入市场”的原则和方向，全面推进农垦管理体制改革。通过此次改革后，全县四大农场由以前的省州农垦局直接管理，改为由勐腊县管理，县上也相应地成立了县农垦局，作为行政主管部门。垦区的橡胶树则全部承包到户，由职工家庭承包经营。改革后，根据新人新办法、老人老办法的思路，四大农场按照乡镇级别配备了干部，设置了相应的管理机构，并对农场领导班子成员进行了场地交流任职。共计下设了35个生产队，372个居民小组。对原农场管理和服务人员，通过采取招录、招聘和竞聘上岗等形式，进行了参公、参事转变共计496人（参公198人，参事298人）。29个医疗机构及582名医务人员也已全部移交地方，进行了“三定”设置和机构更名，选聘了院长，调整配备了班子。学校则在此次体制改革前就已全部移交地方，由地方教育行政部门统一管理。目前，通过体制改革后的勐腊农垦已完全融入地方，成为勐腊经济社会不可分割的重要组成部分。

第三节　民主法制建设

一　民族区域自治政策的实施

民族区域自治制度是我国的一项基本政治制度。虽然勐腊不是民族区域自治县，但作为西双版纳傣族自治州的一部分，一直享受并较好地贯彻执行着党和国家的民族区域自治政策。1951年2月17日西双版纳全境解放，1953 年 1 月 23 日，西双版纳傣族自治区正式成立。1955 年 6 月，根据《中华人民共和国宪法》，自治区第二届人民代表大会改西双版纳傣族自治区为西双版纳傣族自治州，并下辖版纳勐腊、版纳易武等 5 个县级版纳。经过多年实践，结合西双版纳实际，1987 年 9 月 8 日，云南省西双版纳傣族自治州第七届人民代表大会第一次会议审议并通过了《西双版纳傣族自治州自治条例》（以下简称《自治条例》），后报请云南省第六届人民代表大会常务委员会批准施行。20 年后，根据新形势、新情况、新实际，2007 年 3 月 29 日，西双版纳傣族自治州第十一届人民代表大会第一次会议对《自治条例》进行了修订，并报请云南省第十届人民代表大会常务委员会第三十次会议批准于当年 9 月 1 日起施行。

《自治条例》对西双版纳地区政治、经济、文化等方方面面都作出了明确规定：发展社会主义民主，健全社会主义法制。坚持和完善人民代表大会制度，坚持和完善中国共产党领导的多党合作和政治协商制度，坚持和完善民族区域自治制度，实行依法治州。加强基层政权和城乡自治组织建设，保障各民族公民参与国家事务、社会事务和经济文化事业的管理。维护和发展平等、团结、互助的社会主义民族关系，禁止对任何民族的歧视，禁止破坏民族团结和制造民族分裂的行为。坚持从实际出发，科学规划和管理自治州的经济建设事业。合理调整和完善经济结构，大力发展非公有制经济，促进资源优势向经济优势转化。自治州内各民族都有使用和发展自己的语言文字的自由，都有保持或者改革自己的风俗习惯的自由，保障各民族公民有宗教信仰自由。任何国家机关、社会团体和个人不得强制公民信仰宗教或者不信仰宗教，不得歧视信仰宗教的公民和不信仰宗教的公民。自治州人民政府所属工作部门的正职或者副职成员中，至少配备一名傣族或者其他少数民族干部。其他工作人员中，应当逐步做到少数民族干部与其人口所占比例相适应。自治州的国家机关在执行职务时，可以分别或者同时使用傣、汉两种语言文字，也可以使用其他当地少数民族的语言。自治州的国家机关、事业单位的公章、牌匾、文件头应当同时使用傣、汉两种文字。自治州人民法院和人民检察院保障各民族公民有使用本民族语言文字进行诉讼的权利。对于不通晓傣、汉语言文字的诉讼参与人，应当为他们提供翻译。自治州的国家机关、事业单位在配备领导干部和录用工作人员时，应当合理确定傣族和其他少数民族的名额和比例，并适当放宽任职和录用条件。自治州内隶属于上级的国家机关、事业单位在录用、聘用人员时，应当主要在自治州内招收，并优先招收本地少数民族人员。大力培养各民族干部和专业技术人才。重视培养当地少数民族干部和妇女干部。加强民族工作，在各民族干部群众中进行民族政策和民族团结教育，提倡各民族干部群众互相尊重、互相信任、互相帮助、互相学习，共同团结奋斗，共同繁荣发展。在处理涉及自治州内各民族特殊问题时，必须与他们的代表充分协商，尊重他们的意见。并规定每5年召开一次民族团结进步表彰会。将每年9月确定为民族团结进步宣传月，每年1月23日确定为自治州建州纪念日，全州放假3天。傣历新年——“泼水节”定为法定节日，全州放假3天。除《自治条例》外，西双版纳州人民代表大会还制定了《澜沧江保护条例》《古茶树保护条例》等单行条例14部。

勐腊县在执行《自治条例》及各单行条例过程中，不仅很好地执行了条例条文规定，而且还吃透了条例精神，在很多方面都有创新和发展。如虽然不是傣族自治县，但由于傣族是全县的主体民族，人口超过全县总人口的1/3，所以组织部门在配备干部时，一般都要在县党政主要领导中配备1名傣族干部，县法院院长也一般由傣族干部担任。在县委、人大、政府、政协班子配备时，统筹兼顾，充分考虑到勐腊县的民族结构，傣族、哈尼族、彝族、瑶族4个主要的少数民族都要配备一定的比例。县直各单位班子中也都配备了至少1名少数民族干部。配备各乡镇领导班子时，也会根据各乡镇民族结构比例配备干部。除全州统一的傣族“泼水节”外，勐腊县还结合实际，由县人民代表大会讨论通过，将哈尼族的“嘎汤帕”节、彝族的“二月八”、瑶族的“盘王节”确定为全县的法定节日。每逢这些节日，本民族干部群众放假2天，其他民族干部放假1天。

几十年的成功实践证明，民族区域自治制度的施行，不仅极大地激发了勐腊各族干部群众的政治热情和民主意识，而且还有力地促进了全县经济的发展、社会的跨越、民族的团结和边疆的巩固。

二 法制建设

由于勐腊县地处边境，与老挝、缅甸两个国家接壤，与泰国毗邻，尤其是邻近“金三角”地区，国境线长达707千米。一直以来，历届党委、政府始终把边境维稳和全县的社会治安综合治理工作作为全县工作的重点之一，切实维护了边疆的稳定、社会的和谐。党的十一届三中全会后，随着我国改革开放政策不断向沿边和内陆推进，尤其是中国—东盟自由贸易区建设和 GMS 合作的深入推进、中国面向西南开放重要“桥头堡”战略的全面实施，不仅大大提升了勐腊县对外开放的水平，有力地促进了边疆经济的发展，同时也给边境维稳和社会治安带来了巨大的挑战。为此，县委、县政府切实把综治维稳各项措施纳入“五位一体”的总体布局中统一部署、科学谋划、整体推进。紧紧围绕中心工作，将社管综治维稳和“平安建设”“法治建设”工作作为维护稳定、促进和谐、服务发展的有效载体和重要抓手，扎实推进全县边境安宁和社会和谐稳定。

（一）综治维稳方面

以构建“和谐勐腊”为目标，统筹抓发展保稳定，把化解社会矛盾摆在全县发展改革稳定大局中来定位，坚持预见在前、谋划在前、防范在前、解决在前。以建设“平安勐腊”为载体，认真解决人民群众反映最强烈、最关心的问题，解决影响社会和谐稳定的突出问题，狠抓各项工作的落实，促进全县社管综治、边境维稳工作全面推进。一是层层建立了由党组织主要负责人任组长的综治维稳工作领导小组并签订了工作责任制；二是建立了由县联席会议牵头，全方位、多手段、多途径的多元化矛盾纠纷调解机制，建立了联合接访、联防联调、捆绑解决诉求等多部门统筹协调化解机制，运用法律、经济、教育、政策等多种措施，解决重点矛盾和疑难积案，最大限度减少不稳定因素；三是建立健全了领导干部信访制度，定期接访制度、领导干部包案等制度，通过将包案制度定人、定岗、定责、定时，有效推进了全县对矛盾纠纷的化解调处力度。强化信访化解工作，开展领导干部定期接访、机关干部大下访活动，畅通拓宽了信访渠道，保障了信访人员的权益。群众诉求机制的畅通，有力地促进了社会的和谐稳定。

（二）平安、法制建设情况

勐腊县一直都重视平安和法制建设。2005 年勐腊县启动“平安县”创建工作，并于当年就通过省委、省政府的考核，被命名为云南省“平安县”，2009 年，又被授予“先进平安县”称号。近年来，按照省州要求，勐腊县切实把平安建设和法治建设纳入“五位一体”总体布局，并结合勐腊实际，以创建“平安勐腊、法治勐腊、和谐勐腊”为目的，统一部署、科学谋划、整体推进，深入开展了“平安校园”“平安林区”

“平安旅游”“平安医院”“平安通道”“平安边境”“平安社区”等系列活动，并收到了显著的成效。一是不断加大宣传力度。在旅游景区、宾馆、公交车、班线车、出租车等公共场所和交通工具上粘贴宣传标语；利用县城街面电子广告牌，24 小时滚动播放平安建设和法治建设的内容；利用电视、勐腊手机报等宣传平安建设和法治建设的内容；协调中国移动勐腊分公司，利用手机信息向广大手机用户宣传平安建设和法治建设，在重要路段和醒目位置悬挂大型宣传画等。二是持续开展平安建设和法治建设进基层活动。由县委、政法委组织，团县委牵头，县法院、县公安局、县司法局、县农垦局、县卫生局、县文体局等部门参加的平安建设和法治建设宣传队，深入全县各个乡镇、农场生产队开展宣传活动。活动以现场发放宣传单（册）、展示宣传图片、现场讲解等形式向龙林生产队的职工群众进行了生动、活泼的宣传。三是根据突出矛盾和重点问题，及时开展专项整治活动。如根据勐腊特殊的地理位置，与老挝、缅甸山水相连，国境线长，口岸通道多，边境一线无天然屏障，又临近世界最大的毒源地之一“金三角”地区，加之澜沧江—湄公河航线和昆曼大通道的全线贯通，人流物流增多，禁毒形势严峻等实际，公安机关坚持“四禁并举，堵源截流，严格执法，标本兼治”和禁毒人民战争的工作方针，结合实际，积极开展禁毒工作，取得了巨大成效。四是开展“拥军爱民”“爱民固边”活动。勐腊县国境线长，维护边境安全稳定任务十分繁重。但历届党委、政府和全县各族人民与驻县军警之间，民拥军，军爱民，军民团结一条心，共同维护着祖国边疆的安宁，共同书写着壮美的诗篇。自 1992 年开展“双拥模范县”创建活动以来，勐腊县一直是云南省“双拥模范县”，1998 年和 2003 年，还两次荣获全国“双拥模范县”称号。此外，该县还广泛开展了军民、警民共建活动，开展了“爱民固边模范县”“爱民固边模范乡（镇）”“爱民固边模范村”创建活动，涌现出一大批拥军爱民的先进集体和个人。

第四节　问题与思考

新中国成立以来，尤其是党的十一届三中全会以来，勐腊县在政治文明建设中取得的成绩是巨大的，但存在的突出问题也不容忽视，需采取切实有效措施，抓紧研究解决。

一　干部素质依然偏低，干部结构有待进一步改善

改革开放以来，勐腊县的公务员队伍素质有了大幅提升，尤其是学历结构明显改善，大专以上学历超过90%。《公务员法》出台后，新招录的公务员基本上具有本科以上文凭。但存在的问题也不能忽视。一方面，虽然学历结构明显改善，但与沿海发达地区相比，干部思想观念依然较为保守，开拓精神和创新能力普遍不足，高素质的专业人才严重缺乏，这已成为制约勐腊县跨越式发展的最大障碍。另一方面，在广大农村，基层干部文化素质普遍较低，专业水平明显不足。村“三委”成员中，大专以上文化程度的不足20%（即便是大专文凭也基本上是靠函授学习获得的），小学文化占有相当比重。更让人忧虑的是由于自然条件的优越，橡胶、茶叶等经济作物价格的上扬，广大农村普遍流行新一轮的读书无用论。有的地方还流传“正科副科不如有橡胶树几棵，正处副处不如有茶园几处”。认为读书没有太多用处，只要有小学文化就可以了，关键是要会采茶、会割胶、会干农活。所以，到初中阶段辍学现象非常突出、非常普遍。以至于全国平均受教育年限已超过9年，而勐腊县还不足7年。这一问题若得不到妥善解决，将成为制约勐腊县可持续发展的瓶颈。

二　农垦改革任重道远

推进农垦管理体制改革，是大势所趋。通过几年的改革，基本实现了“体制融入地方、管理融入社会、经济融入市场”和“属地管理、产权到场、承包到户”，以及垦区普遍就业、职工普遍增收、垦区社会大稳定的目标，改革赢得了垦区绝大多数干部职工的衷心拥护。但改革付出的代价也是沉重的，原有的推行了几十年的较为完善的管理体制被彻底否定，而新的管理体制尚不健全，解决“带地进场”人员倾斜政策困难巨大，实现“应包尽包”和“双百”目标阻力重重，生产管理力度明显下降，职工思想异常活跃，群体性上访此起彼伏，垦区维稳形势严峻。这些问题若不能及时稳妥解决，将会直接影响到全县经济社会的稳定和发展。

三　边境维稳形势严峻

随着国际形势的发展变化，西方敌对势力加紧了对我国的围堵、遏制和渗透。由于勐腊县特殊的地缘关系，随着中国—东盟互联互通水平的不

断提升，GMS 合作和中国—东盟自由贸易区建设的深入推进，中国面向西南开放重要“桥头堡”战略的全面实施，对外经贸文化交流越来越频繁，边境维稳形势面临巨大挑战。境外敌对势力利用民族、宗教等对我国进行文化渗透问题较为突出；毒品走私和吸毒贩毒等违法犯罪呈上升趋势，禁毒防艾形势不容乐观；随着流动人口的大幅增长，尤其是口岸和通道越来越便利，进出境人员增长迅猛，使“路不拾遗，夜不闭户”的淳朴民风受到巨大冲击，给社会治安和边境维稳带来严重影响。

第二章

经济发展的世纪跨越

党的十一届三中全会后，改革开放激发了各族群众发展生产的积极性，勐腊县经济得到快速发展，人民生活水平由温饱步入总体小康。通过实施“十五”计划、“十一五”规划、“十二五”规划，特别是国家各项帮扶政策对经济发展的推动，勐腊县经济社会得到前所未有的跨越式发展。进入21世纪，国家实施西部大开发战略和“兴边富民工程”行动计划，为勐腊经济发展带来了机遇。

第一节　21世纪以来的经济发展战略

跨入21世纪，面对经济发展外部环境变化和国家区域发展战略的定位，为勐腊发展创造了千载难逢的发展机遇。勐腊县及时调整经济发展战略，加快基础设施建设，增强经济发展后劲；巩固壮大提升传统支柱产业，培育壮大新兴产业；对应国家、云南省战略规划，调整产业布局，使该县经济发展战略更为切合实际，也更为科学。

一　21世纪以来勐腊县面临的发展机遇

国家实施西部大开发战略和“兴边富民工程”行动计划，为勐腊发展创造了千载难逢的发展机遇。按照中央的总体部署，从2000年1月起，实施西部大开发战略。第一阶段奠定基础阶段，从2001年到2010年已顺利实施，该阶段重点是加强基础设施、生态环境、科技教育等基础建设。勐腊是国家实施西部大开发战略受益较多的县之一，建成了小磨高等级公路和县际油路改造工程，全面提升了全县公路等级；实施了澜沧江航道整治；教育基础设施极大改善；退耕还林、封山育林、天保工程成效显著，生态环境得到进一步改善。第二阶段加速发展阶段，从 2011 年到 2030 年，重点是巩固提高基础，培育特色产业，实施经济产业化、市场化、生态化和专业区域布局的全面升级，实现经济增长的跃进。第三阶段现代化阶段，从 2031 年到 2050 年，在一部分率先发展地区增强实力，融入国内国际现代化经济体系自我发展的基础上，着力加快边远山区、落后农牧区开发，普遍提高西部人民的生产、生活水平，全面缩小差距。

国家实施建设面向西南开放的重要“桥头堡”战略带来的机遇，2009 年胡锦涛总书记视察云南时提出，要把云南建设成为中国面向西南开放的重要“桥头堡”。2011 年国务院出台《关于支持云南省加快建设面向西南开放重要桥头堡的意见》，把云南“桥头堡”战略定位为：我国向西南开放的重要门户；我国沿边开放的试验区和西部地区实施“走出去”战略的先行区；西部地区重要的外向型特色优势产业基地；我国重要的生物多样性宝库和西南生态安全屏障；我国民族团结进步、边疆繁荣稳定的示范区。确立了到 2015 年和 2020 年的发展目标。随着“桥头堡”建设的全方位推进，全省开放氛围将进一步浓厚，产业外向度将进一步提高，通道基础设施将进一步完善，与周边国家的全面交流将进一步深化。这一开放战略的实施必将为处于“桥头堡”前沿的勐腊县带来新一轮的发展机遇。为此，勐腊县也根据《云南省加快建设面向西南开放重要桥头堡总体规划》和《西双版纳州桥头堡建设规划行动方案》制定了 2012—2020 年《勐腊县加快建设面向西南开放重要桥头堡总体规划》。提出了勐腊县“桥头堡”建设的战略定位和重点任务，从基础设施建设、区域布局、开放合作、产业发展、生态建设、和谐边疆等方面做出了部署和安排。该项目建成后，将对勐腊经济社会跨越式发展起到极大的推动作用。

二　经济发展战略及其调整

进入 21 世纪后，面对发展的机遇和科学发展观确立后国家经济发展战略的调整，勐腊县在制定和实施“十五”计划、“十一五”规划、“十二五”规划中，及时调整了发展思路，确立了新的发展战略。

勐腊县制定的国民经济和社会发展第十个五年计划（2001—2005 年）的总体思路是：“抓住西部大开发的历史机遇，围绕建设连接东南亚国际水陆大通道的目标，充分发挥‘区位条件优势、自然资源丰富、民族风情独特’三大优势，打牢基础设施、基础教育、基础产业，大力发展生物经济、口岸经济和旅游经济。”具体来讲，“加快以国际水陆大通道为重点的基础设施建设；巩固提高粮、胶、糖、茶传统支柱产业，积极培育以柚木、野生蔬菜、香料、中草药为主的生物经济；发展壮大以边境贸易和边境旅游为一体的口岸经济；加快实施内外开放战略，以磨憨边境贸易区和关累口岸为重点，加快对外开放步伐。”①

按照这一发展思路目标，勐腊县确定了其后五年的重点任务：加快经济结构战略性调整，促进国民经济快速增长，北部山区着重扶持发展畜牧业、茶叶、生物创新产业；中部加强小城镇建设，开辟档次高、规模大的旅游景点景区，大力发展旅游业；南部加快发展口岸经济，参与开发磨憨边境贸易区；围绕大通道建设，沿线建立各具特色的经济区域、经济带。夯实农业基础地位，全面发展农村经济，重点建设大沙坝水库、山区“五小”工程。以西部大开发为契机，加快以交通为重点的基础设施建设。发挥区位优势，加快对外开放和旅游业发展步伐，加快勐腊口岸体系建设，重点规划建设勐腊县城、磨憨边境贸易区、关累口岸。积极发展特色旅游，重点规划建设西双版纳望天树生态雨林公园、勐仑旅游度假区。

“十一五”时期是我国转变经济增长方式，促进国民经济转入全面协调可持续发展轨道的关键时期。在此背景下，勐腊县制定的国民经济和社会发展第十一个五年计划（2006—2010 年）明确经济社会发展的基本思路是：“围绕一个目标，发挥两大优势，突出三个关键，培育四大产业，抓好五大重点。”② 具体来讲：围绕全面建设小康社会的总体目标，力争到 2020 年与全州同步达到全面小康水平；发挥丰富的资源和独特的区位优势；突出加快产业结构调整，构建大通道经济带，打好扶贫攻坚战三个关键；培育林产品加工业、旅游与民族文化产业、畜牧业与绿特食品加工业、新型工业四大产业；抓好农业产业化、新型工业化、投资规模化、旅游特色化、城镇生态化五大重点。

按照这一发展思路目标，勐腊县确定了其后五年的主要任务：加快农业产业结构调整，提高农业综合生产能力，通过采取推进以良种良法为主的农业科技进步，改造提升传统支柱产业，加快发展畜牧业，实施农产品标准化生产等措施来实现。转变经济增长方式，促进产业结构优化升级，为此，提出要加快推进农业产业化经营，以精深加工业为主，促进新型工

① 参见勐腊县人民政府《勐腊县国民经济和社会发展第十个五年计划》，2001 年 3 月。

② 参见勐腊县人民政府《勐腊县国民经济和社会发展第十一个五年计划》，2005 年 12 月。

业化快速发展，以旅游业为主，加快发展现代服务业。通过加快公路、铁路、水运综合交通体系建设，以及水利、口岸、城市基础设施建设，夯实发展基础，增强发展后劲。坚持科学发展观，统筹城乡全面协调发展，为此，构筑以县城为中心，中心镇——一般镇—中心村“一点三线”的小城镇新体系，提出了“一线两域”的产业总体布局新理念。

“十二五”时期，国家把加快转变经济发展方式作为深入贯彻落实科学发展观的重要指标和战略举措，继续实施扩大内需的方针和积极的财政政策，实施新一轮西部大开发、“兴边富民工程”和“桥头堡”战略。依此机遇和已有的基础，勐腊县确立了国民经济和社会发展第十二个五年规划的思路为：按“一条主线、两个片区、三个窗口、四个目标和五个重点”的空间布局谋划勐腊发展，即以昆曼公路、泛亚铁路大通道经济带为主线；以普洱茶加工、畜牧业及特色种养殖业为主的北部经济片区和以粮食、橡胶即第三产业为主的南部经济片区；以实施“桥头堡”战略为依托，提升磨憨口岸、关累码头和勐满通道三个对外开放窗口；打造天然橡胶生产加工基地、普洱茶生产加工基地、中国面向西南“桥头堡”前沿阵地和热带雨林生态休闲度假旅游胜地；加快以县城为中心，勐仑旅游小镇、易武旅游小镇和勐捧中心镇、关累中心镇为重点的城镇化建设。①

按照这一发展思路目标，勐腊县确定了其后五年的主要任务：采取调整农业产业布局、优化农业结构、提升传统支柱产业、加强农业产业化经营、加快农产品质量保证体系和安全体系建设等措施，以此加快现代农业建设；提出加快传统优势工业改造提升，促进资源开发型工业逐步向新型工业转变，探索具有地域特色的“桥头堡”新型工业化路子；加快交通网络和城镇化建设；加快旅游胜地建设；加快现代物流体系建设。

上述“十五”“十一五”和“十二五”经济发展思路和发展的重点任务的变化，反映了进入21世纪以来勐腊县经济发展战略调整的轨迹。“十五”时期的经济发展战略，反映了这一时期勐腊县经济处于增强产业基础和基础设施阶段，突出表现在：一是提升传统产业和培育新兴产业，寻求工业发展新领域，探索“引进来”与“走出去”相结合的对外开放战略，反映了勐腊县正处于扩张经济总量、夯实发展基础，把资源优势转化为经济优势的时期；二是抓住西部大开发机遇，争取国家资金扶持，加

① 参见勐腊县人民政府《勐腊县国民经济和社会发展第十二个五年计划》，2010年12月。

快交通、农田水利、市政、教育、文化等基础设施建设，反映出勐腊县这一时期经济发展的重心仍处于增强基础阶段。

经过“十五”计划的顺利实施和目标任务的完成，进入“十一五”时期，勐腊县经济发展战略出现重大变化，反映了转变经济增长方式，促进产业结构优化升级这一主题。突出表现在：一是经济发展定位更加明确，提出把勐腊县建成中国通向东南亚的重要口岸县和对外贸易加工区；民族风情浓郁的绿色生态旅游县；天然橡胶和普洱茶的重要生产基地。二是把旅游业和口岸贸易作为经济发展的战略重点，更加突出了勐腊的特色旅游资源优势和地缘区位优势，这也是“十五”时期探寻经济新增长点的结果。三是明确了以资源精深加工、循环利用、延伸产业链的工业发展理念，更加突出了工业发展与合理利用资源、保护生态环境相结合。

2011 年，《国务院关于支持云南省加快建设面向西南开放重要桥头堡的意见》出台，由于“桥头堡”战略实施，“十二五”时期，勐腊县经济发展战略做了一些调整，即建设昆曼公路、未来泛亚铁路大通道经济带，更加明确了境内各片区的发展功能定位。这一经济发展战略的调整符合时代要求，符合勐腊发展实际，是一个值得称道的战略定位。

第二节　21 世纪以来的经济增长及结构变化

进入 21 世纪以来，有“九五”期间打下的良好基础，加上国家实施西部大开发战略、“兴边富民工程”和“桥头堡”战略，勐腊县年均经济增长率保持在 9%以上，总体上保持平稳较快发展。同时，顺应国家宏观政策调整，地方政府因地制宜的实施，各个时期的经济增长表现出不同特点。

一　“十五”期间的经济增长及结构变化

（一）“十五”期间经济总体情况

勐腊县在“十五”计划中提出的经济增长目标为：国内生产总值到 2005 年达到 15 亿元，年均递增 8%；地方财政收入 9100 万元，年均递增 6%，支出 15000 万元，年均递增 4.44%；对外贸易额达 10 亿元，年均递增 8%；全社会固定资产投资累计 20 亿元，年均递增 10%；社会消费品零售总额 3.79 亿元，年均递增 6%，接待国内外旅游者 120 万人次，年递增8.16%，旅游综合收入1.6亿元，年均递增8.28%。[①]

这一计划的执行结果如表2-1所示：

表2-1 勐腊县"十五"计划主要经济指标完成情况 单位：亿元,%

	GDP	年均增长	财政收入	年均增长	对外贸易额	年均增长	消费品零售总额	三次产业结构比
2000年指标	11.13		0.68		6.9		2.83	50∶15∶35
"十五"计划数	15	8	0.91	6	10	8	3.79	46∶16∶38
实际完成	19.72	9.7	0.59		12.5	12.6	4.7	46∶21∶33

勐腊县的各项主要经济指标都呈现出逐年增加的态势。第一产业所占比例下降，农业内部农林牧渔结构调整取得成效，畜牧业和冬季农业开发成为农民增收亮点。第二产业比例上升较快，主要是矿业开发带来的。第三产业保持平稳发展。2005年接待游客人数101.7万人次，旅游业发展增速不明显，主要受制于县际缺乏高等级公路的影响。人民生活水平基本进入小康，全县农民人均纯收入2021元，年均递增1.7%，城镇居民可支配收入6790元，年均递增4.5%。扶贫攻坚成效显著，"十五"期间共投入各项扶贫资金1.6亿元，全县3803个贫困人口、1800户特困户告别了茅草房、杈杈房，解决和巩固了农村3.45万贫困人口的温饱问题。

相比"九五"时期，勐腊县"十五"期间经济增长的主要特点为：一是拉动经济增长主要靠投资，投资成为拉动经济增长的引擎，全社会固定资产投资总额5年累计完成30亿元，比"九五"期间增加13.3亿元，年均增长39.7%；二是开发与保护并举，这一期间全面实施了天然林保护和退耕还林工程，森林覆盖率由64.9%提高到72.4%，实现了经济发展和生态环境质量双提高。

（二）"十五"期间经济结构变化

"十五"时期，是勐腊县经济结构调整初见成效的时期，产业结构、所有制结构等主要经济结构指标都显现出整体经济量和质都有所提升（见表2-2）。

从产业结构调整方面来看，长期以来，由于勐腊县是传统的农业大

① 参见勐腊县人民政府《勐腊县国民经济和社会发展第十个五年计划》，2001年3月。

县、工业小县、财政穷县，第一产业增加值占国内生产总值的一半以上，第二、第三产业发展严重滞后。在"十五"期间，第二、第三产业增加值年平均增长速度快于第一产业增长速度，具体表现为：第一产业年均增长速度为 9.53%，第二、第三产业年均增长速度分别为 11% 和 10.2%，第二、第三产业拉动经济增长的作用初步显现。第一、第二、第三产业的比重由"九五"末的 50：15：35 调整为 2005 年的 48：17：35。

表 2-2　2000—2005 年勐腊县产业结构的变化

年份	国内生产总值（亿元）	人均国内生产总值（元）	第一产业增加值（亿元）	第二产业增加值（亿元）	第三产业增加值（亿元）
2000	11.1	5707	5.6	1.66	3.87
2001	11.6	5961	5.5	1.73	4.45
2002	12.5	6342	5.9	1.67	4.91
2003	14.6	7318	6.4	1.69	5.28
2004	16.5	8112	7.7	1.99	5.47
2005	19.5	9612	8.5	2.81	6.29

资料来源：勐腊统计局编：《勐腊统计年鉴（2005）》，2016 年 11 月，第 263 页。

产业结构发生这一变化，主要是因为"十五"时期勐腊县坚持调优第一产业，调强第二产业，调快第三产业的方针，采取提升四大传统产业，培育壮大新兴产业，加快以矿业开发为龙头，推动新型工业发展等措施，完成了勐捧糖厂、勐腊糖厂等 4 户企业的改制工作，拉动了工业经济发展，特别是勐腊矿山的开发，使勐腊工业生产保持较快发展速度。2004 年工业增加值达 9582 万元，比 2000 年增长 2.5 倍，年均增长速度达 25.8%。抓住国家实施西部大开发的机遇，勐腊交通等基础设施得到改善，引进资金改造提升了望天树景区，促进了旅游、对外经济贸易的发展，带动了与此相关的其他服务业的发展。

在所有制结构方面，非公有制经济快速发展，成为勐腊县经济的主要组成部分。至"十五"末，① 全县共有非公经济 5096 户，比 2000 年增加 2287 户；注册资本 19692 万元，比 2000 年增长了 60.09%；实现销售收入 38841 万元，比 2000 年增长 95.7%；经济总量实现增加值 58321 万元，比 2000 年增加了 35143 万元；上缴税金 4236 万元，占全县税收总额 9994

① 参见勐腊统计局编《勐腊统计年鉴（2000）》《勐腊统计年鉴（2005）》。

万元的42.39%；从业人员12351人，比2000年增加了6010人。相应地，公有制经济占国内生产总值的比例总体上是递减的态势，由2000年的81%降为2005年的52%。这一变化，表明“十五”期间，勐腊县的非公有制经济发展速度超过了公有制经济的发展速度。

“十五”期间勐腊县非公有制经济发展速度超过公有制经济，一方面是由于一些国有企业在股份制改造和重组中，部分股权被民营经济成分购买；另一方面是因为县政府制定出台了大力发展非公经济参与国企改革、财政金融扶持、税收适当照顾以及保护非公经济合法权益等各项优惠政策，营造了有利于加快非公经济发展的良好环境。

二　“十一五”期间的经济增长及特点

（一）“十一五”期间经济总体情况

勐腊县在“十一五”规划中提出的经济增长目标为：[①] 国内生产总值到2010年达到33亿元，年均递增10%；地方财政收入突破1亿元，年均递增11.3%；对外贸易总额达到25亿元，年均递增15%；全社会固定资产投资累计完成75亿元，年均递增1%；社会消费品零售总额7.6亿元，年均递增10%；非公有制经济增加值占GDP的比重为55%；森林覆盖率达73.3%；城镇居民人均可支配收入为9977元，年均增长8%，农民人均纯收入3000元，年均增长8.2%。

这一计划的执行结果如表2-3所示：

表2-3　勐腊县“十一五”规划主要经济指标完成情况　单位：亿元，%

	GDP	年均增长	财政收入	年均增长	对外贸易额	年均增长	消费品零售总额	三次产业结构比
2005年指标	19.72	9.7	0.59		12.5		4.7	46：21：33
“十一五”规划数	33	10	1	11.3	25	15	7.6	40：20：40
实际完成	39.2	11.4	2.27	31.4	37	39.2	10.49	42：20：38

“十一五”时期，勐腊县经济社会发展取得显著成就，出色完成了各项经济指标。GDP比“十五”末增长近1倍，超规划年均递增10%预期目标的1.4%，第二、第三产业增加值明显。全社会固定资产投资总额累

① 参见勐腊县人民政府《勐腊县国民经济和社会发展第十一个五年计划》，2005年12月。

计完成数比“十五”时期增长 2 倍，城镇居民人均可支配收入增长 63.5%，农民人均纯收入增长 81.2%，地方财政收入增长 2.9 倍。争取国家扶贫资金 1.85 亿元，巩固和解决了 3.1 万贫困人口温饱问题，贫困人口比“十五”时期减少 1.2 万人。

相比“十五”时期，勐腊县“十一五”期间经济增长的主要特点为：一是各项经济指标增速明显加快，这一时期橡胶、茶叶支柱产业产品价格上涨明显，农民收入得到大幅度提高，有些指标成倍增长，反映出经济发展后劲增强。二是受发电量、铁矿石、食糖、精制茶行业产量增长率 45%以上影响，拉到工业总产值比 2005 年增长 2.3 倍，也带来了地方财政收入近 3 倍的增长。三是地方财政一般预算收入出现超常规增长，由 2005 年的 0.59 亿元增加到 2010 年的 2.27 亿元，地方财力得到了加强。

（二）“十一五”期间经济结构变化

在产业结构变化方面，“十一五”时期，第二、第三产业年平均增长速度仍快于第一产业增长速度（见表 2-4），具体表现为：[①] 第一产业年均增长速度为 8.4%，第二、第三产业年均增长速度分别为 13.7% 和 14.0%，第二、第三产业仍处于快速发展时期，显示出强劲的发展势头。第一、第二、第三产业比重由“十五”末的 48：17：35 调整为 2010 年的 41：22：37，第一产业比重下降 7 个百分点，第二、第三产业比重分别上升 5 个和 2 个百分点。

表 2-4　　2005—2010 年勐腊县产业结构的变化

年份	国内生产总值（亿元）	人均国内生产总值（元）	第一产业（亿元）	第二产业（亿元）	第三产业（亿元）
2005	19.51	7801	9.34	3.29	6.88
2006	24.5	9671	11	5.7	7.8
2007	27.7	10825	12.7	6	9
2008	30.9	11954	13	6.5	11.4
2009	34.7	13379	14.3	7.5	12.9
2010	39.2	14474	15.9	8.1	15.2

① 参见勐腊统计局编《勐腊统计年鉴（2010）》。

“十一五”时期，勐腊县的第二、第三产业能够保持较快增长，突出表现在工业经济和现代服务业的突飞猛进。以食糖、铁矿石、发电、水泥为代表的工业经济总量迅速扩张，主导地位进一步加强。2010 年全县完成工业增加值 5.66 亿元，比 2005 年增长 1.5 倍，年均增长 17.2%，工业占全县经济总量的比重达 14.4%，比 2005 年提高 4.9 个百分点。“十一五”期间工业对全县经济增长的贡献率达 8.6%，成为支撑全县经济快速增长的主导力量。在第三产业中，除传统的交通运输、仓储等仍保持快速增长外，以房地产、金融保险业为代表的现代服务业也快速崛起，占第三产业的比重分别为 5% 和 14.1%，成为勐腊县第三产业经济增长的新亮点。2010 年实现第三产业增加值 15.2 亿元，比 2005 年增长 1.1 倍，年均增长 14%，比“十五”年均增速加快 3.8 个百分点。工业和服务业在县域经济发展中的主导作用进一步增强。

在所有制结构方面，“十一五”时期，勐腊县非公有制经济仍然保持快速发展的势头。所有制结构调整取得积极进展，2010 年，非公经济增加值达到 15 亿元，其中第一产业 1.9 亿元，第二产业 3.6 亿元，第三产业 5.5 亿元。上缴税金 2.3 亿元，从业人数达到 2.5 万人，全县非公有制经济占 GDP 的比重从 2005 年的 27.8% 提高到 46.9%，提高 19.1 个百分点。随着个体私营企业的不断增多，非公经济成为拉动全县国民经济持续、快速、健康发展的重要力量。相应地国有经济占国内生产总值的比例仍不断下降，由 2005 年的 52% 降为 2010 年的 41.4%。这一变化，表明“十一五”期间，勐腊县非公经济发展速度仍然快于公有制经济发展速度，显示出经济发展的强大活力。

“十一五”期间勐腊县非公有制经济能够实现跨越式发展，一方面，是由于胶、糖、茶等主要产品市场价格有较大回升，企业增产增收，也带来了当地财政收入的稳步增长。对外贸易和旅游业快速增长，是拉动非公经济第三产业增长的重要引擎，2005 年全县对外贸易仅 1.52 亿美元，到 2010 年达 7.94 亿美元，比 2005 年增长 4.2 倍，年均增长 39.2%。随着对外开放的进一步扩大，旅游人数逐步增加，2010 年接待国内外旅客 190.8 万人次，年均增长 13.4%，比“十五”年均增速加快 8.8 个百分点，实现旅游总收入 12.93 亿元，年均增长 62%，比“十五”年均增速加快 60.4 个百分点。另一方面，以昆曼公路的开通为代表的交通基础设施建设，极大地拉动了人流、物流、资金流的快速增长，给非公经济发展带来了更加广阔的投资空间。

三　“十二五”初期的经济增长及特点

（一）“十二五”初期经济总体情况

勐腊县在“十二五”规划中提出的经济增长目标为：[①] 国内生产总值到2015年达到70亿元，年均递增12%；地方财政一般预算收入达到3.8亿元以上，年均递增11%；全社会固定资产投资总额达到30亿元以上，年均递增10%，五年累计投资总量达150亿元以上，力争翻一番；社会消费品零售总额达到24亿元左右，年均递增18%；边境贸易总额达到20亿元左右，年均递增20%；旅游综合收入达到26亿元左右，年均递增15%；森林覆盖率达到86.6%；城镇居民人均可支配收入达到17800元以上，年均递增10%，农民人均纯收入达到6200元左右，年均递增11%；贫困人口生产生活条件得到明显改善，到“十二五”末，力争解决1.5万贫困人口的温饱问题。

至2013年，“十二五”已过半，受全球金融危机深度蔓延影响，全国宏观经济形势仍然严峻，特别是橡胶价格的持续下降，严重影响了勐腊县经济社会发展。但勐腊县的经济增长仍保持了良好势头。

总体来看，“十二五”计划实施的前三年，全县经济社会稳步发展，年均经济增长率虽有波动，但仍保持在9%以上的速度。从各行业看，以旅游业为主导的第三产业在转型升级中尤为突出，[②] 全年接待国内外游客315.99万人次，旅游综合收入由2010年的12.9亿元增加到2013年的25.1亿元，增长了近1倍，主要得益于植物园和望天树成功创建国家5A级和4A级景区，勐远仙境旅游景点开放等。工业产值下滑，2013年工业总产值8.8亿元，同比下降13.7%，地方财政总收入同比下降2.5%。城乡居民生活水平提高较快，城镇居民人均可支配收入由2010年的11099元增加到2013年的15908元，增长43.3%，农民人均纯收入由2010年的3663元增加到2013年的5891元，增长60.8%。[③]

① 参见勐腊县人民政府《勐腊县国民经济和社会发展第十二个五年规划》，2010年12月。

② 参见勐腊统计局编《勐腊统计年鉴（2013）》，2014年3月，第4—5页。

③ 参见勐腊统计局编《勐腊统计年鉴（2010）》《勐腊统计年鉴（2011）》《勐腊统计年鉴（2012）》。

表 2-5 2010—2013 年勐腊县主要经济指标完成情况 单位：亿元，%

	GDP	年均增长	财政收入	年均增长	对外贸易额	年均增长	消费品零售总额	三次产业结构比
2010 年指标	39. 2	11. 4	2. 27	31. 4	37	39. 2	10. 49	42 : 20 : 38
“十二五”规划数	70	12	3. 8	11	135	20	24	39 : 22 : 39
2011 年	47. 3	11	2. 63	15. 7	63. 9	18. 6	12. 5	42 : 19 : 39
2012 年	55. 0	12. 1	2. 91	10. 7	91. 1	42. 7	14. 3	43 : 19 : 38
2013 年	64. 4	9. 0	3. 15	8. 2	164. 6	78. 7	16. 22	44 : 16 : 40

相比“十一五”时期，“十二五”前三年勐腊县经济增长的主要特点为：一是受国际国内环境影响，经济增长下行压力增大，要确保“十二五”规划目标实现，需要做出巨大努力；二是城乡居民收入增速加快，特别是农民纯收入增速高于城镇居民可支配收入，这要由于民营橡胶开割面积增加，以及茶叶生产与加工进入平稳发展，农民从中增收较多；三是与勐腊县区位优势和口岸优势相对应，边境经济贸易实现了跨越式发展，边境经济贸易总额 2012 年比 2011 年增长 42. 7%，2013 年比 2012 年增长 78. 7%，远远高于预期目标。

（二）“十二五”初期经济结构变化

在产业结构调整方面，“十二五”头三年勐腊县的第三产业显示出快速发展趋势，第二产业处于徘徊状态。第三产业增加值由 2010 年的 15. 2 亿元增加到 2013 年的 25. 48 亿元，三年净增 10. 28 亿元。三次产业贡献率分别为第一产业 22. 2%，第二产业 26. 5%，第三产业 51. 3%，其中第三产业拉动地区生产总值增长达 6. 2 个百分点。相比“十一五”末期，“十二五”规划实施 3 年后，勐腊县三次产业结构比由 2010 年的 42 : 20 : 38 调整为 2013 年的 44 : 16 : 40。

表 2-6 2010—2013 年勐腊县产业结构的变化

年份	国内生产总值（亿元）	人均国内生产总值（元）	第一产业（亿元）	第二产业（亿元）	第三产业（亿元）
2010	39. 2	14474	15. 9	8. 1	15. 2
2011	47. 3	16728	20. 3	9. 2	17. 8
2012	55. 01	19323	22. 7	10. 8	21. 67
2013	64. 37		28. 39	10. 5	25. 48

“十二五”实施三年，勐腊县第二产业发展势头减弱，主要原因是2011年以来橡胶、茶叶等主要支柱产业产品市场价格下跌，干胶价格由2010年每千克30多元下降为2013年的十多元，影响了橡胶加工企业的发展。同期第二产业的铁矿石开采量、水泥产量都出现下降，造成了第二产业出现徘徊发展。最引人瞩目的是以旅游业带动的第三产业快速发展，进入“十二五”时期，勐腊县完成了西双版纳热带植物园创建5A级景区、望天树创建4A级景区工作，建设了一批特色乡村旅游项目，开通了跨境旅游项目。这些项目的实施，提升了勐腊旅游知名度和吸引力。2013年，接待国内外游客达到316万人次，旅游综合收入25.1亿元，比2010年增加12.2亿元。旅游业的跨越式发展，有力地带动了第三产业的快速发展。

在所有制结构变化方面，相比“十一五”末期，2011年、2012年、2013年公有制经济和非公有制经济增加值都实现了稳步增长。2013年国有经济增加值达到23.1亿元，比2010年的14.1亿元增加了9亿元，年均增速保持在12%以上。2013年非公经济从业人员2.63万人，非公经济增加值达到28.23亿元，占全县GDP的比重43.9%，比2010年的15亿元增加了13.23亿元，年均增速保持在13%以上，略高于国有经济增速。

进入“十二五”后，勐腊县公有制经济和非公经济保持稳定加快发展，得益于《云南省加快建设面向西南开放重要桥头堡总体规划》的实施，国家在能源、交通、工业、农田水利、扶贫开发、口岸基础设施等方面加大了项目投入。2013年勐腊完成规模以上固定资产投资29.9亿元，比2012年增长了27.23%。“桥头堡”战略的实施，促进了招商引资工作，2012年和2013年分别引进州外到位资金6.98亿元和7.21亿元，带动和促进了相关经济行业的发展，拉动了勐腊县经济的快速发展。

四　各乡镇经济发展情况

勐腊县辖7镇3乡4个农场管委会，即勐腊、勐捧、勐满、勐伴、尚勇等7镇，瑶区、象明、易武3乡，勐腊、勐捧、勐满、勐醒4个农场管委会。2011年6月尚勇镇划归磨憨管委会管理。

勐腊镇于2002年由原勐腊镇和勐腊乡合并而成，地处勐腊县城接合部，属城关镇，是勐腊县政治、经济、文化中心。辖7个村委会，4个社区居委会，还驻有1个国营农场。主体民族为傣族，其他少数民族主要有哈尼族、彝族和瑶族。

该镇支柱产业有粮食、香蕉、甘蔗、冬季农产品和橡胶。

表 2-7　21 世纪以来勐腊镇主要经济指标的变化

年份	农业总产值	农民人均纯收入（元）	橡胶种植面积（万亩）	户籍人口（人）	主要少数民族比例（%）
2000	3427 万元	2227	3.8	①13912	傣族 60.5 哈尼族 24.5 彝族 2 瑶族 3.6
2005	7503 万元		6.2	16421	傣族 61.4 哈尼族 23.7 彝族 4 瑶族 1.5
2010	2.0 亿元	4124	7.5	18079	傣族 59.2 哈尼族 29.0 彝族 1.9 瑶族 1.86
2013	3.96 亿元	6766	9.97	18813	傣族 57 哈尼族 28.6 彝族 3 瑶族 1.8

该镇进入 21 世纪以来，农业生产总值“十五”期间增长 2.2 倍，“十一五”期间增长 2.7 倍，“十二五”头三年增长近 2 倍，经济发展进入快速增长期。该县由于处于县城接合部，来自第二、第三产业的增加值明显高于其他乡镇。历年农民人均纯收入高于全县平均水平，勐腊镇 2013 年农民人均纯收入 6766 元，高于当年全县的平均水平 5891 元。

勐捧镇位于勐腊县城南部，距离县城 42 千米。辖 8 个村委会，其中有 4 个是边境一线村委会。辖区内驻有勐捧、勐满两个国营农场，总人口近 6 万人（农场人口 25000 多人），占全县人口的 1/4，是人口大镇。该镇为傣族、哈尼族、彝族、克木人（布朗族）、汉族等众多民族居住地，主体是傣族。

表 2-8　21 世纪以来勐捧镇主要经济指标的变化

年份	农业总产值	农民人均纯收入（元）	橡胶种植面积（万亩）	户籍人口（人）	主要少数民族比例（%）
2000	6327 万元	2256	8.8	②17367	傣族 52.7 哈尼族 24.9 彝族 5.8
2005	18523 万元		14.1	28819	傣族 45.5 哈尼族 28.8 彝族 6.8

① 数据为原勐腊乡人口。

② 现勐捧镇是 2005 年由原勐捧镇和原勐润乡重组而成，该数据为原勐捧镇数据。

续表

年份	农业总产值	农民人均纯收入（元）	橡胶种植面积（万亩）	户籍人口（人）	主要少数民族比例（%）
2010	5.3亿元	4353	20.2	31362	傣族43.6哈尼族28.7 彝族7.5
2013	6.49亿元	7424	21.06	32336	傣族43哈尼族29 彝族8.3

从全县看，勐捧镇是综合实力较强、较大的乡镇，经济社会发展水平在全县的前列。该镇支柱产业为粮食、橡胶、香蕉和甘蔗，其中橡胶产业为农民收入的重要来源。

勐满镇位于勐腊县城西南部，距县城53千米，是中国通往老挝的重要陆路通道之一。勐满镇地形为丘陵群山，中间为宽谷盆地，土地肥沃，物产丰富，素有“鱼米之乡”之称。该镇辖有三个村委会，驻有一个国营农场即勐满农场。主要世居民族有傣、哈尼、瑶、汉等，傣族和哈尼族是两大主体民族。

表2-9　21世纪以来勐满镇主要经济指标的变化

年份	农业总产值	农民人均纯收入（元）	橡胶种植面积（万亩）	户籍人口（人）	主要少数民族比例（%）
2000	3410万元	2307	7.8	11125	傣族48.4哈尼族34.9 瑶族4.6
2005	6487万元		9.8	12311	傣族45.3哈尼族35.5 瑶族4.4
2010	2.1亿元	4134	11.5	13227	傣族45.3哈尼族34.9 瑶族4.54
2013	3.95亿元	6939	11.67	13583	傣族44.6哈尼族34.8 瑶族4.5

该镇“十二五”头三年，农业产值增长近1倍，反映出经济增长进入较快时期。进出口拉动经济增长具有优势，2011年进出口额达到5274万元，有利于发展外向型经济。已完成勐满口岸经济区总体规划，列入国家“十二五”拟新建口岸，成功引进云锰集团7.5万吨橡胶深加工项目。该镇在乡镇企业发展方面较为突出，上规模的龙头企业有满源胶场，以及外资企业宏大橡胶公司和田房制胶有限责任公司。

勐仑镇位于勐腊县的西北部，是勐腊县的北大门，距离县城69千米，距州府景洪58千米，是勐腊县内引外联的重要交通枢纽。该镇辖4个村委会，主要居住着傣、哈尼、彝、瑶等少数民族，其中傣族是主体民族。

表2-10　21世纪以来勐仑镇主要经济指标的变化

年份	农业总产值	农民人均纯收入（元）	橡胶种植面积（万亩）	户籍人口（人）	主要少数民族比例（%）
2000	3178万元	2274	4.9	13555	傣族56.3 哈尼族22.2 彝族5.0
2005	4389万元		5.3	14053	傣族55.8 哈尼族22.4 彝族5.1
2010	1.4亿元	4026	7.9	15366	傣族55.7 哈尼族22.7 彝族4.5
2013	2.93亿元	6566	12.9	15549	傣族55.4 哈尼族23.0 彝族4.5

勐仑镇由于气候资源、旅游资源丰富，辖区内有著名的旅游景区中国科学院西双版纳热带植物园，五星级安塔纳酒店投入使用，加上民俗整体风貌较好，于2005年被云南省确定为省级旅游小镇建设之一，其战略定位为"大学城""科普城""文化城"。围绕旅游的第三产业发展较为突出，成为拉动该镇经济增长的重要引擎，而且前景较为广阔。

勐伴镇位于勐腊县东北部，距县城38千米，途中18千米处是著名的望天树景区。东北部与老挝接壤，国境线长达94.35千米。全镇辖4个村委会，是一个集边、穷、少和山坝区为一体，以瑶族、傣族为主的半山区乡镇。

表2-11　21世纪以来勐伴镇主要经济指标的变化

年份	农业总产值	农民人均纯收入（元）	橡胶种植面积（万亩）	户籍人口（人）	主要少数民族比例（%）
2000	2998万元	1653	0.8	8816	傣族28.7 哈尼族12.6 瑶族40.4 壮族5.7
2005	3056万元		2.9	10200	傣族24.9 哈尼族14.3 瑶族40.1 壮族5.1
2010	0.77亿元	3260	5.4	11325	傣族24.0 哈尼族19.9 瑶族40.6 壮族4.8
2013	2.61亿元	5093	13.6	11586	傣族23.5 哈尼族20.6 瑶族40.3 壮族4.6

该镇以种植粮食、甘蔗、茶叶、橡胶、冬季作物为农民收入主要来源。由于历史、地理、自然等客观原因，勐伴镇是一个典型的边境民族贫困山区乡镇，2011 年全镇有贫困人口 6313 人（人均纯收入 2000 元以下），占全镇总人口的 58.4%，多年来农民人均纯收入低于全县平均水平，“十二五”以来虽然增长较快，2013 年农民人均纯收入达到 5093 元，但仍低于全县平均水平 5891 元。但未来有一定发展后劲，2010 年后种植的大面积橡胶一旦陆续开割，将成为增加农民收入的重要来源。

关累镇位于澜沧江—湄公河结合的国境线上，地处勐腊县西北部，有中缅国境线 63 千米，中老国境线 11 千米。全镇辖 5 个村委会，驻有农场 64 个连队，居住着以哈尼、傣、瑶等为主的少数民族。该镇是一个幅员辽阔、资源丰富的“边、少、远”地区镇。

表 2-12　　21 世纪以来关累镇主要经济指标的变化

年份	农业总产值	农民人均纯收入（元）	橡胶种植面积（万亩）	户籍人口（人）	主要少数民族比例（%）
2000	2636 万元	1788	8.2	10319	傣族 30.2 哈尼族 51.3 瑶族 9.3
2005	4998 万元		13.1	11952	傣族 28.5 哈尼族 49.2 瑶族 8.8
2010	2.1 亿元	3653	16.7	13055	傣族 25.9 哈尼族 57.1 瑶族 8.5
2013	3.81 亿元	6205	18.69	13482	傣族 25.7 哈尼族 59.6 瑶族 8.4

关累镇进入 21 世纪以来，社会经济实现了跨越式发展，前 10 年农业生产总值增长了近 8 倍，“十二五”的头三年增长了 1.8 倍。2000 年前农民人均纯收入一直低于全县平均水平，进入“十一五”期间，得到大幅度增长，超过了全县的平均值，2013 年达到 6205 元，高于全县的平均值 5891 元。该镇能够保持这样的快速发展，主要得益于大面积种植橡胶，该镇人均橡胶面积排在全县第一位，随着开割面积的逐步增加，农民收入还将有大幅度增长。关累镇辖区有云南省内唯一的水运口岸关累港，是中南半岛腹地和东南亚各国经湄公河进入我国的第一港，是中国与缅、老、泰三国进行经贸交往的重要水路通道，地理位置十分重要。2011 年，关累口岸货物吞吐量达 20 多万吨，货值为 1.6 亿美元。这一优势有利于该

镇改善交通条件，带动加工业和第三产业发展。

易武乡位于勐腊县北部，离勐腊县城90千米，距州府景洪109千米，东与老挝接壤，国境线长达100千米。镇辖6个村委会，主要居住着彝族、瑶族、傣族、苗族等少数民族。易武是西双版纳的革命老区，同时也是中原文化在边疆少数民族地区传承、融合、发展的中心，具有鲜明的地域文化特征，被云南省确定为省级旅游特色小镇和历史文化名镇。

表2-13　　21世纪以来易武乡主要经济指标的变化

年份	农业总产值	农民人均纯收入（元）	橡胶种植面积（万亩）	户籍人口（人）	主要少数民族比例（%）
2000	1193万元	1540	1.2	6963	傣族15.2 彝族20.9 瑶族7.4 苗族7.4
2005	3626万元		2.9	13345	傣族15.5 彝族29.3 瑶族21.2 哈尼族10.9
2010	0.78亿元	2847	9.3	14781	傣族15.7 彝族18.8 瑶族22.8 哈尼族12.6
2013	4.23亿元	4331	9.94	15188	傣族15.7 彝族18.1 瑶族22.5 哈尼族13.6

易武乡是一个集老、少、边、穷为一体的山区乡镇，一直以来，农民人均纯收入低于全县平均值，2010年有贫困人口2700人。主要经济作物为茶叶，由于自然条件所限，橡胶产业较小，且发展较晚。围绕茶叶加工的乡镇企业有较大发展，全乡有七子饼茶叶加工厂52家，其中33家已取得“QS”认证。从事茶业的农户达2795户，占全乡总户数3001户的93%，茶叶收入占农民人均纯收入的70%。由于茶叶受市场波动影响，对农民收入影响较大。近几年来，虽然旅游小镇建设投入较大，旅游小镇软硬件设施得到较大改善，但由于交通条件限制，旅游业带动经济增长还有一定难度。

象明彝族乡位于勐腊县北部，离县城160千米，距州府景洪175千米，是西双版纳州唯一一个彝族乡，也是勐腊县辖区面积最大、距离县城最远的山区乡。乡辖5个村委会，居住着彝族、傣族、瑶族、基诺族等多种少数民族，其中彝族占该乡总人口的55.9%。象明乡是普洱茶的故乡，茶马古道穿境而过，普洱茶古六大茶山中象明境内就有四大古茶山。象明乡还具有丰富的旅游资源，是西双版纳自然资源和人文资源相结合的生态旅游胜地。

表 2-14　21 世纪以来象明乡主要经济指标的变化

年份	农业总产值	农民人均纯收入（元）	橡胶种植面积（万亩）	户籍人口（人）	主要少数民族比例（%）
2000	1840 万元	1594	1.4	9067	傣族 25.5 彝族 55.9 瑶族 7.9 基诺族 4.5
2005	3626 万元		4.9	9710	傣族 24.1 彝族 52.4 瑶族 7.7 苗族 5.4 基诺族 3.2
2010	0.51 亿元	2916	8.2	10067	傣族 23.8 彝族 55.5 瑶族 5.6 苗族 5.7 基诺族 5.1
2013	2.56 亿元	4420	8.99	10546	傣族 22.4 彝族 55.4 瑶族 5.9 苗族 5.8 基诺族 5.2

进入 21 世纪以来，象明乡经济增长较快，特别是“十二五”时期，2013 年农业总产值是 2010 年的 13 倍多。其传统经济作物为粮豆、茶叶、砂仁。“十一五”后，橡胶种植面积扩大，未来将成为农民增收的又一重要来源。第二、第三产业对经济增长的贡献较弱，旅游资源虽然丰富，但由于受地理交通限制，其拉动经济增长还存在较大的困难。全乡农民人均纯收入在全县处于较低位置，贫困人口较多，扶贫攻坚的任务还较为艰巨。

瑶区乡是西双版纳州唯一的瑶族乡，位于勐腊县中部，属于山区乡。乡政府离县城 35 千米，距州府景洪 207 千米。乡辖四个村委会，主要居住着瑶族、哈尼族、彝族、傣族等多种少数民族，其中瑶族占 57.2%。

表 2-15　21 世纪以来瑶区乡主要经济指标的变化

年份	农业总产值	农民人均纯收入（元）	橡胶种植面积（万亩）	户籍人口（人）	主要少数民族比例（%）
2000	1580 万元	1778	0.6	6954	傣族 10.3 哈尼族 14.2 瑶族 57.4 彝族 7.3
2005	2442 万元		2.3	7259	傣族 10.2 哈尼族 14.6 瑶族 59.0 彝族 6.9
2010	0.59 亿元	3248	4.3	7874	傣族 10.6 哈尼族 14.8 瑶族 59.5 彝族 6.9
2013	1.13 亿元	4975	5.51	8318	傣族 9.9 哈尼族 15.2 瑶族 57.2 彝族 7.0

瑶区乡是一山区农业乡，发展种植业优势明显，可开垦的用地较多。

目前，农业形成以粮食、茶叶、橡胶、药材为支柱的产业格局，同时畜牧业、水果、冬季农业等也得到发展。境内有丰富的铁、铜、铅等矿产资源，这些矿产资源品质高、储量大、品种多，已开采的新山铁矿，已成为全乡乃至全县的一大支柱产业，也为当地农民带来了就业岗位。瑶区乡有世界最高的珍稀树种——望天树，在林区内建有望天树森林公园，望天树景区的开发是把瑶区乡旅游业做大做强的较好机遇，如何把该景区的开发与全乡旅游整体开发结合起来，是带动瑶区乡未来经济增长需要考虑的重要问题。

第三节　城镇化情况

一　勐腊县城镇发展基本情况

（一）城市发展战略定位

勐腊县在城市建设方面的成绩斐然，获得多个示范区的名誉称号。2005 年，勐腊县被云南省绿化委员会评为“全省绿化模范县”，2007 年又被全国绿化委员会评为“全国绿化模范县”。勐腊县亦被誉为“国家级生态示范区”“省级园林县城”，连续 8 届被评为云南省“双拥模范县”，两次荣获“全国双拥模范县”称号。随着西双版纳生态州建设的全面启动，2009 年 12 月，勐腊县成立了专门的实施“生态立州”战略领导小组，统一领导“生态立州”战略的贯彻实施和生态县建设工作。在生态乡镇建设方面，通过三年来的工作，目前全县的 10 个乡镇中已有 9 个乡镇获得云南省生态乡镇建设命名，正向国家级生态乡镇的目标迈进。生态人居环境得到了巨大的改善，边境口岸建设也如火如荼。

目前，勐腊县正深入实施“生态保护立县、科技教育兴县、旅游口岸活县、绿色经济富县、民营经济强县、推进依法治县”六大战略，努力把勐腊打造成“绿色、开放、富裕、和谐”的云南南大门，面向老、缅、泰开放的重要“桥头堡”前沿阵地、试验区和战略先行区，昆曼经济走廊上的特色优势产业基地和重要物流节点，全省重要的生物多样性宝库和边疆生态安全屏障区，力争作为云南省民族团结进步、边疆繁荣稳定的示范区。

（二）交通区位

勐腊县地处云南省最南端，区位优势明显。位于昆曼公路、澜沧江—湄公河航运、泛亚铁路等中国面向东南亚大通道的交通交汇点上。地处我国通向老挝、泰国的主通道上，是通向东南亚、南亚最便捷可行的交通节点和开放前沿，未来将是我国西南对外贸易通道的交通枢纽之一。边地区位和出境交通优势将是未来勐腊城市发展的重要优势之一。

从交通设施来看，县内有国家一级口岸磨憨和号称“澜沧江上第一港”的关累码头（省级口岸）；距举世闻名的“金三角”仅 230 千米，现有 5 条公路直抵老挝、缅甸边境口岸，其中有 3 条柏油公路直通老挝北部四省省会；距州府景洪仅 136 千米；勐腊还是素有“东方多瑙河”美称的澜沧江—湄公河黄金水道的接合部，是中国大陆通向中南半岛的走廊，是云南省实施“中路突破，打开南门，走向亚太”经济发展战略的前沿。

随着昆曼大通道全线贯通、中国东盟自由贸易区协定的正式生效和大湄公河次区域经济技术合作的深入，勐腊县在贸易、物流等方面的区位优势必将进一步凸显。

从政策机遇来看，随着中国—东盟自由贸易区建成、国家继续深入推进西部大开发和我省实施“两强一堡”战略，勐腊县作为“桥头堡”最前端，将面临难得的发展机遇。同时，作为全省森林覆盖率最高，生态环境优良，生物多样性极为丰富的边疆县，在国家加大生态环境保护与建设力度的宏观背景下，将会得到更多政策倾斜和资金、项目的支持，有利于勐腊县加快实施可持续发展战略。

（三）人口与城镇化率

勐腊县下辖勐腊镇、勐捧镇、勐满镇、勐仑镇、尚勇镇、勐伴镇、关累镇、易武乡、象明乡、瑶区乡 7 镇 3 乡共 10 个乡镇，土地面积 6850 平方千米。有 52 个村委会，499 个自然村，518 个村民小组，驻有 4 个国营农场。

截至 2008 年末，常住人口达 25.81 万人，户籍总人口 21.72 万人。居住着傣、汉、哈尼、彝、瑶等 26 个民族，少数民族人口占总户籍人口的 74.9%，其中傣族 58379 人，占 26.9%；哈尼族 52969 人，占 24.4%；彝族 22674 人，占 10.4%；瑶族 16996 人，占 7.8%。人口密度为 38 人/平方千米。

2011 年，与勐腊县城市建成区人地对应的人口为 5.6 万人，其中非

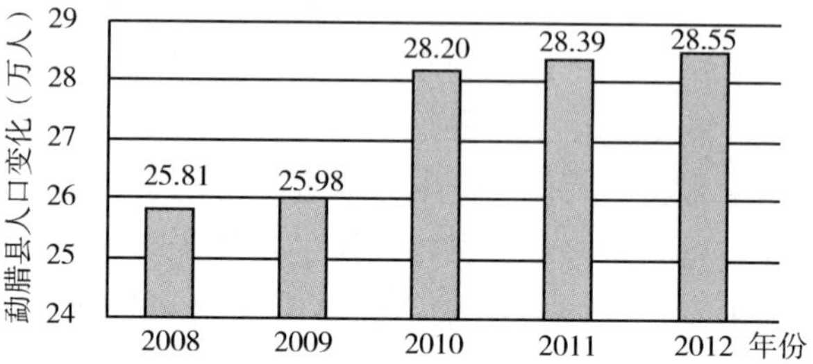

图 2-1 勐腊县人口变化

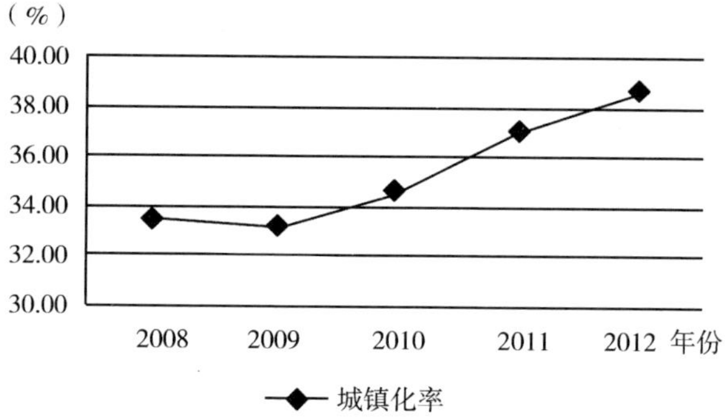

图 2-2 勐腊县城镇化率

农业人口 3.5 万人（含勐腊农场部分人口），占城区总人口的 62.5%，农业人口 13000 人，占总人口的 23.2%；暂住人口约 8000 人，占总人口的 14.3%。

表 2-16 勐腊县人口状况（2011 年）

统计范围	人口（人）	备注
城子、曼庄、曼代、曼纳伞村委会的部分村寨	13000	城中村及城区周边部分村寨人口
城区非农业人口	24000	县城各企事业单位、部队、居民等人口
勐腊县农场非农业人口	11000	住城区部分
暂住人口	8000	含县城学生在校生、外来经商务工人员等

续表

统计范围	人口（人）	备注
合计	56000	

资料来源：《勐腊生态县建设规划》（2009—2020）。

二　城镇发展格局

（一）勐腊县城区

勐腊县城建成区主要分布于南腊河西岸，城市沿南腊河与丘陵山体之间的狭长山坝地带南北展开，截至 2011 年，城市建成区面积约 5.5 平方千米。

长期以来，勐腊县城主要以老城区为中心向周边零星发展，城市建设依托曼它拉路、勐腊路（北路、正街、南路）、雨林路等几条主干道展开，受县城西面山地和东面南腊河的地形限制，城市呈带形轴线发展的趋势。城市扩展主要以西面山坡地、东面南腊河河岸线，以及向南平缓区等三个方向为主，近几年重点开发南向的南腊新城，初步形成了与老城区相互联系的新城区。

老城区范围为：东至南腊河，西至县一中已建区山体一带，北至曼庄镇政府，南至边防检查站，总面积大约 3.4 平方千米。据初步调查统计，老城区内共分布有县、勐腊镇属政府机构，以及农场等企事业单位和居民点共 270 余家，人口总数为 3.5 万人，占县城总人口的 60%，人口密度约为 10000 人/平方千米。目前，主要的县级单位、教育卫生、商贸等公共设施均分布于老城区中。

目前勐腊县城城市居住用地约 190 公顷，占城市建设用地的 34.5%，人均约 34 平方米。城区里已建设有十多个居住小区，但规模均较小，住宅以中低层为主，目前尚无高层住宅。此外，老城区内大量的住宅多为单位自建，存留着部分老旧房屋和棚户区，城区中还涉及几个城中村，均存在过于拥挤、设施不配套、居住环境质量差等问题。

随着城镇化的推进，老城区的人口密度越来越大，在建设方面存在以下的问题：道路系统不完善，交通拥堵不畅；建筑密度过大，部分区域和低端环境质量欠佳；存留着部分老旧破败区域，如棚户区、县粮食局、口岸市场、城中村等地块；城区内各类用地混杂，单位用地零散破碎，各自为政；市政设施不完善，局部区域的给排水管网年久失修，老化且容量小；流经老城区的两条河流（汇冈河、补过河）污染严重，河岸沿线乱搭乱建，建设无序，亟待整治；城市风貌特色及绿化景观有待进一步提高。

值得一提的是，城区中保留了较多的小山体和林地，辅之周边良好的林木植被和南腊河自然风光与田园景色，山水城市的特征较为突出。

新城建设主要集中在县城的南部，经过十余年的发展，县委、县政府等行政机构陆续搬迁过去，带动了住宅小区的发展，初步形成了一定的规模和架构。然而，对像勐腊这样的小城市来说，南北向过长，东西向发展不足，轴线形发展会加大道路、水电气等基础设施的成本，使整个城市呈轴线扩张，不利于土地的集约利用。而整个城市的道路系统性较差，路网不完善，城市交通流量主要集中于南北向的南腊路主干道，交通拥堵的情况较为严重。

相比较而言，新旧城区的建设主要存在以下问题：

一是城区内公共设施分布不均，商业设施、学校医院等公共服务资源主要集中在老城区，新城区配套设施相对不足，文体设施建设滞后。二是城市滨河景观和特色不突出，沿岸建筑及绿化景观缺乏规划控制，以傣族为主体的多民族传统文化和民俗风情，没有体现在城市的风貌和特色上。三是老城区建设密度过大，用地混杂散乱，行政事业单位各自为政，部分区域和低端环境质量差，需要进行环境整治和改造，重点是城中村交通不畅，棚户区以及河道沿线等地。

（二）重点乡镇

勐腊县下辖 9 个乡镇，初步形成了以勐腊镇为中心城区，重点镇和一般镇互补发展的格局。

尚勇镇（包含磨憨口岸）：重点镇，镇政府驻地，国家一级口岸，是中国—东盟自由贸易区的重要陆路口岸物流集散地之一，是结合口岸物流对一些进口原料进行深加工的西双版纳州的转口加工基地，是勐腊县边境跨国旅游的服务区，是勐腊县边境贸易、边民互市贸易区，是勐腊县边境口岸型城镇。

勐捧镇：重点镇，镇政府驻地，由原两镇（勐捧镇、原勐满镇）一乡（勐润乡）两农场（勐捧农场场部和勐满农场场部）五部分合并组成的城镇，是通往老挝的县级通道，是勐腊县西部城镇群经济区的中心，是勐腊县西部农垦经济区的中心，是以发展集市贸易、农产品加工和热带作物加工为主的城镇。

勐仑镇：重点镇，镇政府驻地，国家级西双版纳风景名胜区勐仑景区所在地，勐腊县北部城镇群经济区中心，以发展旅游、热带生物研究、生物制药、旅游服务和热带生物资源加工为主的旅游观光型城镇。

关累镇（包含关累口岸）：一般镇，关累镇驻地。镇重要组成关累港是省级口岸，国门港关累港所在地。关累镇是大湄公河次区域经济合作区的重要水路口岸物流集散地之一，是以发展边贸和航运事业为主的边贸口岸型城镇。

勐伴镇：一般镇，镇政府驻地，是中老两国边民重要的互市点，以发展边境旅游、食品加工、边贸服务业为主的边境民族集镇。

易武乡：一般镇，由曼腊乡撤并易武后的镇政府驻地，规划中的省级历史文化名镇，普洱茶原种植产地的“六大茶山”有两座在此，是以发展精品普洱茶业为主的茶贸型集镇。

象明乡：一般镇，镇政府驻地，普洱茶原种植产地的“六大茶山”有三座在此，是以发展农产品加工和精品普洱茶业为主的茶贸型集镇。

瑶区乡：一般镇，镇政府驻地，是以发展农产品加工为主的农贸型集镇。

（三）边境口岸建设

勐腊县有独特的区位优势，是从陆路、水路通向东南亚的通道，是昆曼大通道的咽喉，辖区建有陆路磨憨国家级口岸和水路关累码头及勐满、曼庄、新民三个重要通道。

磨憨国家级一类开放口岸位于云南省最南端，与老挝国家级口岸磨丁相连接，是我国通往老挝唯一的国家级陆路口岸和通向东南亚的便捷陆路通道，国际大通道昆明—曼谷高速公路和拟建的泛亚铁路均从磨憨口岸出境。磨憨口岸距老挝琅南塔省会南塔 60 千米、北本码头 240 千米、首都万象 700 千米；是昆曼通道上的重要口岸，从磨憨口岸出境经老挝河东进越南，南达柬埔寨，西入泰国、马来西亚、新加坡，是我国通往东南亚各国最大的陆路通道，通过磨憨口岸，西双版纳州开辟了实施跨境旅游的先河。

西部关累码头是目前云南省与缅甸、老挝、泰国直接进行经贸交往的重要水路通道，关累码头与缅甸隔江相望，与老挝陆地相连，是中南半岛腹地和东南亚各国经湄公河进入中国的“第一港”，是景洪港的前沿，是澜沧江—湄公河国际航道上进出的闸门，是中国走向中南半岛和南亚次大陆的水运咽喉，也是云南省“桥头堡”建设的窗口，从关累码头顺江而下，可直抵老挝、缅甸、泰国、柬埔寨、越南东南亚五国，是中国参与东盟自由贸易区建设和澜沧江—湄公河次区域经济技术合作最直接的“对接口”。

截至2013年8月，关累港口建设已初显规模，可以通航300吨级船舶，口岸各项基础设施投资累计完成3.65亿元；2013年1—5月，关累港水运口岸完成进出口货值4744.2万美元。

勐满通道、曼庄通道和新民通道也是中国通往老挝的重要陆路通道和自然口岸。截至2011年3月，勐满通道已有海关、检验检疫、边防检查、商务、运政等相关口岸管理职能部门进驻开展工作，已能正常开展边民互市贸易活动。2013年8月，勐满口岸完成“一关两检”办公用房和勐满查验货场等项目建设，总投资400万元（不含勐满工业园区）。曼庄是勐腊县通往老挝丰沙里省开展商贸活动的唯一通道，随着对曼庄通道投入的加大，开通了勐腊至丰沙里的国际客运旅游专线，昆曼大通道专为曼庄口岸开设了专门通道口。

自1994年6月勐腊被国务院批准为对外开放地区后，勐腊县充分发挥独特的区位优势，紧紧抓住国家实施西部大开发战略、“兴边富民工程”、中国—东盟自由贸易区建设及澜沧江—湄公河次区域合作等重大机遇，加快“走出去”“引进来”的步伐，全县在经济、政治、社会、文化旅游、基础设施建设等方面的综合实力取得了显著提升。“桥头堡”建设步入了新的发展阶段，全方位开放的格局基本形成。

三　基础设施建设

（一）公共服务设施

勐腊县公共管理与公共服务设施主要涉及行政办公、文化设施、教育、体育、医疗卫生、社会福利、文物古迹和宗教活动场所8类用地。目前勐腊城区公共服务设施用地79.6公顷，占城市建设用地的14.46%，相对偏高。人均公共服务设施用地约14.2平方米。

城市公共设施方面存在的问题主要有：城市公共设施体系还不尽完善，分布不均匀，行政、文化、教育等公共服务设施过于集中于老城区，新城区相对不足，不能满足合理的服务半径要求。

行政办公设施方面，新城区已建成了大规模的园林化的行政办公设施，县委、县政府、人大、政协等主要政府机关已搬迁至新城区，老城区仍然有零星的行政办公单位。勐腊县的初衷是借行政办公区域的搬迁，来带动新区的土地拍卖和经济发展，但勐腊本身人口聚集程度不高。行政新城的建设可能带来一些负面效应，一方面造成了居民办理相关事务的不便，另一方面城市建设扩张也使得城市债务相应扩张。

文化设施主要集中在老城区。根据2012年版的城市总体规划，拟把老城区的县文化馆、图书馆搬迁至新城区，并集中建设青少年宫、展览馆、科技馆、老年活动中心等。这是受计划经济时代条块分割的规划思想的影响。这些文化设施建设的目的是为了更好地为居民服务，零星分布于老城区实际上使用率更高，而不是为了拉动新城区人气，如强行建设，可能修建起来反而不利于服务居民。

体育设施方面，城市体育设施较为单一缺乏，主要集中在行政中心的有几块篮球场地，与一个县级城市配套体育设施的要求差距较大。

教育设施方面，勐腊县城区已建有多所中小学，大多分布于老城区，新城区缺乏相应的中小学教育配套设施。

医疗设施方面，勐腊县城已经拥有县医院、中医院、妇幼保健院等县级医院，以及相关的民办医院和诊所，但医疗设施过于集中在老城区，新城区缺乏相应的医疗设施。

（二）市政基础设施

近年来，勐腊县在基础设施建设方面取得了如下成绩：

一是城市道路不断完善。勐腊县城内勐腊路是主要干道，整个县城沿着勐腊路和南腊河轴向呈带状发展。按照县城总体规划，加大了道路建设资金投入力度，不断扩大城市人均拥有道路面积，不断改善城市道路质量。三年累计投资1.7亿元，先后实施了北路入城口、曼庄路、新城连接线、青年路、雨林大道一期、平安路等路网改造工程。目前，城市道路18千米、总面积50.30万平方米，人均拥有道路面积9.06平方米。

二是跨国交通连接不断完善。勐腊县主要以昆曼高速（G213）与澜沧江—湄公河黄金水道作为主要的对外交通通道。昆曼高速北连州府景洪，南向通往老挝、泰国。县境内有国家级口岸磨憨口岸，以及省级重点口岸关累港口岸。其中关累港口岸有湄公河上第一港之称，南向通往缅甸和泰国。

三是市政建设不断完善。加大市政基础设施管养和维护，确保市政基础设施高标准的完好率；加大城市特色化公厕建设力度，实现了每万人4个蹲位的目标；全力推进城市亮化工程，三年累计投资1000万元，增设特色路灯1464杆，城区主干道亮灯率99%。

四是城市公交网络不断完善。按照公交优先原则，坚持政府引导，市场运作，社会参与多元化筹资模式，不断改善公共交通条件。城区现有公交车30辆，各型出租车50辆，公交线路4条，公交站点42个，线路覆盖城区主要街道和城郊乡镇，基本满足群众出行需求。

五是城市综合防灾体系实现了绿地避险。根据《勐腊县防灾避险规划》，以城市公共绿地为主要防灾避险场所，设置防灾避险应急设施，充分发挥城市绿地防灾避险功能，根据城市公共绿地所处位置及大小，结合其防灾避险功能将绿地划分为：防灾广场、临时避险绿地、紧急避险绿地、隔离缓冲绿带、绿色疏散通道。

四　存在的问题

（一）城镇化水平低，进程缓慢

勐腊县的城镇化起点低、起步晚，城镇化水平较低，2008年城市化率为34.1%，低于西双版纳州的平均值36%。城镇建设布局分散，产业依托不强，城市管理水平不高。建成区绿化率较低，只有12.6%，人均公共绿地面积仅为1.88%，在全州1市2县中排在末位；集镇人均公共绿地面积仅为2.21%，城区绿地的人均指标和比重大大低于国家和省市指标下限。

在县城建设方面，城市功能不全，欠账太多，基础设施滞后，存在集贸市场少、娱乐设施少、公共绿地少、休闲空间少等问题。特别是城镇环保基础设施建设欠账较多，未能随着经济的快速发展及时跟进。全县至今没有生活污水集中处理设施和生活垃圾无害化垃圾处理场，大量生活污水都未经处理直接排入水体；生活垃圾仅仅是简易填埋，且城区垃圾收集处理系统很不完善，垃圾袋装化、分类化收集尚未实行，乡镇生活垃圾收集处理设施缺乏，随处抛扔的现象普遍存在。

（二）城市发展空间和用地受限

勐腊县城人口规模约占全县的20%，城市聚集度和辐射程度不高，城市对全县发展的带动能力呈现“小马拉大车”的局面，难以发挥和引领边境口岸中心城市，以及沿边开发开放“桥头堡”的作用。此外，城市发展空间格局受到周边山体、昆曼高速公路和南腊河等地形地貌的限制，呈现南北带状蔓延式发展，城市建设用地较为稀缺，因此城市发展腹地和用地空间十分有限。

第四节　区域发展比较

进入21世纪以来，随着国家西部大开发战略的实施，国家扶持少数民族贫困地区经济社会发展各项优惠政策的落实，勐腊县的经济发展比改革开放初期至20世纪末期进一步加快，各项经济指标的增长速度都有了不同程度的提高，经济总量和综合实力大为增强。

十多年来，勐腊县的城乡基础设施显著改善，现代农业、新型工业和旅游业快速发展，并成为地方经济发展的主要推动力量。第一产业仍然保持稳步发展势头，第二产业虽然比重不高，但发展潜力强劲，以旅游、边贸为龙头的第三产业实现跨越式发展，凸显出未来经济发展的主导作用。非公经济快速发展，成为地方经济的重要组成部分。农民人均纯收入和城镇居民可支配收入逐年提高，各族群众的生活水平显著提高。

纵向比，勐腊县经济发展成就是巨大的，但横向比，勐腊县与省内其他民族地方以及全省和全国的发展水平相比，既有优势，也有差距。

一　勐腊县与省内其他民族自治地方经济发展的比较

从2012年的经济数据来看，勐腊县的经济发展水平与省内其他民族地方相比，优势和差距表现为：

一是经济增长速度慢于全州及其他州县市的发展速度。与同属边境县市的瑞丽相比，GDP同比增长率低4.5个百分点。

表2-17　2012年勐腊县与省内其他民族地方主要经济指标比较

指标 地区	GDP总量同比增长率（%）	人均GDP（元）	同比增长率（%）	第一产业同比增长率（%）	第二产业同比增长率（%）	第三产业同比增长率（%）
版纳州	13.7	20309	13.0	6.7	15.7	16.5
勐腊县	12.1	19323	11.4	6.8	15.8	15.3
迪庆州	16.0	28133	17.2	7.0	16.3	17.3

续表

指标 地区	GDP 总量同比增长率（%）	人均 GDP（元）	同比增长率（%）	第一产业同比增长率（%）	第二产业同比增长率（%）	第三产业同比增长率（%）
楚雄州	12.8	21021	17.4	7.3	16.5	11.4
瑞丽市	16.6	27647	14.6	9.1	16.0	19.3
弥勒市	12.9	41458	7.7	16.1	13.3	14.2
香格里拉县	13.6	38575	13.0	7.5	16.3	17.3

资料来源：《云南发展年鉴（2012）》。

二是人均 GDP 低，在全省 129 个县（市、区）排名中处在第 47 位。第一产业所占比重高，第二产业发展慢是制约经济总体发展的瓶颈。第二、第三产业发展速度虽快，但由于发展基础差，底子薄，造成 GDP 绝对数不高。

表 2-18　　2012 年勐腊县与省内其他民族地方主要收入指标比较

指标 地区	财政总收入（亿元）	同比增长率（%）	农民人均纯收入（元）	同比增长率（%）	城镇居民可支配收入（元）	同比增长率（%）
版纳州	35.24	22.1	6174	15.9	17909	14.4
勐腊县	5.02	3.9	5064	14.7	13982	14
瑞丽市	17.02	23.2	5741	19	16700	11.8
弥勒市	18	19	6029	17.5	20813	26.1
香格里拉县	9.06	19.01	5621	15.49	24849	13.49

资料来源：《西双版纳统计年鉴（2012）》《云南发展年鉴（2012）》。

三是城乡居民收入水平绝对数较低。在全省 129 个县（市、区）排名中，勐腊县农民人均纯收入排在第 60 位，居于全省中间水平；而城镇居民人均可支配收入排在第 125 位，突出反映在当地财政收入低，财力有限，用于改善居民生活水平投入少。

四是农业大县和财政穷县的状况非常明显。与表中所列县市相比，财政收入差距大，不及瑞丽市、弥勒市的约 1/3，与藏区香格里拉县的绝对数差距也在 4.04 亿元。

二　勐腊县与西双版纳各县、云南省、全国经济发展的比较

从 2012 年的经济数据来看，勐腊县的经济发展水平与周边各县市，以及全省和全国的平均水平相比，优势和劣势表现在：

一是在西双版纳州二县一市中国内生产总值及同比增速、人均 GDP 及同比增速相对最低。GDP 总量同比增长率、人均 GDP 同比增长率高于全国、低于全省平均水平；人均 GDP 绝对数比全国、全省平均数分别低 19031 元、2872 元。

表 2-19 2012 年西双版纳州及各县市、云南省、全国主要经济指标比较

指标 地区	GDP 总量同比增长率（%）	人均 GDP（元）	同比增长率（%）	第一产业同比增长率（%）	第二产业同比增长率（%）	第三产业同比增长率（%）
全 国	9.2	38354	7.8	4.5	10.6	8.9
云南省	13.0	22195	12.3	6.7	16.2	11.4
西双版纳州	13.7	20309	13.0	6.7	15.7	16.5
景洪市	15.8	23770	15.0	6.5	18.4	18.8
勐海县	16.6	17530	15.9	6.9	9.4	29.4
勐腊县	12.1	19323	11.4	6.8	15.8	15.3

资料来源：参见《西双版纳统计年鉴（2012）》。

二是第三产业同比增长率高于全国、全省平均水平，但低于景洪市、勐海县；第二产业同比增长率高于全国、低于全省平均水平，在本州处于第二的位置；第一产业同比增长率高于全国、全省、全州平均水平，仅低于勐海县。

表 2-20 2012 年勐腊县各乡镇主要经济指标在全州 31 个乡镇中排序

指标 乡镇	人均农业总产值（元）	位次	农民人均收入（元）	位次	人均占有粮食（千克）	位次
勐腊镇	17717	7	5806	17	382	26
勐捧镇	20585	5	6328	12	452	21
勐满镇	28618	1	5940	15	415	24
勐仑镇	16613	8	5642	19	302	29
磨憨镇	14360	14	5289	21	587	16
勐伴镇	14817	12	4408	25	796	7
关累镇	28247	2	5314	20	450	22
易武乡	11345	19	3756	29	550	18
象明乡	11919	17	3830	28	683	11

续表

乡镇＼指标	人均农业总产值（元）	位次	农民人均收入（元）	位次	人均占有粮食（千克）	位次
瑶区乡	12009	16	4331	26	629	14

资料来源：《勐腊统计年鉴（2012）》。

三是勐腊县10个乡镇主要经济指标在全州31个乡镇中排序，人均农业总产值总体排在前列，最高的勐满镇排全州第1位，最低的易武乡排在第19位；农民人均纯收入总体排在偏后位置，最高的勐捧镇排在全州第12位，最低的易武乡排在第29位；人均占有粮食总体也排在偏后位置，最高的勐伴镇排在全州第7位，最低的勐仑镇排在第29位。

三　比较中的发展特点

通过上述比较，可以发现勐腊县的经济社会发展具有以下特点：

一是经济总量偏小，但增长速度较快。虽然其一些主要经济指标绝对数低于省内一些其他民族地方，但其经济增长的势头强劲，增长速度高于或持平于州内外地区，也高于云南省和全国的平均水平。

二是区域发展不平衡。受经济结构、区位条件、教育水平、自然条件等诸多因素的影响，各乡镇经济发展不平衡、差距较大。总体上，北部乡镇经济发展速度慢于南部乡镇，且南北部差距仍呈进一步扩大之势。

三是居民收入水平差距明显。农民人均纯收入在云南省129个县（市、区）中处于中间位置，但近几年增长速度、增长潜力较大；然而城镇居民人均可支配收入却远低于全国、全省的平均水平，也低于本州其他县市水平，排在全省的125位。

四是农业大县、工业小县、财政穷县现象非常突出。第一产业比重大，第二产业特别是工业经济弱小，且受市场价格波动较大，第三产业特别是旅游、边贸业表现出强劲的发展势头。这样一种经济结构状况，其自身财政财力十分有限，经济社会的发展需要外力的注入。

第五节　扶贫攻坚与新农村建设

2001年勐腊县被确定为国家扶贫开发工作重点县，先后施行的扶贫措施主要有异地搬迁扶贫、安居温饱工程、小额信贷扶贫、科技产业扶贫、边境县整村推进工程、革命老区开发建设、连片特殊困难地区综合扶贫开发、实行部门挂村和党员干部挂户扶贫制度等。傣族聚居区的生产生活条件得到明显改善，贫困程度大为缓解，贫困面大大降低，部分贫困家庭实现脱贫致富，总体上取得较好效果。但扶贫攻坚任务仍然十分艰巨。新农村建设工程的实施，使勐腊县新农村建设总体上实现了试点村生产持续发展、农民群众收入增加、生活水平普遍提高、村容村貌更加整洁的目标。

一　勐腊县贫困问题现状与原因

（一）勐腊县贫困问题现状

按《中国农村扶贫开发纲要（2011—2020年）》确定的新的国家扶贫标准，2011年，勐腊县农民年人均纯收入低于2300元以下的贫困人口有3.99万人，占农村总人口的26%。[①] 勐腊县贫困问题主要表现为：

1. 全县贫困人口分布广泛。勐腊县是一个典型的纯山区县，山区面积占全县总面积的96%以上，贫困人口主要分布在偏远的深山和自然保护区内，居住分散、远离集镇，交通不便、信息闭塞，生活条件差，生存环境差，社会发育程度低，公共服务水平低，基础设施脆弱，生产力发展滞后，致贫因素复杂多样。绝对贫困现象普遍存在，因病受灾返贫现象突出，扶贫成本高，脱贫难度大。同时，在老、弱、病、残等绝对贫困的特殊群体中，由于受公共卫生服务体系尚未健全等因素影响，这部分人的贫困状况凸显，成为新阶段扶贫开发的突出难点。

2. 基础设施薄弱，生产生活条件差。勐腊县域经济发展缓慢与基础设施薄弱密切相关。一是农业基础设施脆弱。蓄水等农田水利设施差，干旱造成蓄水严重不足，特别是原有水利设施年久失修、病险工程多、工程配套不全等，导致有雨不能蓄、有水不能灌，农业生产很大程度上是靠天吃饭，人畜饮水不安全的问题广泛存在。二是交通基础设施薄弱。现有公路等级低、通行能力弱，道路“晴天雨阻”现象严重制约着生产生活物资的运输。三是教育、卫生、文化、科技基础设施薄弱。乡村专业技术人

---

① 参见勐腊县人民政府《勐腊县连片特殊困难地区区域发展与扶贫攻坚规划（2011—2020年）》，2011年12月。

才严重缺乏，医疗设备条件差，缺医少药的情况十分普遍。乡、村文化基础设施薄弱，处于相对封闭状态。

3. 产业发展缓慢，经济发展水平低。一是发展后劲不足。经济总量不大，人均水平低；发展方式粗放，发展质量和水平不高，产业链短、附加值低。2010 年片区内人均生产总值为 14474 元，人均地方财政收入 838 元，低于全国、全省平均水平。二是产业发展缓慢。交易条件、仓储、物流服务等市场体系不完善，严重阻碍经济持续、快速发展。三是发展不协调。城乡发展、经济与社会事业发展、三次产业发展和区域发展不协调，城乡二元结构突出。四是发展内生动力不足。企业自主创新能力不足，高技能人才缺乏。五是发展基础不牢固。对内对外开放不够，经济外向度不够；生态环境承载能力不足，节能减排和环境保护压力大，可持续发展面临严峻挑战。

4. 社会发展滞后，特殊问题突出。社会保障体系不完善，社会化事业投入不足，科技、教育、人才、体制问题日益突出；深度贫困群体人口素质低下，农民思想观念陈旧，普遍缺乏商品流通意识和市场竞争观念，"等、靠、要"思想广泛存在，学习科学文化知识的积极性不高，接受科技能力差，推广优良品种和农业种植技术难度大。

5. 生存环境恶劣，土地承载能力低。生活环境恶劣、自然灾害频繁，坡耕地比例大，山高坡陡，耕种难。农业生产仍处于大灾大减产，小灾小减产，风调雨顺增点产的状况。同时，局部性地质灾害也十分频繁，大部分贫困群众无抗御自然灾害能力。

（二）贫困问题长期存在的主要原因

贫困是个相对的概念，不同时期、不同地区有不同的标准。2000 年国家规定的农村人口贫困标准为年均收入低于 865 元，依据此标准，勐腊县有 259 个贫困村，4.18 万贫困人口，占总人口的 21.3%，勐腊县被确定为国家扶贫开发工作重点县。2011 年农村人口贫困标准调整为年人均纯收入低于 2300 元，依此标准，勐腊县有贫困人口 3.99 万人，占总人口的 14.1%。① 导致勐腊县贫困问题长期存在的主要原因有：

1. 贫困地区文教、卫生、科技等社会事业发展缓慢。由于勐腊县地处边境沿线，贫困人口分居在边远山区，交通不便，信息闭塞等诸多因素

① 勐腊县扶贫办：《勐腊县 2001 年扶贫开发工作总结》。

影响，文化教育落后，人口素质低下，生产技能差。部分贫困人口长期以来习惯了自身的生活状态，安于现状，甚至坐等政府救济。部分贫困群众在思想上存在“读书无用”的陈旧观念，文盲、半文盲比重大，造成群众接受科技能力差。

2. 以交通为主的各项基础设施建设滞后。“晴天一身灰、雨天一身泥”是勐腊县贫困地区交通状况的写照。现有的乡村公路多属泥结碎石路面，基本能够保障通车，“晴天雨阻”现象长期未得到改变，加上农业各项基础设施脆弱，现有的小型水沟、水坝抵御自然灾害的能力较弱，部分贫困群众虽然已解决温饱，但一旦遇自然灾害，便返回到温饱线以下。多年的扶贫开发工作证明，由于基础设施差，扶贫工作与解决温饱始终脱不了钩，年复一年地除了解决温饱还是解决温饱。

3. 自然灾害频繁。由于勐腊县特殊的地理位置，洪涝、冰雹等自然灾害频繁，基础差，抵御自然灾害能力弱，一遇自然灾害，返贫现象较为严重，加大了扶贫开发的成本。

二　扶贫开发政策的全面实施

21 世纪以来，国家、云南省先后出台了中国农村扶贫开发纲要（2001—2010）、云南农村扶贫开发纲要、扶持“人口较少民族”发展、《云南省人民政府关于扶持莽人克木人发展的实施意见》《云南省农村扶贫开发纲要（2011—2020 年）》《国务院关于支持云南省加快建设面向西南开放重要桥头堡的意见》等一系列加快少数民族经济社会发展的政策措施。这些政策的实施，为勐腊县经济的快速发展发挥了重要作用。

（一）国家、省、州扶贫政策的促进

自 20 世纪 80 年代中期，中央政府决定采取特殊政策对贫困地区进行综合开发开始，我国在全国农村范围内开始了有组织、有计划、大规模的扶贫开发。特别是 90 年代，通过实施《国家八七扶贫攻坚计划》，扶贫开发工作取得显著成效。进入 21 世纪，2001 年 5 月中央召开全国扶贫开发工作会议，之后，国务院颁布了《中国农村扶贫开发纲要（2001—2010）》，云南省也相应制定了《云南省农村扶贫开发纲要（2001—2010 年）》，明确了扶贫开发的目标是解决贫困人口的基本需要，不仅包括温饱问题，而且包括基本的住宿、医疗、清洁的饮用水、基本的教育、交通等生活质量和发展能力。按照集中连片的原则，国家把贫困人口集中的中

西部少数民族地区、革命老区、边疆和特困地区作为扶贫开发的重点。2001年，勐腊县被确定为国家扶贫开发工作重点县，依据新的贫困标准，有259个贫困村，4.18万贫困人口，占全县总人口的21.3%。按照国家和省的要求，勐腊县组织实施了安居工程、重点村、温饱村、科技扶贫、民族特困乡等项目。

2008年1月，中央就莽人、克木人生产生活问题作出重要批示。克木人是新中国成立后直接从原始社会过渡到社会主义社会的"直过民族"，长期处于整体绝对贫困状态。云南省及西双版纳随后研究并编制完成了《云南省人民政府关于扶持莽人克木人发展的实施意见》和《西双版纳州扶持克木人发展规划（2008—2010年）》，采取措施帮助克木人尽快脱贫致富。根据规划，云南将在3年内改善克木人村寨的基础条件，使90%以上农户掌握1—2门实用技术，适龄儿童入学率达到100%，人人享有医疗卫生保障，使绝大多数克木人脱贫，使克木人总体上达到当地中等收入以上生活水平。勐腊县按照省、州政府关于《扶持克木人发展》的部署要求，制定了实施方案。通过3年的努力，完成投资6944.8万元，全县12个克木人村寨实现了通电、通路、通水，村内道路得到硬化，农田水利设施进一步得到夯实，克木人群众的生产生活条件得到了全面改善。

为贯彻落实2011年2月26日中共中央政治局常委、中纪委书记贺国强到大卡老寨考察指导工作时的重要指示精神，勐腊县编制上报了《勐腊县勐仑镇大卡老寨扶贫综合开发实施方案》并按计划组织实施，建设项目包括扶贫安居、进村道路、特色产业发展、村内文化实施等。该建设项目共投入资金55.6万元，其中申请财政扶贫资金250万元。

2011年勐腊县被列为全国滇西片区连片特困地区之一。勐腊县编制了《勐腊县连片特殊困难地区区域发展与扶贫攻坚规划（2011—2020年）》。勐腊县被列为云南省2001年6个整县连片开发试点县之一。2012年，云南省将象明乡、易武乡作为11个连片特殊困难地区综合扶贫开发示范项目试点乡镇。该项目计划投资7003.09万元，其中中央财政资金1000万元，整合部门资金5487.44万元。

为进一步加快贫困地区发展，集中力量打好新一轮扶贫攻坚战，加快建设我国面向西南开放重要桥头堡，实现2020年全面建成小康社会奋斗目标，云南省根据《中国农村扶贫开发纲要》制定了《云南省农村扶贫开发纲要（2011—2020年）》，明确了未来扶贫工作的重点。

2011年，国务院发布《关于支持云南省加快建设面向西南开放重要桥头堡的意见》，“桥头堡”战略进入实施阶段。加强扶贫开发工作也是“桥头堡”建设的重要内容，是“桥头堡”建设的七大重要任务之一。处于“桥头堡”建设前沿的勐腊县，随着国家一系列政策的实施，必将带来当地基础设施的改善，促进经济社会发展。

在政策实施中，勐腊县政府坚持经济效益和社会效益并重原则，以项目建设推进地方经济发展，取得了显著成效。

一是扶贫攻坚成效显著，人民生活水平大幅度提高。“十一五”时期，勐腊县实施了161个扶贫重点村整村推进项目和7个村的易地搬迁项目，建成各类项目479个，受益群众达8万多人。累计投入扶贫资金3.1亿元，比“十五”时期增长近1倍；巩固解决了3.1万贫困人口的温饱问题，贫困人口比“十五”时期减少1.2万人，使13948名贫困群众实现了脱贫。

二是加快了基础设施建设步伐，贫困群众生产生活条件明显改善。2001—2008年，全县投入扶贫资金累计达到26301.9万元，其中财政资金7236万元，信贷资金15515万元，挂钩扶贫及群众自筹资金3550.9万元，大量资金投入在基本农田、乡村道路、人畜饮水等基础设施建设项目上，有效改善了贫困地区群众生产生活条件，加快了贫困群众脱贫致富步伐。

三是加快了安居温饱工程、重点村项目建设步伐。2001—2008年，共投入财政资金2875.5万元，实施1800户茅草房改造，建设安居民房11.3万多平方米，4个乡（镇）14个村委会145个村民小组彻底消除了茅草房。

四是加快产业培育，增强了经济发展后劲。2001—2008年，勐腊县共整合资金1291.6万元，支持贫困山区发展种养殖业项目，2003年以贴息贷款方式，扶持易武、象明4个村225农户发展养殖大牲畜；2004—2005年在瑶区、易武、象明、关累4个乡镇种植茶叶4400亩；2005年在勐仑建设养猪示范村3个，养鸡示范村1个，养鸡专业户38户；2006年在瑶区乡新山村委会种植茶叶1000亩，西番莲1000亩。这些项目的实施，在扶持带动更多农民增收脱贫方面取得了很好的示范作用。

五是加快了地方社会事业的发展步伐，扩大了社会固定资产规模，拉动了地方经济增长。在各项扶贫政策推动下，贫困山村生产生活条件明显改善，全县科技、教育、文化、卫生、计划生育各项事业健康发展，有效推动了勐腊县扶贫开发工作进程。

（二）扶持人口较少民族发展政策的促进

2001 年，国家将全国人口在 10 万人以下的 22 个民族确定为“人口较少民族”。2005 年，国务院启动实施扶持人口较少民族发展的第一个五年规划（2006—2010 年）。规划提出了加强基础设施建设改善生产生活条件、调整经济结构促进群众增收、发展科技教育卫生文化等社会事业促进社会进步、加强教育培训提高人口素质的四大任务，并提出将通过加大对基础设施建设、财政转移支付、信贷政策、社会事业发展、人才培训、对口帮扶等方面的扶持力度，加快 22 个人口较少民族的发展。根据国家扶持范围，勐腊县人口较少民族有基诺族，主要分布在象明乡，聚居在安乐村委会。按照国家有关部门的要求，勐腊县于 2005 年 9 月编制完成了“十一五”时期的《云南省勐腊县 2006—2010 年扶持人口较少民族发展规划》。规划建设的主要内容以人畜饮水、交通、通电、广播电视、电话、学校、住宅改造、基本农田、水利、沼气等基础设施建设为重点，兼顾种养业项目建设。项目涉及 14 个村民小组，312 户，1679 人。该规划的实施，共完成项目投资 955.17 万元，为 10 个村民小组种植茶叶 3412 亩，改造民田 540 亩，坡改梯 240 亩；完成了 9 个村小组的村内道路建设，架设了高压线 15 千米及配套设施；勐腊县为人口较少民族培育了一批稳定增收产业，建设完成了村卫生室和 5 个村民小组文化室；农民人均纯收入由 2005 年的 875 元，增加到 2009 年的 1318 元。对人口较少民族的扶持取得了阶段性成果。

为进一步巩固和提升扶持成果，国家开始实施第二个扶持人口较少民族发展规划（2011—2015 年），将扶持范围扩大至全国总人口在 30 万人以下的民族，“人口较少民族”的数目由 22 个增加为 28 个，勐腊县象明乡基诺族聚居的安乐村依然位列政策规划范围。

（三）多样化的扶贫措施

勐腊县的扶贫开发与全国扶贫开发的步伐一致。1986 年以前，主要通过农村土地制度改革等缓解贫困。1987 年进入有组织、有计划的开发式扶贫阶段后，扶贫工作主要依托省、州下达的中央、省财政扶贫项目开展。进入 21 世纪以来，2001 年勐腊县被确定为国家扶贫开发工作重点县，先后施行的扶贫措施主要有异地搬迁扶贫、安居温饱工程、小额信贷扶贫、科技产业扶贫、边境县整村推进工程、革命老区开发建设、连片特殊困难地区综合扶贫开发、实行部门挂村和党员干部挂户扶贫制度等。

基础设施建设、扶贫安居、科技扶贫、产业扶贫等政策措施一直实施至今。基础设施建设工程实施的主要内容有水利工程、基本农田地建设、人畜饮水工程、电力工程、修筑进村道路、卫生公厕等。扶贫安居工程实施的主要内容有解决特困户的茅草房和杈杈房安居工程、安居房建设补助等。科技扶贫工程实施的主要内容有培训农民实用技术（橡胶栽培管理、割胶技术、畜禽疫病防治等）、劳务输出人员等。

产业扶贫于2004年开始实施。按照稳定粮食种植面积，利用山区资源优势，大力发展种养业的思路进行产业扶贫。2001年着重扶持发展茶叶、甘蔗、橡胶等产业，2005年以来产业扶贫主要实施有河蟹养殖、冬瓜猪养殖、生态罗非鱼养殖、薏仁米种植示范、茶花鸡养殖等项目。由于产业扶持的有力推进，① 2005年，勐腊县农业总产值达到13.83亿元，比2000年增加5.81亿元，年均递增10.6%。其后，这一扶贫方式与其他扶贫政策措施相互配套，实施至今。

表2-21　　部分年份勐腊县扶贫资金到位情况　　单位：万元

年份	全年投入扶贫资金总额	中央或省级财政扶贫资金	贷款资金	群众投工投劳或自筹资金	整合部门资金
2003	6213.02	1090	3968	1001.5	153.52
2006	978.2	432	370	101.2	75
2007	2440.9	800	1000	361.5	279.4
2008	2588.6	1499	1000	69.1	20.5
2009	8446.95	2814	2500	1677.85	1455.1
2010	7751.25	2344	2300	642.25	2465
2011	3805	1181	2500	67	57
2012	8317.8	2521	2000	1114.8	2682
2013	13031.31	1284	3000	1058.02	7689.29

资料来源：勐腊县扶贫办历年工作总结，勐腊县地方志编纂委编《勐腊年鉴》（2008、2010、2012、2013）。

整村推进工程于2005年开始实施，政策实施与产业扶贫战略相配套，

① 参见勐腊县人民政府《勐腊县国民经济和社会发展第十一个五年规划纲要》，2005年12月。

以村为单位，内容包括生产生活基础设施建设、种养殖业基地建设、科技扶贫等方面，意在通过集中财力、物力，使具备完全脱贫条件的贫困村脱贫致富。此工程率先在关累镇藤篾山、勐伴镇象滚塘等16个村民小组实施，总投资307.5万元。建设内容有茶叶种植、农田水利、交通、公益事业、科技培训等。2006年，组织整村推进项目包括象明乡、勐伴镇、勐捧镇、勐满镇、尚勇镇的17个自然村，共投入财政扶贫资金356.2万元，受益贫困人口1136户5727人。17个整村推进自然村共完成项目48个，其中有人畜饮水、村内道路硬化、通电工程、茶叶种植、科技培训等。2007年，组织实施整村推进项目包括象明乡、易武乡、瑶区乡、勐伴镇、尚勇镇、勐满镇的36个村，共投入扶贫资金715.5万元，受益贫困人口1506户7197人。完成项目69个，涉及农田水利、人畜饮水、村容村貌建设、文化活动场所、产业开发等项目建设。2008年、2009年分别组织实施整村推进46个和39个村，共分别投入资金750万元和1625万元，涉及象明、勐满、关累、勐仑、勐捧等乡镇。2010年，实施勐捧镇扶贫开发整乡推进试点工作，共投入资金7438.5万元。

针对一些贫困人口居住在山高箐深、交通不便及自然保护区域内，不利于生态保护的实际，2001年起，勐腊县实施了有计划、有组织的易地扶贫搬迁。当年实施搬迁的村寨有瑶区乡梭山脚42户200人，搬迁总投资52.5万元，项目包括安居工程、水利工程、基本农田建设、电力工程等。搬迁后，梭山脚贫困群众的生产生活条件得到了改善，摆脱了贫困状况。2006年，实施勐伴镇红毛树、瑶区乡南赛河两个贫困村的易地搬迁项目，项目投资150万元，建盖安居民房59户，新开农田270亩，以及其他生产生活基础设施建设。2007年，组织实施了尚勇镇纳龙村56户312人易地扶贫开发项目，建盖安居民房56户，新开农田160亩，以及其他生产生活基础设施建设。2008年，组织实施尚勇镇南西村和瑶区乡王四老寨两个贫困村的异地搬迁项目。2009年，实施象明乡茨菇塘村45户312人的易地扶贫搬迁项目。2010年，实施了关累镇坝荷村委会关累村小组、象明乡松树林和勐捧镇勐哈二组90户505人的异地搬迁项目。2012年，实施了象明乡曼庄村委会八总寨和勐伴镇勐伴村委会坝连村109户500人易地搬迁项目。

傣族聚居区地方政府在推行上述扶贫政策的同时，还通过整合支农资金，启动实施了贫困地区乡镇中小学校舍建设、乡镇卫生院服务能力建设、有线电视村村通等一批涉农工程。全面落实九年义务教育“三免两补”、新型农村合作医疗、农村居民最低生活保障、农村社会养老保险制度等惠民政策，使贫困地区的社会公益事业得到快速发展。

（四）扶贫攻坚的问题与建议

21 世纪以来扶贫开发政策措施的实施，使傣族聚居区的生产生活条件得到明显改善，贫困程度大为缓解，贫困面大大降低，部分贫困家庭实现脱贫致富，总体上取得较好效果。但从扶贫模式的社会效果和政策措施来看，仍然存在一些制约扶贫攻坚深入推进的问题。

1. 资金整合难度大。扶贫工作涉及建设项目多，需投入的资金较多，需要各相关涉农部门通力合作，由于各涉农部门资金审批和到位时间等不一致，整合资金十分困难，在一定程度上影响了扶贫开发的效果。

2. 对贫困地区的资金投入力度不足。勐腊县贫困村寨点多面广，贫困人口主要集中在山高路远、交通不便、信息闭塞的地区。从勐腊县目前投入的扶贫资金来看，财政扶贫资金仅能解决部分贫困地区或村寨的一些基础设施建设。在一定时期内，要解决全县的贫困或脱贫问题，仍需大量的人力、物力、财力的投入。

3. 扶贫开发与森林保护的矛盾突出。由于勐腊县特殊的地理环境、生物多样性和热带雨林生态系统的脆弱性，决定了生态建设与环境保护任务艰巨，特别是勐腊县贫困人口主要分布在偏远的深山和自然保护区内，扶贫开发与森林保护的压力大。西双版纳良好的自然条件和水热组合也孕育了农业作物的高产出，山区农民为了生存和发展，毁林种植时有发生。特别是前几年橡胶价格的攀升，这一现象尤为突出。在当地经济发展程度低，加上生态补偿机制不健全的情况下，致使扶贫开发与森林保护压力较大。

基于上述存在的问题，着重需要从以下方面解决：

第一，创新扶贫投入增长机制。建立财政资金、信贷资金、社会帮扶资金对片区投入的稳定增长机制，财政转移支付中单列生态补偿专项资金，取消公益建设县级配套政策，提高扶贫项目的补助标准。充分调动农户投入、参与扶贫开发的积极性。结合林权制度改革和旅游业等产业发展情况，探索通过市场机制和财政政策将片区资源环境优势转变为扶贫投入稳定来源的具体办法。

第二，创新扶贫攻坚瞄准机制。实行扶贫开发和农村低保两项制度有效衔接，把扶贫开发作为脱贫致富的主要途径，鼓励和帮助有劳动能力的扶贫对象通过自身能力摆脱贫困；把社会保障作为解决温饱问题的基本手段，逐步完善社会保障体系。建立健全产业扶贫项目带动贫困户脱贫增收的利益联结机制，确保最困难的地区和人群得到优先有效扶持。公共产品和公共服务要优先惠及扶贫对象。

第三，创新大扶贫工作机制。以规划为平台，各尽其责、整合资源、集中投入，建立“政府主导、部门分工、各方参与、合力攻坚”的“大扶贫”工作机制。

第四，创新扶贫攻坚与减灾避灾、生态建设的共赢机制。建立健全减灾避灾的有效预防机制，最大限度地减少灾害发生造成的损失。建立健全生态补偿机制，探索生态环境服务转化为市场价值的有效途径。着力发展生态旅游业和生态农业，推动低碳扶贫，促进农民增收致富。

三　傣族聚居区的新农村建设进程

2005年10月，党的十六届五中全会提出，要按照“生产发展、生活宽裕、乡风文明、村容整洁、管理民主”的要求，扎实开展社会主义新农村建设。这是在我国总体上进入以工促农、以城带乡的发展新阶段后面临的崭新课题，是时代发展和构建和谐社会的必然要求。社会主义新农村建设是一项系统的宏大工程，包含经济、政治、文化、社会、法制等多个方面的建设任务。在经济建设方面，主要是指在全面发展农村生产的基础上，建立农民增收长效机制，千方百计增加农民收入，实现农民的富裕、农村的发展，努力缩小城乡差距。

新农村建设工作启动后，勐腊县根据其为国家扶贫工作重点县，农村贫困面比较大，贫困程度深的实际，提出了勐腊县推进社会主义新农村建设的工作思路：以整治村容村貌为切入点，抓两头，促中间；抓重点，带全局，实现全县农村经济、政治、文化、社会事业和基层组织建设协调健康发展。按照这一发展思路，勐腊县在“十一五”规划中提出，① “以完善农民生活生产条件为目标，以建设生态村、文明村、小康村为主体，加快发展农村社会事业，着力提高农民生活水平”。在发展农村经济方面，提出“以增加农民收入为根本出发点，紧紧围绕农业增效、农民增收、

① 参见勐腊县人民政府《勐腊县国民经济和社会发展第十一个五年规划纲要》，2005年12月。

农村稳定这个主体，大力发展特色农业、高效农业、生态农业、畜牧业”。

从上述规划来看，傣族聚居区地方政府推进新农村建设的着力点在三个方面：一是试点村按照新农村建设的规划，积极发展橡胶、香蕉、茶叶、畜牧、林果等支柱产业，确保农民收入稳步增长。二是加大基础设施投入力度，到2010年，全县公路通车里程达到3000千米，10个乡镇基本实现公路硬化，100%个村委会和村小组实现晴雨通车；改善村容村貌，重点解决村道硬化、人畜饮水工程、公厕、垃圾池、农田水利等项目建设。三是扶持村集体经济发展，为建立新农村建设的长效机制打下良好基础。新农村建设任务提出以来，傣族聚居区各级政府在加快发展农村经济、调整和优化农业产业结构、加快农村生产生活基础设施建设等方面所出台的实施措施，都是对新农村建设实质性的推进。

傣族聚居区的新农村建设取得了明显的成效。“十一五”期间，[①] 勐腊县共投入新农村建设资金16404万元，其中：投资3215.6万元，建设了148个新农村试点村；投资1738.3万元，建设了22个新农村省级重点村；投资9700万元，实施了勐捧镇整镇推进；投资624.5万元，实施了22个州级资金补助山区综合开发项目；投资88.5万元，实施了59个生态示范村建设。交通基础设施得到改善，小磨、楚捧辖区公路建成通车，勐腊至勐捧、易武至勐伴公路提升改造，全县公路通车里程从2241千米增加到2790千米，实现了所有乡镇通油路、100%行政村实现砂石路、99.8%的村民小组通路的目标。新农村建设工程的实施，使勐腊县新农村建设总体上实现了试点村生产持续发展、农民群众收入增加、生活水平普遍提高、村容村貌更加整洁的目标。

“十二五”时期，勐腊县对全县各片区进行了重点产业发展规划，各片区新农村建设规划也进一步明确发展重点，提出“以新农村试点村、新农村省级重点建设村、新农村整村整乡推进、生态示范村、山区综合开发及中低产林（地）改造等项目建设为切入点，北部山区乡镇以基础设施、产业发展、山区综合开发及扶贫攻坚为重点，加强‘硬件’建设，解决生产发展、生活宽裕问题；南部坝区乡镇以社会事业为重点，加强‘软件’建设，解决乡风文明、村容整洁、管理民主问题。促进农村基础

① 参见勐腊县人民政府《勐腊县国民经济和社会发展第十二个五年规划纲要》，2010年12月。

设施不断完善，社会经济不断发展，服务体系不断健全，农民生活水平不断提高”。勐腊县 2012 年农业总产值达到 3.91 亿元，年均增幅达 7%以上，农村居民人均纯收入由 2010 年的 3663 元增加到 2012 年的 5064 元。2011 年以来，实施勐捧镇全省整乡推进，共 17 个项目，投资 475 万元；完成了 12 个克木人村寨的新农村试点村建设项目，实现了通电、通路、通水，村内道路硬化。

第六节 勐腊县经济发展中的问题

从总体上看，勐腊县经济社会实现了持续、健康发展，但表现出城乡经济发展不平衡，山区坝区差距拉大，经济增长方式落后，农民增收困难较大，扶贫攻坚任务艰巨等问题。具体表现在产业结构不合理，资源和区位优势没有充分发挥，财政收支矛盾突出，发展建设资金短缺，开发与生态保护压力增大等方面。

一 生态环境保护与治理的问题

天然橡胶是重要的工业原料和战略物资。勐腊县地处热带北缘，光能充足、热量丰富、雨量充沛、土壤肥沃等得天独厚的自然环境条件，是发展种植天然橡胶及热带经济作物的理想宝地。勐腊县橡胶种植开始于 20 世纪 50 年代，在国营农场的影响和带动下，民营橡胶也逐步发展起来。天然橡胶产业已成为全县种植规模最大、经营范围最广、整体效益最好、优势较为明显、经营层次较高和从业人员最多的支柱产业，是广大农村群众致富的“摇钱树”。2012 年，勐腊县天然橡胶种植面积已达 203.2 万亩，天然橡胶产业干胶总产量 14.1 万吨，全县直接从事天然橡胶种植经营的人员有近 10 万人，橡胶产业惠及全县农村农业人口近 18 万人。为全县农民提供人均纯收入 1000 多元。农民现金收入的 50%以上来自橡胶。天然橡胶产业有力地支撑了勐腊县农业和农村经济的发展。

但橡胶产业的发展也给生态环境保护与治理带来了问题。由于事先缺乏科学规划，特别是民营橡胶进入 21 世纪以来，随着天然橡胶市场价格的持续上升，农民种胶的积极性高涨，不顾植胶环境，超过植胶海拔 950 米控制线以上的海拔、原有水源林等盲目开发种植橡胶较为突出，有的种植海拔已达 1300—1400 米。导致民营橡胶的种植面积急剧扩张，加之缺乏科学规划与正确的引导，致使县域内生态布局结构的合理性和整体生态效益受到影响，有近10%的橡胶种植在950米以上，这些橡胶将来很难有经济效益。然而更为严重的是，以橡胶为主的人工经济作物的大面积单一种植，不仅直接导致了西双版纳热带雨林的破碎和生物多样性的丧失，还造成了年平均气温上升、相对湿度下降、有雾天数减少等局部气候的改变；同时还降低了土壤的有机质含量和储存功能。另外，还对区域内的水分平衡产生影响，出现山地水土流失、水资源减少；大面积的单一橡胶等经济作物的密植增加了胶园内病虫害的繁衍和扩散，而对胶园病虫害的大规模化学防控又带来进一步的环境污染；有些农户在坡度大的地方种植橡胶，致使发生山体滑坡冲毁公路等事件。以橡胶为主的经济作物的大面积种植所产生的一系列生态环境问题已经成为西双版纳州政府和民众强烈关注的问题。

橡胶产业带来的污染问题也较为突出并已影响到其他产业的发展，影响人民群众的生产生活质量。小规模的橡胶加工企业，无力投入资金兴建污水处理设施，污水处理未达标就直接排放了；植胶区的村寨，胶农对胶制品处理不当，造成公路沿线、村寨周围臭气熏天，影响了我州旅游和农业发展的环境质量。

二 脱贫后返贫的问题

按照国家贫困线新标准，至2013年，勐腊县仍有3万多人处于贫困线以下，占全县总人口的近20%，占全县农村人口的30%以上，还有4000人生活在自然条件比较恶劣的山区，贫困程度比较深，这里的人们已经丧失了基本的生存条件。同时部分贫困人口虽然初步解决了温饱问题，但生产生活条件没有得到改变，因自然条件、社会经济条件而返贫的现象尤其突出。造成返贫的原因主要有：一是自然环境恶劣，自然灾害频繁。勐腊县山区面积占总面积的95.6%，这里降水集中在夏秋季，使得冬春季（旱季）容易发生火灾，夏秋季（雨季）容易发生泥石流、滑坡、崩塌等地质灾害。由于基础设施薄弱，抵御自然灾害能力较低，使许多贫困人口因自然灾害再度返贫。二是因病返贫、因学返贫等现象依然显著。由于部分医院较远难以就近就医，同时医疗费用较高，一旦脱贫户得了较重的疾病，无钱医治将很快因病返贫；部分家庭供子女到县城中读书，并到省城攻读大学，高额的教育费用，致使部分脱贫家庭重新返贫。三是劳动力素质低下，思想观念陈旧落后致贫的内因。勐腊县由于地理位置的关系，远离大中型城市，长期以来这里的人们都过着“温饱即是满足”的生活，思想守旧，缺乏竞争意识，乐于纵向比较，自满自足。由于少数民族人口较多，保持民族风俗传统，结婚需彩礼、新建房屋等活动，使许多贫困家庭因婚返贫。虽然实行计划生育政策，但许多少数民族家庭依然保持传统“多子多福”的观念，陷入越生越穷、越穷越生的恶性循环，因育返贫。所以要从根本上改变勐腊县贫困山区社会经济的落后状况，缩小地区之间的差距，不但要做好扶贫工作，还要确保扶贫后脱离贫困线的人口不再重新返贫。

三　新农村建设中的问题

从2006年开始，西双版纳实施建设新农村已七个年头，随着资金的大量投入，许多村寨面貌发生了巨大变化，实现了农民收入增长和经济发展同步，农民文化生活日益丰富，综合素质不断提高，基层民主政治建设深入推进，社会更加和谐稳定，为实施整村整乡（整队整场）推进新农村建设奠定了坚实基础。在充分肯定成绩的同时，必须清醒地认识到勐腊县社会主义新农村建设工作还存在许多困难和问题。

一是建设资金严重不足。尽管各级政府加大了对新农村建设的投入，但仍然不能满足后续发展建设的需要。特别是随着新农村建设的深入，后期要建设的村寨相比试点村普遍基础设施更差，尤其是山区村寨，水利化程度和山区自然村公路通达率偏低，扶贫开发和山区开发任务艰巨，需投入资金较大。且群众自筹能力亦有限，整合资金力度不大，支撑新农村建设的后劲不足。

二是农村信贷担保机制不够完善，整合涉农资金不到位，未能全面支持农村重点项目的顺利推进。

三是由于勐腊县山坝区之间、乡镇之间的经济发展水平不平衡，加之部分群众对新农村建设工作的认识不一致，因此，形成了山区村寨群众自觉参与新农村建设的主动性和积极性相对坝区较低，“等、靠、要”思想仍然存在，“小富即安，小进即满”的思想表现突出，自我发展能力不强。

四是经营规模小，产业化水平不高。目前，由于缺乏龙头企业的强力支撑，勐腊县农业生产方式仍然较粗放，一家一户分散经营仍是主要形式，土地规模小，农业机械化程度低，现代农业发展缓慢，集约化水平低，农业的劳动生产率低下，市场信息不对称。农产品精深加工企业严重缺乏，尤其是缺乏带动力强的龙头企业，附加值低，专业经营水平低，使得目前西双版纳农业产业化发展仍然滞后。

五是村组集体经济薄弱，开展农村公益事业建设困难。勐腊县 10 个乡镇 52 个村委会中有 36 个村委会无集体经济收入，占 69%。村集体经济无实力，发展生产无财力，提供服务无能力，干部说话无威力，使农村社会化服务功能大大削弱，极大地制约和影响了村级组织的向心力、凝聚力和号召力。

六是基层组织建设有待加强。部分农村基层组织难以适应新时期农村经济发展的新形势、新要求，党员、干部带领群众致富本领不高，对发展中出现的新情况、新问题办法不多，能力不强，路子不宽。少数村干部工作作风不扎实，服务意识不强。

四　经济发展方式转变中的问题

当前，勐腊县在转变经济发展方式中既面临“桥头堡”战略实施的历史机遇，但也存在自身长期发展中由于历史和自然所形成的难点问题。

一是传统观念制约着经济发展方式的转变。长期以来，勐腊县由于交通不发达、信息相对闭塞、经济发展滞后、教育落后等原因，一些干部群众在思想观念及思维方式上，存在思想不够解放，小农意识观念还较强，缺乏竞争意识，“等、靠、要”思想严重，抢抓机遇、谋求发展的新办法不多；缺乏学习精神和进取精神，创新意识和开放意识不强，在推动经济发展中特别是面对改革困难时，敢想不敢干、敢干不会干、会干不大干，安于现状、小富即满，乐于纵向比较、自满自足，不善于横向比较、催人奋发。对转变经济发展方式的重要性和紧迫性认识不够。受传统经济增长观念影响，存在一种认识，认为目前重要的是上项目、上速度，缩小与发达地区的差距，这样必然带来重经济总量扩大，重增长速度的加快，轻质量、结构、比例的结果。

二是第二产业特别是工业经济发展严重滞后。长期以来，西双版纳能否发展工业，发展什么样的工业，一直是人们争论的焦点。在认识上，由于对工业概念理解偏差，片面地将工业与环境保护、旅游业和农业产业化对立起来，以致对发展工业经济重视不够，投入不足，在一定程度上忽视了工业经济发展。虽然近几年来，工业经济发展较快，形成了以采掘业、制糖业为工业经济支柱产业，以电力工业、水泥制造业以及茁壮成长的制茶业为辅的工业格局。其工业发展格局，没有体现出该地的经济资源优势和区位优势。不仅工业产值总量小，2012 年全县工业总产值仅为 65787 万元，而且工业企业数量也极少，在 438 个工业企业中，规模以上工业企业仅有 6 家，以致造成三次产业比重中第二产业比重徘徊在 20%左右，有些年份还出现低于 20%以下的情况。这也是当地财政收入增长慢，财政收支矛盾突出，其经济内生增长乏力的重要原因。

三是传统产业转型升级和新兴产业的培育壮大影响经济发展方式的转变。勐腊县三次产业结构不合理，产业发展的质量不高，缺乏战略新兴产业的支撑。新兴产业的培育发展壮大需要一定的时间，一定程度上会影响地方的税收，影响地方政府转变经济发展方式的积极性。一方面，传统产业仍然是勐腊县经济发展的主体力量，但胶、糖、粮、茶等传统产业发展面临诸多调整，需要进一步优化升级。另一方面，新兴生物产业、现代服务业等对经济社会全局和长远发展具有重大引领带动作用，这些新兴产业刚进入发展的起步阶段，要真正成为主导，还有很长的路要走。

四是产业发展与环境保护的矛盾影响经济发展方式的转变。寻求生态环境保护与产业发展的“双赢”，是当代发展亟待破解的难题。从勐腊县经济发展来看，这一问题也较为突出。西双版纳是地球北回归线上唯一一块绿洲，因热带雨林生态保护较为完好而著称于世，而作为西部地区的勐腊县，经济落后，发展基础较为薄弱，生产方式粗放，而国家出台的如退耕还林等一系列生态环境保护政策，其侧重点在于解决西部地区的生态问题，对促进当地产业发展和当地居民收入增长的效果并不明显，这导致勐腊县与大多数西部地区一样往往陷入生态环境保护与经济发展两难的境地。解决这一问题的根本出路就是跳出传统模式，转变生产方式，实现产业发展与生态环境相互促进、协调发展的新格局。而这一矛盾制约和影响着经济发展方式的转变，要寻求突破的路径，才能解决好这一问题。

五是少数民族科技文化素质整体偏低，转变经济发展方式后劲不足。勐腊县是一个典型的边境民族贫困山区县。2012 年末常住人口 28.55 万人，其中少数民族占 75.4%，平均受教育年限仅为 6.15 年，贫困山区的文盲、半文盲人口比重大。科技人才严重不足，各类专业技术人员只占总人口的1.1%，远低于全国和全省的平均水平。而且山区、半山区占总面积的96%，是一个典型的农业县，转变经济发展方式重点是转变农业发展方式，发展目标是现代农业。其根本途径在于农业科技进步和提高广大农民的科学文化素质。然而，勐腊县农民科学素质普遍偏低，农村实用人才缺乏，农业专业服务组织发展落后，农业科技成果的转化率低，严重制约了农业生产效率的提高。如不从根本上改变这种状况，转变经济发展方式就后劲乏力，难以持续。

六是对外贸易发展较快，但对当地经济发展拉动不大。产业培育是增加出口的前提和基础。由于此前当地干部群众对发展通道经济认识不足，导致勐腊县身处开放通道前沿，但自身外向型产业发展滞后，没有培育相应的出口产业基地，培植相应的出口产品。大通道全线贯通后，虽然进出口商品大幅度增加，但出口的货物以水果、蔬菜、百货、鲜花及机械设备为主，这些商品基本上产于州外，真正产于当地的却微乎其微，勐腊县的对外贸易基本上停留于过货贸易或转口贸易。另外，由于当地企业规模较小，层次不高，因而大通道对当地经济社会发展拉动不大，贡献率不高，口岸通道对当地经济带动作用主要仅体现在旅游、饮食、就业等方面，关税收入较少，表现出区位、口岸、地缘人文优势转变为地方发展优势和经济优势不明显。

五　地方财政收支矛盾的问题

进入21世纪以来，勐腊县财政收入增长速度较快，但始终没有摆脱总量小的问题。特别是取消农特税后，以农业为主的大县财政收入更少了。2000年财政收入为6808万元，到2012年增长到29082万元。地方财政收支比例由2000年的1：1.77增加到了2012年的1：5.51，收支差额的绝对值由2000年的5263万元，增加到了2012年的13亿多元。可以看出，地方财政支出增长的速度远高于收入增加的速度，收支矛盾不断加大，对上级财政转移支付的依赖不断增加。这就决定了勐腊县很难依靠本级财政收入为全县提供公共产品和服务，促进发展的财力只能来自外援。多年来，勐腊县虽然从多渠道得到不同程度的扶持和照顾，但县级财源仍然结构单一、基础薄弱，财政供养负担重，是典型的等上级补贴的“吃饭财政”，缺少产业开发和基本建设资金，缺乏长期、纵深发展的基础状况没有得到根本改变。

表 2-22　　2000—2012 年勐腊县地方财政收支状况

年份	地方财政收入（万元）	地方财政支出（万元）	收支差额（万元）	收支比例
2000	6808	12071	-5263	1∶1.77
2004	3474	19713	-16239	1∶5.67
2005	5793	25423	-19630	1∶4.39
2006	10066	36500	-26434	1∶3.63
2007	13543	44600	-31057	1∶3.29
2008	13691	53009	-39318	1∶3.87
2009	18816	78689	-59873	1∶4.18
2010	22709	89329	-66620	1∶3.93
2011	26262	138350	-112088	1∶5.27
2012	29082	160021	-130939	1∶5.51

资料来源：根据《勐腊县统计年鉴》有关数据计算。

造成勐腊县地方财政收支矛盾加剧的原因主要是地方经济发展的总量不足，税源不足，还突出表现在以下值得注意的方面：

一是在财政收入方面，国家取消农特产税后，勐腊县作为农业大县，财政收入渠道急剧减少。但勐腊县乃至西双版纳特殊的地理位置和生态保护的重大责任，最大的橡胶产业对生态带来一定影响，未能征收一定的生态补偿费；以热带雨林为依托的国家级风景名胜区，未能收取一定的生态维护费，致使傣族聚居区地方政府难以从承担重大保护责任的领域获取应有的财税收益。这种不合理的现象，需要得到国家、省级政府的支持。

二是在财政支出方面，21 世纪以来，国家和云南省为加快边境一线民族聚居区的经济发展，确保边疆繁荣稳定，投入了大量的项目和资金，但这些项目大多数都需要地方财政资金做配套，地方财政支出需求大幅度增加。尤其是扶贫攻坚、基层组织建设、社会事业发展建设等方面的任务日益艰巨，需要投入的资金量非常大。

第七节　促进勐腊县经济社会发展的思考

结合勐腊县老、少、边、穷的山区、半山区农业县的实际，要进一步促进勐腊县经济社会的发展，就必须扬长避短，利用好水陆开放通道的区位优势，丰富的动植物、土地、民族文化的资源优势，抓住“桥头堡”

战略实施、西部大开发、国家扶贫开发工作重点县等发展机遇，全面促进勐腊经济社会的发展。

一　走科学和有特色的经济发展之路

以傣族为主体民族聚居区的勐腊县存在的上述问题，既是发展中的问题，也需要通过发展来解决。但这种发展只能是以人为本，全面协调可持续的发展。针对勐腊县经济社会发展存在的问题，我们认为，应着重在以下几个方面做出努力。

一是坚持生态优先，加强生态文明建设，合理开发利用自然资源。西双版纳是全球生物多样性最富集的地区之一，是全国自然资源最为丰富的宝库，勐腊县又是西双版纳热带雨林保护面积最大的区域。加快推进生态文明建设，不仅关系着本地各族群众的生存和发展，而且关乎全国生态安全。所以，在生态环境保护与资源开发出现矛盾时，必须坚持将生态环境保护放在第一位，坚持长远利益和全局利益。坚持严格的天然林保护制度，严守生态红线，坚决制止毁林开垦，杜绝蚕食热带雨林，切实保护好地球北回归线上仅存的这片热带雨林。应坚决杜绝一切不利于生态环境保护与建设的经济发展项目。同时，应坚持保护与治理相结合，按照“头上戴帽、腰间系带、足底穿鞋”的要求，加快改造低产低质低效胶园，逐步退出“三超”胶林，构建多层次、立体型的橡胶林复合生态系统，建设环境友好型橡胶园。对已有企业的生产排放情况，必须严格监管，强力执法。应全面落实生态保护的各项奖补政策和救助政策，建立生态补偿机制，确保生态环境保护与建设不影响各民族经济收入稳定增长，生态环境保护与治理成效能得到有效巩固。

二是加快基础设施建设，进一步改善农村经济发展环境。交通是经济发展的命脉。勐腊县应依托小磨高速公路和泛亚铁路中线建设之机，抓好县乡公路、乡村公路及村村通路建设，构建内连省府、外接东盟、通江达海的交通网络，为流通创造快捷、便利的条件。加快乡村电网、电信、饮水、广播电视和农田水利等基础设施建设，加快以沼气为主的农村能源改造，改善人民生产生活条件，为经济发展创造条件。

三是扶持壮大特色生物产业。生物产业是当今世界最富活力、最具潜力、最具竞争力的战略性新兴产业。一方面，勐腊县要充分发挥生物种质资源优势，培育壮大生物农业、生物林业、生物医药、生物能源等产业，构建特色鲜明的生物产业体系，形成具有较强市场竞争力的生物产业集群。按照高产、优质、高效、生态、安全的要求，重点推进粮食、橡胶、蔗糖、茶叶、香蕉、石斛、养殖等特色生物农业的发展；加快发展林药、林菌、林果、林菜、林禽、林畜等林下经济；加快傣药南药种植基础建设，为全州生物医药发展提供原料。另一方面，瞄准东南亚市场，发展外向型农业。尽管勐腊县的气候总体上与东盟相似，但东盟气候类型单一，而勐腊县气候及地形复杂，适合多种作物生长，经昆曼公路出口到泰国的蔬菜水果，绝大多数当地都可以生产。勐腊县应根据不同气候类型以及东盟所需产品来发展特色产业，充分发挥与东南亚国家的气候差异，重点发展亚热带产品。当前，应积极优化农业产业结构，转变发展方式，提升产品质量，实施品牌战略，走产业化、公司化和国际化道路，改变水果蔬菜种植分散、竞争力不强的局面，扩大优势农产品的出口。

四是依托特色优势资源和区位优势，发展加工制造业。一方面，以橡胶精深加工为突破口，加快特色加工制造业发展。勐腊县乃至西双版纳州作为橡胶的重要种植基地，与此不对称的是，缺乏橡胶精深加工企业。橡胶产品仅为初加工原料，无延长产业链，产品附加值低，未形成充分的产业优势。伴随着“桥头堡”战略的推进，泛亚铁路中线的建设对勐腊县发展橡胶加工业是一个机遇。铁路的开通将大大降低物流成本，借此充分发挥其所处的通道优势，利用原料基地和国家级口岸的优势引进橡胶深加工企业开展橡胶精深加工，就地提升产品价值，带动全县工业经济发展。加强茶叶精深开发，促进系列加工增值，充分发掘勐腊古茶树的文化底蕴，在易武、象明各重点扶持一家具有高科技含量、高附加值的精深加工龙头企业，并大力支持从国内外引进先进生产线，开发各类茶饮料、茶食品、速溶茶、茶多酚等茶制品，推进茶产业升级换代，延长产业链。另一方面，应紧紧围绕国内和东盟市场需求，参与磨憨进出口贸易加工园区建设。充分利用勐腊县的地缘优势，依托当地优势，大力发展加工贸易，把通道经济带建成绿色工业区，积极扶持当地企业的发展，培育壮大第二产业。充分发挥所处的通道优势，努力把勐腊县发展成为连接内地与东盟的物流、商贸、旅游中心和枢纽。

五是充分发挥勐腊县旅游特色资源，加快旅游产业发展。立足自然资源、民俗风情、茶马古道之源、异国风光四大特色做大做强勐腊县的旅游产业。应继续加大招商引资力度，围绕资源优势，开发曼旦、勐远仙景、孔明山、植物园二区、望天树二区、勐远绿道、易武贡茶镇等景区景点建设。包括勐仑哈尼族大卡老寨、象明石良子基诺山、勐腊镇曼龙勒漂流、瑶族村寨、基诺山寨子。形成孔明山基诺族生态文化度假区；勐仑热带生物、傣族文化游览区；南腊河沿岸民族村寨；“西双版纳橡胶博览园”；磨憨跨国通道风情；关累绿三角多国文化体验；易武茶马古道源地等勐腊文化旅游几大品牌。加快发展酒店、餐饮、娱乐等旅游业配套服务业，加快培育和扶持地方旅游服务业综合开发型的龙头企业，提升旅游业服务水平，扩大旅游产业规模，加快旅游产业体系构建。应严格执行旅游行业标准，加强旅游市场监管，营造诚信经营环境。加大旅游产品的对外宣传力度，吸引更多的游客资源。同时，应切实重视旅游资源地村民参与地方旅游资源开发，从旅游业发展中合理受益的问题。应积极吸纳更多的当地村民到旅游服务行业就业，为地方群众增收拓展渠道。

六是持之以恒抓好扶贫开发工作。“授之以鱼，不如授之以渔”，贫困县应逐步实现由“输血”到“造血”的转变。贫困县目前的发展状况离不开国家给予的扶持政策，需要国家给予资金等条件帮助贫困县摆脱贫困，但完全依赖国家帮助贫困县是永远不可能完全摆脱贫困的。必须把国家经济扶持与贫困县自力更生、艰苦创业相结合，让贫困县群众看清地区之间的差距，找出脱贫思路，燃起贫困人口脱贫致富的热情，引导贫困户转变陈旧的思想观念，依靠自己，克服困难，因地制宜地发展生产才能实现脱贫致富目标，同时注重生态建设，走新型的脱贫道路。只有依靠贫困县自力更生，充分发挥内在能动作用才能使外在的国家经济扶持发挥最大功效。将“输血”变为“造血”功能是边境民族贫困县走可持续发展道路的唯一出路。

七是加快民生事业发展，不断提高人民生活水平。经济发展的终极目的是造福人民，是不断提高人民群众日益增长的物质文化生活水平。而提高改善民生的各项基础设施建设，增强地方政府提供公共服务的能力，既是实现经济发展终极目的和不断提高各族群众生活水平的必然途径，其本身也是推动地方经济发展的有机构成。应加大对边境民族地区农村义务教育转移支付力度，确保边远、民族、贫困、山区学校的中小学生接受九年义务教育，把贫困家庭学生的资助制度化，积极稳妥地推进偏远地区适当集中办学。加大对勐腊县科技投入，建立科技推广体系，鼓励当地群众学习新技术，依靠科技进步和提高劳动者素质加快民族地区的经济发展。进一步完善基层医疗卫生机构基础设施条件，不断健全覆盖城乡的医疗卫生服务网络，满足群众不同层次的医疗卫生需求，从整体上提高全县群众的健康水平和生活质量，减轻因病返贫的问题。健全农村养老保险制度，保障贫困人口的基本养老需求，解决因年老失去劳动能力而返贫的问题。实施更加积极的就业政策，重点解决少数民族大学生、农村转移劳动力和就业困难人员的就业问题。加大社会救助力度，妥善解决边境民族地区困难群众的基本生活保障问题。

八是发挥“民族”和“区位”两大优势，打好政治牌。勐腊县是多民族聚居区，居住着傣、哈尼、彝、瑶等26个民族，少数民族人口占总人口的75.4%，其中傣族占26.5%，哈尼族占24.7%。其中傣、哈尼、布朗等八个民族跨境而居，属跨境民族。自古以来，这些少数民族群众与境外居民民族同宗、语言相通、习俗相近、山水相连，彼此保持着千丝万缕的联系。尤其是傣族，在东南亚各国广泛分布，所以当地有“学会说傣话，走遍东南亚”之说。不仅如此，广泛分布于东南亚各国的傣族，普遍都对西双版纳有归宿感，有越来越多的傣族到西双版纳来寻根访源。“西双版纳”在东南亚具有很强的影响力和号召力。因此，自古以来，西双版纳各族人民就与东南亚各国人民保持着非常密切的文化联系和经贸往来。西双版纳对东南亚地区的辐射和影响远远超过了自治州本身。勐腊县处于连接国内和东盟的枢纽位置，“民族”“区位”这两大优势成为勐腊县实施对外开放合作的两大法宝。处在“桥头堡”建设前沿的勐腊县，可以此优势寻求上级特殊的政策扶持。为此，在向上级寻求支持和帮助时，应打好“民族”“区位”这两张牌，让上级部门领导都认识到：对勐腊县的扶持，促进该地的稳定和发展，符合国家的整体发展战略，其政治意义远远大于经济意义。

二 落实和完善政策，继续加大扶持力度

21世纪以来勐腊县经济发展取得的历史性成就，既是当地各族人民努力奋斗、自力更生的结果，也是党和国家正确领导的结果。而边境少数民族地区目前发展中面临的问题，有些是当地干部群众通过自身的努力能够得到解决的，有些则是需要国家有关部门予以协调和帮助解决的。帮助和支持少数民族和民族地区加快发展，是上级国家机关义不容辞的责任。依据傣族聚居区目前存在的问题，我们认为，国家应优先从如下几个方面

给予更大的扶持。

一是继续加大对生态环境保护的投入力度。应切实着眼于保护北回归线上唯一一块绿洲、物种基因库、动植物王国、国家生态文明建设示范基地的大局，从政策、资金、项目等各个方面给予傣族聚居区生态环境保护和建设更大的扶持。尤其应加大对天然林保护工程、退耕还林、生态移民、野生动物肇事补偿等的扶持力度。鼓励地方政府探索让在生存条件恶劣、对天然林保护构成威胁的地区居民永久撤离原居地的政策措施。对因保护生态环境做出牺牲的村民，政府应保证他们的经济收入和生活水平不能下降。唯此，才能从根本上维护群众保护生态环境的积极性和自觉性。

二是加大金融惠农政策实施力度。信贷资金缺乏已成为制约傣族聚居区经济发展的瓶颈。所以，应简化农民“惠农贷款”流程，加大政策性贷款扶持力度，加强贷款使用监管，让真正需要惠农贷款的家庭及时得到政府的惠农金融服务。应根据群众需求和经济发展的需要，增加惠农贷款资金总额和单户家庭贷款额度，延长惠农贷款财政贴息时间，以使惠农贷款能够真正发挥促进农村经济发展的作用。

三是加大边境少数民族地区生产生活基础设施建设力度。应对边境一线和贫困地区的道路、水利设施、人畜饮水、居民住房、电力通信等基础设施建设做出更大的政策倾斜和财力投入，为这些居住地居民发展生产、彻底摆脱贫困、尽快提高生活水平创造条件。

四是加大上级政府财政转移支付力度。实践证明，少数民族和民族地区的经济快速发展，离不开国家财政方面的全力支持。所以，要加快推进傣族聚居区的现代化，尽快缩小发展上的差距，保持边境一线安全、稳定，必须加大对傣族聚居区的财政转移支付力度。

五是以“桥头堡”战略实施，赋予量身打造突破性政策。围绕建设面向老、缅、泰开放的试验区和战略先行区，建设昆曼经济走廊上的特色优势产业基地和重要物流节点，建设重要的生物多样性宝库和生态安全屏障区，建设民族团结进步、边疆繁荣稳定的示范区，实施先行先试政策。实行特殊的边境贸易政策，在关累建立边境贸易区综合保税区。调整完善边境贸易扶持政策，提升口岸级别，扩大边民互市，放宽贸易限制。鼓励企业到周边国家进行工程承包、境外投资和劳务合作。实施优惠税收政策。实施生态补偿政策。

第三章

生态文明保护与建设

第一节　基本情况

一　地形地貌

勐腊县地处北纬 21°28′—22°28′、东经 99°56′—100°41′之间，位于云南省最南端，西双版纳州东部。东部和南部与老挝接壤，西边与缅甸隔江相望，西北与景洪市相连，北面与江城县毗邻。国境线长 740.80 千米，其中：中老线 677.80 千米，中缅段长 63 千米。县城距省城昆明 868 千米，距州府景洪 172 千米。

勐腊县地处澜沧江深大断裂以东，地质构造属横断山块断带思茅台凹的一部分。勐腊县地貌结构错综复杂，类型多种多样，群山连绵起伏，河流纵横蜿蜒，系横断山纵谷南段，无量山南延尾梢。地势北高南低，由东北向西南呈梯状下降。平均海拔 1100 米，最高点为黑水梁子，海拔 2023 米，最低点为南腊河与澜沧江交汇处，海拔 477 米，县城海拔 639 米。整个地势东北部高，西南部和南部低。北部是绵延起伏的中山山原地貌，中部为多姿的岩溶丘陵地貌，南部为低山宽谷盆地。全县土地面积 6850 平方千米，山地占 95.6%，山间盆地（坝子）占 4.4%，万亩以上的坝子有 6 个，最大的是勐捧坝，面积 4160 平方千米；面积最小的坝子是勐伴坝，面积只有 790 平方千米。

二　气候特征

勐腊县地处热带北缘，北回归线以南的低纬高原，属北热带湿润季风气候。全年太阳投射角度大，变化范围小，直射时间长，获得热量多。按气候带划分，全县有 90%以上土地属南亚热带和北热带区。其气候特点是：热量丰富，年温差较小，夏无酷热，冬无严寒，降水充沛，夏秋多雨，冬春干旱多雾，水热垂直变化明显，灾害性天气种类多，次数少。全年平均气温 21℃，年温差 9.5℃，日温差较大，平均 11.5℃，最冷月均温在 15℃以上。年均降雨量 1300—2000 毫米，年日照时数为 1600—1900 小时。独特的地理位置和气候条件，使勐腊成为全国热区资源较丰富的地区之一。

三　土壤与矿物资源

勐腊县地层多样，成土母质复杂，土壤类型较多，共有砖红壤、赤红壤、红壤、紫色土、石灰岩土、冲击土、水稻土 7 个土类，10 个亚类、16 个土属、52 个土种。坝区以近代河流冲积、洪积、砂泥土为主，山区主要是中生界侏罗系和白垩系的三叠纪紫红色砂页岩，部分千枚岩及二叠纪灰岩母质发育的红壤。由于地处亚热带，气温、湿度、雨量充沛，植物生长旺盛，土壤腐殖质大量积累，土壤风化深厚，根据海拔高度划分，海拔在 800 米以下的属砖红壤地区，海拔在 800—1500 米的属赤红壤地区，海拔在 1500—2000 米的属红壤地区。

勐腊县矿产资源丰富，全县共发现矿产地 65 处，矿种 16 种（已探明储量的有 8 种），主要矿种有铁、锌、铜、岩盐、煤、石灰石、黏土等。其中铁矿、岩盐资源在全省占重要地位，是勐腊县最具开发潜力的矿种。目前全县有各类矿业企业 59 家，其中建材非金属矿业企业（石灰石、黏土）46 家，金属矿业企业 13 家。

勐腊县矿业经济发展迅速，矿产品有水泥、铅精矿、锌精矿、铜精矿、食盐、褐煤和建筑用砂石、黏土等。2008 年，矿业总产值（采、选、冶、加工）5681.24 万元，占工业总产值的 6.71%。

四　河流水系

勐腊境内河流均属澜沧江流域下游干支系，河流纵横，水源丰富。主要有澜沧江一级支流南腊河和罗梭江（亦称小黑江或补远江）两大河流。除两大河流外，境内还有大小河流 172 条，其中有 8 条直接注入澜沧江，42 条是罗梭江支流，122 条属南腊河水系。全县河网密布，河网总长度达

1188 千米，河网密度为 0. 17 千米/平方千米。

（一）地表水

勐腊县地表水年径流深东北部和北部大于西南部和南部，山区大于坝区，分布不均匀。总趋势大体与年径流深情况相同。全县年平均径流量为 88. 4 亿立方米，年平均径流深为 639 毫米。

境内两大水系情况是：

罗梭江主要流向从东北向西南汇入澜沧江。干流中上游地势高，径流深从思茅县大平掌曼中田站的 1800 毫米逐渐下降，到勐仑坝区边缘为 600 毫米；下游至河口径流深只有 500 毫米。该江大部分处于多雨地区，流域平均雨量为 1739 毫米，平均径流深为 764 毫米，折合径流量 57. 89 亿立方米，径流系数在 0. 40—0. 50。

南腊河大部处于低海拔地区，主要流向由东北部向西南部。流经万亩以上坝子 3 个，径流深度在 100—900 毫米，流域平均雨量为 22. 27 亿立方米，径流系数在 0. 15—0. 42。

（二）地下水

勐腊县产生浅层地下水的主要岩层为基岩，此类岩层分布较为广泛。由于雨季部分雨水下渗补给，地下水比较丰富。全境 60% 的面积海拔在千米以上，罗梭江和南腊河两大干流的地下径流虽较之全县中部和西部为少，但罗梭江与南腊河的地下径流占地表径流分别达到 19. 7% 和 32%。罗梭江地下径流占地表径流深度变化在 90—200 毫米；南腊河则在 70—300 毫米。11 条较大河流总集水面积为 16460 平方千米，地表径流量为 88. 4 亿立方米。地下径流量为 22. 67 亿立方米，地下径流深占地表径流深的 25. 64%。

（三）水能蕴藏量

县内水力资源比较丰富。蕴藏量小于 10 千瓦的河流未统计，仅据有资料可查的 10 条河流而言：20—100 千瓦的 7 条，250—500 千瓦的 2 条，2000 千瓦以上的 1 条。

主要河流水能蕴藏量：罗梭江干流 208. 99 万千瓦；支流合计 45. 12 万千瓦，其中，龙谷河 2. 56 万千瓦，象明河 7. 32 万千瓦，磨者河 7. 91 万千瓦，勐醒河 27. 33 万千瓦。南腊河干流 54. 33 万千瓦；支流合计 26. 14 万千瓦，其中，南木窝河 7. 08 万千瓦，南满河 4. 31 万千瓦，南润河 3. 95 万千瓦，南远河 10. 80 万千瓦。全县总计 334. 58 万千瓦。

2007 年水质评价主要河流 6 条（澜沧江、流沙河、补远江、南腊河、普文河、南阿河），评价河段总长 733 千米，按《地表水环境质量标准》（GB3838-2002）评价，水质符合Ⅱ类的河长占 74. 5%、符合Ⅲ类的河长占 25. 5%。

（四）存在的问题

但由于时空分布不均匀，地下水分布不均匀，开发利用不足，可利用的水量仅占自产水资源总量的一小部分。一方面现状农业和农村缺水、工程型缺水，供水矛盾十分突出，预计今后会更加突出；另一方面用水效率不高，又存在缺水、浪费、污染等现象，成为勐腊县经济社会发展的制约因素。同时，随着勐腊县经济社会的发展、城市化进程的加快和人民生活水平的提高，对水的需求量越来越大，但开发利用难度越来越难，成本越来越高，供求矛盾越来越突出。因此，水资源的保护、利用、节约将成为勐腊县日益关注的重要问题。

五　森林资源

勐腊县植被在中国植被区划中属于北热带雨林半常绿季雨林带，西双版纳山间盆地季节雨林、季雨林区，植被类型基本上属于东南亚热带雨林范畴。主要有热带雨林、热带季雨林、亚热带常绿阔叶林、暖性针叶林、竹林、次生植物、河滩灌丛和草丛 8 个植被型，13 个植被亚型和 20 多个群系。人工植被，包括经济林木、用材林、薪炭林和农作物等。

根据《勐腊县森林资源二类调查汇总报告》（云南省林业调查规划院，2006），勐腊县土地总面积为 688510 公顷。其中，林地面积为 608053. 8 公顷，占全县土地总面积的 88. 3%；非林地 80456. 2 公顷，占全县土地总面积的 11. 7%。（见表 3-1）

表 3-1　　勐腊县林地与非林地一览　　单位：公顷，%

单位	土地总面积		林地		非林地	
	面积	比例	面积	比例	面积	比例
勐腊	688510	100	608053. 8	88. 3	80456. 2	11. 7

说明：林地中含农地森林，下同。

勐腊县林地占土地总面积的比例接近90%；西双版纳州各县市林地面积占全州林地总面积的比例详见表3-2。

表3-2　勐腊县各县市林地与非林地一览　单位：公顷，%

单位	土地总面积			林地			非林地
	面积	比例	排名	面积	比例	排名	面积
全州	1911909	100		1590161.5	100		321747.5
景洪	686757	35.9	2	613512.4	38.6	1	73244.6
勐海	536642	28.1	3	368595.3	23.2	3	168046.7
勐腊	688510	36.0	1	608053.8	38.2	2	80456.2

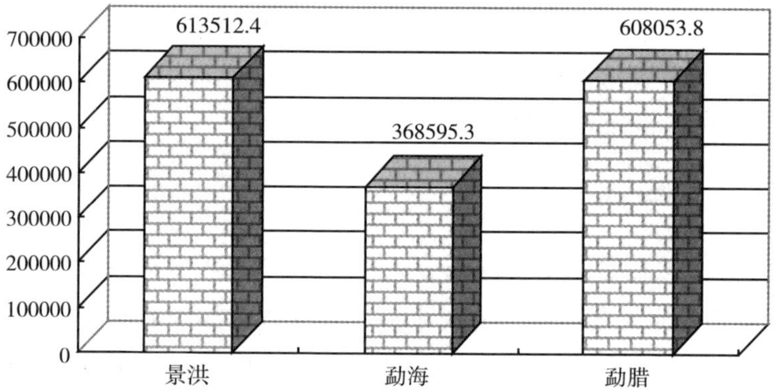

图3-1　勐腊县各县市林地面积（公顷）柱状图

（一）森林覆盖率与林木绿化率

按照2003年国家林业局颁布的技术规定，森林覆盖率包括有林地覆盖率和国家特别规定灌木林的覆盖率。国家特别规定灌木林是指经济灌木林、乔木生长界限以上的灌木林、岩溶地区灌木林、干热河谷防护型灌木林等。

林木绿化率指有林地覆盖率、灌木林覆盖率与四旁树覆盖率的总和。

根据《勐腊县森林资源二类调查汇总报告》（云南省林业调查规划院，2006），勐腊县森林覆盖率为86.2%，其中，有林地覆盖率85.3%，国家特别规定灌木林覆盖率0.9%。林木绿化率为87.6%。（见表3-3）

表 3-3　　勐腊县森林覆盖率和林木绿化率一览　　单位：%

单位	森林覆盖率	其中		林木绿化率
		有林地覆盖率	国家特别规定灌木林覆盖率	
勐腊	86.2	85.3	0.9	87.6

西双版纳各县市森林覆盖率由高到低的顺序为勐腊、景洪、勐海。勐腊县森林覆盖率达 86.2%，其森林覆盖率高于全州的 78.3%，也远远高于全省 39.24%的水平，显示出勐腊县较好的森林覆盖状况。

（二）各类林地构成

全县林业用地结构为：

总林地面积 608053.8 公顷，有林地面积 587164.2 公顷，占林地面积的 96.565%；疏林地面积 821.1 公顷，占林地面积的 0.135%；灌木林地面积 15006.2 公顷，占林地面积的 2.468%；未成林地面积 192.7 公顷，占林地面积的 0.032%；无立木林地面积 5.4 公顷，占林地面积的 0.001%；宜林地面积 4787.1 公顷，占林地面积的 0.787%；其他林地（苗圃地）77.1 公顷，占林地面积的 0.013%（见图 3-2）。

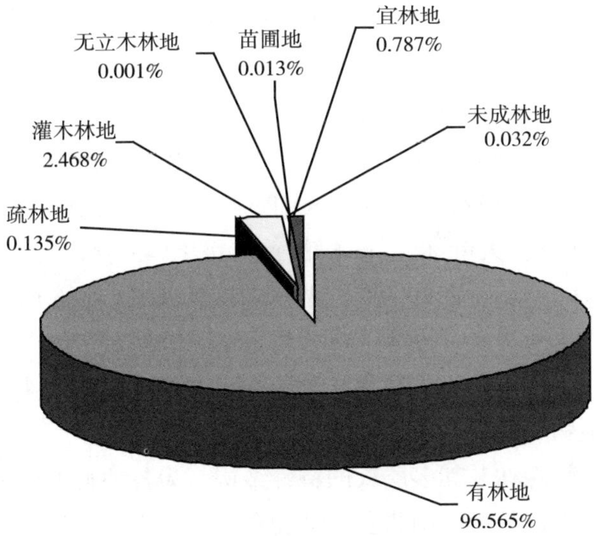

图 3-2　勐腊县林地各地类结构

六　生物多样性

（一）生物多样性现状

勐腊县所属的西双版纳地区热量充足，降水充沛，是我国热带性质最强、范围最大的热带区域，保存了中国最大面积的热带雨林和季雨林，物种极为丰富，珍稀、濒危和特有物种多，是我国热带生物多样性最丰富、重要类群分布最集中的地区，同时是具有国际意义的生物多样性的关键地区和全球25个优先重点保护的生物多样性热点地区之一，被列为世界人与生物圈保护区。

勐腊县地处热带北缘，由于未受冰川南移的影响，其生物种源的古老性和珍贵性，在我国其他地区是少见的，被誉为“热带种质资源的基因库”，加上水热条件优越，植物种类繁多，森林类型丰富，高等植物种类约近3890种，占全国的1/7，被誉为“植物王国皇冠上的绿宝石”。境内分布的高等植物共有249科1347属3890种。森林植被类型有季节性雨林、山地雨林、半常绿季雨林、落叶季雨林、石灰岩山地季雨林、季风常绿阔叶林、落叶季雨林、山地苔藓常绿阔叶林、温暖性落叶阔叶林、温暖性松林、热竹林、河漫滩丛、山地丘陵灌丛、禾本科草灌丛和人工植被类型等。其中蕨类植物46科83属206种，种子植物203科1264属3009种（裸子植物8科9属18种，被子植物195科1255属2991种），占全国高等植物总数的近1/7，占云南省的1/4，占西双版纳州的90%以上，堪称“植物王国之冠”。有珍稀濒危植物（包括孑遗种、特有种、稀有种、栽培植物野生类型及野生近缘种4类）230种，其中已列为国家重点保护植物有43种，其中一级有望天树、云南苏铁2种；二级有董棕、铁刀木、野茶树、土沉香、大叶木兰等8种；三级有43种，占全国354种的12.1%，占云南144种的29.9%，占西双版纳州51种的84.3%。经济植物按用途大体上可分为用材植物、竹类及编织藤类植物、油料或油脂植物、香料植物、药用植物、鞣料植物、染料植物、淀粉植物、纤维植物、树脂和树胶植物、果类和观赏植物11大类，共2225种。

茂密的热带森林及其多层次的特殊结构，为各种野生动物提供了丰富的食源和栖息繁衍环境，勐腊县的动物资源十分丰富，是我国热带珍稀动物的荟萃地。已知有动物6000多种，其中，鸟类427种，占全国总数的16%；陆栖脊椎动物500种，占全国总数的25%；被列为国家重点保护动物的有 97 种，国家一级保护动物有印支虎、亚洲象、印度野牛、豹、云豹、白颊长臂猿、小鼷鹿、孔雀雉、绿孔雀、巨蜥、蟒等 18 种，其中小鼷鹿在中国仅勐腊独有，二级保护动物有原鸡、穿山甲、黑熊、虎纹蛙、犀鸟、白喉犀鸟、水鹿等 79 种；省级保护动物有眼镜蛇、云猫、斑林猫；有益的和有重要经济价值、科学研究价值的动物有果子狸、豹猫、陆龟、金环蛇、中华翠凤蝶等。

（二）存在的主要问题

一是过度开发使天然林不断减少。

近几十年来，随着社会深刻变革、人口不断增长，土地、森林资源被急剧开发和消耗。西双版纳州植胶总面积从 1988 年的 116 万亩增加到了 2006 年的 615 万亩①。中科院提供的研究资料显示，1988—2003 年的 16 年间，勐腊县西南部的橡胶种植面积迅速猛增，从原先的星星点点，到后来的整个西南部，都种上了橡胶。从云南省南端的勐腊县勐满镇，到北端的景洪市景讷乡，要经 171 县道、213 线，整个沿途都能看到成片成片的胶林，不少胶园与森林相邻。大规模毁林种胶的行为，不仅严重破坏了天然林涵养水源、防风固沙、净化空气、调节气候的功能，也破坏了生物物种的遗传、更新和生态平衡。中科院勐仑植物园的研究显示，天然林每减少 1 万亩，就会使一个物种消失，并对另一个物种的生存环境构成威胁。与天然林相比，人工橡胶林的鸟类减少了 70%以上，哺乳类动物更是减少了 80%以上。

二是人口增长对生态环境的压力。

1949 年，西双版纳州总人口仅 21. 1 万人；而到 2008 年底，仅户籍人口已达到 92 万人，是 1949 年的 4. 36 倍。根据第六次人口普查的数据，全县总人口为 281730 人。同第五次全国人口普查 2000 年 11 月 1 日零时的 235657 人相比，10 年共增加了 46073 人，增长 19. 55%。平均每年增加 4607 人，年平均增长率为 1. 80%。

这使得人与热带雨林争地的矛盾就变得空前激烈，人口增长导致了对粮食、燃料、用材等的需求增加，促使人们不断地加大对自然资源的开发力度。城市建设用地和工矿用地、占用耕地、陡坡垦殖等，对环境的压力加大。这必然大大减少当地的生物多样性，致使该区域的生态安全受到

① 《云南勐腊野象频袭人被指缘于当地毁林种橡胶》，《新京报》2009 年 1 月 12 日。

威胁。

第二节 生态文明建设

一 生态文明建设总体评价

近年来，勐腊县紧紧抓住国家实施新一轮西部大开发和云南建设“两强一堡”的战略机遇，提出“生态保护立县”战略，并将其放在了发展县域经济的六大战略之首，不断加大生态建设力度，大力发展生态经济，着力解决发展与保护的关系，促进人与自然、自然与社会的和谐。具体举措如下：

一是坚持环保规划先行。

多年来，勐腊县始终把生态建设摆在经济社会发展的优先位置，扎实开展生态建设各项工作。截至目前，勐腊县完成了县城和10个乡镇的《环境保护规划》《勐腊县城区空气和噪声环境功能区划分》修编工作；优化调整了县域地表水水功能区划；制定了《勐腊生态县建设暨农村环境综合整治实施方案》。通过2012年和2013年国家级生态乡镇的创建，全县10个乡镇（包括原尚勇镇）中有8个乡镇顺利通过省级考核验收，待环保部复核命名。

按照《国家重点生态功能区县域生态环境质量考核办法》的要求，完成了国家重点生态功能区县域生态环境质量考核自查材料的上报。2012年，完成空气质量监测和地表水环境质量监测各12期，监测断面水质达到《地表水环境质量标准》Ⅲ类水质标准，环境空气质量达到《环境空气质量标准》中的一级标准。

二是加强基础设施建设。

勐腊县加快推进县城污水管网、农村生活污水和生活垃圾整治等一批生态基础设施工程建设进度，突出解决好城乡生活垃圾和污水，以及农村环境综合整治相对滞后的问题。

计划投入4584.78万元的县城污水处理厂及截污管网工程，现已完成厂区建设以及一期8.5千米污水管网铺设，2012年9月投入试运行。二期污水管网建设已完成招标工作。总投资3370.15万元的城市生活垃圾处理场工程，已投入试运行，城市生活垃圾无害化处理率达80%以上。县城建成区面积 5.5 平方千米，绿地总面积 168.11 万平方米，公园绿地面积 25.63 万平方米，县城绿地率达 30.56%，绿化覆盖率达 40%，人均公共绿地面积为 30.59 平方米。已有 52 个单位（小区）达到园林式单位（小区）标准，“园林单位”达到了 72%，“园林式小区”达到了 60% 以上。

乡镇“两污”建设得到加强。截至目前，勐仑、勐捧等 5 个乡镇生活污水湿地处理系统已完成主体工程。关累、易武等 4 个乡镇 10 万元生活垃圾处理场日常管理维护经费已落实到位。瑶区、象明等 4 个乡镇生活污水处理工程项目已完成选址、设计、实施方案编制等工作。勐捧、磨憨、勐满、关累 4 个生活垃圾堆放场已完成项目前期工作。勐仑、勐捧、易武 3 个乡镇中心垃圾处理厂（焚烧工艺）可研编制工作已启动。

中小河流治理取得阶段性成效。长 3.406 千米、防洪标准 20 年一遇的南腊河县城段治理工程现已完成基础砼浇筑 4036 立方米；长 3.3 千米的南腊河曼龙代段治理工程，现已完成土方开挖 0.29 万立方米；完成了南腊河流域沿岸村组垃圾整治项目，涉及勐腊、勐捧、勐伴、瑶区 4 个乡镇、11 个村委会、20 个村民小组，共建设 38 座垃圾收集房，总投资 100 万元。

目前，勐腊县共有 10 个省级生态乡镇、42 个州级生态村、3 个州级绿色小区、4 个县级绿色小区、22 所绿色学校、3 个环境友好型企业、2 个环境友好型机关、11 家绿色家庭、2 个县级环境教育基地。

三是重视生态资源保护。

勐腊县有 3 个国家级自然保护区，总面积 220 万亩，国有林面积 506 万亩。勐腊县重点实施了西双版纳热带雨林保护行动计划，继续抓好天然林管护、退耕还林、中低产林改造等工程，全面加强生态保护。同时，积极实施大湄公河次区域生物多样性保护廊道建设云南示范项目，扩大跨境联合生态保护范围，加强对森林动植物资源的保护。坚持生态保护与建设并重，预防与治理并举，在巩固国家级自然保护区面积 220 万亩的基础上，实施了天然林保护工程和退耕还林工程，完成生态公益林建设 58 万亩，管护天然林 699.9 万亩，退耕还林 5.5 万亩。建沼气池 3000 口、节柴改灶 1080 户、太阳能 1500 户，有效地降低了森林资源的消耗，推进了可再生能源的开发利用。广泛开展了绿色创建行动，完成建设“绿化美化”村寨 58 个，“农村森林化、道路林荫化、庭院花果化”的村庄庭院化建设格局逐渐形成。通过生态保护工程建设，进一步完善了生态体系建设，累计完成植树造林面积24.26万亩，森林覆盖率达到86.24%。

全面完成《勐腊县林地保护利用规划（2010—2020年）》编制工作。全县规划林地面积为475333.3公顷；天然林保护二期工程正式启动。全县森林管护总面积713万亩，森林管护人员791人，公益林建设总任务19万亩，森林抚育面积25万亩。区划界定国家级公益林面积315.41万亩，省级公益林面积159.79万亩。共完成巩固退耕还林人工造林1万亩、天保封山育林1.5万亩、州级低效林改造4.5万亩，义务植树24.5万株。新育苗面积110亩，良种准备量2500公斤，出圃苗木15万株。完成了小磨高速公路（勐仑至磨憨）沿线101千米生态景观建设任务，共种植苗木13.6万株。对勐腊镇南沙河小组、勐捧镇曼浓、尚勇镇南嘎3个村寨环境进行绿化、美化，栽种苗木1770株，受益农户118户；2012年，完成沼气建设300口、节柴改灶272口、太阳能安装605户。

四是开展水资源保护。

南腊河是澜沧江一级支流，有着丰富的水生生物资源和较为完善的生态系统，2012年2月经过国家农业部评审南腊河特有鱼类国家级水产种质资源保护区获得审批。保护区自勐腊镇、县城到勐捧镇团结桥电站止，全长90千米，河面平均宽60米，面积541公顷。主要保护裂峡鲃、斑腰单孔鲀、鲈鲤、山润鳖、平胸龟、双孔鱼、大刺鳅、丝尾鳠、水獭等水生野生动物。

同时还在流域试点生态补偿工程，由保护国际基金会与西双版纳州热带雨林保护基金会共同出资，西双版纳国家级自然保护区管理局科研所、勐腊管理所和尚勇管理所负责整个项目的具体实施。项目以生态补偿的形式，分别在曼蚌村和上中良村划定水源保护林、整修排水沟、小型污水处理系统等设施。通过项目实施，对澜沧江一级支流南腊河流域的水资源综合保护和生活污水处理进行试点，探索南腊河流域水资源保护及管理的长效机制，促进湄公河上游勐腊热带林区淡水资源。

随着中国—东盟自由贸易区建成、国家继续深入推进西部大开发和云南省实施“两强一堡”战略，勐腊县作为“桥头堡”最前端，将面临难得的发展机遇。同时，作为全省森林覆盖率最高，生态环境优良，生物多样性极为丰富的边疆县，在国家加大生态环境保护与建设力度的宏观背景下，将会得到更多政策倾斜和资金、项目的支持，有利于勐腊县加快实施可持续发展战略。

二　生态乡镇建设概况

勐腊县生态乡镇和生态村的创建工作取得了巨大的成绩。全县围绕着“绿化村寨、美化家园、发展庭院经济”建设生态示范村，全县有46个行政村获得了西双版纳州州级生态村的命名，占全县52个涉农行政村的88%。截至2010年底，全县中10个乡镇有9个获得云南省省级生态乡镇的命名，包括勐腊镇、勐仑镇、关累镇、孟伴镇、勐满镇、勐捧镇、象明乡、瑶区乡和易武乡。

（一）勐腊镇

勐腊镇地处勐腊县城郊接合部，属城关镇，是勐腊县委、县政府所在地，是全县的政治、经济、文化中心。东与老挝交界，边境线长51.05千米，南接磨憨、勐满，西连勐捧、关累两镇，北与瑶区、勐伴接壤。全镇土地面积820平方千米。

1. 地质与地貌

勐腊镇是一个集山区、半山区、坝区地形为一体，多种经济形式并存，多民族和谐相处的综合性乡镇。

勐腊镇属侵蚀山地，处于横断山纵谷南段，属无量山南延尾梢余脉山地。整个地势北高南低，由东北向西南呈梯状下降。地貌结构错综复杂，类型多，群山莽莽，岭谷相间，沟壑纵横，大小不同、形状各异的盆地分布其中。由于受构造作用控制，形成较多南北走向的山岭和盆地，坡状起伏，中部岩溶景观奇丽多姿，南部宽谷盆地开阔。勐腊镇平均海拔为1000米，最高海拔1916米，海拔最低处600米。勐腊镇地层多样，成土母质复杂，共有砖红壤、赤红壤、红壤、紫色土、石灰岩土、冲击土、水稻土7个土类。坝区以近代河流冲积、洪积、砂泥土为主，山区主要是中生界侏罗系和白垩系的三叠纪紫红色砂页岩，部分千枚岩及二叠纪灰岩母质发育的红壤。

2. 气候与气象

勐腊镇地处热带北缘，北回归线以南的低纬高原，属北热带湿润季风气候。全年降水充沛，太阳投射角度大，变化范围小，直射时间长，获得热量多。全年分干、湿两季，无明显四季之分，其中夏季的特点是：高温、潮湿、多雨、静风，春雨较多。年降水量可达1200—1600毫米。年平均气温 21℃，年平均日照 1850 小时。

3. 水文与水资源

勐腊镇降雨量充沛，水能水资源十分丰富。境内河流纵横交错，呈树枝状分布，有大大小小河流十多条。境内主要河流为南腊河，为澜沧江一级支流，同时也是勐腊县境内两条主要河流之一。南腊河被誉为勐腊的“母亲河”，发源于勐腊县勐伴镇的象滚塘，全长 186 千米。流域范围包括勐伴、瑶区、勐腊、勐捧、勐满、关累等乡镇和勐腊、尚勇两个自然保护区。勐腊镇现有 1 套集中式饮用水供水系统，可供水人口达 2.03 万人，占全镇总人口的 55.5%。

4. 动植物资源

勐腊镇特有的地理位置与适宜的气候条件，造就了勐腊镇境内丰富多样的动植物资源，境内植被属于中国植被区划中的北热带雨林半常绿季雨林带。主要有热带雨林、热带季雨林、亚热带常绿阔叶林、暖性针叶林、竹林、次生植物、河滩灌丛和草丛 8 个植被型，以及 13 个植被亚型和 20 多个群系。勐腊县是西双版纳国家级自然保护区的主要分布区域，西双版纳国家级自然保护区的 5 个子保护区有 1 个就是勐腊子保护区。在勐腊子保护区中有望天树、版纳青梅、山红树、鸡毛松、肉托竹柏、红光树、桫椤、篦齿苏铁、云南苏铁、木莲、天料木等珍稀濒危特有植物，有印支虎、鼷鹿、熊狸、小齿狸、白颊长臂猿、爪哇野牛、蟒蛇、巨蜥、凹甲陆龟、版纳摄龟、眼镜王蛇、版纳鱼螈、虎皮蛙、绿孔雀、白喉犀鸟、棕颈犀鸟、阔嘴鸟、银胸丝冠鸟等热带珍稀濒危特有动物。

5. 矿产资源

勐腊镇主要矿产资源是煤矿，分布在曼暖叫一带。

6. 旅游资源

勐腊镇蕴藏着丰富的资源，如得天独厚的山水条件、热带雨林自然风光、少数民族的风情文化等。在勐腊子保护区中有望天树、版纳青梅等特有的热带雨林树种和印支虎、鼷鹿、熊狸、小齿狸、白颊长臂猿、爪哇野牛等珍稀动物。以望天树为例，其为热带雨林特有的树种之一，属龙脑香科，常绿高大乔木。树干笔直挺拔，高度达七八十米，有“林中巨人”“林中美王子”之美称，被列为国家一级保护植物。勐腊镇民族构成以傣族、哈尼族、汉族为一体，少数民族的文化资源非常丰富。各民族独有的信仰、文学、饮食、起居、服饰文化以及他们的待客礼仪都是旅游开发的重点。此外，风景秀丽的曼旦水库，气势宏伟的大沙坝水库和烧烤飘香的曼龙代农家乐等都是其旅游资源。

（二）勐仑镇

勐仑镇隶属于勐腊县，位居勐腊县城西北部，东连易武乡，南与关累镇接壤，西与景洪市的勐罕镇和基诺乡交界，北邻象明乡，全镇占地面积约355平方千米。镇政府所在地距勐腊县城约70千米，距州府景洪约60千米，是勐腊县通往内地的重要交通枢纽，有勐腊县北大门之称。

1. 地质与地貌

勐仑镇地处横断山系纵谷南延末端，属无量山南延余脉山地系罗梭江侵蚀的峡谷盆地。其地势特点为西南部、北部高，东南部、南部低，中间为河谷平坝。地貌复杂、多样，呈现群山莽莽、岭谷相间、沟壑纵横、错落有致的自然景观。大小不同、形状各异的山间盆地分布其中，盆地边缘分布着连绵起伏的丘陵。勐仑镇平均海拔900米，海拔最高处是帕不鲁山，海拔高度为1400米。最低处是罗梭江下游的曼赛村，海拔高度为540米，最高与最低海拔高差达860米。

勐仑镇土地资源丰富，成土母质复杂。坝区以近代河流冲积、洪积、砂泥土为主。由于地处亚热带，气候温润，降雨充沛。区域内腐殖质大量积累，土壤风化深厚，土地肥沃，自然条件优越，适于植物生长。勐仑镇土壤主要分为砖红壤和赤红壤。海拔在800米以下区域属砖红壤地区，表土中有机质含量约3%—4%；海拔800—1400米区域属赤红壤地区，表土层的有机质含量为4%—7%。由于勐仑镇属亚热带季风气候，夏秋季节雨水较多，雨水将坡地土壤中的可溶性盐带到坝区，形成冲积性水稻土，呈中性偏微酸性特点。

2. 气候与气象

勐仑镇属于典型的亚热带季风气候区。境内气候特点为：多雨、湿润、静风，日温差较大，年温差小。全年干、雨两季分明，全年无霜，四季如春。年平均气温21—22℃，年平均降雨量为1400—1800毫米。夏季降雨充分，日照不足，气温不高；冬季受干暖气流控制，日照充足，晴天多，气温较高。

3. 水文与水资源

勐仑镇年平均降雨量充沛，自然水体的补给非常充分，其水能资源十分丰富。辖区内河流都属于澜沧江水系，主要是罗梭江、勐宽河、勐醒河，最大的为罗梭江，其支流有勐醒河、南仑河、南哈河、磨者河。罗梭江发源于普洱市勐先乡，河流长219千米，汇水面积为7575平方千米，年径流量为57.89亿立方米，上游河段处于山区，落差大，下游河段流经勐仑镇坝子后向西流入澜沧江。罗梭江从勐仑镇南面由北向东流过，河流长约45千米。勐仑镇区内水利设施较齐全，有水库3座，设计库容为60多万立方米。大小不同灌溉沟渠35条，全长41千米。有较大水坝4座，全镇农田水利化程度达34%。

4. 动植物资源

西双版纳州是世界上北回归线附近唯一一片生态绿洲和热带雨林。勐仑镇独特的气候和地理环境成就了境内丰富的生物资源，是名副其实的动植物王国。勐仑镇辖区涉及三大自然保护区，原始森林资源丰富，林地面积为482977亩，森林覆盖率达到90.7%。区域内植被丰富，主要类型有热带季节性雨林、热带季节性湿润林、热带山地（低山）阔叶林三种类型。

热带季节性雨林由于主要分布在海拔1000米以下的潮湿沟谷，又称沟谷雨林，分3—4个乔木层次。其中，乔木A层主要为高度在30米以上且耸出于林冠的散生巨树（最高的可达60多米），树冠彼此不连接。乔木B层高20—30米，为森林的主要林冠层，特点是树冠连接，个体密集。除乔木A层有部分落叶成植物外，其他层次的植物皆为常绿植物。在乔木层之下为灌木层和草本层。灌木层的高度一般为0.5—2.0米，覆盖率为10%—20%。草本层高度一般为0.1—1.0米，覆盖率为20%—80%，主要有刚莠竹、飞机草、黄茅、藿香蓟、棕叶芦等植物。热带季节性雨林分为湿性季雨林、干性季雨林和石灰山季雨林3个类型。代表树种有木棉、毛麻栋、劲直刺桐、东京枫杨、楹树、桂火绳、钝叶黄檀、紫薇、余甘子、羊蹄甲、榆绿木、一担柴、槟榄青、火烧花等。

热带季节性湿润林通常分布在石灰岩山中部，一般在季节性雨林带之上。森林高度一般为20—25米，局部区高度可达30米。主要植物种类有以尖叶闭花木、石山巴豆、缅桐、轮叶戟等为代表的大戟科植物，以油朴为代表的榆科植物，以脉桂花为代表的木犀科植物，以岩棕为代表的龙舌兰科植物。

热带山地（低山）阔叶林分为常绿阔叶林和落叶阔叶林。常绿阔叶林又叫季风常绿阔叶林，一般分布在海拔900米以上的山地。主要由壳斗科、大戟科、樟科、茶科等树种组成，林冠整齐而彼此相连。以革质、全缘、中叶等常绿中、小高位芽植物组成生态外貌特征，整个森林呈常绿季相。热带山地常绿阔叶林，林内灌木、草本层植物种类较少。落叶阔叶林的主要植物为橡胶林地、团花树、柚木等，多为人工经济林，特点为林种单一，病虫害多。

5. 矿产资源

勐仑镇矿产资源丰富。迄今已经探明的矿藏主要有曼安的褐煤矿，勐醒、南品河的铅锌矿，马头山、曼哈过的石灰岩矿，勐醒的铜矿等。

6. 旅游资源

勐仑镇是一个集自然景观和人文景观于一体的旅游重地，其美丽的自然景观往往会使人心旷神怡。旅游景点主要有中科院西双版纳热带植物园、翠屏峰、三石峰、雨林谷、罗梭江等，其中以热带植物园为最。热带植物园与勐仑镇区隔江相望，在罗梭江打转 358°的地方形成一个葫芦形半岛。岛上老茎生花，树干结果，神秘果、跳舞草等多达 3000 多种闻名世界的名贵植物。目前，热带植物园已被誉为“植物王国”，成为植物学工作者考察和研究的重要基地。此外，勐仑镇有着悠久的民俗文化和厚重的历史。贝叶文化、宗教文化、医药文化等神秘的民俗文化一直吸引着国内外的众多游客。“傣族泼水节”“彝族百诗佳节”“哈尼族嘎汤帕节”等独具特色的少数民族文化元素也已闻名世界并成为勐仑镇生态旅游资源的重要组成部分。

（三）关累镇

关累镇地处勐腊县西部，拥有土地面积 1045 平方千米，距县城 78 千米，距版纳州州府 134 千米。东邻瑶区，南靠勐捧，北与勐仑相邻，西与老挝接壤并与缅甸隔澜沧江相望。关累镇与老挝所接的国境线长达 11 千米。关累镇正是因其独特的地理区位优势而被称为“澜沧江口第一港”，犹如祖国南大门上一颗璀璨的明珠。

1. 地质与地貌

关累镇地处山区，地貌结构复杂，类型多样。其地貌特点为群山莽莽、沟壑纵横。地势总体走向为中间高四周低，东西宽为 38. 8 千米，南北长为 39 千米。海拔最高处为大黑山路那杭格角，海拔为 1779. 8 米。海拔最低处为南腊河与澜沧江交汇处，海拔为 477 米。最高与最低海拔相差达 1302. 8 米，落差较大。

关累镇境内石灰岩分布较广，岩溶地貌资源极为丰富，其代表地貌被称为石灰山热带季雨林。石灰山热带季雨林已经被列入国家级自然保护区，区内有众多石峰、石森林、石笋、石芽、溶洞和地下暗河等奇特的自然景观，并与周围热带雨林有机结合后形成特有的地貌类型。

关累镇境内地质成土母质复杂，山区主要类型为中生界侏罗系和白垩系的三叠纪紫红色砂页岩，部分千枚岩及二叠纪灰岩母质发育的红壤。由于关累镇地处热带、亚热带地区，植物生长旺盛，土壤腐殖质大量积累，土壤风化层较深厚，加之夏秋季节雨水较多，山区土壤受雨水的强烈冲刷和淋漓，可溶性盐基大量流失，土壤呈强酸性反应。坡地土壤中的可溶性盐被雨水冲刷到坝区形成冲积性水稻土。

2. 气候与气象

关累镇属热带、亚热带季风气候。气候特点是高温、高湿、多雨、静风、少寒，日温差大，年温差小。空气温热湿润，冬无严寒，夏无酷热，四季不分明。年最高气温 35℃，最低气温 5℃，年平均气温 20℃。年均降雨量 1500—1600 毫米，雨量充沛，适宜橡胶等热带作物生长。

3. 水文与水资源

关累镇境内雨量充沛，自然水体的补给非常充分，水能水资源十分丰富。关累镇辖区内河流纵横交错，主要有南腊河、甲格河、南远河、澜沧江等河流。其中，南腊河流经关累镇在中、老、缅三国交界处注入澜沧江。历年水文资料显示，南腊河最大流量为 327 立方米/秒，最小流量为 4. 05 立方米/秒，年均流量为 35. 1 立方米/秒；澜沧江最大流量为 7420 立方米/秒，最小流量为 265 立方米/秒，年均流量为 2090 立方米/秒，水资源非常丰富。

4. 动植物资源

关累镇辖区内土地总面积 1045 平方千米，原始森林面积达 70 多万亩。关累镇是名副其实的动植物王国，有丰富的热带、亚热带植物和动物。植被类型属于东南亚热带雨林，有热带雨林、热带季雨林、亚热带常绿阔叶林、暖性针叶林、竹林、次生植物、河滩灌丛和草丛 8 个植被型，13 个植被亚型和 20 多个群系。人工植被主要有经济林木、用材林、薪炭林和农作物等。关累镇内动物种类繁多，有亚洲象、云豹、水鹿、黑熊、蜂猴、猕猴、蟒蛇、巨蜥、云猫等特有的热带、亚热带野生动物。

5. 矿产资源

已经探明的矿藏状况显示关累镇内矿产资源比较丰富。已探明的矿藏主要有煤、石灰岩矿等矿种，如曼纳龙的无烟煤矿和石灰岩矿，勐远的石灰岩矿。其中曼纳龙石灰岩矿、勐远水泥厂石灰岩矿、勐远 K113 石灰岩矿及勐远 K115 石灰岩矿已得到开发和利用，而曼纳龙的无烟煤矿还未得到开采和利用。

6. 旅游资源

关累镇是一个集商品加工、航运、边民互市、购物、自然景观、民族风情和福寿文化为一体的综合性生态旅游乡镇，其中典型代表景点为勐远仙境。勐远仙境是一个按国家 5A 级景区标准打造的旅游景区，是一个以南传佛教、福寿文化为背景，集山、水、石、石灰山季雨林、溶洞群落、傣族等民族风情于一体的旅游生态景观。同时也是联合国人与生物保护圈和我国科普教育基地，是世上数量非常有限、保存最好的热带雨林生态系统和国家级自然保护区。勐远仙境中有国家重点保护的苏铁林群、国家一级保护植物龙血树、国家二级保护植物四数木、十多人围抱不住的巨树以及众多的沟谷雨林等。勐远仙境景区内还有着数量众多、造型奇特的溶洞。贝叶经上记载各类溶洞有 100 多个，最长的溶洞长达 10 千米。奇峰怪石和规模宏大的溶洞群落与周围热带雨林有机结合构成了仙境中超凡脱俗的自然景观。

为了加强边境贸易与旅游建设，充分满足游客的探险猎奇心理需求，关累镇拟建澜沧江风景区、南腊河风景区和三国交界风景区。澜沧江风景区以澜沧江、湄公河国际海员村为核心，由江岸沙滩、礁石、湖泊、悬崖等组成；南腊河风景区以南腊河航电工程为依托，以水上游乐、度假休闲为主体；三国交界风景区则以多国界碑为主体，由多国村寨、多国民族、多国风光、多国边境组成。

此外，各民族独特的民族风情也是关累镇一大旅游特色。哈尼族、傣族、瑶族等少数民族歌舞和节日等元素组成的少数民族文化也足以让游客流连忘返。

（四）勐伴镇

勐伴镇位于勐腊县东北部，地势北高南低，距勐腊县城 38 千米，南与勐腊镇相交，西与瑶区乡毗邻，东北部与老挝接壤，国境线长达 94. 35 千米。

1. 地质与地貌

勐伴镇属半山区镇，地势北高南低，东北面多山较高，西南面多农田较平坦，平均海拔 1100 米，最高点是东南部的夫会蓬山，海拔为 1900

米，最低点是勐伴镇曼里村，海拔为770米。地貌类型以侵蚀中山峡谷地貌为主，也有宽谷盆地及低山浅丘分布，垂直地带性较为典型。

勐伴镇耕地面积10.36万亩，林地面积24.65万亩，保护区面积68.8万亩。从勐伴镇整体布局来看，林地与保护区是最主要的土地类型，占总面积的90.6%，其他类型土地比例都较小。

2. 气候与气象

勐伴镇属亚热带季风气候，四季气候温差不大，年平均气温为19.2℃，年平均降雨量为1500—1700毫米。年温差不大，基本无霜，冬无严寒，夏无酷暑。

3. 水文与水资源

勐伴镇辖区内水利资源丰富，水利条件较好，有南岛、南燕、南嘎、金厂河、南崩5条主要河流，是南腊河的源头。有小（一）型水库1座（白象山水库），库容量628万立方米，坝高33.4米，面积为62公顷，有2条左右干渠，全长8.4千米，倒虹吸1条，全长1千米，引水渠1条，全长2.6千米，有2座副坝，1个溢洪道。受益7个村小组，灌溉面积2000亩。拦河坝4座（勐伴、龙嘎、曼燕、金厂河），灌溉面积为1890亩。

4. 动植物资源

勐伴镇自然资源丰富，全镇森林覆盖率达75%，有自然保护区62.8万亩，国有林22万亩，集体林11.5万亩，轮歇地3.66万亩。由于国家大力推进退耕还林政策，群众植树造林意识有所提高，保护区内生长着檀木、望天树、树蕨、鸡毛松等珍贵植物。辖区内宽谷地带为热带季雨林，阶地或浅丘地带为干性季节性雨林，山地峡谷地带沿谷底及坡脚两侧坡面相对高度50—100米为湿性季节性雨林，谷底坡面的上部相对高度100米左右的一条狭窄地带是过渡性南亚热带雨林，山地脊部以下至过渡带的上部是南亚热带常绿栎林；石灰山峡谷及阴湿坡面是石灰山湿性季节性雨林，平缓坡面是石灰山干性季节性雨林，山脊附近为石灰山常绿林。由于境内山多林密、气候温和、水量充足，为野生动植物提供了良好的生长环境。拥有典型的热带森林生态系统，域内有以望天树、四数木、篦齿苏铁、龙血树、勐仑翅子树、版纳藤黄、隐翼木、油朴、野荔枝、桫椤、云南肉豆蔻等为代表的珍稀濒危特有植物，珍稀动物主要有亚洲象、马鹿、蟒蛇、长臂猿、犀鸟、獭猴和世界上最小的偶蹄动物鼷鹿等。

5. 土壤与矿产资源

勐伴地处亚热带，气温、湿度、雨量充沛，植物生长旺盛，土壤腐殖质大量积累，土壤风化深厚，山区土壤受雨水的强烈冲刷和淋漓，可溶性盐基大量流失，土壤呈强酸性反应，坡地土壤呈微酸性到中性反应。

主要矿种有铁、锌、铜、岩盐、煤、石灰石、黏土等。煤矿（褐煤、无烟煤）主要分布在那卡，钾石盐矿、石盐矿（KCl、NaCl）主要分布在象滚塘。

6. 旅游资源

勐伴镇有独特的区位优势，距县城 38 千米，途中 18 千米处是望天树风景区，东北部与老挝接壤，国境线达 94.35 千米。西双版纳国家级自然保护区勐腊子保护区在勐腊盆地以北，分列于勐腊县瑶区及勐伴两侧，勐伴镇境内群山环抱，在崇山峻岭和茂密森林之中，镶嵌着无数的奇峰异石，流泉飞瀑。南腊河的源头，流经镇内最长河流有 39 千米。勐伴的少数民族众多，民族节日也很多，如瑶族的盘王节、傣族的泼水节和“卡咪人”的红花节等都是具有极大吸引力的民俗风情旅游资源。

（五）勐满镇

勐满镇土地总面积 403 平方千米，位于勐腊县城西南部，位于东经 101°12′—101°27′、北纬 21°10′—22°22′；东与磨憨国家一级口岸相连，西南与老挝南塔省勐新县交界，北与勐捧镇接壤；国境线长 42 千米。镇政府驻景龙村小组（海拔 611 米），距县城 53 千米，距国境线 12 千米，距老挝勐新县城 24 千米，是我国通往老挝的重要陆路通道之一。

1. 地质与地貌

勐满镇地貌结构复杂，类型多样，四周为丘陵群山，中间为宽谷盆地，全镇土地总面积 403 平方千米，坝子总面积 28 万亩。境内平均海拔 1100 米，最高点为大包包山，海拔 1678 米；最低点为勐岗村小组，海拔 570 米。

勐满镇四周为丘陵群山，中间为宽谷盆地，境内地质成土母质复杂，有山区与坝区。山区主要是中生界侏罗系和白垩系的三叠纪紫红色砂页岩，部分千枚岩及二叠纪灰岩母质发育的红壤，坝区以近代河流冲积、洪积、砂泥土为主。由于勐满镇属亚热带地区，具有亚热带季风气候，植物生长旺盛，土壤腐殖质大量积累，土壤风化深厚，夏秋季节雨水较多，山区土壤受雨水的强烈冲刷和淋漓，可溶性盐基大量流失，土壤呈强酸性反应。

2. 气候与气象

勐满镇属亚热带季风气候，年均降雨量1600—1900毫米，年均气温21.3℃，气候湿热、长夏无冬。

3. 水文与水资源

勐满镇内雨量充沛，水资源丰富，水质较好。境内河流众多，纵横交错，有大小河流20多条，河流总长244.6千米，流域面积达40平方千米，属富水地区。境内河流主要有南满河、回蚌河、回溜河、回响河等，其中南满河横贯勐满镇坝子中央。

4. 动植物资源

勐满镇独特的气候和地理环境，形成了境内丰富的自然资源，是名副其实的动植物王国。2010年勐满镇森林覆盖率达81.8%。茫茫的热带雨林蕴藏着丰富的动植物资源。如篦齿苏铁等国家一级保护植物和亚洲象等国家一级保护动物，千果榄仁、绒毛番龙眼、中华木桫椤、大叶木兰、石梓、野生稻、董棕、金毛狗、合果木、金荞麦等十多种国家二级保护植物，狗熊、野牛、印支虎、鬣鹿、灰叶猴、白颊长臂猿、巨蜥、蟒蛇等十余种国家二级保护动物。

5. 矿产资源

从已经探明的矿藏来看，勐满镇的矿产资源比较丰富，有煤矿、铜矿等，如曼洪煤矿、河图铜矿。

6. 旅游资源

勐满镇人口稠密，具有区位和热区优势，境内蕴藏着多种丰富的自然资源，可开发旅游资源具有明显优势。勐满镇位于勐腊县西南部，境内河流众多，纵横交错，水资源非常丰富。勐满镇同样有着丰富的生态旅游资源，是动植物的王国。

勐满镇少数民族的风情文化资源非常丰富，最有旅游开发利用价值的民俗风情文化资源要算哈尼族歌舞、傣族歌舞、瑶族歌舞、布朗族舞蹈和独具特色的“哈尼族嘎汤帕节”“傣族泼水节”“瑶族盘王节”“瑶族歌定会”。可以开发的文化资源还有祭祀类的文化艺术，如瑶族的“度戒”，傣族的“赕佛”“开门节”“关门节”，纪念类文化资源有“盘王节”，农事类文化资源有哈尼族的“丰收日”等。此外，还有瑶族、哈尼族、傣族、彝族的服饰文化，瑶族的耕种、狩猎文化等。

（六）勐捧镇

勐捧镇位于县城西南部，2005 年由原勐捧镇和原勐润乡重组而成。勐捧镇东与勐腊镇接壤，南与勐满镇相连，西与老挝交界，北与关累镇相邻，镇政府距勐腊县城 42 千米，有国界线 102.6 千米。

1. 地质与地貌

勐捧地势为群山环抱的低中山丘陵地带，中间为宽谷盆地。全镇的海拔在 480—1391 米，平均海拔为 800 米，最高点为银腊阿朗各角山，海拔为 1391 米，最低点为南腊河与澜沧江交汇处，海拔为 480 米。

勐捧镇辖区内土地资源丰富，地层多样，成土母质复杂，坝区以近代河流冲积、洪积、砂泥土为主，山区主要是中生界侏罗系和白垩系的三叠纪紫红色砂页岩，部分千枚岩及二叠纪灰岩母质发育的红壤。

2. 气候与气象

勐捧镇内气候属亚热带季风湿润气候，全年分干、雨两季，无四季之分，其中夏季的气候特点为：高温、潮湿、多雨、静风。年平均气温为 21.4℃，年平均降雨量在 1200—1400 毫米，春雨较多，日照充分，是热带作物生长的温室，利于水稻、橡胶、甘蔗、香蕉等多种经济作物和热带作物的生长发育。

3. 水文与水资源

勐捧镇自然水体的补给非常充分，其水能资源十分丰富。流经勐捧镇辖区的较大河流有南满河、南润河、南腊河等河流。其中全长为 186 千米的南腊河在勐捧境内长达 38.71 千米，并被分为大树脚拦河坝至团结桥、团结桥至景坎大桥、景坎大桥至勐捧与关累交接处等三段，分别长 18 千米、16.71 千米、4 千米。全长 106 千米的南满河，在勐捧境内长度为 7 千米，始于勐满公路 38 千米处至南腊河入口。全长 76.2 千米的南润河，其辖区内长度为 26.5 千米，从南润河至南腊河入口处。此外，辖区内河流还有温泉河。

目前，勐捧镇区生活饮用水主要取自镇政府西方向的南润河支流，其水质较好，但也存在供水量不足的情况，其余用水由镇政府大院下的地下水来进行补充。当前，勐捧镇新的自来水厂正在积极建设中，将来该镇的集中式生活饮用水与勐满镇同源，为上中良水库。

4. 动植物资源

勐捧镇特有的地理位置与适宜的气候条件，造就了勐捧镇境内丰富多样的动植物资源。境内原始森林地带内有热带雨林、热带季雨林、亚热带常绿阔叶林、暖性针叶林、竹林、次生植物、河滩灌丛和草丛8个植被类型，13个植被亚型和20多个群系。此外境内还有包括经济林木、用材林、薪炭林和农作物等人工植被类型。勐捧镇境内动物种类繁多，主要动物有亚洲象、云豹、水鹿、黑熊、蜂猴、猕猴、蟒蛇、巨蜥、云猫等。

5. 矿产资源

从已勘探的情况看，勐捧镇境内蕴藏一定量的矿产资源。主要有石灰岩、砂岩矿和黏土矿，如回利合砂岩矿、景坎砂岩矿、勐捧镇新平村石灰岩矿、勐捧17千米石灰岩矿以及勐捧农场黏土矿等。

6. 旅游资源

勐捧傣语意为水花飞溅的地方，在这块美丽富饶的土地上繁衍生息着汉、傣、哈尼等多个民族，在其生产、生活过程中形成了灿烂的民族文化。有旅游开发价值的民俗文化资源有傣族的“傣历年”和哈尼族的“嘎汤帕节”，哈尼族的“丰收日”等农事类文化资源。此外，各少数民族的服饰、耕种、狩猎文化等也具有开发价值。

勐捧镇内著名的温泉叫勐捧，又称“南尼温泉”。从小磨高速在龙林出口下高速进入山村公路，行驶12千米即到达南尼温泉。南尼温泉内仍保持着原始古老的喀斯特地貌。在南尼温泉内可以进行天然公园游览、石山攀爬、山洞探险和温泉池游泳、泡浴等活动。

（七）象明彝族乡

象明彝族乡位于勐腊县城北部，是西双版纳州唯一的彝族乡。距离县府160千米，东与易武乡接壤，南与勐仑镇相连，西与景洪市勐养镇、基诺乡交界，北与普文的勐旺毗邻。全乡占有土地面积1066平方千米（159.9万亩），人均占有土地面积为163亩。

1. 地质与地貌

象明彝族乡属山区乡，境内地势东部高、南部低，东西宽37.4千米，南北长44.5千米，海拔最高处称为山神庙，海拔1950米，海拔最低处为曼配渡口，海拔565米，高差达1385米。

象明彝族乡境内地层多样，成土母质复杂，主要是中生界侏罗系和白垩系的三叠纪紫红色砂页岩，部分是由千枚岩及二叠纪灰岩母质发育的红壤。由于象明彝族乡地处亚热带，气候温和，雨量充沛，湿度较高，且腐殖质较多，土壤风化层深厚，适宜植物生长。

2. 气候与气象

象明彝族乡位于东经 101°18′—101°26′，北纬 21°59′—22°19′，气候属亚热带季风湿润气候，全年分干、雨两季，无四季之分，年平均气温为 17—19℃，年均降雨量为 1700—1900 毫米，相对春雨较多。夏季气候特点为高温、潮湿、多雨、静风。象明彝族乡日照充分，年平均日照时间达 1850 小时，非常利于热带作物生长发育。

3. 水文与水资源

象明彝族乡年平均降雨量为 1700—1900 毫米，自然水体的补给非常充分，所以其水能资源十分丰富。境内拥有不同大小的河流十多条，主要有曼松河、面铺河、磨者河、象明大河、白花林箐和三道班小河等。象明彝族乡境内水源本底较好，且没有较大水污染源，因此象明彝族乡境内自然水体水质较好，可满足全乡人畜饮用、农作物灌溉和水资源开发需要。目前，象明彝族乡镇区集中式生活饮用水水源地为白花林箐和三道班箐。现今使用的自来水厂是在 2006 年 6 月建成并投入使用的，当时的投资费用约为 40 万元。计划日供水量 102.8 立方米，现实际供水量为 125.6 立方米，输水距离达 8.18 千米，供水面积达到 4 平方千米。

4. 动植物资源

象明彝族乡独特的气候和地理环境造就了境内丰富的动植物资源。境内森林有着明显的热带、亚热带植被特征，动植物资源非常丰富，森林覆盖面积达 563040 亩。有森林植被、次生植被及人工植被三种主要植被类型。树种主要有千果榄仁、山桂花树、绒毛香龙眼、团花树、西南桦、铁树等品种，其中珍稀植物有鸡毛松、西南桦、春木等高达 100 多种。象明彝族乡是闻名中外的普洱茶发源地，其中倚邦、莽枝、革登、蛮砖四大茶山属于云南六大普洱古茶山。象明彝族乡境内动物种类繁多，目前已知的珍稀动物就有 1000 多种，其中亚洲象、野牛、巨蟒、巨蜥等已被列入国家一级保护动物名录。

5. 矿产资源

象明彝族乡蕴藏一定量的矿产资源。根据勘探的情况分析，境内矿藏以铜矿、无烟煤矿、石膏矿为主。铜矿主要分布在曼桂山一带，煤矿主要分布在曼庄公所附近。

6. 旅游资源

据史料记载，象明系汉语地名，象乃野象山，明为孔明山，因两山为境内有名的山峰，故本地人各取一字为“象明”，名字由此而生。象明彝族乡境内蕴含着丰富的旅游资源，主要有象明山、孔明山、六大古茶山等景点。象明彝族乡是普洱茶的故乡，素有“普洱古茶乡”的美誉，茶马古道穿境而过，云南六大普洱古茶山中象明境内就有倚邦、莽枝、革登、蛮砖四座。象明彝族乡内居住着彝族、傣族、基诺族、瑶族等十几个民族，其境内民族文化资源也非常丰富。可见，彝乡象明既有古老的历史遗迹与浓郁的民族风情，又有优美的自然风光，享有“孔明第二故乡”的美誉。象明彝族乡于2008年正式启动了孔明山景区的开发建设，首期投资为5000万元，已完成投资1530万元。象明彝族乡目前正在进行孔明山至曼瓦8千米的砂石路，曼瓦渡口大桥和部分景区道路的建设工作，这些设施在不久的将来会投入使用。

（八）瑶区乡

瑶区乡位于勐腊县中部，东邻勐伴镇，南与勐腊镇交界，西与关累镇交界，北与易武乡接壤，境内平均海拔1300米左右，全乡总面积为515平方千米。

瑶区属于南亚热带季雨林气候，年平均气温20.9℃，年温差不大，基本无霜，越冬条件良好。年平均降雨量为1539.9毫米，年平均相对湿度79%，日照时数1681.0小时。

1. 地质与地貌

瑶区乡西北高，东南低，北部半山山原坡状起伏，中部、南部峪谷盆地，西部溶岩景观奇丽，平均海拔1300米，最高海拔雷公岩2008米，境内河流密布，水资源丰富，有大小河流30多条，属南腊河上游支系。乡政府所在地沙仁村委会，海拔高度780米。

瑶区乡属于山区乡，地理位置靠保护区和国有林边缘，总体上瑶区乡土地资源相对丰富，有一定的利用空间。2010年有林地面积42.35万亩，其中国有林20.53万亩；集体林21.82万亩。商品林37.27万亩；新山封山育林区7.5万亩；保护区面积113平方千米。

2. 水文与水资源

瑶区雨量充沛，水能资源十分丰富，地下水活动极为强烈。

瑶区拥有大小河流30余条，群山之间河流纵横交错，水质纯而丰富。主要河流有勐腊县的母亲河南腊河、布龙河、南贡河等，它们均发源于瑶区辖区的南贡山山脉。其中南贡河以四季清澈著称，当地群众称它为

“清水河”。

3. 土壤

瑶区乡地层多样，成土母质复杂，坝区以近代河流冲积、洪积、砂泥土为主，山区主要是中生界侏罗系和白垩系的三叠纪紫红色砂页岩，部分千枚岩及二叠纪灰岩母质发育的红壤。由于地处亚热带，气温、湿度、雨量充沛，植物生长旺盛。

4. 生物资源

瑶区独特的气候和地理环境，形成了境内丰富的生物资源和热区资源，是名副其实的植物王国，共有 4000 多种植物，其中列为国家保护的珍贵植物有 354 种，重点保护 52 种，占国家重点保护植物的 15%。自然保护区内生长着樟木、楠木、番龙眼、版纳青梅、董棕、箭毒木、龙脑香、苏铁、缅茄、树蕨、鸡毛松、铁力木等珍稀濒危植物。泥土长树，岩石长树，树上还长树，茫茫林海中，植物种类不计其数，奇花异草，古树名木千姿百态。羯布罗香（龙脑香科）、独枝酸角、缅茄、野生大叶茶为勐腊特有，热带雨林内的望天树之高、大板根之大、苏铁之多为全国之最。动物 115 种，鱼类 110 种，鸟类 399 种，其中被列为国家重点保护的一、二、三类动物有 66 种。望天树是热带雨林特有的树种之一，属龙脑香科，常绿高大乔木。因它长得挺拔笔直，高达七八十米，如利剑般直刺蓝天，有“林中巨人”“林中美王子”之美誉。望天树适应能力强，寿命长，用途广泛，被列为国家一级保护植物。

5. 旅游资源

瑶区境内蕴藏着多种丰富的资源，主要旅游资源有望天树景区、雷公山、南嘎河瀑布、南贡山等；民族文化资源有瑶族的“盘王节”、傣族的“泼水节”、哈尼族的“嘎汤帕节”、彝族的“百诗佳节”等；民族风情文化资源有与全州共同的傣族、哈尼族、彝族风情和风格独特的瑶族风情。

瑶区乡少数民族的风情文化资源非常丰富，最有旅游开发利用价值的民俗风情文化资源要数“瑶族歌定会”和“咬手定情”。可以开发的文化资源还有祭祀类的文化艺术，如瑶族的“度戒”，傣族的“赕佛、开门节、关门节”；纪念类文化资源的如“盘王节”；农事类文化资源的如哈尼族的“丰收日”。另外还有瑶族、哈尼族、傣族、彝族的服饰文化，瑶族的耕种、狩猎文化等。

（九）易武乡

易武乡位于勐腊县北部，东与老挝交界，国境线长达100千米，南与瑶区乡相连，西与勐仑镇接壤，北面与象明彝族乡、江城县整董镇毗邻。乡政府距勐腊县政府90千米，距西双版纳州政府109千米。

1. 地质与地貌

易武乡境内地势东北高，西南低，北部山脉波状起伏，山势陡峭峻险，南部山区沟壑纵横，具有非常独特的溶岩景观。境内地貌类型多，结构复杂，呈现山谷相间、群山起伏、沟壑纵横的自然景象。辖区最高海拔处是刮风寨的黑水梁子，有2023米，被称为西双版纳州第二高峰，最低海拔处是回洼村，海拔高度为600米，平均海拔为1400米。

易武乡土壤成土过程复杂，土壤风化层深厚，且土表腐殖质大量积累，土壤较肥沃，易武乡土壤以砖红壤、赤红壤为主。山区土壤受雨水的强烈冲刷和淋漓，可溶性盐基大量流失，土壤呈强酸性反应。

2. 气候与气象

易武乡具有典型南亚热带季风气候特点。境内气候高温、高湿、多雨、静风、少寒，日温差大，年温差小。全年干、雨两季分明，四季不明显。夏季日照不足，降雨充足，温度不高。冬季受干燥暖气流控制，晴天多，日照充足，气温较高。年均降雨量在1700—2200毫米，年均气温为17.5℃。全年湿润，冬无严寒，夏无酷暑。

3. 水文与水资源

易武乡降雨量充沛，自然水体的补给非常充分，其水能资源十分丰富。境内拥有小黑江、朱石河、磨者河、洒代河、勐户河等大小不同河流十多条。易武乡水质本底条件好，水较干净，可确保全乡人畜饮用、农作物灌溉和进一步水资源开发利用的需要。目前，易武乡镇区集中式饮用水取自陈门树箐和酒房田箐，水源地附近植被茂密，生态环境较好，水质能够得到保障。

4. 动植物资源

全乡土地面积95005公顷，国有林46498.4公顷，集体林30259.3公顷，生态公益林13639.3公顷，商品林63118.4公顷，森林覆盖率达77.6%，实现了林业产业生态效益、经济效益和社会效益的最大化。

5. 矿产资源

易武乡境内矿产资源丰富，迄今已经探明的矿藏主要有：分布于麻黑、高山、勐户、丁家寨、大荒坝、兰田的铁矿，分布在田坝、勐户等地的铅锌矿，遍及易武的石灰岩，分布于磨者河等地的石盐矿，分布于全乡山区丘陵地带的黏土。

6. 旅游资源

易武乡是西双版纳的革命老区，同时也是中原文化在边疆少数民族地区传承、融合、发展的中心，具有鲜明的地域文化特征，被云南省人民政府确定为云南省旅游特色小镇、历史文化名镇和云南省生态乡镇。易武乡人杰地灵，旅游资源丰富，是西双版纳尚未开发的一块旅游宝地。易武乡有独特的区位优势，位于勐腊县天生桥风景区内。易武乡境内群山环抱，在崇山峻岭和茂密森林之中，镶嵌着无数的奇峰异石，流泉飞瀑。在“勐醒—纳么田—易武古镇”的公路两侧，石灰岩山势雄伟挺拔，忽而峰丛、忽而垅脊、忽而高耸、忽而低谷、掩映在热带山地季雨林中，与邻近的雄厚的山体地貌相比，显得粗犷奔放，成为我国独树一帜的热带季雨林、沟谷雨林与喀斯特地貌景观融为一体的自然景观。喀斯特地貌发育比较典型的有“易武花蛇公主洞”（白云洞）、“纳么田彩云洞”、“高山落水洞”等。

易武古镇享誉世界的“普洱贡茶”“七子饼茶”原产地，为“古六大茶山”之首，易武古镇也是茶马古道的始发地、镇越县的县府所在地、西双版纳州革命老区以及汉文化在边疆民族地区传承与发展的集中反映地。一千多年的“茶文化”留下了灿烂的“茶文化遗产”。明、清时期，易武茶庄林立、商贾云集，有着数百年向中央王朝贡茶的历史。近年来，随着人们对茶马古道的探索，古镇渐渐重焕光彩。

易武乡少数民族众多，具有深厚的民族文化底蕴，著名的节日有瑶族的“盘王节”、傣族的“泼水节”等，这些都是非常好的旅游资源，有进一步开发的空间。

第三节　生态保护区

西双版纳国家级自然保护区始建于 1958 年，是中国建立最早的自然保护区之一。勐腊县有勐仑、勐腊、尚勇 3 个自然保护区，总面积为 195.36 万亩，占西双版纳国家自然保护区总面积的 55.6%；占全县土地面积的 19.7%。

一　勐仑自然保护区

（一）位置面积

勐仑子自然保护区地处北纬21°50′—22°00′，东经100°00′—101°30′，位于自治州东部，距景洪51千米、勐腊县西部罗梭江与南班河交汇处的勐仑盆地外侧。勐养至勐腊、景洪至勐仑的2条公路沿保护区边境通过。地跨勐腊县勐仑、景洪县基诺2个乡镇，分为不相连接的3片，即王子山片、石灰山片和西片。

王子山片：位于勐仑镇东北3千米。东以南班河为界；南以南班河为界；西以南班河、会啊菁岔口向西北经632、731高地与象明小路汇合，然后向北沿象明小路至南班河为界；北以南班河为界。

石灰山片：位于勐仑坝子以东。东由北向南以736高地顺山脊下小腊公路过南醒河沿山脊过925高地，又沿山脊下至803高地小箐为界；南以803高地脚小菁为界；西由北向南，小腊公路与勐醒农场三分场岔河至69.5千米处过南醒河上至771高地，沿804、881高地右侧半山腰至803高地脚下小菁为界；北以736高地沿山脊下至673高地右侧小箐沿箐下至三分场路至小腊公路为界。

西片：位于景洪、勐腊两县交界处，小腊公路36—58千米段以南。东以景洪、勐腊两县行政界线57—58千米之间，沿小腊公路至58千米处为七点，沿半山过景俄箐，沿山梁至696高地下曼勒村晏箐至558高地；南以勐宽河为界；西以勐腊、景洪两县行政界线为界；北以勐腊、景洪两县行政界线至小腊公路57—58千米之间为界。

1958年，勐仑保护区建立时，规定面积为0.76万公顷。1972年调整后减为0.63万公顷，比原来减少0.13万公顷。1980年再次调整，放弃部分失去保护价值的面积，增划王子山一片，面积扩大为1.12万公顷，均为林业用地。

2005年，“总体规划”确定面积10933公顷，占保护区总面积的4.5%，按土地类型划分，有天然林9091公顷、竹林1432公顷、灌木林166公顷、无林地99公顷。按有林地和灌林地计算森林覆盖率为99.1%，其中核心区0.47万公顷、缓冲区0.34万公顷、实验区0.28万公顷。

（二）自然环境

勐仑子保护区位于澜沧江右岸、罗梭江下游，区内多为海拔较低的低山、低中山，属于低、中山、浅丘宽谷型地貌组合，西部、西南部较高，最高点1340米。东部较低，海拔在1000米以下，最低处在中部盆地边缘，高度约570米。中山、低山均受到河流的分割。河谷中有宽度不大的冲积平原。河谷冲积平原及其外侧的低价地，发育着热带雨林植被。保护区东部有石灰、二叠纪石灰岩分布，上部起伏和缓，下部割切较深、坡度陡峭。山地海拔高度虽在1000米以下，但形势雄伟险峻，山环水绕，林木青翠，上部保存着较为典型的石灰山雨林植被。计有谷地0.03万公顷，占保护区面积的2.86%；低丘0.13万公顷，低山0.55万公顷，占49.1%；中山0.41万公顷，占36.83%。

勐仑子保护区属北热带季风气候，全区到达地面的太阳年总辐射量达116.7千卡/平方厘米，年日照时数1787.8小时，日照百分率为40.4%，平均气温21.4℃，≥10℃最热月均温25.3℃，最冷月均温15.6℃，极端最低气温多年平均值5—6℃，年均降雨量1556.8毫米。

保护区的西片、王子山片为三叠纪紫色砂叶系构成的山地，发育着砖红壤性土；石灰山片为石灰岩发育的淋溶腐殖质碳酸盐土，土层浅薄，一般不到50厘米。由于山地坡度较陡，因而雨林植被遭受破坏较其他保护区为轻，相对而言，热带性森林植被所占的比重较其他区为大，植被分布多样而特殊。宽谷地带为热带季雨林，阶地或浅丘地带为干性季节性雨林，山地峡谷地带沿谷底及坡脚两侧坡面相对高度50—100米为湿性季节性雨林。谷底坡面的上部相对高度100米左右的一条狭窄地带是过渡性南亚热带雨林，山地脊部以下至过渡带的上部是南亚热带常绿栎林；平缓坡面是石灰山干性季节性雨林，山脊附近为石灰山常绿林。石灰山类型的种类成分、群落结构与其他类型不同，榆科植物光叶白颜树只局限于此，且在坡面雨林中成为群落中层的单优势树种，构成群落的主要层次。石灰山的另一特点是“上为森林，下为石林”，在裸露壁立的石灰岩峦中，生长着片状的高大雨林。植物根系在岩表网状固着，在岩峰中穿插，景观奇特，是西双版纳唯一的植被类型。按植被类型分类：2005年保护区有热带雨林1538公顷，热带季雨林1180公顷，常绿阔叶林6042.7公顷，落叶阔叶林330公顷，丛生竹林1431.8公顷，中生灌木林165.6公顷，其他145.6公顷，林分蓄积总量164.5546立方米，占保护区蓄积总量的3.9%。

（三）保护对象

主要保护结构完整的石灰山季雨林、热带季节性雨林、江河岸热性丛生竹林等热带森林生态系统；以四树木、篦齿苏铁、龙血树、勐仑翅子树、版纳藤黄、隐翼木、油朴、野荔枝、桫椤、云南肉豆蔻等为代表的珍稀濒危特有植物；以印度野牛、蜂猴、原鸡为代表的珍稀濒危特有动物。

二　勐腊自然保护区

（一）位置面积

勐腊子保护区在自治州东南以景洪为起点 134 千米，勐腊盆地以北，分列于勐腊县瑶区及勐伴两侧，呈两侧宽、中部窄的碟状分布。分东、西两片。地处北纬 21°30′—21°50′，东经 101°15′—101°45′。1958 年建立时划定面积为 0. 56 万公顷，1972 年调整时将自治州自行划定的保护区面积中的 0. 21 万公顷并入勐腊子保护区，总面积扩大为 0. 77 万公顷。1983 年再做调整，面积扩大为 9. 29 万公顷，其中林业用地 9. 26 万公顷，水域有 0. 001 万公顷。2005 年，《总体规划》确定面积 9. 2683 万公顷，占保护区总面积的 38. 2%。按土地类型划分：有天然林地 8. 6408 万公顷、竹林地 0. 0885 万公顷、灌木林地约 0. 0444 万公顷、无林地 0. 4871 万公顷。按有林地和灌木林地计算，森林覆盖率为 94. 7%，其中核心区 3. 64 万公顷、缓冲区 3. 35 万公顷、实验区 2. 28 万公顷。

保护区四至界线。东：以关累镇瀑布村瀑布顺小腊公路到 139 岔路口，顺公路过小凹到勐腊四分场 3 队，顺山梁到 1503. 8 高地，由 1441. 5 高地顺山梁到南沙河，顺山梁至 808 右下南腊河，顺河至 716 高地至广掌山，顺山脊至广景飘为界；南：以广景飘至 1046 高地下至风沙里公路 187 千米处，顺公路至中老边界为界；西：以风沙里公路中国起点顺中老国境线至象滚塘老寨为界；北：以象滚塘老寨沿老路下至南秀河，到南晏河，顺河上至南查河，顺瑶区老路到会都河，顺河至沙仁后山梁子，顺老电线路梁子到纳卓岔河，顺南腊河至白沙河梁子过 1654、1018 高地，连到 918、992 高地过南广河，回岭河到 1369. 1 高地，顺 1208 高地下至南瓜河，顺河上至 1616 高地山梁，顺梁子至梨桦梁子下至瀑布河，顺河至瀑布寨为界。

（二）自然环境

勐腊子保护区面积较大，仅次于勐养保护区。地势两侧高中部低，最高点雷公崖 2007 米，最低处是勐腊盆地北部的出口地带，海拔 650 米，高低悬殊，起伏大。地貌类型以侵蚀中山峡谷地貌为主，也有宽谷盆地及低山浅丘分布，垂直地带性较为典型。总的分布是西部瑶区以西为一块大型的中山山地；南部近勐腊盆地处有小面积的低山浅丘；东部以勐伴、曼晏等宽谷盆地为中心呈阶梯状逐级分布着冲积平原、浅丘、低山及中山。计有谷地 0.20 万公顷，占 2.16%；丘陵 0.31 万公顷，占 3.29%；低山 0.93 万公顷，占 10.02%；中山 7.86 万公顷，占 4.53%。在中山山堆中，海拔 1000—1400 米的山峰又占面积的一半以上。

保护区属北地带干湿交替的季风气候区，与云南省 4 个降雨中心之一的南部多雨区较为接近。夏季除受西南季风水气外，还在一定程度上受东南季风影响，夏季多雨、冬暖多雾，终年不见霜雪，年太阳照射总量为 121.5 千卡/平方厘米，日照时数为 1568 小时，日照百分率 42.3%，年平均气温 21.0℃，≥10℃积温 7639℃，最热月均温 24.6℃，最冷月均温 15.2℃，极端低温多年平均值 5.6℃，温值为 0.5℃，年降雨量 1531.9 毫米，雨季（11 月—次年 4 月）降雨量 281.6 毫米，雨季（5—10 月）降雨量 1250.3 毫米。

成山地和河谷盆地的岩石为中生界至新生界的红色砂页岩、泥岩、砾石、黏土等，土壤多为砂页岩发育而成的砖红壤性土。由于高低悬殊，植被的垂直变化明显，河谷及盆地周围为热带雨林、季雨林，一般分布于海拔 600—700 米的地段，个别地区上升到 900 米的沟谷中，原生雨林植被已遭到不同程度的破坏，仅在局部地区尚有保存。山地 700 米以上的坡面有相对高度不到 50 米的热带和亚热带过渡性的南亚热带雨林类型，随地形差异可上升到海拔 850 米。一般海拔 800 米以上山地为南亚热带常绿阔叶林植被类型。在这个林带的上下部则分布有中北亚热带和面积较小的热带型植被。山地上的植被保存尚好，因此，勐腊保护区是森林面积较大的保护区。2005 年植被类型按面积统计，有热带雨林 3558.5 公顷、热带季雨林 1880 公顷、常绿阔叶林 80841.9 公顷、落叶阔叶林 101.5 公顷、常绿针叶林 26.4 公顷、丛生竹林 885.4 公顷、中生灌木林 443.7 公顷，工业原料及其他 74.4 公顷，林分蓄积总量 40.8%。

（三）保护对象

主要保护中国西双版纳特有的以望天树、版纳青梅为标志的热带季节雨林，以鸡毛松、山桂花为标志的山地雨林热带森林生态系统及季风常绿阔叶林、苔藓常绿阔叶林、热性竹林生态系统；以望天树、版纳青梅、山红树、鸡毛松、肉托竹柏、红光树、桫椤、篦齿苏铁、云南苏铁、木莲、天然木等为代表的珍稀濒危特有植物；以印支虎、鼷鹿、熊狸、小齿狸、白颊长臂猿、爪哇野牛、蟒蛇、巨蜥、凹甲陆龟、版纳摄龟、眼镜王蛇、版纳鱼螈、虎纹蛙、孔雀雉、白喉犀鸟、棕颈犀鸟、阔嘴鸟、银胸丝冠及多种八色鸫为代表的在国内仅见于本保护区的热带珍稀濒危特有动物。

三 尚勇自然保护区

（一）位置面积

尚勇保护区在自治州东南以景洪为起点194千米，分布在勐腊南部的尚勇以西、勐满以东，中老国境线以北，南腊河以南。地处北纬21°10′—21°30′，东经101°15′—101°45′，是1980年新划定的保护区。面积为3.05万公顷，占西双版纳国家级自然保护区总面积的12.6%，均为林业用地。2005年《总体规划》确定面积3.1184万公顷，占保护区总面积的12.9%。有天然林地2.769万公顷、竹林地0.284万公顷、灌木林地0.005公顷、无林地0.492万公顷、经济林地0.005公顷、未利用地0.0003万公顷。按有林地和灌木林地计算，森林覆盖率为98.4%，其中核心区1.82万公顷、缓冲区0.67万公顷、实验区0.62万公顷。

东：以龙哈至龙门公路，转向西北1168高地向西南过沟至新寨地棚，转东南过1639高地过南满河至中老国界1231高地为界；南：以中老边界（32—34号界碑之间）为界；西：以大包包（1678高地）沿山向北过1691.6高地左旁小路至南平回响河与南满河岔口，后沿山脊小路经过河图老寨至南哈罗八河再向北沿山脊经上中梁小路至勐捧公路23千米处为界；北：以勐腊至勐捧公路为界，从23千米始，向东至7.5千米桩，折向北过西南贝河而上至莫亮908、921高地，过南木亮河向北至821高地，过回满河至961、914、919、937高地，沿山梁下至南木窝河。

（二）自然环境

尚勇子保护区南部及西南部高，东部及北部较低，最高山峰海拔为1691.6米，最低点南腊河610米，为切割较深的中山峡谷地貌。山地的基岩为中生界红色砂页岩层，有较小、狭窄的河谷冲积平原及浅丘低山，多已被开发利用，并有沿河谷向纵深加速开发的趋势。高于1000米的山峰约占总面积的3/4，河谷及浅丘低山仅占1/4，计有低山4.10万亩（0.27万公顷）、中山41.71万亩（2.78万公顷）。

保护区属热带向亚热带过渡带气候。年均温 20.1℃，最热月均温 24.7℃，最冷月均温 13.8℃，≥10℃积温约 7000℃，年降雨量 1500 毫米。植被类型带有过渡性。2005 年植被类型面积：热带雨林 3369.6 公顷，热带季雨林 43.4 公顷，常绿阔叶林 247277.1 公顷，丛生竹林 2839.7 公顷，中生灌木林 50 公顷，其他 109.4 公顷，林分蓄积量 582.5696 万立方米，占保护区蓄积量的 13.7%。

（三）保护对象

主要保护以千果榄仁、绒毛番龙眼为标志的季节雨林和季风常绿阔叶林、热性竹林等南亚热带森林生态系统；以冈吹楠、毛荔枝、金刀木、无料木、绒毛番龙眼、山红树、锯叶竹节树、篦齿苏铁、云南苏铁等为代表的珍稀植物；以亚洲象、印度野牛、爪哇野牛、印支虎、水鹿、云豹、白颊长臂猿、孔雀雉、白喉犀鸟、棕颈犀鸟、绿孔雀、绿鸠、凹甲陆龟等为标志的珍稀濒危动物。

第四章

社会发展的成就与挑战

第一节　民族地区社会结构转型与变迁

一　生计方式的转型与变迁

1. 坝区傣族从传统稻作农业向经济类作物种植业转向

傣族从事稻作农业的传统由来已久，根据傣族创世史诗《巴塔麻嘎捧尚罗》中记载傣族先民“用尖石翻土”的记述片段推断，傣族的稻作农业大约产生于新石器时期。[①] 并在之后的帕雅桑木底时代发现了“雀屎谷”和“鼠屎谷”等野生稻种，于是带领大家开始对野生稻种进行栽培、驯化，采用“不耕即种”即漫山遍野随处播撒的耕作方式开创了傣族稻作农业的历史。傣族早期稻作以旱稻种植为主，在拥有水田之后，旱地作为补充。据傣文资料记载，水田耕作主要经历了“蹈田”、象耕、人拉犁耕、马耕、牛耕几个阶段。在西双版纳广泛流传的傣族民间故事《谷魂奶奶》表明傣族不仅有种植稻谷的农业传统，谷魂信仰也深入民众的宗教信仰中。20 世纪上半期，江应樑到车里（今西双版纳）对傣族社会生活进行深入考察，在其《摆夷的经济生活》中描述：“每年在清明节前后一二日，摆夷们担负起一年一度的耕种工作。先把荒芜了一个小春的田亩放水或藉雨水浸润，然后用牛拖犁把田土浅浅犁起。秧苗亦先植于秧田内，长至约一尺长，即拔起分插于犁好之水田

---

① 西双版纳傣族自治州傣学研究会编：《傣仂古村落文化研究》，中国文化出版社 2014 年版，第 120 页。

内。”① 在傣族社会，一个传统的傣族男子要有如下一些技能以谋取生计：能知晓农时，定期安排家人的生产劳动；能在稻作生产中熟练地驱牛犁田、耙地，耙得越深，庄稼才能长得越好。而一个传统的傣族妇女则需要掌握如何插秧、田间管理以及把稻米收割回家。在傣族传统社会中，家家户户都从事着同样的劳动，遵循着共同的劳作时间，人们的生产生活保持高度一致性。

20 世纪 80 年代，改革开放后，勐腊县实施包产到户政策，土地分配到每个家户，市场经济体系逐步在边疆民族地区形成，生产不再是满足自给自足，种植更多的经济作物、以挣钱为目标的生产成为主流。产量较低的传统的傣族糯稻日渐被籼稻取代，甘蔗种植面积得到扩大，农业种植中新增加了砂仁、西瓜、西番莲等经济作物。继而橡胶、茶叶、香蕉、咖啡等大宗农业产品成为勐腊县农业经济中的主打产品。甚至水稻种植不再是傣族村民共同的生计方式。与传统稻作农业相比，香蕉、橡胶、咖啡等经济作物具有明显的市场优势，且在国家当前的粮食政策影响下，小规模的稻米种植难以在化肥、农药等生产资料价格日益上涨的情形下获益，其收益均远低于经济作物。近些年越来越多的村民放弃种植水稻，将土地以每亩每年 600—1000 元的价格出租给来自广东的老板，根据三年为一轮的香蕉生产周期，通常签订为期六年的出租协议，从事香蕉等经济作物的种植经营。如今在勐腊县内，许多居住在坝区的村民也像城镇居民一样到市场里购买粮食。因对粮食市场的依赖度增强，大米开始逐渐取代糯米成为傣族人民的日常主食。目前仅有一些居住在山区的村民还留有一亩至五亩的水田用来种植糯稻，以满足家里中老年人日常的糯米需求（食用、祭祀等），很少用以出售、交换。

作为一种战略物资和汽车工业崛起后的重要消费品，橡胶在现代工业生产中占有重要地位。随着中国汽车工业的崛起，刺激着对橡胶产品的巨大市场需求。20 世纪 80 年代后期，西双版纳州开始橡胶扩种政策，橡胶种植从原来的国营农场扩展到普通傣族村寨，种植橡胶、割胶成为傣族人的主要劳作，傣族人很快掌握了橡胶种植、割胶、贮存、销售等一系列新的现代性生计，因许多家户劳动力短缺，村民难以同时经营胶林和稻田，橡胶很快替代了传统的水稻种植，成为傣族人主要的经济收入。橡胶产业

① 江应樑：《摆夷的经济生活》，中华书局 1950 年版，第 45 页。

发展至今，已成为勐腊县种植规模最大、经营范围最广、整体经济效益最好、从业人员最多、农民增收最实惠的骨干产业。2007年橡胶收入占勐腊农民人均纯收入的45%。[①] 在橡胶种植业的推动下，这些社会的劳动分工早已经脱离了传统稻作农业的分工模式，橡胶种植、制胶及运输、建筑、零售商业、旅游服务业等傣族社会从未有过的行业不断涌现，整个社会的分工更加细致。广大傣族社会从传统的稻作农业社会进入充满现代性的经济作物种植生计系统中。

2. 山区、半山区多民族从刀耕火种向多种种植业转向

由于自然及历史文化等多种因素，勐腊县傣族大多居住在平坝地区，而占土地95%以上的山区、半山区则是哈尼、瑶、彝、基诺等民族的居住地。山地社会的各少数民族普遍采用刀耕火种的方式进行作物生产。勐腊县的哈尼族被称为游耕民族，生活地点经常变换。过去每当村寨搬迁到一个新的地方，便由头人考察商量决定耕种的地域，村民则采取自由号占的方式进行砍种。当地的哈尼族与基诺族通常按海拔高低、土壤获得的温度高低将土地分为"蒿冬""折卡""折巴"三类，这些土地耕种采用轮作制。如"折巴"牛犁地大多连续耕种四五年，轮作方式通常第一年种旺谷，以后每年依次种黑节巴、旧地谷、黄豆、玉米等，然后土地抛荒休闲15年以上。[②] 生活在半山区的傣族也采用"刀耕火种"的种植方法：一般于傣历四月用刀斧将树木杂草地面以上部分砍倒，大树留桩、小树留根，然后暴晒并在烧荒边界开挖防火道并派人把守以防山火越界，随后放火烧荒将草木灰作为肥料，傣历七月（公历五月）用木矛、竹矛戳洞栽种，或用小锄头挖坑点播。刀耕火种的旱地既不翻土也不施肥，完全靠雨水灌溉，秧苗视情况薅二三道草，即等待收获。[③] 在20世纪50—60年代，有些居住在坝区边沿的傣族仍然采用刀耕火种的方法种植旱谷、玉米、黄豆和棉花。[④] 刀耕火种是山地各民族适应生态环境而采取的耕作方式，有效维持生态体系，又获得了生存。

在全球经济一体化影响下，山地社会各民族也深度卷入市场经济体系

① 《勐腊县2008年橡胶产业发展专项调查报告》，勐腊县统计局，2008年12月。

② 尹绍亭：《云南刀耕火种志》，云南人民出版社1994年版，第175—176页。

③ 西双版纳傣族自治州傣学研究会编：《傣泐古村落文化研究》，中国文化出版社2014年版，第122页。

④ 西双版纳傣族自治州傣学研究会编：《傣泐古村落文化研究》，中国文化出版社2014年版，第122页。

中，橡胶、茶叶、咖啡、坚果等多种经济作物得到广泛种植，山区、半山区多样化的气候也成为培育开发多种现代经济作物的有利条件，土地资源被最大限度地利用，多民族聚居的山区、半山区成为从传统玉米、旱稻等粮食种植到现代经济作物种植转型的一个典型。坐拥“六大古茶山”中的倚邦、易武茶山的勐腊县，象明、易武两乡镇茶叶种植、贸易如火如荼，处于贡茶古道的易武乡如今在当地各大茶庄历史发展的基础上围绕茶文化已形成种植、加工、销售、旅游、收藏展览等一条初具规模的产业链，致力于将易武乡打造为普洱茶文化的良好展示窗口。而在相对封闭的瑶区乡，有人口 7874 人，瑶族人口占 59%以上，区域内矿产资源丰富，以粮食、甘蔗、橡胶、茶叶、砂仁、石斛、畜牧业为支柱产业，2010 年粮豆播种面积 23832 亩，橡胶面积 42460 亩，甘蔗 11955 亩，茶叶 9380 亩，砂仁 7644 亩，生猪存栏 11078 头，[①] 可见经济作物种植业面积已经是粮食种植面积的近 4 倍，种植业在全乡农业中的比重较大。地貌错综复杂、山区众多而又地处边境的关累镇则以橡胶、进出口贸易作为主要经济来源，橡胶种植面积从 1999 年的 81442 亩增加至 2010 年的 171965 亩，增长 50%以上。分布于镇上的四个大型压胶场为勐腊以及内陆地区源源不断输送橡胶原料，为现代化工业发展提供了有力支撑。如今勐腊县山区、半山区乡镇村寨已发展形成如今橡胶种植为主，各地区结合自身发展特点进行茶叶、澳洲坚果、印奇果等经济作物重点或补充种植的多样化经济作物生产格局。昔日靠刀耕火种为生计的山地各民族如今已经成为种植、管理经济林木的能手。同样地，在山区、半山区的村寨中，村民已基本停止旱稻粮食生产，日常生活所需基本依靠出售经济作物所得资金购买，与市场的连接也像坝区村寨一样日趋紧密。

3. 土地资源利用方式的再配置与新生计方式增长

勐腊县勐腊镇的曼炸村 2008 年有家户共 60 户，人口 303 人。1982 年实行“两山一地”政策：将全部山林按一定比例划分为国有林、集体林和自留山，国有林由国家林业部门统一管理，任何人不得砍伐；集体林除留下少部分由集体管理外，大部分作为“责任山”与社员的自留山和轮歇地一道承包给农户管理。于是曼炸村的 2000 多亩山林，除了少部分作为水源林划为国有林外，其余全部作为自留山和责任山承包到户。农民在

① 瑶区瑶族乡政府《瑶区瑶族乡概况》，2010 年。

有了经营权后又恰逢政府号召大力发展民营橡胶和经济作物以增加收入，曼炸村村民在脱贫致富的强烈愿望下掀起了毁林种胶的高潮，很快就把除国有水源林、村寨竜山和祖辈传承下来的薪炭林之外的森林全部砍伐一空，种上了橡胶。村中共有耕地570余亩，其中443.7亩水田平分到每个村民头上，平均每个村民有将近1.64亩耕地，集体则共同享有剩下的130余亩土地。100余亩旱地租给了文山来的人家种蔬菜，这些菜地每年的租金是200元每亩；34亩鱼塘租给了来这里养鱼的湖南人，每亩一年400元。此外，经过村子的高速公路占用了村中20余亩土地，国家对被占用的土地每亩一次性补偿15000元，对于已经种植了经济作物的土地则再追加每亩600元的赔偿，最多的一户人家被占用了大约4亩土地。此外曼炸村还有大约1500亩橡胶地，少数的农田和村落中的空地上也种植上橡胶苗。[①] 至此，村民已用尽几乎所有的可支配的土地资源，曼炸村对土地资源的利用方式在勐腊县具有代表性，显然，其土地资源在市场经济的作用下其土地使用方式已经发生了改变，或者说土地资源在资本的作用下被重新配置，而这是进入21世纪后勐腊县许多村寨都在经历的。

传统社会对于土地资源的利用较为单一，发展市场经济之后，人们对土地资源的利用方式也产生了更加追求高效化、多用途、综合化的新要求。坝区、半山区中的大多数村民将原先用作水稻种植的水田改为香蕉林地或鱼塘，土地由传统粮食作物种植转变为经济作物种植以及动物畜养；在适宜橡胶生长的山区、半山区则大规模种植橡胶、砂仁等经济作物。而一些原先被认为不适宜作物种植的地区很多也因为新品种经济作物以及养殖产业的引进而被加以开发利用，成为种植、养殖试验区。勐腊县在2012年推广的丝尾鳠养殖在勐捧镇取得成功，并于2013年依托勐捧镇产业扶贫项目推广养殖820亩，帮助许多自然条件并不理想的村寨找到了切实的富裕之路。此外，在以易武乡为代表的具有一定历史文化内涵的乡镇，也纷纷开始进行文化特色乡镇建设规划。在茶马古道南起点的易武，原先各地马帮集中、交易、启程的一处高坡已被当地政府精心铺设石板路面，并立碑纪念，坡下居民住宅也尽可能保持了历史的古风古貌，不远处一座已废弃的商行正在筹划改建为茶文化展馆。具有易武特色的茶文化乡镇建设围绕茶马古道南段起始地做文章，不仅吸引了外界关注，也对本地

① 吴振南：《橡胶经济与傣泐社会——西双版纳曼村傣泐人的土地利用转换与社会文化变迁》，硕士学位论文，云南大学，2009年。

居民从事茶产业起到了凝聚作用。

与新的土地资源利用方式更替相对应的是，经济作物加工如压胶厂、包装厂、茶厂，负责产品货物运输的物流公司等产业也在当地蓬勃发展起来。地处境内外交通运输要道的关累镇已有四个大型压胶场同时运营，其中一个已投资上亿元。各地多样化、专门化加工厂房的出现不仅促进了当地经济的进一步发展，也对当地民众的传统生计方式产生了极大的影响：村中很多青年开始脱离农业生产，选择入场为工，从农民转化为工人；又或是合伙从事货物运输，成为专职司机，以物流作为主要生计手段。在利用销售渠道方面，部分农户也开始积极向现代化市场靠拢，勐捧当地不少傣族村寨中，都会有一至两家茶户在采摘茶叶之后并不等待茶商前来收购，而是在子女的帮助下开网店，通过网络完成茶叶交易。此外在许多村寨中还存在这样一批人：他们将手中的土地租赁给他人，使自己从土地中解放出来，依靠租金作为生活资本闲暇度日或是作为再生产资本，从事开办农家乐、进城经营餐饮，或是在本村寨开办小商铺等商业行为。

勐腊县土地资源利用方式的改变一方面增加了村民的现金收入，提高了人们的经济、生活水平，并发展出了新的社会分工，因分工而产生了经济互补和相互间的依存度，社会经济发展获得新的社会动力。另一方面，因过于依赖橡胶、茶叶等单一经济作物种植，同时也缺乏新作物种植技术和劳动力短缺，将土地承包出去，将传统稻作水田改造为旱地，种植香蕉等经济作物，也将带来生态及社会文化危机。

4. 勐腊县传统稻作农业的全面消退面临的社会风险

稻作文化曾经在西双版纳独特的地理和气候条件下得到了充分的演绎和诠释，形成了以农耕技术、资源管理制度、生活方式、精神信仰为内核的稻作文化生态系统。土地资源和水资源是实现稻作农耕稳步发展的基础，水土资源又需要靠森林涵养，稻作农业的持续发展也依然离不开森林为其提供天然肥料和灌溉用水。土地、森林、水利三大自然资源共同形成了支撑稻作农业发展的基石，傣族将土地、森林、水利这三大自然资源的管理有机结合在一起，形成了稻作文化体系。

从 20 世纪末到 21 世纪初的前后数年间，随着中国加入 WTO，汽车生产与消费刺激着国内外天然橡胶价格回升，土地价格持续飙升，橡胶种植一时间风起云涌赶超前时。勐腊县橡胶产业主要由国营农场与地方民营两个部分组成。在20世纪60年代，国营农场橡胶面积只有1400亩，民营橡胶面积也仅有90亩。1970年国营橡胶面积已有5.8万亩，民营橡胶面积也迅速扩张到1200亩。截至2007年，国营橡胶面积已有84.33万亩，当年开割46.96万亩，民营橡胶面积89.1万亩，当年开割32.4万亩。[1] 2010年，勐腊县的胶园面积达到196万亩，民营橡胶达到108万亩，以橡胶种植为代表的经济作物产业在勐腊县的迅猛兴起为胶厂、胶农带来了巨大收益，使得传统稻作农业在经济层面上根本无法与之抗衡。长期居住于山区、半山区的村落凭借着橡胶种植的天然区位优势开始逐步取代坝区获得经济优势地位。勐腊县由“坝区主导经济”发展模式转变为由“半山区、山区主导经济”。在获得丰厚收入回报的同时，水稻种植系统中的水利、土地、森林平衡体系受到冲击和破坏，谋求发展的人们更趋向于获得现实的收入。于是，越来越多的曼村傣仂人倾向于放弃种植水稻，转而种植其他经济作物，水稻在田间的垄断地位在橡胶树等经济作物的空间挤压和人们的价值取向转变中第一次被打破了。

表4-1　勐腊县2005—2010年水稻、旱稻种植面积和产量变动情况

面积产量 \ 年份	2005	2006	2007	2008	2009	2010
水稻种植面积（亩）	141074	128932	115848	112779	97795	88303
比上年±%	0.55	-8.61	-10.15	-2.65	-13.3	-9.7
产量（公斤）	50212442	45792710	42437521	40175278	36576737	33182771
比上年±%	1.03	-8.80	-7.33	-5.33	-9.0	-9.3
旱稻种植面积（亩）	23268	22399	18880	17719	12076	7804
比上年±%	-11.11	-3.73	-15.71	-6.15	-31.8	-35.4
产量	3967351	3758672	3332896	2985297	1934322	1263056
比上年±%	-5.71	-5.26	-11.33	-10.43	-35.2	-34.7

资料来源：根据勐腊县统计局编的《勐腊县国民经济统计提要》整理。

由表4-1可知，2005—2010年水稻种植面积减少52771亩，水稻产量减少17029731公斤，旱稻种植面积减少15464亩，产量减少2704295公斤。这意味着2010年有户籍人口22万人的勐腊县每年人均占有稻谷只

① 数据来自《勐腊县2008年橡胶产业发展专项调查报告》，勐腊县统计局，2008年12月。

有140余公斤，粮食缺口很大。而水稻种植面积连续5年减少的状况并未得到有效控制，种植面积减少的势头仍在持续，2012年水稻种植面积维持在65558亩，仍比2011年减少了13.5%，这种状况令人担忧。水稻等主要粮食产量减少，稻作农业全面消退带来一系列相关问题：其一，边疆地区的粮食安全问题日益突出，引发跨国粮食走私、贩卖问题，成为边疆新的不安全因素。其二，粮食价格持续上涨，增加城乡居民的生活成本。一些生活在坝区的傣族将土地出租后也只有购买粮食，却入不敷出而无其他收入来源，只有从事跨国粮食走私贩运的非法贸易，面临许多社会风险。其三，上千年来稻作农业作为傣族世代相传的生计方式，生长出与之相适应的人口家户、村寨组织、社会关系、宗教信仰、道德规范和人与自然和谐的生态体系，在稻作农业衰落后，这些傣族文化传统的影响力受到削弱，傣族社会变得更加脆弱。其四，从“坝区主导经济”转向“半山区主导经济”。历年以来，西双版纳地区山地与河谷坝区相间，多民族杂居，呈立体垂直分布。以往该区域一直以坝区的经济政治为主导，生活在坝区的傣族民众在良好的自然条件下过着稳定的稻作社会生活，全民信奉南传佛教，主导着该区域的经济社会稳定。在勐腊县橡胶经济近20年不断扩张下，以粮食生产作为主要支撑的“坝区经济”开始退居其后，改由以经济作物生产为主要支柱的“半山区经济”作为发展主导。所产生的坝区和山地民族关系重塑，需要进一步考察研究。针对这些现状，当地政府应当加以特别关注，建议政府应加强对村民的引导，增加种植粮食补贴，提高农民种植稻米的积极性；划定当地粮食安全红线，以确保边疆地区的粮食安全。

二　民族地区社会结构的转型与变迁

1. 城乡结构的变化

城乡二元经济结构指以社会化生产为主要特点的城市经济和以小生产为主要特点的农村经济并存的经济结构。我国城乡二元经济结构主要表现为：城市经济以现代化的大工业生产为主，而农村经济以典型的小农经济为主；城市的道路、通信、卫生和教育等基础设施发达，而农村的基础设施落后；城市的人均消费水平远远高于农村；相对于城市，农村人口众多等。这种状态是发展中国家经济结构存在的突出矛盾，作为边疆民族地区的勐腊县，城乡二元结构呈现出自身特点：首先是县级城镇化发展不充分，小城镇建设滞后；其次是乡村体量大，人口及种植业都集中在农村。当地城乡整体性欠发达，城乡整体与发达地区有巨大差距。进入 21 世纪后勐腊县的城乡结构在国家发展战略的大格局中也面临着变革与转型。

坚持城乡统筹发展，逐渐缩小城乡发展差距，这是中国在发展城镇化路子上一直坚守的原则。2014 年 7 月 30 日国务院印发《国务院关于进一步推进户籍制度改革的意见》（以下简称《意见》），成为推进城乡一体化最新政策。《意见》指出："建立城乡统一的户口登记制度，取消农业户口和非农业户口性质区分和由此衍生的蓝印户口等户口类型，统一登记为居民户口，体现户籍制度的人口登记管理功能。建立与统一城乡户口登记制度相适应的教育、卫生计生、就业、社保、住房、土地及人口统计制度。"从《意见》中我们可以解读出，新型城镇化不只是简单地将农村劳动力转移到城市中来实现城市人口的增加和城市面积的扩大，而是要求在发展农村地区走城镇化路子上，要将就业、社会保障、人居环境、住房与土地等政策与城市相统一，让乡镇居民与城市居民共享同样的公共基础设施、共享同样的国家政策。勐腊县地处中国边疆地区，加快勐腊县城乡统筹、城镇一体化发展对中国"维稳控边"有重大意义。在勐腊县，要推动城镇一体化发展，其中一个关键就是实施一系列举措来逐步消除城乡二元结构，实现勐腊县从传统的农村向现代城市的社会转型，这与中国刚出台的意见政策相吻合。

中华人民共和国成立前，勐腊县农民劳动力价格低廉，收入低下，三个鸡蛋只能换一枚针，一头肥猪只能换一套中山装。1949 年农民人均纯收入不足 50 元。20 世纪下半叶，农村发生了翻天覆地的变化，农民生活水平有了很大提高，1998 年农民人均纯收入已达到了 1621 元，比 1949 年增长了 36.7 倍，农民生活水平有了很大提高，农民生活已跨入比较富裕的小康阶段，膳食结构和质量得到了明显提高和改善。2011 年勐腊县城镇居民人均可支配收入为 11099 元，比上年增长 8.1%，农村居民人均可支配收入为 3663 元，比上年增长 13.2%。

随着农村经济体制改革的深入和社会主义市场经济体制的建立，农民的商品经济意识得到了加强，一大批农民成了种植、养殖、加工、建筑、商贸、运输、服务等行业的重点户和专业户，带动了全县乡镇企业的发展。1998 年全县乡镇企业产值已达到 6.29 亿元，农村第二、第三产业发展较快，1998 年总产值实现8908万元，占农业总产值75884万元的11.74%。① 农民的商品意识开始加强，农业产业化、工业化开始获得较快发展。进入21世纪以来，勐腊县的国民经济发展在国家政策的引导和勐腊县政府的规划、管理中获得很大的提高。“十五”计划完成时，第三产业所占比例已经超过第一产业，第二产业所占比例也在逐渐提升。由此可见，勐腊县的经济发展逐步朝着工业化、产业化、服务一体化的方向发展。直至“十一五”规划完成，勐腊县第一、第二、第三产业所占比例分别为：27.6∶29.6∶42.8。“十一五”期间，实现了产业结构从“十五”期间“三一二”的产业结构比例向“三二一”的产业结构转变，勐腊县的工业化、产业化也超过了传统农业对整个勐腊县国民经济GDP的经济贡献比例。新型的工业化以及优质的服务产业给勐腊县县域经济带来了很大的提高，尤其是勐腊县根据不同乡镇的资源优势来进行开发，比如对勐仑镇、易武乡进行旅游小乡镇的服务产业开发、茶叶经济的工业开发，对磨憨口岸、关累港的边境地理优势进行大型服务业的开发，对勐捧镇进行坝区农业产业化开发等等，这些方面将会提高当地农民的收入水平，促进经济结构的调整以及城乡差距的调整。

“城乡二元结构是制约城乡发展一体化的主要障碍。必须健全体制机制，形成以工促农、以城带乡、工农互惠、城乡一体的新型工农城乡关系，让广大农民平等参与现代化进程、共同分享现代化成果。要加快构建新型农业经营体系，赋予农民更多财产权利，推进城乡要素平等交换和公共资源均衡配置，完善城镇化健康发展体制机制。”② 在西双版纳州“十二五”规划中指明：“到2015年，城乡货币收入差距缩减到3∶1以内，山坝区、区域差距逐步缩小，基尼系数降低到0.4以内。”缩短不同地理地形间的区域差距以及城乡发展间的差距，推动新兴工业、服务业产业化发展，对于城乡结构的变化至关重要。

以前在勐腊县农村贫困地区，农业生产效益较低，农民处于国家贫困线以下，温饱问题尚未解决，道路不通，寨子深处山区里面，活动范围只能以寨子为中心在周边活动。宽阔平坦的大路、舞台、运动场、电灯、煤气灶等物品对于居住在山区的农民来说，他们只能在城里才能看到。21

① 勐腊县统计局编：《勐腊五十年巨变——国民经济、社会事业统计综集（1949—1998）》，1999年10月，第94页。

② 参见《中国共产党第十八届中央委员会第三次全体会议公报》。

世纪以来，国家加大扶贫力度，对勐腊县乡村地区投入了大量资源进行连片整治，使勐腊县农村地区的公共基础设施建设逐渐加强，高档的耐用品和休闲娱乐场所也走进了农民的视野和生活中。在勐腊县，城乡结构由原先资源城乡对立结构逐渐转变为资源共享型的城乡一体化格局。总结勐腊县城乡结构变化，如下几方面是推动变化的重要动力：其一，县域经济的统筹发展是勐腊县推动城乡结构变化的原动力；其二，农村公共基础设施投入打破城乡资源二元对立的格局；其三，农村劳动力转移与城市工业化促进城乡结构的调整与差距的缩小；其四，城乡公共服务体系均等化的发展，加快城乡一体化的发展步伐。

勐腊县在2005—2007年实施“兴边富民”战略，使勐腊县的基础设施条件得到明显改善，社会发展水平得到较快提高，特色产业建设取得新的进展，地方财力得到增强，经济社会自我发展能力、先进文化建设能力、和谐社会构建能力得到加强，乡镇之间、村寨之间、山坝之间经济社会发展不均衡的状况得到改善，人均受教育年限、社会基本保险覆盖率、医疗卫生保健等得到提高，群众的生产生活条件有新的改善。① 截至2014年，勐腊县已经开展了八批新农村建设，主要是针对勐腊县村庄进行公共基础设施建设（其内容包括：建球场、公厕、文化活动室、沼气池、戏台、牌坊、修水沟、道路硬化、绿化、亮化等）和农业种植、技术培训。

“农转城”工作是勐腊在推进城镇化建设中一颗很重要的“棋子”，因为“农转城”不仅仅是涉及农村居民向城市转移的户籍流转问题，更多的是将农村剩余劳动力转移到城市中来，为城镇工业化、产业化的发展腾出更多的人力资源，这对工业化成规模的发展起到很大的促进作用。2010年勐腊县农村劳动力转移就业2053人，城镇化率达到34.5%。城镇化率是县域经济发展的参考指标之一，城镇化率越高，县域经济的整体实力越会不断增强。勐腊县政府在“十二五”规划中将勐腊县的城镇化要求定在40%，相对应地，勐腊县在“十二五”期间在各乡镇开展“农转城”工作上也不断加大力度。在中国对户籍制度取消限制后，居住在农村地区的农民转入城市的人口流动也变得相对自由。在城乡统筹经济社会发展中，随着“农转城”工作的开展以及农村劳动力大量向城市流动，以往城乡分治的二元格局也将逐步被打破。

---

① 参见勐腊县政府办公室《勐腊县“兴边富民工程”三年发展规划（2005—2007）》。

进入21世纪后，勐腊县在努力构建覆盖城乡公共文化体系和实施文化信息资源共享工程。对全县文化馆、图书馆以及乡镇的文化站加强建设，并对农村文化基础建设上的投入加强，健全农村公共文化服务体系。勐腊县在全县范围内每年开展易地搬迁、新农村建设以及整乡推进工作的开展中，对乡镇、农村地区加强文体活动场所以及活动器材配套。勐腊县还积极改善了农村义务教育薄弱学校基本办学条件，适当提高农村义务教育生均公用经费标准。大力支持发展农村学前教育，落实中等职业教育国家助学政策，紧密结合市场需求，加强农村职业教育和技能培训。支持和规范农村民办教育。提高重点高校招收农村学生比例。有效整合各类农村文化惠民项目和资源，推动县乡公共文化体育设施和服务标准化建设。

此外，在社会保障体系的建设方面，勐腊县在进行农村基层医疗卫生机构综合改革的同时，实施中西部全科医生特岗计划。提高新型农村合作医疗的筹资标准和保障水平以及完善重大疾病保险和救助制度，推动基本医疗保险制度城乡统筹。稳定农村计划生育网络和队伍，开展城乡计生卫生公共服务均等化试点。整合城乡居民基本养老保险制度，逐步建立基础养老金标准正常调整机制，加快构建农村社会养老服务体系，加强农村最低生活保障的规范管理。在西双版纳州“十二五”规划中提到健全全州的农村社会保障体系，“完善农村‘五保户’供养、特困户生活救助、贫困群众医疗救助、农村灾民救助、孤儿救助等农村社会救助体系”。勐腊县按照西双版纳州城镇化发展的相关内容以及县城公共服务体系建设的模式来对乡村地区进行建设、完善，以期能在城乡之间提供均等化的公共服务体系来加快城乡一体化的发展步伐。

2. 社会分层与社会阶层结构的变化

在社会研究理论中，用社会分层来指认以一定的标准区分出来的社会集团及其成员在社会体系中的地位层次结构、社会等级秩序现象。在当前我国社会学研究中，社会分层概念用来反映人群的社会地位的差别，即社会成员由于财富、权力、教育或特权等的差异而分为不同等级，在社会秩序中具有不同地位。就地处边疆民族地区又是国家级贫困县的勐腊县而言，以前农民的生活水平基本在贫困线以下，无论是从生活条件、经济收入还是身份地位来说，他们都是很相似的。随着改革开放的深入，市场经济体系在边疆民族地区全面建立，农民群体内部生长出社会分层的动力。比如橡胶经济，天然橡胶作为国家的战略物资一直是在勐腊县勐捧、勐满、勐醒、勐腊四大国营农场进行种植。到20世纪80—90年代以后，橡胶种植作为政府扶持农民脱贫致富的重要生计扩展到普通村社、家户，为民营及私人个体所有，成为广大各族群众经济增收的支柱产业。“随着中国汽车工业的崛起，刺激着对橡胶产品的巨大市场需求。尤其是2004年印度洋海啸发生后，种植橡胶的印尼、菲律宾等东南亚国家橡胶产量受到影响，引发世界橡胶价格的攀升，波及西双版纳这个热带丛林社会的就是橡胶树的大规模扩种。正因为如此，橡胶也作为一种重要的物质媒介，将西方资本主义经济体系、急剧增长的中国汽车工业与欠发达的可种植天然橡胶的亚洲热带丛林社会联结起来。”① 橡胶工业在勐腊县的崛起在重新构建勐腊县产品生产与销售系统，也在对县域范围内的劳动力进行重新的分工与调配，橡胶资源也决定着人们的消费能力高低。正如研究所指出的，那些“原先收入相近、在社会结构中地位类似的农民，由于社会经济结构变革、区位差异、个体差异等各方面的因素，经过社会水平流动和垂直流动逐渐形成职业、收入、社会地位、声誉等方面有较明显差异而且相对稳定的不同的群体，即农民分化成为不同的社会阶层”②。可以看到勐腊县的农民们在从事着不同行业，身处不同的社会地位，形成了不同的社会阶层，可分类为：（1）宗教职业者。（2）传统的农民。（3）新社会阶层：包括从事种植业的本地农民，也可称之为农业人口中的中产阶级；租地从事种植业的个体企业主；从事跨国贸易的个体工商业者和民营企业主；旅游业从业移民。（4）外来流入的“农民农”。（5）外籍新娘。

勐腊县象明乡曼底（又称速底）村，自20世纪80年代开始包产到户，将原集体橡胶林分配给各家户，曼底傣仂寨68户人家，种植橡胶最多的家户约100亩，最少的家户近10亩，许多家户种植的橡胶树在30—50亩，每亩可种600株胶苗。橡胶种植的数量在曼底的各个家户间是不均等的，种植100亩的家户与种植10亩的家户间必然会产生收入的不均衡，橡胶种植数量的多少，已经将村民的年收入差距拉开。2006年，割胶最多的一户村民买了保险柜放到家中，保险柜首次出现在曼底傣仂社会

① 沈海梅：《橄榄坝的现代性——兼论当代中国少数民族社会的现代性特质》，《西南民族大学学报》2013年第9期。

② 林坚、马彦丽：《我国农民的社会分层结构和特征——一个基于全国1185份调查问卷的分析》，《湘潭大学学报》（哲学社会科学版）2006年第1期。

中。[①] 2012 年以来种橡胶获益的家户纷纷建盖起了混凝土楼房，一些家户买进越野车等大宗商品，消费能力遽增，俨然是农业人口中的中产阶级，收入和消费的差异已经将村民分为不同的层级。

市场经济条件下，农民阶层和工商阶层两者关系密切，在阶层的流动中没有很明显的界限。有些农民通过大面积的农业种植有了一定的资金积累后，开始朝着农业产业化、农产品加工的方面发展，逐渐转变了从事工商业阶层的发展。勐腊县瑶区乡纳卓村民小组的老组长岩毛就是其中一个典型。他以前只是种植橡胶，管理胶园、割胶是他生活劳作的主要内容。在 2010—2013 年胶价比较好，他积累了一定的资金。由于居住在边境地区，离老挝不远，而且老挝的土地比较便宜。2013 年他投资到老挝租地大规模种西瓜，一年下来能赚 40 万元。从事成规模种西瓜的生计，使他逐渐从一个胶农转化为一位个体工商户。像他这样的例子在勐腊县有很多。许多边民因出入境方便，在境外有亲戚和自己的社会网络，很多企业、个人都去老挝租地经商或者进行大面积的农业种植。勐腊县政府也鼓励企业“走出去”开展替代种植和境外发展加工业，“2011 年完成替代种植 77.2 万亩”。[②]

由于橡胶经济、茶叶经济等商品经济的发展以及勐腊县土地资源价格相对廉价，吸引到很多外地的商人来到勐腊县境内建厂经营或者进行成规模的农业种植。在勐腊县外来流动人口中，比较明显的群体有：来勐腊县投资建厂的工商业私营业主，他们建立橡胶厂、茶厂、木材厂等；参与到工厂打工的外地人；流入勐腊广大农村从事农业生产的“农民农”群体；在磨憨口岸做“换钱”生意的流动商贩；以及在边境地区跑运输的群体。他们有一个共同点：就是利用勐腊县境内的优势资源来实现自身的发展。

“农民农”群体就是勐腊县外来流动人口的典型，来源地有省内、省外，如来自四川、贵州等省外的汉族务工人员，省内多来自普洱市墨江县及红河州石屏、绿春等县的汉族、哈尼族、苗族农民，其中以流入的苗族“农民农”最为典型。“农民农”是一群以农民阶层的身份从迁出地迁出，并以农民的身份在迁入地进行生产劳作的群体。在勐腊县，这一群体通过土地承包，种植经济的快速扩张，就形成了种植中产阶层，实现社会阶层

---

① 沈海梅：《橄榄坝的现代性——兼论当代中国少数民族社会的现代性特质》，《西南民族大学学报》2013 年第 9 期。

② 参见《勐腊县十三届县人民政府第九次全体会议报告（2012 年 1 月）》。

的流动。在田野调查中，我们在瑶区乡光明村一组和易武乡老街村对这一群体进行深入了解。在易武乡老街村，居住着一定数量的来自红河州的苗族人，他们在十多年前陆续搬到易武种茶，2008年后，迁移到易武乡的苗族人数增多。在老街村，红河过来的苗族大多住在外围搭石棉瓦房内，而住在里面较为古式楼房里面的都是世居的本地人（石屏商人的后代）。一开始他们是以农民身份在易武乡各个茶园里帮当地人采茶以赚取生活费，帮别人采茶，一天100—150元。后来他们慢慢转化为和当地人合种。他们跟外地人来勐腊县租地种香蕉的经营方式不一样，他们跟当地人合种，当地人提供土地，他们进行茶园管理、采摘，将所有赚来的利益按照三七或四六分成进行分配。不难看出，在这一形式的转变中，他们已经实现了自己在勐腊县这个社会阶层中的流动，即从刚来时打工的茶农，通过长期辛勤劳动而成为茶园经营的合伙人。因为他们对茶园的管理越好，所获得的利润越高，他们的收入也就越高。一开始他们所占的分成比例很低，后来他们在分成比例上逐渐增多，甚至有些按照五五分成，即是跟本地人“平起平坐”，在当地社会地位中，不再是一个外来的农民，而是成为有稳定收入的中产阶级，而且他们跟随着资本的不断流动，自己的身份阶层也在进行不断流动、改变。据易武乡政府副乡长所说，他们刚开始过来时，只能搭个简单的木房子住下来，他们的通婚范围也基本是跟本民族通婚，因为他们没有土地。后来生活条件好了，他们有些也会跟本地人通婚，不过这种现象还是属于少数，他们是信仰基督教的，所以他们很多人过来这边后，也建了教堂，在易武乡有三个教堂。他们所带来的基督教在当地人的生活中产生了一定的影响。由此可见，他们以“农民农”的身份迁移到勐腊地区，一开始并没有给当地的社会阶层造成大变化，只是在扩大勐腊县农民阶层的数量规模，后来通过经济上与本地人合作、所获取的利润上与本地人分成的形式来实现自身在社会阶层中的流动，重塑了勐腊县农民阶层内部结构关系。

土地因素是社会分层的重要因素。在勐腊县各乡镇中，农民拥有的土地面积不同。很多农民都将土地租让给外地老板种橡胶，租金在1200—3000元/亩之间。土地是潜在的金钱资本，拥有土地越多的农户，家庭的收入越多，拥有较少土地的家户收入较少，而有些家户因为土地资源较多，家庭的收入也很多，其潜在的消费能力也大。有钱的家户可以将钱转化为购买大宗高档耐用品，比如汽车、电冰箱、洗衣机等，还可以购置楼房，而没钱的家户只能过着拮据的生活，居住在老式的房子里。可见，土地作为一种潜在的资金资本将农村内部的农户进行社会分层。不同的社会阶层，尤其是在农民阶层这一较低层次的阶层间的流动门槛较低，极不稳定。像苗族“农民农”那样，通过管理茶叶栽培的技术，以及充沛的劳动力来实现跨阶层的流动，最终对勐腊县优势资源的整合形成一种新的社会分层重组与社会结构的变动。

3. 婚姻家庭等社会关系与社会结构的变迁

婚姻家庭是人类社会发展到一定阶段出现的两性和血缘关系的社会形式，既具有自然属性，也具有社会属性。婚姻家庭被确认为一种基本的社会关系和社会制度，而非仅仅是私人领域的事情。家庭模式及其变化，既深刻影响着人类历史的进程，又如实记录着人类发展和社会变迁的历史轨迹。改革开放以来，市场化成为中国转型时期经济发展的主要特征，进入21世纪以后，中国逐渐步入了全球经济的体系中，市场化、全球化过程对传统的婚姻和家庭产生了一定的影响，使得作为社会一部分的婚姻与家庭社会关系出现了新的特点。位于中国西南部的云南，是一个多民族的省份，其自身传统的婚姻家庭结构也因其多民族聚居而呈现出与其他地区不同的特点。“归纳人类学的研究成果，云南省的‘种稻民族’在婚姻家庭方面具有以下特征：第一，普遍盛行‘不落夫家’的习俗；第二，家庭规模不大；第三，虽然是父系社会，但妇女在家庭中仍有相当地位。这些民族是傣族、水族、布依族、哈尼族等。”[①] 勐腊县位于云南省最南端，隶属西双版纳傣族自治州，居住民族有傣族、哈尼族、彝族、苗族、瑶族等26个民族，该地区居住的少数民族中傣族最多。因而在婚姻家庭方面也就同样有着类似的特征。新中国成立以前，勐腊县属于封建农奴制，其婚姻家庭等社会关系也呈现出许多不合理的弊病，自1950年《中华人民共和国婚姻法》颁布起，在“男女平等”“婚姻自由”“一夫一妻制”等政策法令的引导下，该地区人民的婚姻家庭观念发生了一系列的改变。而进入21世纪以来，随着国家民族区域自治制度的不断完善，城乡一体化进程的不断推进，计划生育政策的调整，“奖优免补”“兴边富民”等一系列惠民政策的支持，勐腊县社会经济迅速发展，在市场化、全球化影响越来越深的过程中，也对该地区的婚姻家庭结构产生了深刻的影响。

① 乔亨瑞：《云南少数民族婚姻家庭的变迁——以傣族、彝族、纳西族为例》，《学术探索》1999年第4期。

改革开放以来勐腊县婚姻家庭呈现如下变迁。

（一）各民族通婚半径扩大

民主改革以前，勐腊县傣族社会是封建农奴制。这种社会结构中，土地归“召片领”所有，按照习惯法，农奴要向“召片领”买水吃，买路走，人死了要买土盖脸；农奴在“召”的土地上劳动，要付实物或劳役地租；社会人口被分为“孟”“翁”“召庄”“滚很召”“洪海”等不同的等级。首先，傣族的通婚范围仅限于相同等级之间。其次，傣族的婚姻是封闭性的。“在傣族农奴社会里，出身于贵族的家奴主和出身于平民的农奴，是两个对立的阶级。贵族和平民内部又划分为不同的等级；等级间在政治生活和社会生活中都有严格的界限，不能逾越，贵族集团为了维护封建宗法的嫡长子继承制和政治经济权益，严禁不同等级之间婚配。因而婚姻范围极为狭窄，出现家族内婚的现象，除同胞兄弟姊妹不能通婚外，堂兄弟姊妹间的婚配无限制，甚至不同辈分也有通婚的。”① 傣族社会从20世纪50年代开始，经历了和平协商、民主改革等一系列社会变革。1950年《中华人民共和国婚姻法》颁布，大力宣传“男女平等”“一夫一妻”“婚姻自由”等政策；1956年之后，土地改革时期国家把大量的土地分配给农民，封建领主的政治经济体制全面瓦解。随着国家政策的引导以及传统的封建等级制的废除，傣族通婚的等级观念逐渐发生变化；寨内通婚的范围逐渐扩大，与外寨的通婚，与外民族的通婚情况也随之出现。1978年以后，中国全面加快了现代化进程，傣族社会也跨入了改革开放的浪潮之中。“六五”“七五”计划时期，“联产承包责任制”的推行使勐腊地区的傣族家庭拥有土地，大大促进了农民生产积极性。在社会生活中，经济的发展，物质条件的提高，电视广播教育的普及，宗教政策得到落实，民族风俗习惯得到尊重，一系列的现代文明进一步打破傣族原先封闭式的婚姻。进入21世纪，随着全面建设小康社会的实施、“城乡一体化”进程的推进，以及各种扶贫惠民政策的支持，使得勐腊县的人民生活条件不断提高，与外界的交流机会越来越多，传统的思想观念也随着整个社会市场化、全球化进程而发生巨大的改变。根据1990年人口普查数据，整个西双版纳州傣族自治州有自然户家庭170204户，纯少数民族的家庭户共103861户；汉族与少数民族混合家庭户21870户，占总户数的12.8%；

① 严汝娴主编：《中国少数民族婚姻家庭》，中国妇女出版社1986年版。

而到了 21 世纪以后，民族混合家庭户的比例大幅度增加，如表 4-2所示：2000 年勐腊县有自然户 63060 户，其中单一民族户有 50215 户，占总户数的 79.63%；两个民族户有 12437 户，占总户数的 19.72%；三个民族户有 391 户，占总户数的 0.62%；四个及以上民族户有 17 户，占总户数的 0.02%。而到了 2010 年，勐腊县有自然户 78333 户，单一民族户有 58925 户，占总户数的 75.22%，相比 2000 年降低了 4.41%；两个民族户有 18477 户，占总户数的 23.59%，相比 2000 年增加了 3.87%；三个民族户有 897 户，占总户数的 1.15%，相比 2000 年增加了 0.53%；四个及以上民族户有 34 户，占总户数的 0.04%，相比 2000 年增加了 0.02%。而笔者在勐捧、关累、瑶区几个村寨的访谈中，谈及是否愿意与其他民族通婚或是否愿意子女与其他民族通婚时，都表示没什么问题。

表 4-2　　2000 年、2010 年勐腊县家庭户中民族混合户户数对比　　单位：户

年份	自然户	单一民族户	两个民族户	三个民族户	四个及以上民族户
2000 年	63060	50215	12437	391	17
2010 年	78333	58925	18477	897	34

资料来源：勐腊县统计局、勐腊县第五次人口普查办公室：《勐腊县第五次全国人口普查》；勐腊县统计局、勐腊县第六次人口普查办公室：《勐腊县第六次全国人口普查》。

在突破民族界限之余，随着流动人口的增多，勐腊县地区跨省、跨国界通婚现象也逐渐增多。根据第六次全国人口普查数据，勐腊县 2010 年户口登记地在外乡的共计 9949 人，而户口登记地在外省的人口总计 16742 人，其中由于婚姻嫁娶而迁移的人口有 9158 人。而边民通婚按已进行婚姻登记的对数来算，2006 年勐腊县有 2 对；到 2010 年有 31 对；2012 年有 116 对；2013 年有 138 对。① 而在实际的调查中，边民通婚的数量要高于实际登记数。这些数据都显示了勐腊县地区通婚半径的扩大。

（二）婚居模式转变

勐腊县以傣族为代表的少数民族中，从妻居是主要的婚居模式，也是一些少数民族特有的习俗。从妻居是指婚后男子上门到女方家，上门的期限，一般三五年，也有十余年以至于终身的。过去男方必须在女方家上门三年，才能把妻子接回；在家三年后又到岳父母家三年，如此往返直到生

① 数据来源：《勐腊县民政局云南省边民通婚登记统计表》。

儿育女，另立门户，或继承了一方的财产，接替了份地耕种为止。如果上门期限未满，要求离开女方家庭，则要偿付这一期间应承担的封建租税负担。①

随着社会各个方面的发展与进步，原先从妻居是为了弥补劳动力不足，而农业技术的发展，商业的进入，旅游业等第三产业的逐步发展在某种程度上减轻了劳动的负担，同时各种扶贫政策、惠民政策也提高了当地人民的生活水平，家庭对劳动力的需求也不如以前。此外，随着流入、流出人口的增多，年轻一代外出上学、务工，与外界交流越来越多，思想观念也发生了一定的转变，从而对传统习俗也有着一定的影响。虽然勐腊县至今还保留有从妻居习俗，但从妻居的性质已经开始发生改变，同时人们的观念从起初必须从妻居到有选择性地上门，现代女性婚后选择从妻居与否要看双方主要劳动力的有无、多寡和老人是否要赡养。从妻居只是作为一种习俗，上门的时间也不如之前那么长并且没有严格的规定。一般男女双方自由恋爱，到谈婚论嫁之时告知双方父母，双方父母同意后，由男方家里向女方家提亲，商量结婚条件，以及从妻居的时间，然后按男女双方家庭实际情况来定婚后的婚居模式是从妻居还是从夫居。如果男方家里的确有困难，则在女方家住一段时间后，经双方同意后回男方家定居，也有男女双方家庭都不缺少劳动力的，在短时间的上门后与父母分开独立门户。

（三）青年男女择偶观念改变

择偶是婚姻的前提和基础，既是个体和家庭的需要，也是人类繁衍的需要。择偶标准的变化，在一定程度上既可以反映出人们的生存方式、价值观念，又能反映该社会的政治变革、社会文化等方面的状况。傣族的传统婚姻中，恋爱自由一直都有，父母很少会干涉子女的选择。傣族的青年男女常常通过参加集体娱乐活动或宗教活动来自主择偶，有时也会在赶摆、纺线过程中挑选对象。曹成章先生描述20世纪60年代西双版纳傣族青年男女的择偶意向：“女的要求男方五官端正，体格健壮，刻苦耐劳，办事能干，为人心善，当过和尚，有文化、懂知识，讲道理，能说会唱；男的要求女方容貌漂亮，性格温柔，勤劳节俭，善于家务，天真烂漫。”在傣族习俗歌中更能体会出女性对男性择偶标准的地域性和民族性特征。

① 参见严汝娴主编《中国少数民族婚姻家庭》，中国妇女出版社1986年版。

"懂得尊敬老人/懂得体贴父母/懂得和伙伴友爱/懂得做人的道理"，"他会扶犁耕地/他会踩耙平田"。[①] 学者郑晓云在 1986 年、1996 年分别对曼龙村的男、女青年进行调查，在 1986 年的调查中，男女青年均把"好心""勤劳"列为择偶的首要条件，具有明显的传统社会择偶观的特点，这与曹成章先生在 20 世纪 60 年代总结归纳的内容相似。而在 1996 年的调查中，女青年除了仍把"好心"列为首要条件以外，"有钱"则取代"勤劳"成了仅次于"好心"的条件。她们表示，"最好是外地人，结婚后嫁出去"；"汉人最好，有本事，能关心人，本地村民没有文化，没有气质"。作为对女青年新的择偶观的回应，1996 年男青年的择偶条件中，除了"好心""勤劳"外，明确表示"不找外出工作过的本村姑娘""姑娘不能太活跃"。[②] 这一结果与笔者在勐腊县的调查结果类似。在笔者访谈的几个村寨中，其中边民通婚的妇女都普遍反映嫁到中国"很好在"，"吃得好住得好"，一些妇女反映即便离了婚也要在这边生活；而本地的女性则主要是"两情相悦""有本事"，本地男性的择偶趋向同样"两情相悦"最重要，而对自己的要求往往是"以事业为重""赚钱"。

随着社会经济的发展，现代化进程对勐腊县的冲击也使得该地区文化发生着变化，而文化的变化又一定程度影响着该地区男女择偶的观念。以前，傣族男子到一定年龄之后就会被送进寺庙当和尚，而青年女子在选择配偶时也多喜欢当过和尚的男子，而如今许多男孩子不愿去寺庙当和尚，而更愿意外出打工赚钱，中国整齐划一的义务教育也影响了人们的观念，男孩子没有必要去寺庙了。这种文化的变化，也因此影响了青年女子在择偶中不再注重对方是否当过和尚。此外，随着市场化进程的加快，人们的消费观念也逐渐发生变化，因而"能赚钱""有本事"之类的择偶意向便顺理成章地成为了现代女性择偶的主要标准。

（四）非婚生育现象有所减少

受到传统少数民族风俗习惯的影响，勐腊县早婚早育，以及边民通婚现象一直存在。而国家《婚姻法》规定的法定结婚年龄为男性 22 周岁，女性 20 周岁。同时双方必须满足一定条件才能到民政局登记结婚，成为

---

① 董印红：《西双版纳傣族女性婚姻观念变迁与社会文化发展》，《现代妇女》2011 年第 3 期。

② 郑晓云：《社会变迁中的傣族文化——西双版纳曼飞村的人类学研究》，《中国社会科学》1997 年第 5 期。

合法夫妻。由于年龄不够，或者不能满足法定结婚条件而不能登记的男女便多选择不领证先结婚，等年龄达到标准或者完全满足结婚条件的时候再去补办结婚证。因而当地非婚生育现象，即不能满足法定结婚条件而结婚的夫妇生育儿女的现象自然也就存在了。21 世纪以来，随着国家法律的不断完善、计划生育工作的宣传与推广、当地人民自身法律意识的提高，使勐腊县非婚生育现象有所减少。主要表现在：

1. 早婚早育有所减少。西双版纳地区少数民族传统上就有早婚早育习俗，正所谓“雏鸟翼满飞出窝，十六岁姑娘头插金簪找情人”。传统社会中从妻居的习俗可以在女儿婚后为家庭带来一个强壮的劳动力，因此女孩的父母期望女儿能早点恋爱结婚，缓解父母的辛苦，提高家庭收入；此外有着婚前禁性的习俗，特别是对女性的傣族父母来说，女儿的早婚可以解脱他们对女儿有可能在婚前发生性行为的担忧；另外解放前，由于医疗卫生落后，此地又自古受到“瘴疠”的侵害，该地区人口平均寿命普遍偏低，婴儿存活率也较低，一定程度也影响到该地区早婚早育的普遍。1963 年 12 月，西双版纳人民法院在景洪坝区对傣族的婚姻状况进行过一次调查，重点调查曼景保、曼拿宰两个寨子。调查结果显示，傣族的早恋、早婚情况比较突出。青年男女一般十三四岁恋爱，十五六岁结婚。两个寨子没有一个 18 岁以上未结婚的姑娘。根据 1982 年人口普查资料，西双版纳州 15 岁及以上人口中，未婚人口占 24. 65%，已婚人口占 75. 35%。据 2000 年第四次人口普查资料，西双版纳州 15 岁及以上人口 545724 人，其中未婚 116420 人，占 15 岁及以上人口的 21. 3%；有配偶的 395812 人，占 15 岁及以上人口的 72. 5%。作为西双版纳州的一个隶属县，历史上勐腊县的早婚、早育现象同样很明显，1990 年西双版纳州婚姻状况普查统计表数据显示，1990 年，勐腊县 15 岁及以上人口 121349 人，未婚人口 27444 人，占 15 岁及以上人口的 22. 62%；有配偶的 87113 人，占 15 岁及以上人数的 71. 78%。[①]

自 1980 年修订《中华人民共和国婚姻法》，规定“结婚年龄，男不得早于 22 周岁，女不得早于 20 周岁。晚婚晚育应予鼓励”，使得女性结婚年龄相对较晚。进入 21 世纪以后，随着普法教育的深入，商品经济的驱动，进一步影响人们的思想观念，一方面“晚婚晚育”观念深入人心、

① 西双版纳傣族自治州地方志编纂委员会编：《西双版纳傣族自治州志》（上），新华出版社 2002 年版。

妇女受教育程度的提高使得女性早婚现象降低；另一方面，商品经济的驱使，使得许多女性愿意外出打工挣钱而不愿早婚。根据勐腊县第六次人口普查数据，见表4-3，在2010年第六次人口普查中发现，实际年龄在20岁以上的女性中，初婚年龄在19岁及以下的女性都比实际年龄在15—19岁的女性多，也就是1990年以来出生的女性初婚年龄逐渐变大，早婚现象相比20世纪以前虽依然存在，但有一定的减少。

表4-3　初婚年龄人口表　单位：人

实际年龄段	初婚年龄					
	15岁以下	15岁	16岁	17岁	18岁	19岁
15—19岁	20	24	41	31	29	5
20—24岁	42	31	62	92	156	222
25—29岁	27	46	66	127	153	204
30—34岁	39	33	59	115	148	173
35—39岁	47	43	78	127	140	212
40—44岁	47	48	84	151	201	243
45—49岁	16	26	86	149	192	250
50—54岁	44	27	48	72	105	147
55—59岁	20	21	49	83	80	144
60—64岁	26	18	34	49	73	109
65岁及以上	59	37	63	103	130	177

资料来源：勐腊县统计局、勐腊县第六次人口普查办公室：《勐腊县第六次全国人口普查》。

2. 边民通婚办理结婚登记的意识增强。勐腊县位于云南的最南端，东、南被老挝半包，西南隅与缅甸隔澜沧江相望，国境线长达740.8千米（中老段677.8千米，中缅段63千米）。由于地缘相近、习俗相通、语言交流没有太大障碍，因而在勐腊县中老、中缅两国边民通婚的现象时常可见。1990年以前全县边民通婚仅有51对，占11%；1990—2000年有252对，占52%；2000—2008年有179对，占37%，全县边民通婚呈逐年增多趋势。特别是边境乡镇与境外边民通婚增长幅度最大。从调查情况看，老挝籍女性公民嫁入中国境内定居的最多，有417人，占87%；缅甸次之，有65人，占13%。而边民通婚的婚姻中，非法婚姻多，未登记的有219对，占45%。[①] 随着普法宣传教育的深入推广，外籍新娘自身保护意

① 参见张甦《省政协到勐腊县调研边民通婚生育情况》，勐腊县人民政府公众信息网，2010年6月8日，http：//www.mlzf.yn.gov.cn/mlxzf/508625282916155392/20100608/244446.html。

识的增强，边民通婚者办理结婚登记的数量增多，2010 年登记 31 对，2011 年登记 18 对，2012 年登记 116 对，2013 年登记 138 对。[①] 在访谈过程中，笔者也发现，许多外籍新娘都渴望得到中国的身份证和结婚证，以求心安。这也充分证明了这些外籍新娘的法律意识逐渐增强。因此，合法的边民通婚数量增多，非婚生育的数量相对也就减小了。

（五）家庭规模变化

历史上西双版纳地区的家庭人口规模经历了由少到多，又由多到少的升降变化。1954 年总户数 48465 户，平均每户 4.79 人。1982 年 121502 户，平均每户 5.32 人。隶属西双版纳州的勐腊县自然也经历着同样的变化。而进入 21 世纪，家庭规模保持这种情况与傣族社会的土地制度有关。傣族村落是土地的拥有单位。在民主改革前，村寨定期向各家分配土地。家庭中子女长大成人，结婚后即另立新户，以此能从村寨得到一份土地。因此，在傣族地区，三代同堂的大家庭几乎找不到。在封建领主时代，傣族的家庭是一个生产单位、消费单位，却不是农业的最重要的生产资料——土地的拥有单位。20 世纪 50 年代开始，土地改革、人民公社、联产承包责任制等一系列改革措施的施行，到 21 世纪以后，商品经济的迅速渗透、市场化进程的推动、各国贸易往来等对傣族人民的生活方式、行为习惯、婚姻家庭等多方面都产生了一定的影响，勐腊县平均人口 4 人户的核心家庭模式并没有随着时代的改变而有太大的变化。这也是 21 世纪以来勐腊县地区家庭结构中呈现的特征。

根据 1990 年西双版纳州家庭人口规模统计数据，见表 4-4，1990 年勐腊县 1 人户的有 2039 户，占总户数的 5.28%；2 人户的有 3098 户，占总户数的 8.01%；3 人户的有 7854 户，占总户数的 20.33%；4 人户的有 8860 户，占总户数的 22.93%；5 人户的有 6577 户，占总户数的 17.02%；6 人户的有 4073 户，占总户数的 11.32%；7 人户的有 2706 户，占总户数的 7.00%；8 人户的有 1478 户，占总户数的 3.82%；9 人户的有 794 户，占总户数的 2.05%；10 人及以上户的有 866 户，占总户数的 2.24%。可以看出勐腊县的家庭规模以 3 人户、4 人户、5 人户为主，与民主改革之前平均 4 人的家庭规模没有太大的差异。从第五次人口普查与第六次人口普查结果中可以看出，虽然相对于 1990 年来说，1 人户、2 人户的比例有

① 数据来源：勐腊县民政局统计数据。

所增加，5 人户及以上的比例都有所减少，但是就主要的家庭规模趋势而言，3 人户、4 人户的小型家庭规模依然是主导。

表 4-4　　1990 年、2000 年、2010 年勐腊县家庭规模对比表　　单位：户

总计	年份	1 人户	2 人户	3 人户	4 人户	5 人户	6 人户	7 人户	8 人户	9 人户	10 人及以上户
38345	1990	2039	3098	7854	8860	6577	4073	2706	1478	794	866
63060	2000	6543	9069	15736	14266	8297	5216	2377	910	347	299
78333	2010	8125	14139	20270	16412	9899	5903	2265	828	324	168
比例（%）	1990	5. 28	8. 01	20. 33	22. 93	17. 02	11. 32	7. 00	3. 82	2. 05	2. 24
	2000	10. 37	14. 38	24. 95	22. 62	13. 16	8. 27	3. 77	1. 44	0. 55	0. 47
	2010	10. 37	18. 05	25. 88	20. 95	12. 64	7. 54	2. 89	1. 06	0. 41	0. 21

资料来源：西双版纳傣族自治州地方志编纂委员会编：《西双版纳傣族自治州志》（上）；勐腊县统计局、勐腊县第五次人口普查办公室：《勐腊县第五次全国人口普查》《勐腊县第六次全国人口普查》。

（六）婚姻质量及妇女家庭地位发生变化

历史上，勐腊县也曾出现过杂婚和群婚、血缘婚、对偶婚等婚姻形式，例如傣族的人类起源神话《金葫芦》和《牛蛋葫芦》中葫芦人诞生后便出现兄妹婚，体现出群婚或乱婚的延续，虽然傣族史籍《桑木底制定结婚规矩》的传说中提到，桑木底为了不让人们乱婚，制定了这样一个规矩："一个窝一对鸟，一男配一女，一男一女结成夫妻，共同养儿育女。"① 但民主改革以前，勐腊县贵族阶层还存在一夫多妻现象。江应樑先生曾提道："土司贵族阶级行多妻制。"自新中国成立至 20 世纪末，经过国家以及各级政府的努力，勐腊县各民族妇女在家庭和社会上的地位逐渐提高。《中华人民共和国婚姻法》的颁布使男女平等、婚姻自由、一夫一妻制等政策法令深入人心，改变了历史上诸如一夫多妻、抢婚等习俗；"大跃进""人民公社"时期，受当时整个社会导向的影响，妇女地位进一步提高；自 80 年代至 20 世纪末，国家相继修订了《中华人民共和国婚姻法》《中华人民共和国继承法》《中华人民共和国妇女权益保障法》《中华人民共和国母婴保健法》等维护妇女自身权益的法律、法规；勐腊县妇联等妇女组织积极响应国家政

① 董印红：《西双版纳傣族女性婚姻观念变迁与社会文化发展》，《现代妇女》2011 年第 3 期。

策，经过几十年的不懈努力，勐腊县在20世纪末整体上婚姻质量相比之前有所提升，妇女在家庭的地位也有所提高。

恩格斯在《家庭、私有制和国家的起源》中提出："母权制的被推翻，乃是女性的具有世界历史意义的失败。丈夫在家中也掌握了权柄，而妻子则被贬低，被奴役，变成了丈夫淫欲的奴隶，变成了单纯的生孩子的工具了。"[①] 因此"只要妇女仍然被排除于社会的生产之外而只限于从事家庭的私人劳动，那么妇女的解放，妇女同男子的平等，现在和将来都是不可能的。妇女的解放，只有在妇女以及大量地、社会规模地参加生产，而家务劳动只占她们极少的工夫的时候，才有可能"。[②] 那么，评判妇女的婚姻质量以及在家中的地位，就必须要考量妇女参与社会生产的比率是否提高，妇女受教育水平如何，妇女的个人收入较之前是否提高，离婚率是否增加。自新中国成立至20世纪末，勐腊县婚姻质量与妇女地位的提升有目共睹，进入21世纪，截至2010年底，勐腊县妇女干部总数为2089人，占全县干部总数的45%，与2001年相比提高了1.6%。从勐腊县妇女从业状况来看，如图4-1所示，妇女从业人员所占比重近两年来显著提高，2000年勐腊县妇女从业比例为8%，到2010年上升至43%。从受教育水平来看，2010年，勐腊县妇女文盲率下降到0.46%；妇女文盲复盲率为1.45%；妇女平均受教育年限提高到7年。[③] 从离婚率方面看，2000年第五次人口普查数据显示，勐腊县15岁及以上的人口共17300人，男性9068人，女性8232人。离婚的243人，占1.41%，其中男性125人，占总离婚人数的51.44%；女性118人，占总离婚人数的48.56%。2010年第六次人口普查数据显示，勐腊县15岁及以上的人口共计20824人，离婚的有410人，占1.97%；其中男性221人，占总离婚人数的53.90%；女性189人，占总离婚人数的46.10%。[④] 相比20世纪末，2010年离婚率上升了0.56%，女性离婚率降低了2.46%。从以上数据中可以看出，进入21世纪之后，勐腊县整体上婚姻质量有所下降，离婚率提高，而妇女在家庭中的地位有进一步提升。

① 《马克思恩格斯选集》第四卷，人民出版社1995年版，第54页。

② 《马克思恩格斯选集》第四卷，人民出版社1995年版，第162页。

③ 勐腊县妇联：《勐腊县妇女儿童发展规划（2001—2010年）终期测评报告》。

④ 勐腊县第五次人口普查办公室：《勐腊县第五次全国人口普查》；勐腊县第六次人口普查办公室：《勐腊县第六次全国人口普查》。

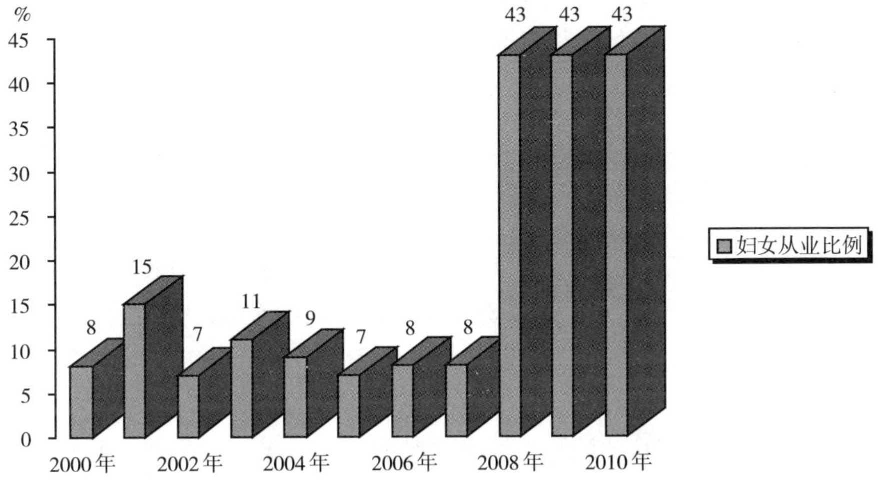

图 4-1　勐腊县 2000—2010 年妇女从业比例

资料来源：勐腊县妇联：《勐腊县妇女儿童发展规划（2001—2010 年）终期测评报告》。

三　多族群的共生互动与勐腊县民族关系的发展

1. 民族人口结构的变化

勐腊县是地处边疆的多民族聚居县份，“十二五”期间医药卫生体制改革稳步推进，积极贯彻落实国家少数民族人口生育政策及农业人口独生子女奖励政策，计划生育“三为主”成果得到巩固提高。2014 年全县常住人口 28.62 万人，有傣、哈尼、彝、瑶、苗、壮、布朗、基诺族等 13 个民族，少数民族占总人口的 75.7%。2008 年，勐腊县共有克木人 498 户，2270 人，占全县总人口的 1.07%，占全州克木人总数的 68.98%。2009 年，据云南省人民政府《关于同意克木人归属为布朗族的批复》（云政复〔2009〕23 号）文件，克木人归属为布朗族，结束了克木人民族归属不确定的历史。① 勐腊县有基诺族、布朗族 2 个人口较少民族，主要分布在勐腊县象明乡、勐腊镇、磨憨镇 3 个乡镇。近年来随着民族政策的深入推行与当地旅游业、橡胶业等经济产业的迅速发展，不仅保证了生活在勐腊的各民族生活水平不断提高和人口数量的持续增长，也对各民族人口在勐腊总人口数中所占比重产生了比较大的影响变化。

基于 2000 年和 2010 年的第五次、第六次人口普查资料，反映出勐腊

① 中共勐腊县委县人民政府：《勐腊县扶持克木人发展工作总结汇编》，2010 年。

县进入 21 世纪以来少数民族和汉族的人口变化情况：

（1）第六次全国人口普查统计结果显示，勐腊县少数民族占总人口的 70.22%，较第五次人口普查人口比例上涨了 0.24 个百分点。①

（2）从人口数量和所占比重来看，汉族占勐腊县总人口的 30%；傣族人口所占比例从五普的 23%下降为六普的 21%，下降 2 个百分点；哈尼族人口所占比例从五普的 23%上升为六普的 24%，上升 1 个百分点。

（3）在布朗族（克木人）、基诺族 2 个人口较少民族中，布朗族人口略有减少，布朗族从 2000 年的 8145 人减少到 8015 人，十年间减少 130 人；基诺族人口有所增加，从 2000 年的 897 人增加至 1300 人，十年间增加 403 人。

图 4-2 至图 4-4 为 2000—2010 年勐腊县几个民族人口数量与所占比例变化情况。

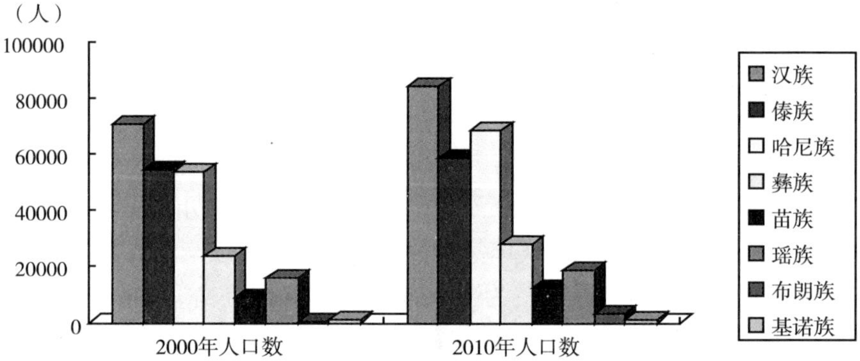

图 4-2　2000—2010 年勐腊县几个民族人口数量变化

资料来源：勐腊县统计局、勐腊县第五次人口普查办公室编：《2010 年勐腊县第六次全国人口普查主要数据公报》《勐腊县第五次全国人口普查资料汇编》。

据学者研究，傣族的生育模式表现出“早、密、短、多”的特点，即初胎生育年龄早，胎次间隔时间密，育龄妇女生育周期短，以及生育多胎。② 但傣族文化传统中婚姻实行从妻居，家庭结构以核心家庭为主，主干家庭为辅。姓氏采用双姓制，子女名字取自父母和祖父母之名，没有汉人社会传宗接代的男性偏好，也不主张多子多福等生育观念。而且民众多认

① 勐腊县统计局、勐腊县第五次人口普查办公室编：《勐腊县第五次全国人口普查资料汇编》，第 172—213 页。

② 郭山：《傣族生育文化研究》，云南大学出版社 2012 年版，第 68—69 页。

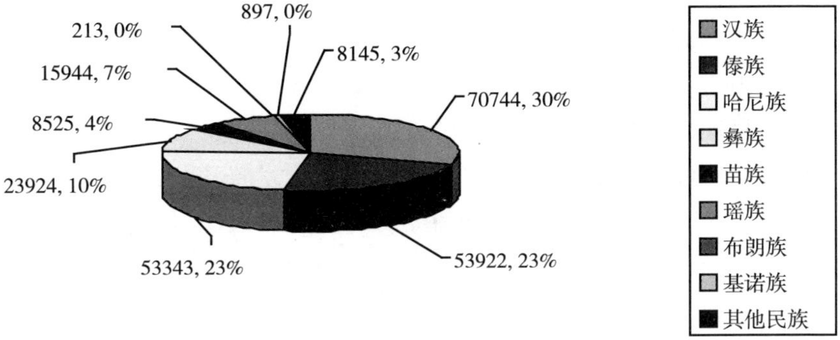

图 4-3　2000 年几个民族人口在勐腊县总人口所占比例

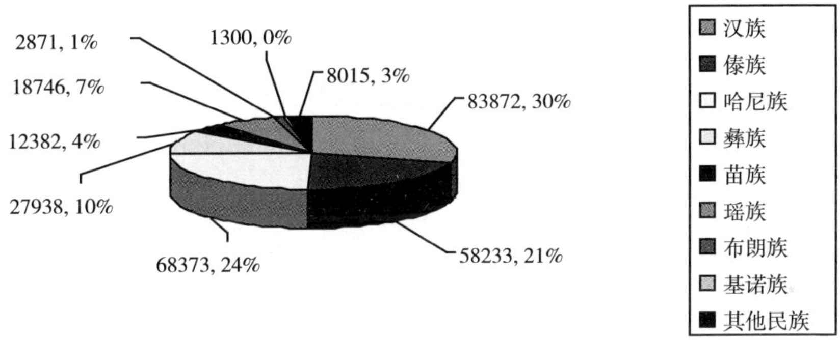

图 4-4　2010 年几个民族人口在勐腊县总人口所占比例

为“娃娃生得多男人没了时间玩，女人没了时间打扮，不合算”，傣族在传统习惯上一般只愿意生育两个孩子。20 世纪 70—80 年代，当输卵管结扎手术在县级医院能顺利开展时，傣族夫妇几乎都接受这一控制生育的手术，西双版纳傣族地区一直是中国计划生育政策实施最顺利的地区。人口自然增长率也远低于其他少数民族，在过去的 40 年里傣族人口数虽然持续增长约 30000 人，但在勐腊县各民族人口数所占比例已从第二次全国人口普查时的 40.24%下降到第六次全国人口普查时的 20.67%。[①]

哈尼族是勐腊县与傣族人口数相当的一个人口较多民族，该民族与瑶族一样大多常年居住在山区、半山区，虽然自然居住条件与坝区不可相提并论，但由于勐腊民营橡胶的迅猛发展，其经济水平不断提升，生活条件

① 勐腊县统计局、勐腊县第五次人口普查办公室编：《勐腊县第五次全国人口普查资料汇编》，第 3 页。

也在逐年改善。与傣族相比，哈尼族并没有十分明晰的“少生优育”传统意识，其日益凸显的经济实力也在近年来逐渐成为吸引其他民族与之通婚的一大因素，无论从人口数量还是人口数所占比例上，哈尼族在近40年间一直呈现出明显的增长态势。

汉族人口数曾在20世纪末有过小规模的爆发式增长，不过在勐腊县各民族所占人口比例中始终稳定在30%左右。与之类似的彝、苗、瑶、基诺等族同样虽然人口数量持续增长，但由于人口基数相对较小，其在勐腊各民族人口所占比例也呈现出极小变化。而第六次人口普查中布朗族人口数量的大幅度增长主要原因之一为2009年克木人族属划归为布朗族，新族群的并入使得布朗族人口数在过去30年的持续衰退中呈现出人口的急剧增长。

2. 民族关系的发展面貌

傣历年又称泼水节，是傣仂人最盛大的节日。泼水节那天，有好几辆坐满了人的拖拉机从附近的寨子赶来，他们都是来自附近村寨的不同民族：有来自窝塘寨的香堂人（彝族的一个支系），有来自曼丫村的汉族，还有附近山上的阿卡（哈尼族）。一个香堂人说：“他们傣族过节我们过来，我们过节主要过二月八，过节时，他们傣族也到我们那里去。”村里人还说等汉族过春节，寨中的人几乎都走完了，都到附近汉族村寨过春节去了。[①] 各民族在节日中密切互动，这只是勐腊县各民族节日中的一个缩影。实际这些来自不同民族、生活在邻近村落的人们通过“打老庚”认干亲的方式，已结成扩大式的亲属关系。一旦结成“老庚”，则双方都会真正把对方视为亲戚中的一分子，大凡有立宅、婚丧嫁娶等大小事情，都要像亲戚一样到场参与。

在生产生活中他们互相帮助，农场的汉族教傣族种植、管理、收割橡胶，傣族也会教少山地的民族种植砂仁。在日常生活中互通有无，人际交往也带来了礼物的流动与交换。居半山的汉族男女喜欢抽旱烟，但有限的耕地和不适宜烟叶生长的气候使他们不能种植烟草，傣族喜欢喝茶，但居住在河边、坝子又缺乏足够的台地来种植茶叶，而汉族不仅善于种茶更精于烤茶制茶的工艺，于是，汉族抽着傣族种的烟，傣族喝着汉族种的茶。或者傣族吃上了汉族做的豆腐，汉族则吃着傣族送给的辣椒。当地汉族不

① 沈海梅：《中间地带：西南中国的社会性别、族性与认同》，商务印书馆2012年版，第66—67页。

会纺线织布，傣族妇女会把自己织的垫单和爬垫等“傣锦”送给汉族。至于山头上的香堂，他们总是缺少粮食，每次带几只养的鸡来，回去时则背着满满的谷子或苞谷。这种交换发生得如此自然，因为它流淌着浓浓的人情味。当今市场经济的发展也为民族间交流增添了新内容，坐在一起喝酒、聊天，总离不开今年农业生产如何栽种、粮价涨跌等生计话题。[①] 在这里，族际间的文化差异并没有造成相互间的歧视、隔阂，反而构建起了民族间馈赠礼物、互通有无、密切亲情、人际交往、民族关系和谐发展的通道。改革开放 30 多年来，从总体上看，勐腊县呈现出的都是各个民族相互包容、相互学习、共同发展的融洽景象。这无疑说明勐腊县在国家民族政策执行、实施方面取得成就，并得到各民族认可的巨大成就，民族工作的经验值得进一步总结。

3. 勐腊县民族工作积累的经验

1953 年 1 月西双版纳傣族自治区成立，1955 年改为自治州，是云南省最早建立民族自治州的地区，民族区域自治在西双版纳实施。1988 年开始施行《云南省西双版纳傣族自治州自治条例》，2007 年实施新修订的《云南省西双版纳傣族自治州自治条例》第六十四条规定：自治州的自治机关加强民族工作，在各民族干部群众中进行民族政策和民族团结教育，提倡各民族干部群众互相尊重、互相信任、互相帮助、互相学习。共同团结奋斗，共同繁荣发展。这一制度在国家统一领导下，在各少数民族聚居的地方实施区域自治，设立行政机关，行使自治权的制度。民族区域自治为勐腊县民族工作开展提供了法制、政治保障。

勐腊县是国家级集中连片少数民族边境贫困县，推进少数民族经济社会发展是该地区民族工作的核心议题。云南省、西双版纳州出台一系列政策、发展纲要来推进各民族经济社会发展。2005 年中共西双版纳州州委、州人民政府贯彻《中共云南省委　云南省人民政府关于进一步加强民族工作　加快少数民族和民族地区经济社会发展的决定》（云发〔2005〕14 号）；2009 年州委、州政府《中共云南省委　云南省人民政府关于进一步加强民族工作促进民族团结加快少数民族和民族地区科学发展的决定》（云发〔2009〕13 号）、《西双版纳州扶持人口较少民族发展规划（2011—2015）》、《中共西双版纳州委　西双版纳州人民政府关于建设民

① 沈海梅：《中间地带：西南中国的社会性别、族性与认同》，商务印书馆 2012 年版，第 66—67 页。

族团结进步边疆繁荣稳定示范州的实施意见》等为各民族经济社会发展、共同繁荣进步规划出发展蓝图。“十一五”期间，全州紧紧围绕各民族“共同团结奋斗、共同团结发展”的民族工作主体和“决不让一个兄弟民族掉队”的战略目标，使少数民族经济发展取得巨大成就。

勐腊县平均海拔较低，气候条件优裕，与老挝、缅甸两国均有接壤。陆路国境线上有大小通道46处，边民互市点14个，有5条公路直通老、缅边境。县内山地面积占全县土地面积的95%以上。在县内有13个少数民族共同生活，其中有11个是跨境民族。过去10年各民族关系总体和谐稳定，民族之间相互尊重，共同发展。近20年来未发生因民族、宗教问题引发的群体性事件。勐腊县把加强民族工作、民族团结作为全县工作的基础，大力培养选拔少数民族干部，不断加强党的民族理论、民族政策、民族法律法规和民族知识的宣传教育，使“汉族离不开少数民族，少数民族离不开汉族，各少数民族之间也相互离不开”的思想深入各民族干部群众心中。结合勐腊县实际，县民族宗教局等相关部门在探索具有西双版纳特色民族工作方面进行探索，具体工作方法有如下特点：

（1）把过民族节日与做民族工作结合起来。当地民族干部总结为：上半年过好节，下半年做好扶贫，中间宣传党和政府的民族工作、民族政策。县民宗局通过节日文化加强民族间互动，每年民族节日办划拨55万元的节日经费，举办4个主要民族的民族节日，如傣历新年、彝族二月八、瑶族盘王节、布朗族（含克木人）插花节。节日期间鼓励老百姓邀请各族亲朋好友来过节，加强民族间的互动团结。民宗局局长总结道：节日过好了，民族工作就好做了。

（2）坚持州县民族团结示范表彰大会不间断，表彰民族团结先进集体、个人，并注重先进团体之间的交流。每年在召开民族团结示范表彰大会期间，县常委班子都要出席，重视民族工作。2014年6月20日，西双版纳州勐腊县民族团结示范村建设项目启动会在曼洛村委会曼龙村民小组举办，勐腊县委书记等领导出席，调研项目组也出席了活动。该项目每年由云南省民委实施，每村投入资金从30万元增加至200万元，县里规划勐腊县每个世居少数民族都要建一个示范村。曼龙村民小组的启动项目是发展特色鱼塘养殖，村子里42户家庭参加鱼塘养殖项目。民宗局为村民免费提供鱼苗，项目启动当天，出席领导在村委会活动室外种下民族团结进步树，并参加一户人家的投放鱼苗活动。

（3）组织保障深入村寨。在乡镇设民族宗教专干，在村委会设民族宗教信息员，及时收集民族、宗教相关信息，村寨中有什么不正常的宗教活动，都会及时反馈。民族宗教工作采取月报制度，县委设直报点，由县委副书记分管，增加编制。民宗局每年都要针对新进公务员、党校干部、村委会干部举办民族宗教政策培训。

（4）针对跨境民族的民族工作展示出国门力量。勐腊县共13个民族，除基诺族、汉族外，有11个跨境民族。边民的民间交流政府不限制，在举办民族节日时邀请境外胞波到勐腊县欢度节日。2014年，邀请老挝芒信县县长等一行27人到中国勐腊县欢度泼水节，深受老挝胞波欢迎。但在管理中对边民的出入信息要报告，"一个村落就是一个堡垒，一个村民就是一个哨兵"，边民在固边防边中发挥着重要作用。对于边境一线的村民，政府按每户每年1000元标准发放边民补贴，其作用就是人在边在，家在边在，不随意搬迁，安心生产，巩固边疆。同时，民宗局参与实施边境国门村寨工程，除了建设国门小学外，还在边境国门村寨加强基础设施建设，安装太阳能路灯，到晚上村寨有灯火显得热闹，与老挝黑暗的村寨形成鲜明对比，增强了中国边民的自豪感，展示出国门力量。

当然，由于历史、自然、社会等原因，勐腊县少数民族经济社会发展还面临许多困难。比如2010年，西双版纳州贫困人口3.67万人，占全州少数民族57.11万人口的6.43%，贫困人口年均纯收入1578元，比全州农民年均纯收入4354元低2776元。而且经济、社会的一系列发展、转型和变革，对当地民族关系也产生了一定影响。最为典型的就是2007年勐捧农场发生的曾带地并入农场的哈尼族、瑶族少数民族职工因农垦改革利益受损而堵路示威的社会事件。这类民族地区经济社会发展不平衡而引发的社会冲突事件，促使地方政府需要把握经济发展与社会、文化之间的平衡，如何平衡迈向现代化的社会与保持民族传统文化之间的关系，边疆民族地区的民族工作仍任重道远。

四　国营农场在社会转型中的处境

1. 勐捧农场的发展模式

勐捧农场的开发最早可追溯至1959年，而其正式组建于1974年，前身为中国人民解放军云南省建设兵团一师十九团，农场早期主要组成成员为原部队成员和来自北京、上海等地的下乡知识青年。改革开放初期，在全国范围内掀起了拨乱反正的热潮，成立初期的勐捧农场却因为大批知识分子回城出现了劳动力紧缺的情况，全场5971名知识青年仅留下161人。[①] 为了克服困难、实现发展，农场只好应急从当地少数民族（大多为哈尼族）中雇佣农民作为劳动力的补充，并在此过程中发现哈尼族人具有吃苦耐劳、学习能力强，并且本地雇佣不会产生劳动力流失等优点。随后在与当地少数民族达成协商之后，勐捧农场先后将8个哈尼族村寨连人带地一次性并入农场，为农场增添了1115名青壮年工人，并以此为基础与农场中的汉族工人进行混编组建了13个生产队，种植橡胶2万余亩。[②] 为日后“勐捧模式”的确立奠定了基础。

在随后几年的农场发展中，不仅农场借助大量劳动力以及大面积土地的并入使得生产效益有所回升，入场的哈尼族职工也在生产工作中对近代化乃至现代化生活有了更为直观的体验感受，其所获得的薪资收入也远高于村寨传统农业生产，为勐腊当时各村寨的发展模式、致富道路起到了重要的标榜示范作用。于是，在20世纪90年代又有数个爱尼哈尼族村寨主动要求加入农场。结合之前的合作经验，勐捧农场提出了“一厂两制”的新场地合作方式，再次吸收6个爱尼村寨1117名劳动力以及3万余亩土地，使农场实力得到进一步扩充，而“一厂两制”的合作方式也成为日后“勐捧模式”的重要组成部分。在1995—1998年国家大力发展地方经济、开发山区资源建设方针的提出以及专项出台的出让“四荒地”政策为勐捧农场的发展提供了又一次机遇。在此期间，农场再次先后并入11个村寨近10万亩土地，使农场规模得到了空前壮大，其中各少数民族约占全体职工一半的比例，勐腊农场的独特发展模式——“勐捧模式”也在此期间最终形成。

30余年来，勐捧农场共计并入24个当地村寨4385名青壮年劳动力以及20余万亩山地，组建民族生产队33支，民族混合队55支[③]。截至2009年，全场已有18个民族，当地少数民族占全场总人数的44.6%。其中哈尼族6164人，占36.5%。通过如此大规模、深层次地与当地少数民

① 张宁：《发挥国营农场优势，帮助边疆少数民族妇女脱贫——关于勐捧模式的研究》，《云南学术探索》1998年第1期。

② 杨家茗：《中华胶园之冠的轨迹——云南勐捧农场橡胶业发展纪实》，《中国农垦》2009年第1期。

③ 具体数字均为勐捧农场2009年数据。

族开展合作、共建农场，不仅使勐捧农场在短时间内获得了大量劳动力以及土地资源用以拓展规模，更与当地少数民族亲近了关系，使其真正将农场视为“自家人”并为之努力建设。在2003年国有企业改制前，勐捧农场已累计生产橡胶25万余吨，企业资产总额超过5亿元，农场先后获得橡胶北移成功国家科技发明一等奖、农业部橡胶高产综合技术一等奖、农业部“中国明星农场”等数项荣誉，为中国农场发展模式提供了优秀榜样。

2. 国营勐捧农场的改革案例

在过去，农场种植橡胶主要依靠国家拨款，国家实行“拨改贷”政策后，勐捧农场果断顺应形势进行贷款，截至1996年累计贷款9768万元，走上负债办厂的道路。为了缓解贷款所带来的财政压力，农场积极通过科学手段提高橡胶种植技术并于1998年在全场推行橡胶割胶改革，将传统两天一刀改为三天一刀，并在局部林区试行四天一刀，实现了生产效率的有效提升。通过以肥换胶、合理使用药物刺激以及为胶树安装防雨帽、防雨帘等技术性手段，使橡胶生产量、产品质量均大幅度提高。在2008年勐捧农场建成投产的大型制胶厂年加工量3.8万吨，成为云南农垦年生产能力最大的橡胶加工厂。

1997年，勐捧农场将其生产的橡胶产品正式命名为“金凤”牌并得到了米其林公司的质量认证，获得长期提供天然生胶产品的生产权。通过对“金凤”的品牌打造，勐捧农场不仅使其橡胶产品获得了社会的广泛认可，提升了农场企业形象，并且围绕“金凤”品牌建设有“金凤电站”“金凤宾馆”“金凤木材厂”等一系列产业，进一步增强了“金凤”品牌的社会影响力，也为勐捧农场带来了更高的经济效益。

为应对日益强盛的民营橡胶经济，勐捧农场进一步深化企业改革，于2003年推行农场职工家庭承包经营责任制，实行岗位承包、核算、盈利、风险“四到户”，承包生产费用、生活费用、社会保险费用“三自理”，彻底转换经营机制。希望通过承包到户的新生产方式刺激农场职工生产积极性，继续带动农场经济发展。然而此举在无形中破坏了曾经与少数民族村寨所约定的“包工作、包教育、包医疗”等协议。虽然当年橡胶总产量突破2万吨，同比增产7.2%，胶工平均月收入也突破1000元，但与当时民营胶农平均月收入已达到2000—3000元的收益水平相比已产生了较大差距，并且在实际工作中采取将少数民族职工与汉族职工一视同仁的做法，也为在农场工作的少数民族带来了新的心理不平衡隐患。

在农场胶工收入与民营胶农收入差距日益扩大的发展趋势下，曾经并寨入场的哈尼族等少数民族职工纷纷提出“连人带地退出农场”的要求，而此举一旦获得实行不仅使得勐捧农场的发展模式遭遇巨大挑战，也意味着农场40年来的经营投入与产业积累付之东流，在国有企业改革中所遇到的国有资产流失问题将会进一步恶化：勐捧农场曾经投资建设的坚果园、制砖厂、编织袋厂、冰淇淋厂、酒店、宾馆、商场等数十个固定资产共计上亿元的产业项目如今大多已倒闭或变卖，曾经勐捧镇经济发展的“航空母舰”在当下已成为乡镇经济发展所要面对的“头号难题”。

为缓解民族关系紧张问题，勐捧农场不仅同意了部分少数民族村寨的退出农场申请，并且按照国家政策给予了每人5亩地的额外补贴优惠，虽然此举仍未能平息农场内部的民族情绪，但就勐腊县内区域而言，民族关系问题得到了很好的改善。同意少数民族“撤地退场”可谓是勐捧农场近十年来所承受的最大一次变革：村寨的整体脱离不仅带走了原先并入农场的大量土地和劳动力，而且对于少数民族的照顾政策使得农场不得不再度转让出大量土地资源，围绕土地经营与人力培训所展开的资金技术投入也损失惨重。如果当地少数民族再度退出农场经营，不仅意味着勐捧农场几十年来所投入的建设付之东流，国有资产大量流失，也会使以勐捧农场为代表的边疆农场防边、固边、戍边，带动边疆经济社会发展的作用和影响力极大衰退；如果坚持现有发展改革规划，在客观上则会加剧民族关系的紧张，造成民族冲突问题的产生，与建设边疆农场的初衷背道而驰。如今，经历过无数风雨、数次变革的勐捧农场正处于进退维谷的尴尬境地。

3. 少数民族与国营农场关系

早在1979年大批知青回城返乡之时，勐捧农场就在迫于形势而招聘哈尼族人作为农场职工的历史条件下与当地少数民族开始产生沟通、交往，并在进一步相互了解的基础上建立了初步的信任合作关系。在为救急而小规模招募当地少数民族的过程中，农场管理人员发现以哈尼族为主要力量的少数民族工人具有吃苦耐劳、聪敏勤奋、学习能力强等优秀品质，并且由于长期生活在当地，这些少数民族群体流动性相对较弱，几乎不用担心劳动力流失的问题。当地少数民族在进入农场工作后不仅接触、体验到了“什么是近代化甚至现代化的生产生活”[①]，并且其经济收入、生活水平、社区环境等都在农场中获得了显著提高。哈尼族在教育、卫生、医疗、交通等方面都享受到了不同于村寨传统生活的待遇，不仅在生活上获得了保障，并且成为该地区少数民族村寨纷纷效仿的对象，现属勐捧农场第七分场的哈尼族山寨梭罗寨当初甚至举寨搬迁下山以接近农场，创造加入条件。在这样的历史条件下，吸收当地少数民族进入农场这一方案一度成为对勐捧农场和当地少数民族双方都有着丰厚利益的绝佳选择，也正由于此，勐捧农场与当地少数民族——主要为哈尼族村寨达成协议：村寨连人带地一次性划归并入农场，村寨村民成为农场职工，农场给予其职工待遇，并允诺保障其后代工作等额外优惠条件。

随后，勐捧农场在村民原属村寨的基础上与汉族等其他民族混编为生产队进行橡胶生产劳作。在生产劳动中，被并入农场的哈尼族不仅继续保留延续了本民族语言、文化习惯等生活传统，而且在与其他民族的交往中了解、学习和吸收了外来先进技术文化，与其他民族职工建立了和谐融洽的交往关系，个别少数民族职工通过奋斗甚至成功进入了农场管理层，加入了农场领导干部队伍。常年居住于生产生活水平落后于山间坝区的山区、半山区哈尼族一跃成为现代化社会中的“农场职工”，特殊的新身份和远高于当时村寨生产生活水平的经济收入与生活环境成为当地各村寨的标榜和效仿对象。同样在这一时期，勐捧农场不仅获得了产业规模的空前扩张，也与当地少数民族建立了极为密切的关系。

然而随着民营橡胶种植的兴起，农场职工与村寨农民的收入差距逐年缩小，并在21世纪初实现反超，现今村寨个体胶农的橡胶经济收入已优于农场职工的3—4倍之多。曾经优势地位的失去在原并寨入场的以哈尼族为主要代表的少数民族心中产生了强烈的不平衡感，为了获得更高的经济收入，农场内少数民族职工开始纷纷要求拿回土地，退出农场。而勐捧农场方面出于产业运营与国家战略考虑势必无法欣然接受，在农场改革进程中出现的大批村寨退出农场的行为无疑会使农场运营举步维艰，双方的僵持不下使民族关系开始紧张，进入21世纪以来已爆发两次大规模的群众堵路抗议活动，虽然目前农场已同意部分少数民族村寨退出农场，并根

---

① 张宁：《发挥国营农场优势，帮助边疆少数民族妇女脱贫——关于勐捧模式的研究》，《云南学术探索》1998年第1期。

据国家规定享受了民族照顾政策，但在20世纪中期所形成的民族感情基础似已被经济利益所带来的冲击消弭。

4. 国营农场对边疆社会发展的意义

早在抗日战争时期，为了保证供给，减轻人民负担，各根据地的党政军民学曾开展大生产运动；解放战争期间，在东北，为了安置复员军人和被俘的国民党官兵，也曾开垦荒地建立农场；新疆地区革命部队在坚持反对国民党军的斗争中，也曾经开荒生产；中华人民共和国成立以后，为了恢复国民经济，又动员了三十多个师参加生产建设。[①] 在全国范围内，为了解决复员军人和失业人员的劳动就业问题，也纷纷建立农场发展农业生产，并且对当地农民起到了集体经营的示范作用。由于此类农场大多建设在土地面积广阔、生产力相对落后的边疆地区，在进一步的发展规划中，大量边疆国营农场在保证发展生产建设外，也确立了其屯边、戍边、防边的边境安全防卫作用。

从普遍意义上讲，边疆地区同时也是各民族混杂居住的地区。虽然在组织建构与运营模式等方面各地农场均有自身特色，但都承担着带动当地经济发展、团结当地各族人民、固边戍边的重要任务。作为经济带动者，国营农场拥有着内陆地区相对更为先进成熟的生产技术和组织模式，并且由于农场职工多为汉族，且大多是由原部队改组而成，在少数民族众多的边疆地区，国营农场既代表着国家形象又影响着当地人对汉族的态度看法。而边疆地区的稳定与发展对我国边防建设的重要性不言而喻。在勐捧农场的发展历程中，不仅通过“并寨入场”的合作方式将农场发展所带来的社会效益惠及当地，更是借此将不同于农耕社会的新的生产生活方式带到了勐腊，使当地少数民族开始进入现代化生活。在与当地哈尼族进行发展合作的同时，各类农场附属产业的创办也将农场建设成果带给了当地的其他民族，赢得了各个民族的尊重和好感。直至2000年前后，勐捧农场经济收入在全县经济收入中所占比例均在50%以上，个别年份甚至超过70%，2005年更是一跃成为干胶产量全国第一农场，在很大程度上带动了勐腊橡胶产业的飞速发展，为当地经济做出了突出贡献。

国营勐捧农场同新疆建设兵团一样，所展现出的农场风貌虽代表了当

① 王震：《国营农场的目前情况和发展远景》，《人民日报》1956年10月7日第3版。

前全国范围内边疆农场的发展样态，却只是展现出了边疆农场生存境况的冰山一角。边疆地区尽管处在国内经济、政治、文化辐射圈的边缘地带，客观存在有发展的不稳定性和滞后性，但边疆社会同时也是最容易开拓对外贸易渠道、打通国际市场的地区。勐捧农场在发展中充分利用技术和资源优势与国外企业展开了广泛而密切的合作，通过进出口贸易与经验技术交流最终实现以边疆社会地区为平台开展的从政府到民间，多方位、深层次、稳定、融洽的交流合作规划。

即便在边疆社会发展取得重大成就的今天，国营农场仍有着其不可替代的重要地位和作用。与地方政府不同的是，农场虽同样代表着国家利益，却是在经济生活层面对当地生产生活产生着影响。在全面推行现代化社会建设的今天，分布于祖国边疆的各农场如同现代性社会建构下的桩基，在边疆地区形成社会稳定运行的基础，对边疆地区稳固、团结发挥出极其重要的作用。同时，边疆农场也是国家在社会层面加强与当地民众联系、扩展与境外地区商贸往来的最佳渠道。

第二节　民族地区的农村扶贫模式

中央民族工作会议是改革开放以来，我国所创造的具有中国特色的解决民族问题的新模式。1992 年、1999 年和 2005 年，中国共产党先后召开了三次中央民族工作会议。这三次会议的召开，都是基于民族事业发展的不同阶段、民族问题和民族工作出现新挑战，需要做出新判断和新举措的关键时期。中央民族工作会议在推动中国少数民族经济社会事业的进步上，展示出难以替代的、巨大的推动作用，确保了我国民族事业的有序进行和良性发展态势。1999 年的中央民族工作会议主题是“加快少数民族和民族地区经济发展和社会进步”，此次中央民族工作会议吹响了加快少数民族和民族地区经济社会发展的号角。从 2001 年开始实施的《中国农村扶贫开发纲要》，再次把民族地区确定为重点扶持对象。2005 年中央民族工作会议之后，国家民委联合组织了国务院有关部门编写了“十一五”“十二五”《扶持人口较少民族发展规划》《兴边富民行动规划》和《少数民族事业规划》这三个国家级专项规划。国家的各项规划在边疆民族地区形成多种扶贫计划和发展项目，成为 21 世纪各民族经济社会发展的推力。

一 “兴边富民”政策与勐腊县民族边疆地区建设

1. 国家“兴边富民”政策与勐腊县的具体实践

“兴边富民行动”是1999年由国家民委联合发改委、财政部等部门倡议发起的一项边境建设工程，实施范围是中国135个陆地边境县（旗、市、市辖区）和新疆生产建设兵团58个边境团场。推进兴边富民行动是党和国家进一步加强民族工作，协调区域发展，构建和谐社会，实现各民族共同团结奋斗、共同繁荣发展的重要举措。兴边富民行动的宗旨是振兴边境、富裕边民，通过强化政府组织领导，广泛动员全社会参与，最终达到“富民、兴边、强国、睦邻”的目的。2011年6月国务院办公厅印发了《兴边富民行动规划（2011—2015年）》的通知，进一步明确国家“十二五”期间有关“兴边富民”工作开展的主要目标，从基础设施、边民生活、社会事业、沿边开放、民族文化发展等方面来推进边疆地区的繁荣发展。[①] 21世纪以来，云南省政府高度重视边境地区经济社会发展，认真在云南各地州实施面向西南开放的“桥头堡”战略，兴边富民作为其中一项重要的工作在云南民族边疆地区开展成效明显。近年来作出了一系列加快边境地区经济社会发展的重大决策，针对边境地区存在的困难，先后实施了两轮兴边富民工程。2005—2010年，累计投入资金425亿元，较好地完成了基础设施建设、温饱安居、产业培育、素质提高、社会保障和社会稳定、生态保护与建设六大工程和30件惠民实事，边境地区呈现出经济发展、社会进步、民族团结和边疆稳定的良好局面。[②] 2014年西双版纳州在《西双版纳州发展改革委关于推动民族地区建设有关工作情况的报告》中明确了兴边富民专项的建设内容，提出“兴边富民专项用于边境乡镇和村寨交通、农田水利、文化、特色产业培育等共112个惠民项目建设”[③]，从政策层面上来推动了全州兴边富民工作的开展。

进入21世纪以来，勐腊县具体落实“兴边富民”的工作开展，分布面广，取得的成效也比较明显。2008年，地处边疆的勐腊县及时成立了新三年“兴边富民工程”工作领导小组，制定了《勐腊县新三年“兴边

① 参见国家兴边富民网站：http：//www. fortmanfund. com/about. html。

② 参见《云南省兴边富民工程“十二五”规划》。

③ 参见西双版纳州发改委农业经济科《西双版纳州发展改革委关于推动民族地区建设有关工作情况的报告》。

富民工程”发展规划》，确定了在2008—2010年三年时间内，重点实施基础设施建设、温饱安居、产业培育、素质提高、社会保障和社会稳定、生态保护与建设六大工程，办好30件惠民实事。①

在教育发展方面，巩固了“普九”成果，改善义务教育学校办学条件，大力推进双语教育，进一步办好职业学校和高中学校，加快普及高中阶段教育，进一步加强教育对口支援力度。2007—2013年，勐腊县全面落实“两免一补”政策，享受生活费补助的学生达4.1万人。投入2.23亿元排除中小学D级危房4.73万平方米，新建校舍10.6万平方米。高中阶段毛入学率达60%，学前教育幼儿入园率达85%，分别提高2个百分点和4个百分点，职高教育实行全免费。②

在农村社会保障体系、文化建设与基础设施建设上，勐腊县加强农村三级医疗卫生服务网络和公共卫生体系建设，充分利用现有资源，提高卫生院（室）服务能力。加快推进广播电视村村通、农村电影放映、少数民族广播影视节目译制和制作，加强广播电视传输覆盖和电影放映、村级文化活动室等基层公共文化设施建设，加强文物和非物质文化遗产保护工作，加强文化市场有效监管。2007—2012年，勐腊县完成县民族歌舞团、文化馆及9个乡（镇）综合文化站改扩建工作，实施了6个文化惠民示范村工程、60个农家书屋，启动了勐腊民族体育运动场项目。易武七子饼普洱茶传统技艺被列入省级非物质文化遗产保护名录。广播、电视人口覆盖率分别达到98.5%和98.8%。③ 建立多元化、社会化新型农村科技服务体系，大力推广先进适用技术，加大科学技术普及力度。“十五”期间，勐腊县在基础社会建设方面的力度加强，建成了一批重点项目。据统计，截至2004年末，一是全县建成小型水库23座，总库容量2765万立方米，有效灌溉面积14.24万亩，水利化程度达36%，农村8.43万人和5.4万头牲畜的饮水问题已解决。二是交通闭塞状况得到缓解，全县辖区拥有公路2441千米，其中县道811千米，乡村公路1630千米，行政村“村村通路”基本实现。三是电力建设加快，完成了景洪—勐腊11万伏输电工程，实现了与省、州电力并网；农网改造工程进展顺利，行政村

① 依光叫、李志兴、吴东海：《勐腊新三年“兴边富民”开花结果》，《云南日报》2010年8月30日第6版。

② 参见勐腊县政府办公室《勐腊县2013年政府工作报告》。

③ 参见勐腊县政府办公室《勐腊县2013年政府工作报告》。

"村村通电"已经实现，辖区内有水电站 7 座，总装机容量 2.5 万度，总发电量 6512 万度，总用电量 5170 万度。四是通信工程建设跨入全国先进县行列，全县 10 个乡镇均开通了程控电话和移动电话，拥有用户分别为 3.3 万户和 4.9 万户，其中电话普及率达 13%。五是市政建设有了较大改观，改造了县城老区，开发建设了勐腊新城、磨憨边境贸易区、勐仑旅游度假区和关累边境经济航运区。①

此外，勐腊县加强实施全民健身计划，推进乡村体育设施建设。比如磨憨边境贸易区管理委员会在"兴边富民"工程实施中，总投入 1300 万元，建设磨憨文化、图书、体育三大功能馆，其中建设 4267 平方米的文化活动中心和 2074 平方米的图书馆，以及修建面积为 3956 平方米的运动场。② 进入"十二五"发展时期，勐腊县边境地区磨憨口岸、关累港以及其他的边民互市贸易点、旅游点的交通状况显著改善，信息基础设施也进一步改善。在全县"整乡推进"与"精准扶贫"的实施中，边民的生活居住条件得到了明显提高，农村产业化的发展也得到进一步改善。勐腊县在 21 世纪初的发展使国家对民族边疆地区的"维稳控边"得到加强。

2. 勐腊县"兴边富民"与文化事业建设

按照"兴边富民"的发展要求，不但需要推动民族边境地区的经济获得快速发展，乡镇居民居住条件得到改善以及生活保障体系得到完善，还需要推动民族地区民族文化的繁荣以及边民生活在精神消费层面得到改善和提高。"文化惠民"工作也是勐腊县在实施"兴边富民"政策实践中的一项重要工作。在勐腊县"十二五"规划纲要中提出："充分调动文化人才积极性，全面提高管理水平和服务水平，积极推进经营性文化事业单位改革，鼓励社会兴办文化产业，结合旅游产业打造具体民族特色的文化精品，挖掘和保护非物质文化遗产，打造勐腊'民间艺术'特色品牌。"根据西双版纳州社科联主席的介绍："整个版纳州有 2221 个自然村，2700 多个演出队，也就是基本每个寨子都有自己的文艺演出队。"

21 世纪以来，勐腊县在努力构建覆盖城乡的公共文化体系和实施文化信息资源共享工程。对全县文化馆、图书馆以及乡镇的文化站加强建

① 参见勐腊县政府办公室《西双版纳州勐腊县"兴边富民工程"三年发展规划（2005—2007）》，2005 年 8 月。

② 参见勐腊县政府办公室《勐腊县"兴边富民工程"三年发展规划（2005—2007）》。

设，并加强对农村文化基础建设上的投入，健全农村公共文化服务体系。勐腊县在全县范围内每年开展的易地搬迁、新农村建设以及整乡推进工作的开展中，都会加强对乡镇、农村地区文体活动场所以及活动器材的配套。据调查得知，勐腊县在对布朗族克木支系的扶持建设中，给勐腊县12个克木人布朗族寨子都规划了文体活动的舞台、篮球场等文化设施的建设。广播与电视作为传媒工具，是外界文化以及宣传自己民族文化的载体，根据表4-5，可见勐腊县在实施“十一五”规划期间，文化宣传和建设方面取得了很大的进步，广播人口覆盖率从2005年的73.1%上升到2010年的98%，年均递增率达24.9%；电视人口覆盖率从2005年的92.5%上升到2010年的98%，年均递增率为5.5%。2011年，勐腊县在“十二五”规划文化建设方面又提出：“抓住国家实施‘西新工程’的机遇，加快广播电视视野建设，基本建立覆盖全县城乡的广播电视公共服务体系和广播电视播出应急体系，加快‘村村通’工程建设，‘十二五’期间使未安装电视的149个20户以下自然村和原乡办场、村办场等均实现户户通；启动农村有线广播建设项目，对529个自然村和350个农村居住点建有线广播室；到2015年，广播电视人口覆盖率均达100%。推进电信网、广播电视网和互联网‘三网融合’，实现三网互联互通、资源共享。更新改造全县通信网络，加快中国联通、中国移动基站建设，提高农村电话普及率，全县实现寨寨通电话，固定电话普及率达到25部/百人，移动通信覆盖率达到85%。”① 由此可见，勐腊县在21世纪时期，进一步加强对城镇、农村文化项目建设，配合“兴边富民”政策来加强农村文化活动基础设施配套建设，以此来提高勐腊县居民的整体文化素养水平和加大地方民族特色文化的传承与宣传。

表4-5　　勐腊县2005—2010年广播与电视人口覆盖率　　单位：%

类型	2005年	2006年	2007年	2008年	2009年	2010年	年均递增率
广播人口覆盖率	73.1	88.74	88	89.95	98	98	24.9
电视人口覆盖率	92.5	95.27	97	95.53	98	98	5.5

资料来源：根据《勐腊县国民经济和社会发展第十二个五年规划纲要》第11页所提供的数据制作而成。

① 参见勐腊县政府办公室《勐腊县国民经济和社会发展第十二个五年规划纲要》，第52页。

3. 曼赛囡村：文化惠民示范村的实践

曼赛囡村委会属于勐满镇，从村委会地形来看，属于坝区。距离镇政府0.30千米，土地面积25.15平方千米，其中人均耕地2.47亩，有林地27434.60亩。全村辖9个村民小组，有农户819户，有乡村人口4038人，其中农业人口4038人，劳动力人口2345人，其中从事第一产业人数2279人。2011年全村经济总收入2367.99万元，农民人均纯收入4468.00元。农民收入主要以橡胶为主。到2011年底全村参加农村合作医疗4039人。该村小学生就读于勐满小学，中学生就读于勐满中学。2011年该村义务教育在校学生中，小学生275人，中学生80人。截至2011年底，全村819户都通上了自来水、电、有线电视，安装固定电话或拥有移动电话的农户数819户，其中拥有移动电话农户数821户。该村进村道路为柏油、水泥路面，到2011年底，有693户居住砖木结构住房。① 2013年曼赛囡村被省文化厅列为2013年度省级“文化惠民示范村”创建点。目前项目资金15万元已全部投入到曼赛囡村创建“文化惠民示范村”中。

勐满镇结合云南省开展的“文化惠民示范村”创建活动，紧紧围绕“文化乐民、文化育民、文化富民”的“文化活村”工作思路，积极创建省级“文化惠民示范村”，把创建活动与新农村建设和生态文明建设结合起来，以“整村推进”的形式加快文化事业和文化产业发展，鼓励和组织群众开展丰富多彩的文化活动，让“文化乐民、文化育民、文化富民”落到实处。目前，曼赛囡村委会的9个村民小组均有文化活动室、篮球场、舞台等文化基础设施，6个村小组建立了老龄协会组织，村村组建了农村业余文艺队、篮球队，经常开展各种文化健身活动。每逢节庆假日，文艺团队自发组织演出，村民的文化生活得到极大丰富。2013年12月，勐腊县勐满镇政府在曼赛囡村委会举行省文化惠民示范村——音响电脑发放仪式，向曼赛囡村委会发放打印机1台，向9个村民小组发放电脑9台、音响功放设备9套，价值8万余元。② 勐腊县对文化惠民示范村的建设，可以示范村为中心来推动周边村庄乃至全县各乡镇文化建设的发展。2013年瑶区乡开展广场舞、广播体操、老年气排球、陀螺、篮球友谊赛

---

① 参见《勐腊县勐满镇曼赛囡村委会村情概况》，云南省勐腊县数字乡村网：http：//yn-szxc. gov. cn/szxc/villagePage/vindex. aspx？ departmentid = 143782&classid = 1486336。

② 参见《勐腊县勐满镇创建文化惠民示范村》，勐腊县人民政府公众信息网，2013年12月5日。

等活动，投资10万元建立民族文化传承展览馆。这些举措以乡镇为中心带动本乡镇各村寨积极参与到文化活动体验与学习中来，还可以辐射到周边的乡镇对文化事业的建设更加注重。对于文化资源的共享，不但可以缩短城乡发展的差距，还会推动勐腊县城镇一体化建设的发展。

4. 勐腊县“兴边富民”工作开展中存在的问题与对策分析

勐腊县是中国云南省最南端的一个边境县，东部和南部与老挝接壤，西边与缅甸隔江相望，国境线长达740.8千米。同时也是一个比较典型的民族特困县，边境地区贫困人口和低收入人口还有相当大的比重，一部分群众生活还比较困难，边境地区经济基础仍很薄弱，经济总量小，群众生活质量低①。目前制约勐腊县经济社会发展的因素还比较多，粗放式的经济增长方式没有根本改变，县域经济发展不够协调，城乡统筹差距仍在扩大，农村贫困面大，扶贫攻坚任务艰巨。此外，民族边疆地区观念、体制和机制与经济协调发展不适应，县域乡镇企业的竞争力和发展实力不强，在科技、教育、人才问题上日益突出，劳动者整体素质偏低，就业问题、“三农”问题、农村医保、贫困差距、社会保障、公共安全及保护与开发之间的矛盾等都亟待解决。

在“兴边富民”的政策中提到“边民补贴”政策，即距离边境线1千米以内定居群众按照每户1000元/年的标准进行补贴。云南省委、省政府依照云南省“兴边富民”新三年行动计划的要求认真实施补贴政策，对符合发放标准的农户按照边境居民户每户1000元进行发放；户口在边境行政村辖区内，但长期居住在外的不予发放；对不再符合享受边民生活补助条件的农村居民，经村委会、乡镇政府、县级民政部门三级复核确认后，停止发放边民补贴。据统计，2014年，勐腊县沿边定居群众生活补助金共涉及7个乡镇27个村委会12266户58456人，共发放沿边定居群众生活补助金1226.6万元。在资金发放前，勐腊县要求各乡镇对享受补助的居民户逐村逐户进行核对，并张榜公示，确保信息准确无误，对沿边定居群众生活补助金实行社会化发放，由农村信用社直接发放，做到了利民便民。因此，沿边定居群众生活补助金的发放，将有力改善边境地区群众的生产生活条件，大大提高人民群众的生活质量，推动国家兴边、富民、睦邻目标的实现。这是一种有效地解决勐腊县贫困状况的方法，也是

---

① 参见《勐腊县发放沿边定居群众生活补助金》，云南省勐腊县数字乡村网，2014年4月22日。

国家维稳控边的重要举措。可见，“兴边富民”政策有助于勐腊县城乡统筹、一体化的发展。

不过在政府工作开展中，基于县情的考虑，很多工作的开展还受到一些“瓶颈”的束缚，这就如勐腊县《云南省兴边富民工程“十二五”规划》中提到“由于自然、历史、社会和经济方面的原因，边境地区自我发展能力弱，经济社会发展相对滞后等问题仍然没有从根本上解决，发展水平与其他地区相比差距日趋拉大”①。对于这些问题的解决，笔者认为：一是对全县的公共基础设施需加强建设力度，对边境地区的饮水工程、危房改造、道路硬化、村村通工程等进行建设。二是发挥国家对勐腊县扶贫的“造血功能”。通过整乡扶贫推进、劳动培训、拓宽农民增收渠道以及发展农业产业化等来改善农民的生活水平。三是注重边境贸易的发展。勐腊县地处中老、中缅的边境，在整个西双版纳州的对外贸易总额中，勐腊县在这方面的经济贡献占过半的比例。因此，需加强边境贸易区域合作以及发展边民互市贸易来促进县域经济的发展。四是加快教育、文化、卫生、科技等社会事业的发展来提高勐腊县整体的人口素质。五是扎实推进文化惠民示范村的建设，发挥带头作用来带动周边村寨的发展，加强民族边境地区的民族团结与边疆稳定。

二　“整乡整村推进”：边疆民族“连片”区域发展

21 世纪初，国家为了改变全国边疆和贫困地区贫穷的面貌，缩小全国各区域的经济发展差距而制定了《中国农村扶贫开发纲要（2001—2010）》。针对贫穷地区采取参与式的扶贫规划来实施。但是随着扶贫工作的深入，扶贫资源供给与需要的贸易日益凸显。在工作开展的过程中，勐腊县逐渐摸索出“整乡整村推进”的扶贫模式来配合扶贫开发纲要开展工作，以改善贫困地区的公共基础设施、居民的生产生活条件，以及发展扶贫龙头企业来带动区域发展和产业结构的调整，发挥扶贫“造血功能”来促进农村产业化发展，提高贫困农户的经济收入。

根据《2013 年云南省分州市县农村贫困状况分解测量结果表》显示，云南省 2011 年贫困人口 3.99 万，贫困发生率 27.8%；2012 年贫困人口 3.13 万，贫困发生率 21.5%；2013 年农村扶贫对象 23317 人，年末贫困

---

① 参见《云南省兴边富民工程“十二五”规划》，云南民族网：http：//www.ynethnic.gov.cn/Item/8484.aspx。

发生率 15.97%。[①] 由此可见，云南省需要扶贫的人数较多，贫困发生率较高，需要“整乡整村推进”的区域也相对较大。2013 年云南省下达西双版纳州省级重点建设村 38 个，集中安排在整乡推进的乡镇，其中：勐腊县瑶区乡 12 个、磨憨经济开发区 3 个，共计划实施省级补助资金建设项目 98 项，其中：村内道路硬化 21 项、村内活动场地 27 项、活动场所 20 项、村容村貌整治 28 项、挡墙 1 项、水中桥 1 项。项目预计总投资 1531 万元，其中省级补助 1140 万元、市县级配套资金 3 万元、群众自筹资金 388 万元。截至 2013 年 11 月底，完成投资 1315.2 万元，完成建设项目 68 个。[②] 可见，“整乡整村推进”在国家扶贫层面的力度是很大的，通过这样的扶贫模式，能更加有效地促进贫穷地区获得“连片”区域发展。

勐腊县是国家扶贫工作开发重点县和集中连片特殊困难片区县，2011 年被列为云南省 6 个整县推进连片开发试点县之一，上级补助财政扶贫专项资金 1200 万元，分三年实施，主要内容包括太阳能热水器建设、人畜饮水、排水沟、科技文化活动室、村内道路硬化、公厕、安居房、畜厩改造、农田水利、能源、产业开发和公益事业、种养殖技术培训、养殖业的发展等项目。可见，“整乡整村推进”不单单是基础设施方面的投入，还包括特色农业种植、养殖等技术与产业化发展的投入，这些举措将会推动边疆民族贫困地区社会与经济的发展。2008 年，勐腊县扶贫项目贫困村整村推进工作，计划完成包括 12 个布朗族克木支系村在内的 46 个重点扶贫村整村推进项目，项目受益 10 个乡镇、46 个村、1564 户、7748 人，共需投入省级财政扶贫资金 750 万元，完成项目 85 件。其中包括农田水利 4 件，道路建设 23 件，桥梁建设 2 件，人畜饮水 11 件，卫生公厕 6 件，文化活动场所 6 件，排水沟 10 件，球场 1 件，垃圾池 2 件，新推宅基地 1 块等；举办农村实用技术培训 44 期 4230 人。实施整村推进项目的村寨除克木人每村投入 20 万元外，其余村寨的整村推进项目每村投入 15 万元省级财政扶贫资金。[③]“十一五”期间，勐腊县完成 116 个贫困自然村整村推进和 22 个新农村省级重点建设村。2011 年，西双版纳州实施易

---

① 参见西双版纳州统计局《2013 年云南省分州市县农村贫困状况分解测量结果表》。

② 参见西双版纳州农委办《2013 年度工作总结》。

③ 参见《勐腊县扶贫项目贫困村 1 月至 9 月工作成效显著》，勐腊县人民政府公众信息网，2008 年 10 月 6 日。

地扶贫搬迁规模1365人（其中勐腊县505人）。[①] 2013年全县投入扶贫资金13531.51万元，解决了3863人的温饱问题，使2503人得以稳定脱贫，其中包括：一是扶贫安居：投入240万元，改善了10个乡镇240户贫困群众的居住条件，使1023名贫困群众的住房难问题得到基本解决；二是连片特殊困难地区综合扶贫开发示范项目：组织象明乡、易武乡连片特殊困难地区综合扶贫开发示范项目，共投入7003.09万元，项目建设包括特色产业发展、村容村貌整治、基础设施建设、农村社会公益事业建设、民生保障等；三是整村推进：投入省级财政扶贫资金435万元，建设项目包括村内道路硬化、文化活动室、卫生公厕等41项，受益10个乡镇22个村委会29个村1758户7923人；四是科技产业扶贫：投入专项财政资金150万元，扶持50亩河蟹养殖、220亩丝尾鳠养殖和瑶区冬瓜猪养殖等产业扶持项目；五是易地扶贫：组织实施象明乡曼庄村委会八总寨、勐伴镇勐伴村委会坝连龙村、尚勇镇磨龙村委会南歪村的易地搬迁，其中八总寨和坝连龙村共搬迁109户，投入742万元，南歪村共搬迁65户、301人，投入365万元。[②] 其中易地搬迁是扶贫工作中一个重要工作，因为实施易地搬迁的对象一般都是生活在缺乏生存条件地区的贫困人口，通过易地整村整户搬迁，进行合理规划和建设来改善他们的生产生活条件，拓展他们的增收渠道来帮助搬迁人口逐渐脱贫致富。2005年"勐腊县瑶区乡新山寨27户瑶族农民，整体搬迁到靠近县乡公路、生产条件较好的河谷地带后融入新的社会环境，生产经营门路扩宽，两年解决了温饱"。[③] 这就是勐腊县易地搬迁的一个典型个案。

21世纪以来，勐腊县"整乡整村推进"扶贫模式取得了很大成效，不过同时也存在一些问题需要解决，才能推动全县整体快速、可持续发展。比如在扶贫工作一开始开展时，各乡镇、村委会干部群众的传统观念还没转变过来，等着国家资源源源不断地输入，而不是善于利用国家资源的投入来发展当地的社会经济，使当地的社会经济获得可持续发展；"整乡整村推进"的目标要求与资金投入保障存在矛盾；农村劳动力资源整体素质与产业化发展不协调；由于历史和地理位置原因，勐腊县农业基础

---

① 参见西双版纳州人民政府扶贫开发办公室《2011年扶贫开发工作总结》。

② 参见勐腊县扶贫办《2013年工作总结及2014年工作安排》。

③ 赵汝碧、刘文光：《勐腊"以工代赈"改善基础设施》，《云南日报》2005年6月28日第2版。

设施较为薄弱，农业生产以粗放式为主，规模小、组织化程度偏低。当地政府应该对农业合作社规模进行整合，强化合作社组织化程度，并通过招商形式引进大型企业作为当地龙头企业带动当地经济的发展。

三　“精准扶贫”：小城镇化社会的平衡发展

1. “精准扶贫”的提出

所谓“精准扶贫”是相对于粗放式的扶贫模式提出来的，是指“不同贫困区域环境、不同贫困农户状况，运用科学有效程序对扶贫对象实施精确识别、精确帮扶、精确管理的治贫方式”①。中国的扶贫政策从20世纪80年代中期就开始实施，主要是集中在边疆地区、多灾害发生区、少数民族地区等，但是由于中国地域辽阔，人口基数大，不同地域之间的发展不平衡，所以在扶贫工作上的开展辐射面较大，一开始采用“广撒网”式的扶贫模式并未能具体落实到真正贫穷的家庭，这样的状况不仅反映出扶贫的工作效益低、效果不明显、整体不公平，还出现“年年扶贫年年贫”的社会现象。因此，旧的扶贫机制需要修补和改善以确保扶贫的精确度，使扶贫的款项真正落实到困难的居民家庭中。

2013年11月3日习近平指出，“扶贫要实事求是，因地制宜。要精准扶贫，切忌喊口号，也不要定好高骛远的目标。三件事要做实：一是发展生产要实事求是，二是要有基本公共保障，三是下一代要接受教育。各级党委和政府都要想方设法，把现实问题一件件解决，探索可复制的经验”。② 1月25日，中共中央办公厅、国务院办公厅发布《关于创新机制扎实推进农村扶贫开发工作的意见》，对中国扶贫开发工作作出战略性创新部署。文件明确提出建立精准扶贫机制，是针对目前扶贫工作中突出存在的问题作出的一个重要决策。此外，该文件还针对“精准扶贫”的实施方法进行阐述：“按照县为单位、规模控制、分级负责、精准识别、动态管理的原则，对每个贫困村、贫困户建档立卡，建设全国扶贫信息网络系统。专项扶贫措施要与贫困识别结果相衔接，深

① 王思铁：《精准扶贫：改“漫灌”为“滴灌”》，《四川党的建设》（农村版）2014年4月总第256期。

② 参见新华网《习近平：扶贫切忌喊口号》，http://news.xinhuanet.com/politics/2013-11/03/c_117984312.htm。

入分析致贫原因，逐村逐户制定帮扶措施，集中力量予以扶持，切实做到扶真贫、真扶贫，确保在规定时间内达到稳定脱贫目标。”[①] 对于精准扶贫的内容，国务院扶贫开发领导小组办公室副主任王国良提到，“一是精准识别。要把谁是贫困人口通过一个有效的程序识别出来，包括群众评议、入户调查、公告公示、抽查检验、信息录入完成，将制定一个贫困人口识别的办法。二是精准帮扶。贫困人口识别出来以后，我们针对他的贫困情况进行定责任人和帮扶的措施，确保帮扶的效果。三是精准管理。要建立起贫困户的信息网络系统，将贫困对象的基本资料、动态情况录入到这个系统当中进行动态管理，实现扶贫对象有进有出，扶贫的信息真实、可靠”[②]。

2. “精准扶贫”与勐腊县城镇化的发展

勐腊县是一个集“边疆、民族、山地、贫穷”为一体的地区，也是国家级民族贫困县，因此，扶贫工作在勐腊县政府的工作议程中放在很重要的位置。21 世纪初，勐腊县在推进城镇化发展中，对于扶贫工作的开展，除了采用“整乡整村推进”的扶贫模式在全县范围内来开展扶贫工作外，“精准扶贫”也是近年来勐腊县政府配合国家扶贫政策的实施所使用的一种新的扶贫模式。“整乡整村推进”是一个区域“连片”扶贫的模式，并未能保障所有真正扶贫的农户都能享受到国家扶贫优惠政策。近几年来，勐腊县对“精准扶贫”模式的工作开展，主要是针对勐腊县人口较少民族、特困民族、深度贫困人口的扶贫工作和垦区贫困群众的帮扶工作。

2006 年以来，勐腊县把实施以基诺族为主体的扶持人口较少民族发展工作，作为缩小各民族间发展差距的德政工程和社会主义新农村建设的首要任务来抓，编制完成了《勐腊县扶持人口较少民族发展规划(2006—2010 年)》，项目涉及 14 个村民小组，312 户，1679 人。截至 2010 年 5 月底，全县共完成项目总投资 955. 17 万元，为 10 个村民小组种植茶叶 3412 亩，改造农田 540 亩，坡改梯 240 亩；完成了 9 个村小组的村内道路建设，架设了高压线路 15 千米、低压线路 5 千米及配套设施；建设完成了村卫生室和 5 个村民小组文化室，完成了 6 个村民小组 110 户

① 参见《中共中央办公厅、国务院办公厅印发〈关于创新机制扎实推进农村扶贫开发工作的意见〉的通知》。

② 参见央视网，http：//sannong. cntv. cn/20140210/101523. shtml。

环保节能建设，完成了8个村民小组广播电视中频分配建设，以“农村致富通”为主的通信覆盖整个项目实施村。农民人均纯收入由2005年的875元，增加到2009年的1318元，增加443元。① 除此之外，勐腊县对特困老人和五保对象逐步实施集中供养，对低收入家庭进行住房租赁补贴，认真落实廉租房配套资金，建设120套廉租住房。② 安居工程的开展是勐腊县改善贫困地区人民群众的生产生活条件，解决特困农户的居住与温饱问题的一项重要工作。2013年全州的安居工程任务340户，其中勐腊县140户。另外，勐腊县对于家境比较困难，但是有创业意愿的家户或个人实施“贷免扶补”。比如瑶区乡在2009—2014年共有35人享受175万元的贷免扶补；勐捧镇在2009—2013年已经扶持241人创业，发放贷款1287万元，带动就业约700余人。从创业人员类别构成情况看：大学生50人，占21%；农民工107人，占44%；复转军人2人，占1%；登记失业人员82人，占34%。创业项目涉及餐饮副食、五金、百货销售、服装销售（含民族服装加工销售）、种养殖业、打字复印等。③ 由于大部分的创业者都是属于首次创业，没有完成一定的资金积累，又很难直接从银行得到贷款，因此，“贷免扶补”小额贷款的政策解决了这部分人的创业资金问题，促进农村剩余劳动力的转移与生活水平的提高，以创业促就业，缓解社会就业压力，这也是促进城乡统筹的途径之一。不过这也需要创业者有长期的创业规划、多元的创业选择，以及管理部门为创业者提供完善的创业体制环境。

3. 勐腊县“精准扶贫”的典范：对克木人的扶持与发展

克木人，主要是生活在亚洲中南半岛的一个民族，拥有自己的语言，是古代“百濮”族群的一支。“克木”是克木人的自称，意为“人”或“人民”，在我国境内，克木人多为“克木”　“克蔑”两个支系，其中“克木”为勐腊土著民族，“克蔑”为20世纪40年代为躲避战乱从老挝北部搬迁至此。基本分布在西双版纳州，其中以西双版纳州勐腊县为主要的分布区。在勐腊县，克木人主要分布在尚勇、勐满、勐腊、勐伴、勐捧及景洪市嘎洒镇等6个乡镇的10个村民委员会，共有19个村小组，738户3291人。其中勐腊县有5个乡镇12个村寨（有7个为边境村寨，5个

① 李志兴、依光叫：《勐腊全力扶持人口较少民族》，《云南日报》2010年6月9日第6版。

② 参见勐腊县政府办公室《勐腊县2010年政府工作报告》。

③ 参见勐捧镇政府办公室《勐捧镇2009年以来“贷免扶补”工作总结》，2014年6月。

临近边境线)，498户2270人，占克木人总人口的68.98%。[①] 中国境内的克木人是一个特殊的少数民族群体，2008年之前，克木人仍未确定族属，民族身份的不确定不仅对其外出务工、就医、子女入学等日常行为造成了困难，也使其难以享受到国家制定的少数民族优惠照顾政策。2009年2月，国家民委确认克木人归属为布朗族。由于长期深居原始森林和边疆地区，克木人的生活极度贫困。2007年全县克木人人均占有粮食438公斤，年均纯收入1198元。因此，对克木人的扶贫是勐腊县“精准扶贫”的主要对象。

2008年2月，为扶持克木人的发展，西双版纳州成立了扶持克木人发展协调领导机构及办公室，并在经过调研、统计后编制了《勐腊县扶持克木人发展计划（2008—2010年)》，实施好包括道路建设、农田水利、产业开发、人畜饮水、能源建设、学校建设、卫生室文化室建设、公厕、科技培训、广播电视、活动场所建设、安居工程等扶持克木人发展项目。2008年5月26日，勐腊县在尚勇镇南欠村举行扶持克木人发展项目启动仪式，涉及安居、基本农田建设、水利、通电、教育、卫生、文化等13项工程，针对勐腊县内克木人聚居的5个乡镇12个村寨的专项扶贫工作拉开了帷幕。经过两年建设，勐腊县就地改造建设55户房屋共计4400平方米，新建住房60户，改造中低产田4450亩，累计修建水库1座、水坝9座，修建水渠、水沟15.58千米，实现灌溉面积5940亩[②]，使当地克木人的生产能力和生活水平有了很大提高。三年间，勐腊县规划总投资6095.7万元，实际完成投资7841.33万元，超规划投资1745.63万元。其中国家、省级规划投资6021.84万元，扶持克木人发展力度大，成效显著。勐腊县对克木人12个村寨实施整村推进，投资542万元，完成村道路硬化10854平方米，村内排水沟11074米，卫生公厕6间，垃圾池10个，地基挡墙2875立方米，举办科技培训14期720人次，并投资519.5万元进行学校校园校舍建设，144万元进行村文化室、篮球场配套设施建设，84万元进行农村卫生室建设。为了解决克木人群众听广播、看电视难问题，投资55.3万元，在中南西村、卡咪村共建设大功率直播卫星106套，配套彩色电视机106台。在会伞、南欠村共架路杆3.6千米，铺

① 中共勐腊县委、勐腊县人民政府编印：《蜕变：雨林中的克木人》。

② 数据统计自《勐腊县克木人2008—2010年扶持发展项目分解表》，《蜕变：雨林中的克木人》，中共勐腊县委、勐腊县人民政府编印，第186—191页。

设光缆16.3千米，电缆支线4.1千米，设置发射机2台，光收机2台，配置数字机顶盒96台。对克木人的最低生活保障金投入的力度也是比较大的。[①] 针对克木人的生活居住特点，勐腊县扶贫办在各村中组织开设生产培训课程，帮助克木人一改曾经刀耕火种的生产方式，学习种田、割胶等农业生产技能，使克木人成功实现生产生活方式的转变。在如今勐腊镇曼迈村中，拖拉机已取代了打塘点种的尖棒，摩托车代替赤足成为了基本交通工具，在由木料或水泥砖瓦搭建、铺设有石棉瓦或琉璃瓦的克木房屋间，克木农家也开始夜出晨归，进行着胶农的日常劳作。勐腊县对克木人的扶持发展工作主要是以脱贫致富与实现人口较少民族经济可持续发展为目标进行资源整合，并将重点放在基础设施建设、产业培植上进行专项扶贫，使克木人的生产生活条件在短短三年时间内得到了质的改变，也缩小了勐腊县人口较少民族与其他民族经济发展与生活水平之间的距离，推动了勐腊县城乡一体化的发展进程。

4. 扶贫后的思考

加大精准扶贫力度，拓展贫困群众增收渠道。近十几年来，勐腊县通过“整乡整村推进”“兴边富民”、连片扶贫整治等来帮助农村贫困地区脱贫。从整体上来说，在全县范围内取得了很大的成效，但是在扶贫工作开展中，由于勐腊县扶贫面较广，整乡连片扶贫做到的只是带动一个区域在短时间内进行大面积的扶贫。在勐腊县，需要扶贫的对象较多，再大的扶贫款细化到各个寨子的大多数家户中，都成为很小的一笔扶贫款项，不能真正起到扶贫效果，很多真正贫困的家户却不能真正拿到足够的资金来脱贫，年年在贫困线边缘挣扎。可喜的是，随着精准扶贫政策的开展，在全县范围内对需要扶贫的对象先做精准的调查，然后再有针对性地将扶贫款项根据贫困程度进行合理、精准分配，这样才能真正帮助群众脱贫。其实，精准扶贫是建立在连片扶贫的基础之上来进行精准、细化，使扶贫的效果更佳。此外，根据西双版纳州“十二五”规划的精神，在勐腊县要认真实施产业扶贫、信贷扶贫、互助资金扶贫等项目，扶持和引导龙头企业、农村合作社采取“公司+基地+农户”“合作社+农户”等方式与贫困户结成利益共同体，通过订单生产、合同收购、利润返还和提供相关服务带动贫困户增收，达到“扶一个龙头、建一片基地、带一个产业、富一

① 参见勐腊县扶贫办《蜕变：雨林中的克木人》。

方百姓”的目的。加大劳动力转移培训力度，提高贫困群众文化素质和自我发展能力，拓宽贫困群众的收入渠道；在传统文化和经济产业发展中提倡“内援式发展”。“内援式发展”即是在传统文化保护和经济产业发展中积极发挥“造血功能”。随着市场经济慢慢深入到勐腊边疆民族地区，传统的民族文化会受到一定的冲击，国家与地方政府也在加大力度来保护民族地区的物质与非物质文化遗产，专门拨了一笔扶持资金来进行保护。其实，单靠国家扶持资金的力量来进行保护是不够的。只有真正发动村寨中内部群众来保护好自己的民族文化，才能使传统的民族文化获得可持续发展。调查组在勐捧镇阿卡国门村看到哈尼族在自己的寨子里专门修建一座房子来将自己民族文化的物体收藏、陈列，以此发动自己民族内部群体来保护自己的民族文化，增强民族传统文化保护意识，这是一个很好的例子。此外，在经济产业发展方面，单靠国家扶贫资金的投入而不带动扶贫地区的产业化发展的话，这样的扶贫只会起到“年年扶贫年年贫”的效果。真正的扶贫注重区域的可持续发展，将扶贫的款项投入到农业产业化的发展中来，加强农民技术培训，使农民用自己掌握的技术，靠自己的努力和国家扶贫资金在农业上的扶持来发展经济，提高自己的收入水平，这也是与西双版纳州“十二五”规划中提到的“脱贫致富，产业培育是关键，扶贫开发工作从中央、省到州的思路，都是强化产业扶贫，增加造血功能，依托资源优势，培育特色产业，做大做强传统优势产业，积极探索变‘输血’为‘造血’的产业扶贫开发新路子”相吻合，只有从内部发动农民进行农业生产，将国家的扶贫资金用在“刀刃”上，才能真正带动农村地区走上脱贫的路子。

转移农村剩余劳动力资源，提高劳动力整体素质。随着市场经济的发展，劳动力价值在不断提高。近几年来，勐腊县开始推广农业的产业化发展，而在粮、胶、茶、蔗等传统产业上的劳动力短缺，影响了整个产业化的发展。此外，由于农村劳动力的短缺，雇工所需的成本大大增加，这对农业走产业化路子成规模发展所需大量的劳动力形成一定的阻碍。因此，只有加大解放农村剩余劳动力，将其转移到城镇中来配合三大产业的发展，这不但能提高勐腊县整体的就业率，也能推动勐腊在产业化的路子上获得快速发展。此外，虽然国家九年义务教育制度在勐腊县普及，但是勐腊县整体受教育程度较低，很多人读到初中就不想读了，这对农村劳动力先进技能的培训、开展产业化的发展造成很大的阻碍。由于缺乏扎实的知识基础和接受科学技能的能力，大部分的农村劳动力只能停留在传统型的种植业中，劳动力的整体素质不能配合三大产业的发展。因此，在对农村剩余劳动力资源转移的同时，也需加大对年轻劳动力基础教育的普及以及专门技能的培训，培养一批有专业知识、专业技能的农业技师来推广农业产业化发展。在这基础上才能快速提高人们的经济水平和生活质量，推动县域经济又快又好发展。

第三节　人民收入和生活水平改善

（一）干部职工的工资收入与消费结构

21 世纪以来，勐腊县城镇化发展取得了较为明显的发展，城乡统筹的社会保障体系也在不断完善。全县干部职工的平均工资是作为城镇发展中人事人才、劳动维权、收入分配等社会保障体系建设的一个重要的内容考核指标。

新中国成立之初，西双版纳州全部单位数才有 58 个，而且全部集中在国有单位中，其他单位和城镇集体单位在数量统计中为零。在这时期，勐腊县单位数量为 16 个，在全州数量最少。到 1990 年改革开放后，西双版纳州全州的单位数量也呈上升趋势，增长到了 1946 个，其中勐腊县有 337 个。到了 1995 年，全州单位数量首次突破 2000 大关，达到 2005 个，其中勐腊县占了 574 个，排在全州数量第一，而且不但全州城镇集体单位数量发展到了 1493 个，从 1994 年开始，其他单位也在慢慢发展，到 1995 年发展到了 16 个（景洪 15 个，勐腊 1 个）。2000 年，随着新世纪的到来，全州范围内国有单位和集体单位数量变动不大，主要是其他单位数量在增长，到 2000 年，其他单位数已经达到 161 个，其中勐腊 29 个。2012 年，勐腊县仅工业企业单位数就有 563 个。单位数的增加不但表明工作岗位在不断增加，岗位类型在不断变化，同时也可以看到西双版纳州、勐腊县的社会保障体系在不断完善，在以国有单位为主要发展的同时，其他单位也获得了一定的发展，使工作岗位类型的发展更趋多元化。

随着干部职工单位数量和从业人员数量的增加，单位从业人员劳动报酬也在不断变化。1949 年，由于西双版纳州全州的单位数都是集中在国有单位中，所以全州单位从业人员劳动报酬 13.09 万元的发放对象也是集中在国有单位职员中，其中勐腊县发放工资报酬共 4.21 万元。1965 年全州发放劳动报酬共 1753.49 万元，其中勐腊县有 322.24 万元，全州范围内的工资发放数量呈上升趋势。到了 1978 年，全州共发放单位从业人员劳动报酬 5465 万元，其中勐腊县 1560 万元，这个时间段单位职工工资的发放范围都是在国有单位和集体单位中。到了 2000 年，进入新世纪初，经过二十多年的改革开放政策的指导，勐腊县的经济水平较之新中国成立初期取得了很大的发展，干部职工的工资水平也在不断提高，2000 年全州共计发放工资报酬 81772 万元，其中勐腊县 20359 万元。从整体上看，勐腊县各个单位之间的劳动工资报酬都在呈上升趋势，而且不同单位之间的工资差距在逐渐缩小，这在一定程度上推动着城乡统筹发展。

21 世纪以来，西双版纳州的整体工资水平又在原来的基础上取得了新的提高。如图 4-5 所示，到了 2010 年的“十一五”规划完成之时，西双版纳州单位在岗职工年平均工资已经达到 21850 元，其中国有单位 22329 元，城镇集体单位 20794 元，其他单位 19800 元。截至 2013 年，西双版纳州在三年之间干部职工的平均工资涨了将近一倍，这种工资增长的速度相对较快，2013 年西双版纳州单位在岗职工年平均工资为 39729 元，国有单位为 43092 元，城镇集体单位为 34651 元，其他单位相对较低，年平均工资为 29936 元。其中 2013 年勐腊县在岗职工年平均工资 37745 元，国有单位 40202 元，城镇集体单位 31451 元，其他单位 30740 元。从数据的对比中可以看出，勐腊县干部职工的劳动工作报酬的年平均工资与全州的年平均工资水平差别不大，甚至在个别单位中年平均工资水平较之全州的年平均工资水平偏高，城乡之间的劳动工资的差距在不断缩小，这在一定程度上促进了城乡一体化的发展。勐腊县政府在按照国家干部职工劳动报酬的相关规定来执行薪酬发放工作的同时，也在制定相关的鼓励政策来调动全体职工的积极性，同时工资水平从整体结构上的提高，也在不断根据不同时期的经济与市场要求来进行社会保障体系的相关调整和完善。此外，从访谈中得知干部的消费水平和潜在的消费购买力的变化是由在特定阶段他们的工资水平来决定的，他们的主要消费在日常开支、儿女受教育投入以及休闲娱乐、人际交往等方面。随着工资水平的提高以及整体文化素质的提高，干部职工在消费结构上更加偏向于精神层面的休闲消费以及人际网络的构建与往来。

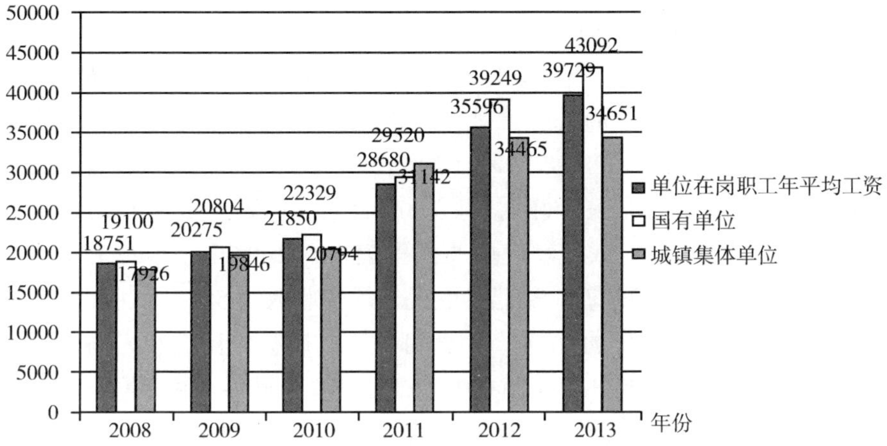

图 4-5　西双版纳州单位在岗职工年平均工资（单位：元）

资料来源：根据编委会《西双版纳傣族自治州经济工作手册（2014）》所提供数据制图。

（二）农民的生计收入与消费结构

1. 国家政策补贴与农民的不同生计收入

新中国成立前，勐腊县是典型的封闭落后的边区小农经济，生产方式为刀耕火种，广种薄收，生产力水平极为低下。新中国成立初期，粮食亩产只有 138 公斤，经济林木除有茶叶生产外，其他的一无所有，人均农业产值只有 81 元。自 1949 年到 20 世纪末，勐腊县政府通过生产关系的变革和调整，不断增加农业投入，扩大生产规模，调动了农民的生产积极性，农业生产和农村经济出现了新面貌。特别是党的十一届三中全会以来，勐腊县农村经济体制经历了 1978—1984 年由点到面逐渐推行的家庭联产承包责任制，农村经济出现了超常规增长；1985—1988 年以变革农产品流通体制及调整农村产业结构为主的体制改革，农村经济开始出现大幅度增长趋势，粮食产量开始有所回落，农民收入增速减慢；1989—1992 年国民经济进入全面调整时期；1993—1998 年，勐腊县农村经济开始进入迅速恢复并稳定增长时期的四个阶段改革，整个农村正在由封闭式的自然经济、半自然经济向开放式的商品经济和社会主义市场经济转变。[①] 从整个西双版纳州规划发展的数据来看，农民的人均收入在 10 年规划时间内，从 2005 年的

① 勐腊县统计局编：《勐腊五十年巨变——国民经济、社会事业统计综集（1949—1998）》，1999 年 10 月，第 92 页。

2172 元增加到 2015 年的 7000 元，这个增幅相对是比较大的。进入 21 世纪以来，西双版纳州农民的人均纯收入主要是来自种植业和畜牧业两种，据表 4-6 显示，在农民家庭的纯收入中，有工资性纯收入、转移性纯收入、财产性纯收入等，而转移性纯收入在这几种纯收入类型中相对比较多，这也显示出西双版纳州农民对土地以及其他资源的转让、转移性收入在农民家庭的收入中是一个相对比较大的收入。从表 4-6 中我们也可以看出，在新世纪时期，农民家庭的收入渠道得到不断拓宽，更趋多元化。不过从 2013 年的数据来看，勐腊县农民人均纯收入为 5891 元，而西双版纳州农民人均纯收入为 7170 元。由此可见，勐腊县农民的收入与全州相比还存在一定差距。此外，在调查中发现即使是在同一个村委会不同的自然村之间，农民内部之间存在的差距也是很大的。比如在瑶区乡纳卓村委会内有 8 个自然村，据瑶区乡政府 2013 年对这个村委会了解的情况得知，纳卓小组在这 8 个自然村中农民人均纯收入最高，达 2045 元，而南崩组最低，仅 529 元。在同一个村委会里，农民的人均纯收入水平最高的自然村是最低自然村的近 4 倍，可见收入差距较大。因此，政府在加大对农民群体扶持力度的同时，也得根据具体情况进行精准扶贫，落实到每一家真正困难的农户家庭中，使整个地区农民的收入水平获得较为平衡的发展。

表 4-6 西双版纳州 2005—2015 年农业和农村经济发展主要指标比较

<table>
<tr><th colspan="2">指标</th><th>单位</th><th>2005 年实际</th><th>2010 年实际</th><th>2015 年实际</th><th>“十一五”期间年均增幅（%）</th><th>“十二五”期间年均增幅（%）</th></tr>
<tr><td rowspan="3">农民人均纯收入</td><td>农民人均纯收入</td><td>元</td><td>2172</td><td>4353</td><td>7000</td><td>14.92</td><td>10</td></tr>
<tr><td>来自种植业</td><td>元</td><td>841</td><td>1306</td><td>2000</td><td>9.2</td><td>8.89</td></tr>
<tr><td>来自畜牧业</td><td>元</td><td>227</td><td>299</td><td>400</td><td>5.66</td><td>5.99</td></tr>
<tr><td colspan="2">农民家庭经营纯收入</td><td>元</td><td>1992</td><td>3609</td><td>5300</td><td>12.62</td><td>7.99</td></tr>
<tr><td colspan="2">工资性纯收入</td><td>元</td><td>31</td><td>202</td><td>500</td><td>45.48</td><td>19.87</td></tr>
<tr><td colspan="2">转移性纯收入</td><td>元</td><td>77</td><td>259</td><td>800</td><td>27.46</td><td>25.3</td></tr>
<tr><td colspan="2">财产性纯收入</td><td>元</td><td>72</td><td>284</td><td>400</td><td>31.58</td><td>7.09</td></tr>
</table>

资料来源：西双版纳州政府编制《西双版纳傣族自治州国民经济与社会发展“十二五”规划》。

（1）坝区、半山区、山区：不同地型区的农民收入水平

勐腊县是一个集“边疆、民族、山区、贫困”为一体的县城，从地

形上来看，半山区、山区的面积占了勐腊县土地面积的94%以上，而且全县农民的主要人口也是比较分散地分布在勐腊县的山区、半山区。由于地理地形的限制，勐腊县农业种植不能像中国东部平原地区那样进行大面积、机械化的推广，不同的地型条件也决定了当地不同的生计种植。在勐腊县内，水稻的种植主要是分布在少量的坝区内，而橡胶、茶叶、澳洲坚果、甘蔗、香蕉、咖啡、砂仁等种植主要是分布在勐腊县的山地区域。因此，不同的地区条件由于生计方式的差别，农民的生计收入也是有区别的。如图4-6所示，在1986年，坝区的人均纯收入水平为431元，山区418元，半山区517元；1988年坝区人均纯收入水平为621元，山区767元，半山区527元。从图中来看，由于坝区在整个勐腊县所占的土地面积不大，所以农业的大面积推广相对困难，而且农民平均耕地不多，所以较之山区、半山区而言，坝区的农民人均纯收入水平并不是最高的。不过时隔十年，到了1998年，勐腊县坝区农民人均纯收入为2028元，而山区为1508元，半山区为1436元。由此可见，坝区农民人均纯收入水平远高于山区、半山区。

从各乡镇农民人均纯收入水平也可以看出在勐腊县不同地型生活的农民由于生计类型的不同，他们的收入水平也存在很大的一段差距。如图4-7所示，关累镇主要以橡胶、粮食、茶叶为主要经济支柱产业，农民人均纯收入2012年为5314元，2013年是6205元。勐捧镇作为整个勐腊县最大坝区的乡镇，在2009年至2013年，农民人均纯收入水平每年发展都很快，具体为3822元、4353元、5394元、6328元、7424元。勐仑镇坝区区位也比较明显，不过勐仑镇与勐捧镇不同的是，勐仑镇利用坝区资源和热带雨林的自然生态资源来进行旅游开发，也推动了镇域经济的发展，提高了当地人均纯收入水平。而象明乡、易武乡居于勐腊县山区、半山区地型，象明乡2012年农民人均纯收入为3830元，2013年为4420元，易武乡农民人均纯收入2012年为3756元，2013年为3860元，通过数据可以看出易武乡2013年农民人均纯收入水平才相当于勐捧镇2009年的收入水平，还远低于勐腊县2013年农民纯收入5891元的全县平均水平。2010年，易武全乡国民生产总值5621万元，其中农业生产总值5049万元，工业生产总值211万元，第三产业总产值361万元。[①] 从易武乡三大产业的

① 参见云南城市规划建筑研究设计院《易武乡旅游产业规划与策划设计》，2012年11月。

结构比例来看，易武乡的国民生产总值主要依赖于农业生产，第二、第三产业的产值比例较少，整体的产业结构失衡，工业和商业服务业经营较少，农业产业化发展不强，这些都是制约易武乡农民纯收入平均值提高的因素。因此，随着易武乡城镇化规划的发展以及旅游小镇规划的进程推进，易武乡需要利用茶叶经济、茶文化等资源的优势来大力发展第二、第三产业，以此来提高易武乡农民年均纯收入水平。

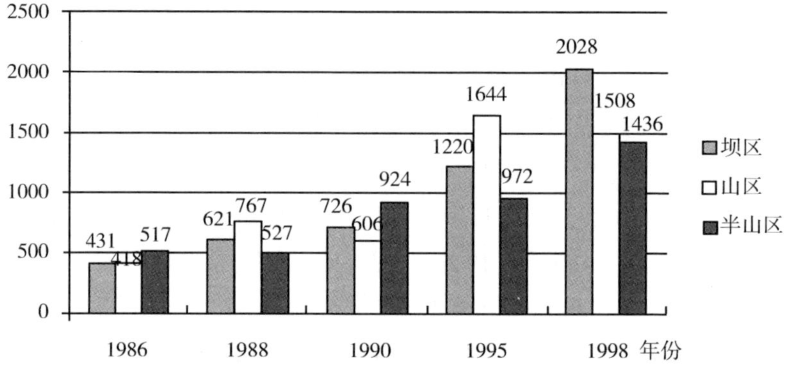

图 4-6 农民人均纯收入按地型分组比较（元/人）

资料来源：根据勐腊县统计局编《勐腊五十年巨变——国民经济、社会事业统计综集（1949—1998）》（1999 年 10 月）第 16 页所提供数据制图。

（2）国家补贴政策与农民家庭收入水平的提高

勐腊县是国家级贫困县，由于处在边疆与少数民族地区，国家对勐腊县农民生产生活建设的扶持力度也是比较大的。现在勐腊县农村地区，主要享受的国家补贴除了“粮食直补”“农村最低生活保障补助”“新型农村合作医疗补助”“城镇居民医疗保险补助”以外，还有“退耕还林补贴”“粮油综合补贴”“农村义务教育经费补助”“寄宿制学生生活补助”“中级职业学校学费补助”“边民补贴”等。2005—2010 年，勐腊县对农民的直接补贴达 1.22 亿元，农民人均获得补贴 277 元，家电、汽车和摩托车下乡政策，累计兑付财政补贴资金 1395 万元，发放涉农贷款 8000 多万元。全县在落实“两免一补”政策的同时，也提高农村学校公用经费补助标准，免除了 15 万人次义务教育阶段学生学杂费和教科书费，向 6.8 万名家庭贫困寄宿学生发放生活补贴，使人均受教育年限从 5.6 年提

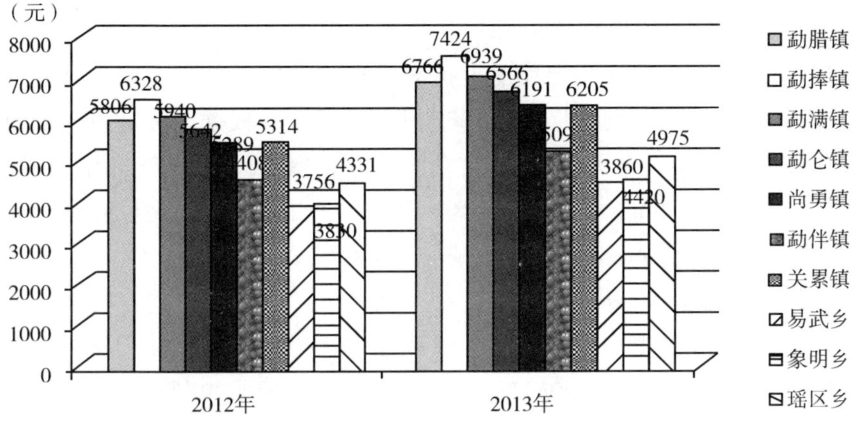

图 4-7　勐腊县各乡镇 2012—2013 年农民人均纯收入

资料来源：根据编委会《西双版纳傣族自治州经济工作手册（2014)》数据制图。

高到 7.1 年。[①] 其中，2009 年，勐腊县对农民的直接补贴 3156 万元，农民人均获得补贴 219 元，发放城市低保救助金 672 万元、农村低保金 1570 万元，并将新农合补助由 100 元提高到 140 元，住院费用报销比例提高 5 个百分点，让农民群众得到更多实惠。[②] 2011 年，勐腊县发放粮食直补、综合直补、退耕还林等补贴 4470.23 万元，农民人均享受补贴收入 290 元。兑现“家电下乡”补贴 464.77 万元，汽车摩托车下乡补贴 282.4 万元。农业产业化进一步推进，全县农业龙头企业 11 家，农民专业合作社 30 个，综合服务社 13 个，为 14690 名农村义务教育家庭贫困寄宿制学生发放生活费补助 1240.7 万元，35102 名学生享受农村义务教育公用经费补助 1763.08 万元。[③]

对于“边民补贴”的补助，相关范围有相对的条件要求，对其对象要求是“距离边境线 1 千米以内定居群众按照每户 1000 元/年的标准进行补贴”。在“粮食直补”方面，其补贴的品种为稻谷和玉米，对种粮农民的补贴以种植的面积为计算依据。稻谷种植面积以农村税费改革确定的计税面积为基础核定；玉米面积按省下达的 2010 年计划补助面积核定，超

① 参见勐腊县政府办公室《勐腊县 2011 年政府工作报告》。
② 参见勐腊县政府办公室《勐腊县 2010 年政府工作报告》。
③ 参见勐腊县政府办公室《勐腊县 2012 年政府工作报告》。

支不补。[1] 在"农机购置补贴"方面，截至2013年8月1日落实国家农机购置补贴资金1190.171万元，共补贴各种农机具4236台（套），受益农户达3562户，这在一定程度上提高了勐腊县农民的生活水平和技术推广能力，也推进了勐腊县农机服务产业化进程。[2] 根据国务院有关文件精神，按照农业部与中国保监会《关于做好生猪保险和防疫工作的通知》要求，除每头母猪给予养殖户100元补助外，还要做好生猪保险工作（每头母猪投保金60元，其中政府补贴48元，养殖户只支付12元，赔偿标准是每头母猪1000元）。据了解，2008年，勐腊县将能繁母猪的补贴标准由每头50元提高到100元，继续加大存栏母猪的投保力度，农户饲养母猪热情高涨。至2008年底，全县共有养殖户9138户，饲养母猪13236头，政府共补贴给养殖户132.3万元。[3] 2013年，瑶区乡上报农资综合补贴、粮食直补、农作物良种补贴面积各1.9万亩，补贴资金260789.78元。橡胶苗木良种补贴91户，面积1298.4亩，补贴金额为128559元。农机补贴32台，补贴金额为40660元。[4] 除此之外，在勐腊县各村寨中，建房子也有补贴，据调查访谈得知，每建一座房子少则补贴1万元，克木人在这方面的补贴多一点，达到2.3万元。在国家的补贴政策下，农民的生活水平相对提高了一些，同时，据磨憨经济开发区新民村村支书了解，在村民们生活水平提高的同时，他们的生活观念也在发生变化，他们对经济上收入的要求更高了，对国家政策，尤其是对民生、"三农"方面的政策及低保、医保、边民互市等政策也更加关注了。

（3）日常生计视阈下勐腊县农民收入水平状况

勐腊县橡胶种植是全国橡胶种植最早的地方之一，早在新中国成立不久，橡胶就开始引进勐腊地区进行种植，后来随着国家农垦系统的建立以及在勐腊成立勐捧、勐满、勐醒、勐腊四大农场，橡胶种植在技术、规模上得到了发展。到了20世纪80年代以后，橡胶种植民营现象开始逐渐增多，进入21世纪初期，橡胶种植成为了勐腊县各乡镇村落一项主要的经

① 参见《西双版纳州财政局关于下达2010年粮食直补资金的通知》（西财农字〔2010〕108号）关于继续对粮食作物实施补贴政策。

② 参见《勐腊县农机推广站认真落实国家购机补贴政策，促进农业农村经济健康发展》，勐腊县政府信息公开门户网站，2013年11月4日。

③ 参见岩轰《勐腊县养殖户领到能繁母猪补贴12万多元》，勐腊县政府信息公开门户网站，2009年2月18日。

④ 参见瑶区乡政府办公室《瑶区乡2013年度经济社会发展综合情况汇报》。

济收入来源。勐腊县曼龙村民小组组长波某[1]告诉我们："我家一开始经济收入主要是以橡胶为主，以前胶价好时每割一刀的收入是在800—1000元，现在胶价不好，只有300—400元，现在我们村里很多人将坝区的土地租让给外地老板种橡胶，我家是自己种，总共种了13亩，每亩每年有1万元收入，13亩每年的收入就有13万元。另外，我们村子里开始养猪、养鸡、养鱼，现在几乎家家户户都有一个鱼塘，鱼塘里主要养殖草鱼、罗非鱼、鲤鱼等，这些现在逐渐成为我们寨子里主要的收入。"[2] 可见，现在农民收入的渠道在逐渐拓宽，农民的生计收入方式趋向多元化。

在勐腊县，居住在跨国界的边境地区的边民在进行农业生产的同时，也会到老挝、缅甸经商或租地大面积种西瓜、橡胶等，以此来增加家庭收入，往往是女人留在家中割胶、采茶或者从事土地租让的事情，男人到老挝、缅甸去做生意，如磨整村村支书告诉我们："我们家主要是靠茶叶收入为主，我还会去老挝那边做点生意。我们也要办边民证，我们去老挝那边有时间限制，一般是十天重新盖一次章，我们做小生意的，一般都是去几天就回来了。我是帮别人在边境口岸做贩卖牛的生意，一个月有三千左右的工资。"[3] 此外，由于胶价较低，在磨整村村民每家橡胶地不多，他们都不想去割胶，更愿意去香蕉地帮助外地老板打工、锄草，一天有100元左右的收入。关累镇关累村的村民岩某告诉我们："由于现在胶价太低，一级胶汁1公斤才有10块钱，我们的收入明显比前几年少很多，我家三兄弟共有140亩左右的橡胶地，每天割胶才有两三百的收入，为了收入多点儿，我还在自己的寨子里卖烧烤，一晚有一百多元的收入。"[4] 在勐腊县地区，由于各乡镇地理地形的不同，不同村落的生计收入水平也不一样。居住在半山区的瑶区乡，农民的主要生计收入是依靠种植橡胶和甘蔗，从沙仁村委会南贡山村小组监督委员卢某的访谈中得知，"我们村子一千八至两千的月收入，占了1/3。大部分在三千左右，我的收入每个月有两千多元，主要收入是种橡胶，现在胶价10—12元/公斤，每割一刀

① 基于学术规范，为访谈者保密，本书对在实地调研时的访谈对象姓名只采用"姓+某"来代替访谈人的真实姓名，括号中的文字是为便于理解而添加的。后文同上。

② 访谈人：曼龙村民小组组长波某；访谈地点：波某家旁边；访谈时间：6月20日。

③ 访谈人：磨整村村支书；访谈地点：磨憨经济开发区磨整村村民活动室；访谈时间：2014年6月21日。

④ 访谈人：岩某；访谈地点：关累镇坝荷村委会关累村民小组岩某家里；访谈时间：2014年6月22日。

100 多块，以前胶价好时，每割一刀 300 多元。我们寨子每家户橡胶种植至少有 20 亩，最多的有 100 多亩。我们寨子收入比较多的家户，一年的收入有五六万，收入低的才七八千。在寨子里有汽车的有 5 户，他们的土地多，收入多"①。农民的土地可以租让给外地老板种植，也可以自己进行农业生产活动，拥有的土地越多，收入越多。在勐腊县各乡镇调查中发现，拥有土地多的家户，他们家庭收入往往都是居于村中的中上等水平，而且他们具备更大的消费潜力，很多家户都买了价值十几万、几十万元的私家车。因此，土地的流转与土地的拥有成了当地人关注的热点。

2. 人均储蓄

人均储蓄是体现人们收入水平能力的一个重要考核指标，因为人们只有在生产生活中的收入增加，才能有更多的钱存到银行中。在人们可支配的收入中，除了投资部分以外，主要是由消费和储蓄两个部分组成的。从全国范围来看，随着国家经济的快速发展，全国的人均储蓄额也在不断提高，勐腊县也是如此。在勐腊县，农民的储蓄无论是存款余额总数还是人均储蓄都在不断提高。1965 年，勐腊县的存款余额只有 63.9 万元，人均储蓄只有 11.03 元。到了 1978 年，时隔 13 年，勐腊县在储蓄水平上有所提高，但是增幅不大，农户存款余额为 176 万元，人均储蓄 21.06 元。不过随着改革开放体制的不断深入，全国范围内经济水平普遍提高，勐腊县到了 1990 年，存款余额从 1978 年的 176 万元上涨到 1990 年的 1825 万元，人均储蓄从 1978 年的 21.06 元上涨到 1990 年的 165.34 元。此后，农户的存款余额量在短时间内获得了很大提高，1990—1995 年五年时间内，勐腊县农户存款余额上涨了两倍，从 1990 年的 1825 万元上涨到 1995 年的 5656 万元，人均储蓄从 1990 年的 165.34 元上涨到 1995 年的 483.52 元。到了 1998 年，勐腊县农户存款余额达到 7746 万元，人均储蓄达到 660.53 元。21 世纪以来，勐腊县农户的人均储蓄额还在不断提高，这从全州的储蓄存款情况和人均纯收入水平可以看得出。在 2005 年，整个西双版纳州人均纯收入仅 2072 元，八年过后，2013 年，全州农民人均纯收入达 7107 元，相当于 2005 年的三倍多。收入水平与储蓄存款存在一定正相关联系，因为收入是储蓄的前提。截至 2013 年，全州居民储蓄存款为 2384076 万元，其中勐腊县居民储蓄存款总额为 552034 万元。不过值得一提的是，由于受到市场经济价

① 访谈人：卢某；访谈地点：沙仁村委会南贡山村小组会议室；访谈时间：2014 年 6 月 25 日。

格波动的影响，在近五年内，一级胶水的胶价从 35 元/公斤跌到现在的 10 元/公斤，波动的幅度较大，农户的收入水平也很不稳定，这对农户潜在的人均储蓄额造成一定的影响。

3. 农民的消费结构分析

农民的消费结构是整个农村经济结构的重要组成部分，它是经过农民整个经济体系中的生产、流通、交换、分配各个环节的运行而形成的，是居民实现了的消费需求结构。“消费结构是衡量农村居民生活水平的一个重要指标。”① 新中国成立前，勐腊县地处中国边疆少数民族地区，农业耕作方式低下，有些还处于刀耕火种的生产方式中，温饱问题尚未解决，整体的消费主要是用于日常生活的食品交换与购买。1949 年勐腊县农户年人均纯收入是 43 元，而人均生活费支出是 40 元，从数据上看，收入与消费价值相抵的现象一直持续到 1965 年。换言之，在新中国成立后至 1965 年，勐腊县农民在个人储蓄方面尚少，因为他们在收入与消费中的差距很小，所剩无几。不过在 1949—1965 年，勐腊县农户的收入提高了将近 3 倍。在生活上的消费与收入是成正相关的，即农户在收入上提高了将近 3 倍，他们在消费上的支出也是相对应地增加 3 倍。在 1978 年党的十一届三中全会召开之前，由于历史、政治和自身地理的原因，勐腊县农民的生活还处于低收入和低增长阶段。到了 1990 年，勐腊县农户整体上的收入明显增加，尤其到了 1998 年。1990 年勐腊县农户人均纯收入为 688 元，年人均生活消费是 674 元，1998 年农户年人均纯收入上涨到了 1621 元，年人均生活消费为 1262 元。从数据上来看，在 1990 年，勐腊县农户的生活还是停留在解决温饱问题上，到了 1998 年，勐腊县农户在收入与消费之间开始有了差距，即有了一定的储蓄资本，农户家庭的温饱问题得以解决。在消费结构上也发生了相对应的一些变化。

在勐腊县，农民的消费结构从大方面来说是由生产费用与生活消费两部分组成的。虽然在整个勐腊县的农户年人均消费上，生产费用在不断增加，从 1986 年的 43 元/户增加到 2000 年的 437 元/户，但是农民在生活消费上增加的幅度更大，从 1986 年的 175 元/户增加到 2000 年的 1022 元/户。从整体的消费结构上来看，他们的消费逐渐从温饱型的消费转向注重精神层面的消费。在 1986 年，勐腊县农户的消费主要来自食品消费、衣着消费、

① 刘芳、李炳军：《中国农村居民消费结构研究》，《河南科学》2011 年第 11 期。

居住消费、家庭设备用品消费，而在医疗保健、交通通信、文教娱乐方面的消费比例很小，加起来仅占6.9%的比例。到了1990年，农户在医疗保健、交通通信、文教娱乐方面的消费开始增加，所占比例为8.84%。从数据上看，他们增加的幅度在这个时间段内不是很大，但是此后所占比例逐渐上升，从1995年的18.5%上升到1998年的28.1%，到了“九五”计划完成时，勐腊县农户在医疗保健、交通通信、文教娱乐方面的消费比例从1998年的28.1%上升到2000年的41.1%，而农户在食品消费、衣着消费与居住消费方面所占比例在逐渐减少。较之改革开放前，21世纪初勐腊县农户的消费结构发生了很大改变，也出现了一些新的特征。

表4-7　　勐腊县农村住户现金支出消费结构（万元）

时间	生产费用	生活消费	食品消费	衣着消费	居住消费	家庭设备用品及服务	医疗保健消费	交通通信消费	文教娱乐用品及服务	其他商品和服务消费
1986	43	175	59	28	42	28	5	2	5	71
1990	53	294	104	41	82	42	9	4	13	26
1995	296	551	260	57	50	63	38	19	45	19
1998	259	562	265	50	78	28	49	16	63	15
2000	437	1022	378	50	66	66	86	193	141	42

资料来源：根据西双版纳傣族自治州统计局编印《新中国西双版纳五十年——综合统计历史资料汇编》（2004年8月）第516—520页所提供数据制表。

进入21世纪，勐腊县农民的消费呈现四方面特点：

（1）农民消费能力因胶价变动而不稳定。2010—2012年，勐腊县的一级胶水价格达到35元/公斤，农户的收入在短时间内得到了很大的提高。但是从2013年下半年开始，勐腊县胶价情况并不理想，一路下降，到了2014年6月，胶价好一点的地方仅10—12元/公斤，有些偏僻的寨子胶价仅3—5元/公斤，因此胶农在生计收入上较之前的几年，已经开始大大减少。据勐腊县一家大型超市收银员介绍，前几年胶价好时，超市的生意比较好。这两年大家收入太少了，所以买的东西也少了。

（2）消费需求从自给型逐渐偏向商品型。“十一五”规划之后，农民消费耐用消费品的比例更为明显。如表4-8所示，在对关累镇5个村委会农户拥有耐用消费品的调查中，摩托车、电话、手机、电视机等生活所需的耐用消费品在关累镇各个村委会中所拥有的数量较多，基本达到平均每户都有一至两台，而且很多家户开始购买电磁炉、微波炉、汽车、电脑、电冰箱、洗衣机、空调等，他们所购买的耐用消费品趋于多元化，消费结构越来越趋于多样化。

表 4-8　2013 年关累镇 5 个村委会农户拥有耐用消费品情况（个）

	电磁炉	微波炉	摩托车	汽车	电话	手机	电视机	电脑	液化灶	电冰箱	洗衣机	空调
坝荷	125	2	578	70	88	883	340	59	101	310	142	2
曼岗	237	39	713	182	320	1089	465	139	299	430	218	66
芒果树	151	5	672	131	114	1191	497	105	303	436	179	9
勐远	274	23	1505	251	275	2546	777	209	261	716	497	464
藤篾山	107	1	600	89	—	715	426	18	23	253	138	—

资料来源：根据关累镇政府编制《关累镇 2013 年农户拥有耐用消费品情况》所提供数据制表。

（3）消费模式向“多样化”转变。20 世纪 80 年代以后，随着农村生活条件得到改善，农民的生活收入也得到了很大的提高。他们在对收入的利用上，市场所提供商品的日益多样化也为他们提供了多样的选择。他们潜在的消费能力也被激发，他们对商品的消费也更加多样化。其中，在教育、盖房子方面的消费投入是最大的。随着新农村建设的推进，危房改造工程、防震民居工程的开展，在整个勐腊县大多数的村落，农民都可以修建新房子，还可以得到政府部分的建房补贴，补贴标准在 1.2 万—2.3 万元之间波动。曼迈村村长波某康叫告诉我们，在他们的寨子里对房子的投入建得最贵的有 50 多万元，这个在勐腊县还不是最高的。在易武乡麻黑村委会，村支书告诉我们，由于他们村寨村民都是大面积种植产业，每家户收入都很多，在他们的村寨里，投入 100 多万元建房子的家户很多。

（4）消费的内容从生存温饱型向“发展型、享受型”转变。进入 21 世纪以来，由于扶贫工作的开展、新农村建设以及农业发展的多样化、产业化，农民的生活条件、经济收入都得到了普遍提高，勐腊县农户的生存温饱问题得到了解决。随着收入的增多，农民的生活消费也慢慢从以往的生存温饱型转向发展享受型。曼迈村妇女组长玉某告诉我们：“现在我们妇女单单在化妆品上，每年都得花费上 1000—2000 元，尤其是在婚礼方面，以前我们克木人举行婚礼，根据家庭条件来办，简单做点菜请寨子里的人过来吃一顿就好。现在么，结婚花费都得在 3 万左右，如果家庭经济好的话，他们的花费也就更多了嘛。”① 由于农户的家庭收入水平在逐渐

① 访谈人：玉某；访谈地点：曼迈村村寨波某家里；访谈时间：2014 年 6 月 18 日。

提高，他们在人际交往上也更加频繁、互动范围更加广泛。尤其是在少数民族过节时，很多朋友都过来跟他们一起过。勐捧镇阿卡国防村村长老捌说："我们过节日，一般是亲戚朋友一起过来东吃西吃。每家估计得花两三千块。"[①] 关累镇关累村岩庄老人也告诉我们："我们傣族在宗教上的花销就大了，一年下来要花上几千块，主要是在泼水节中间，有一个过赕，庙里满满的都是钱。"[②] 此外，汽车作为一种高档的享受型耐用品消费，也成为了当地农户消费的一个新方向。在勐腊县很多村寨，由于割胶、采茶的需要以及生活条件的改善，他们很多家户都有几辆摩托车和拖拉机，有些家户经济条件比较好，还买了汽车。曼龙寨村长波王某囧告诉我们："我家有 1 辆长安牌汽车，1 辆拖拉机，1 辆摩托车。现在在我们寨子，很多家庭都有汽车了，最贵的是 20 多万。"[③] 在勐腊县，农户在消费结构上趋向"发展享受型"的转变，不但可以提高他们整体的生活质量，使他们在生活水平上与城市居民的差距不断缩小，而且他们在消费意识形态上的差距也在缩小，这些有助于勐腊县县域范畴内城乡一体化步伐的加快。

4. 恩格尔系数与农民生活水平的分析

恩格尔系数指食物支出金额在消费性总支出金额中所占的比例。随着家庭和个人收入的增加，收入中用于食品方面的支出比例将逐渐减少。食品支出的比例减少，换而言之，即是温饱问题的解决，人们将更多的收入投入到其他方面的消费上。对于农民在消费中的消费结构比例，我们可以从社会商品零售总额分类构成比重中来把握这一变化的趋向。从表 4-9 得知，勐腊县人们在 1965 年的消费结构中，食品及烟酒糖类这一项的消费所占的比例最大，占了 71.2%，其他的主要是衣着针织及鞋帽类与其他生活用品，他们的消费大多还是停留在基础的生活所需物品上，最大结构比例的消费适用于解决温饱问题和日常的生活需要，而他们在家用电器上的比例为 0。食品及烟酒糖类由 1978 年的 66.1%下降到 1998 年的 34.5%，而家用电器类由 1965 年的 0 上升到 1998 年的 14.7%，文化书报类由 1978 年的 2.4%上升到 1998 年的 7.6%。在消费结构上发生了一些变

① 访谈人：老某（哈尼族，46 岁）；访谈地点：勐捧镇阿卡国防村；访谈时间：2014 年 6 月 22 日。

② 访谈人：岩某；访谈地点：关累镇关累村；访谈时间：2014 年 6 月 24 日。

③ 访谈人：波某；访谈地点：勐腊县曼龙村民小组村长波某家中；访谈时间：2014 年 6 月 20 日。

化，食品及烟酒糖类的比例在逐渐下降，而家用电器与文化书报类的比例在逐渐提升。从这些数据的对比中我们可以看出，勐腊县整体的生活水平从原来的贫困状态逐渐迈入小康社会。

表 4-9　社会商品零售总额分类构成所占比重

年份	食品及烟酒糖类（%）	衣着针织及鞋帽类（%）	家用电器类（%）	文化书报类（%）	其他生活用品（%）	农业生产资料（%）
1965	71.2	12.1	0	2.8	11.4	2.5
1978	66.1	10.9	1.8	2.4	11.9	6.9
1985	48.5	16.4	3.9	5.2	22.9	3.1
1990	48.9	18.1	9.5	4.3	14.4	4.8
1995	44.2	14.6	12.6	5.6	17.3	5.7
1998	34.5	13.5	14.7	7.6	20.7	9.0

资料来源：根据勐腊县统计局编《勐腊五十年巨变——国民经济、社会事业统计综集（1949—1998）》（1999 年 10 月）第 30 页所提供数据制表。

进入 21 世纪，勐腊县城乡居民的生活水平又得到进一步提升。2006 年勐腊县政府工作报告中指出："勐腊县'十五'计划期间，城市居民在交通、住房、通信、教育、文化、娱乐等方面的消费快速增长，消费结构由吃穿用逐步向住、行、游和公共服务需求升级，城镇居民人均居住面积由'九五'期末的 12.88 平方米增加到 21.16 平方米，职业教育、医疗保健、文化娱乐、旅游和通信等在消费支出中所占的比重明显上升，住房、汽车将成为新一轮的消费亮点。就业和再就业工作得到加强，五年新增城镇就业 2962 人，城镇登记失业率控制在 3%，社会保障体系初步建立。"[①] 在 2011 年勐腊县的政府工作报告中又指出："2010 年城镇居民人均可支配收入 13383 元，农民人均纯收入 4354 元，年均分别增长 11.1% 和 14.9%。随着居民收入大幅度提高，手机、电脑、轿车等现代消费品逐步进入普通百姓家庭，人均居住面积和居住条件大为改善。"由此可见，在整体的消费结构上，勐腊县农户的消费水平也在相应提高，他们的消费在食品上所占的比例越来越小，而在休闲娱乐、教育投资、高档耐用品等消费上的比例越来越大。截至 2013 年，西双版纳州全州农民年人均生活消费支出 6384 元，其中在食物支出中人均消费 2692 元，恩格尔系数

① 参见勐腊县政府办公室《勐腊县 2006 年政府工作报告》。

为42.17%；景洪市农民人均生活消费支出8591元，其中食物支出3530元，恩格尔系数为41.09%；勐海县农民人均生活消费支出5380元，其中食物支出2628元，恩格尔系数为48.85%；勐腊县农民人均生活消费支出4837元，其中食物支出2209元，恩格尔系数为45.67%。在恩格尔系数的等级划分中，59%以上为生活绝对贫困、50%—59%为勉强度日、40%—50%为小康水平、20%—40%为富裕、20%以下为最富裕。由此可见，无论是从西双版纳州全州的恩格尔系数水平还是从各个县域来看，西双版纳全州都处于小康水平状态，不过将西双版纳州与全国平均水平比较来看，还存在很大的差距，勐腊县政府还要继续加大对全县农村的扶贫与农业产业化发展。

（三）工商业者的收入与消费

工商业者主要是以企业为代表，其涵盖面较广，包括个体经营的工商户。在勐腊县工商户主要包括经营橡胶加工厂、茶厂、糖厂、餐饮、服务等个体的工商户等等。在新中国成立初期勐腊县个体工商户较少。勐腊县个体工商户到了1980年才有65户，当时在勐腊县全县范围内，几乎所有的农民还是附着在效率较低的土地上从事农业活动，未能从土地中解放出来从事工商业方面的活动。随着国家改革开放体制的深入，到1985年，勐腊县的个体工商户在短时间内由1980年的65户发展到1985年的1740户，整整提高了近26倍。个体工商户是勐腊县域经济的重要组成部分，他们自身具备一定的活力，因此他们的发展有助于搞活勐腊县的经济结构，推动勐腊县经济的发展。到了1990年，勐腊县个体工商户达到2237户，随着1992年中国对市场经济体系的确立以及经济体系改革的深入，在1995年勐腊县个体工商户突破了9000大关，达到了9119户，到了1998年有所回落，为6566户。

进入新时期后，勐腊县个体工商户又得到了新的发展，推动着勐腊经济快速发展的步伐。据统计，"沿南腊河两岸以主营江河鱼的18家民族风味烧烤店，月均毛收入8000元，纯收入5752元。勐腊县沿江河两岸有这样的农家园烧烤店50多家，农民从中获得较大的经济效益。"① 由于勐腊县地处中国边境地区，中国与周边国家的经贸往来也推动了勐腊县经济的发展。勐腊县在城镇化发展过程中，随着对外边贸的发展，衍生出很多新兴

① 邱成运：《勐腊渔业资源保护取得显著成果》，《中国渔业报》2004年9月13日第3版。

行业专业化的发展，比如物流、大型运输、跨国旅游、大型服务业、成规模超市、酒店等不同功能的工商业得到较大的发展。磨憨口岸就是一个典型的例子。在勐腊县边境地区，边民互市现象在历史上就有了，但是随着国家将磨憨口岸作为国家级口岸进行开发后，边民互市的规模扩大了。在磨憨口岸旁边专门划一块用来“赶摆”的区域来让两国边境进行互市。同时，这块区域的划分也吸引了一些专门经营东南亚特色木雕、药材等的个体工商户，租用政府规划的店铺进行商业上的活动。据调查了解，很多都是外地人过来这边打工，大量人口流动到边境地区来寻找就业机会。

边民间的互动以及工商业户的发展为磨憨口岸地区提供了很多的就业机会，同时，也催生了一些新的行业，其中有一群人在口岸每天从事“换钱”的生意。这一群人绝大多数来自湖南省，通过亲戚的介绍来到磨憨口岸从事换钱生意，他们在这一新的行业上依靠地缘关系建立起来的关系网络来维持着这一新行业的发展。据他们说，“在这个口岸每天的交易量有1000万元左右，主要是在老挝做生意的老板换钱比较多，他们来自全国各地，他们拿了现金过去种西瓜、橡胶、买木材”。换钱作为一种新的职业，目前只是“流动的钱庄”，将来有可能发展成为固定的“钱庄”。在边境口岸人口的流动中产生了新的社会资本，结成了新的社会关系网络，作为一个“换钱”群体，他们在原来地缘的社会关系网络中进一步的扩大，他们还会发动地缘关系来进行资源的共享。

随着国际化市场的发展，加之勐腊县的咖啡市场、橡胶市场、茶叶市场等被纳入全球的市场体系中，人口的流动以及个体工商户的跨国流动也成为边境民族地区的一种新的发展趋势。“替代种植”在勐腊县成为跨境合作的一个新的亮点。此外，由于勐腊县边境线比较长，居住在边境的边民在生活生计方面多了一份选择，他们除了在本地区进行农业的生产劳作以外，还会跨过国境线到老挝、缅甸，乃至通过昆曼大通道去到泰国等国家做生意。住在瑶区乡纳卓村委会纳卓村的老组长岩某在2012年种西瓜收入18万元，2013年收入40万元，打算2014年带动村民到老挝去种西瓜。[①] 在国家政策的扶持以及勐腊县地方体制的进一步完善下，住在边境的许多边民或者来自外省的工商业者，他们通过磨憨口岸，走出国门进行商业上的经营，以此来提高家庭的经济收入和生活质量。

---

① 访谈人：岩某（瑶区乡纳卓村委会纳卓村民小组老组长）；访谈地点：岩某邻居家里；访谈时间：2014年6月25日。

此外，在勐腊县境内，橡胶加工厂和茶叶加工厂的数量较多，也成为勐腊县个体工商户的主体队伍，这主要是依托勐腊县传统强势作物橡胶、茶叶种植而发展起来的。在这些工厂中，其经营的工商业主基本是来自外地，在勐腊地区进行经济活动，也为勐腊县创造了更多的就业岗位，推动了勐腊县经济作物销量的增长以及整体经济实力的提升。比如在“关累镇共有橡胶加工厂 6 个，其中农场橡胶加工厂 2 个，民营橡胶加工厂 4 个”①。民营橡胶加工厂分别是关累制胶厂、龙江制胶厂、龙新制胶厂、勐远制胶厂，其中我们调研组选择关累制胶厂作为橡胶经济经营的个体工商户的代表来了解勐腊县个体工商户的收入水平、用工情况等。据了解，关累制胶厂是湖南籍老板开的，属于家族企业，在勐仑橄榄坝也有分厂。负责管理关累制胶厂的厂长告诉我们，“我们建这个胶厂的投资加上流动资金大概 3000 万左右，我们的流动资金都有 1000 多万。我们这个厂的工人有 30 多个，工人基本是云南人，主要是墨江和本地人为多。据会计统计的资料显示，我们厂里有一半是少数民族，主要是彝族、哈尼族、傣族、拉祜族。工人的工资每个人每个月平均 3000 元，我们管理层基本工资也是 3000 元，但是我们还有分红，根据胶厂每年的收益来进行分红。工人的工资是按照加工吨数来计算的，加工越多，给的钱越多。我们胶厂所压的胶片一般拿到昆明去卖，卖的是半成品，然后再由昆明加工销往广东、北京、上海、烟台等地，这些地方的汽车工业都很发达”。由此可见，经济作物的产业化发展，推动着勐腊县个体工商户规模的扩大，同时，橡胶经济作为一种载体，将地处边疆地区的勐腊县与国内发达地区的市场紧紧联系在一起，全国市场价格的走势和波动都会影响着边境地区个体工商业者的经济收入。

在勐腊县，茶叶经济和橡胶经济相似，在全县范围内分布着很多茶厂，部分是外地人在经营，也有本地人。易武乡是勐腊县有名的茶乡，当地的主要生计收入是依靠茶叶种植，茶叶资源与茶文化的发展在易武乡有着很长的历史，近年来易武乡在城镇规划中也打算将茶叶作为经济发展的载体，以茶叶经济来推动易武旅游小城镇的发展。其中，麻黑村委会是易武乡茶叶种植的重点村寨之一，因此调查组对麻黑村委会麻黑村茶厂经营的收入、请工、销售等方面进行了了解。麻黑村委会村支书告诉我们：

① 参见勐腊县农村工作委员会办公室《勐腊县关累镇辖区小作坊式橡胶初加工点生产现状情况调研报告》，2011 年 10 月 8 日。

"我们村委会有 9 家外地茶厂，5 家本地茶厂，我家算本地茶厂的一家，其中有两家广东人的茶厂（成生茶厂、窦记茶叶有限公司），工人工资 3000 多元。以前茶叶并不是我们麻黑村主要的经济来源，现在我们村委会在整个乡里的茶叶收入是最多的。我家茶厂的雇工要看季节，3—5 月比较忙，忙的时候需要 5—6 人，一般都是请亲戚朋友过来帮忙，工资每个月是 3000 元左右。我的二女儿在昆明开了一个销售点，我们一般都是发货到昆明。昆明是一个集散地，我可以把货发到昆明，再发到国外。我们茶厂加上茶地种植的收入，毛收入每年有 110 万—120 万元。不过我们赚的钱还不算多，这边最大的茶厂每年估计收入两三百万。"茶叶作为麻黑村委会的主要生计收入来源，因为经济效益好，全村茶农家庭的经济收入都保持在全县中上等水平。随着收入的增多，他们的消费结构也发生了变化。作为本地个体工商户，麻黑村委会村支书说，在他们的寨子里，主要的消费是用来盖房子，"我们寨子大部分的房子都是在 100 万以上。现在家家户户都有汽车，有些家庭还有两三辆，摩托车就不用说了"。此外，随着经济经营的拓展以及收入的增多，他们家里的人际交往圈也在扩大。据了解，每年经常有顾客、朋友来何某某家里玩，每次的花费就得三四千元。在他们村委会举办婚礼的花费比勐腊县其他乡镇的平均水平要高，一般都在七八万元左右，多的达到十几万元。除了他们对如房子、汽车等这些高档耐用消费品的开支比较大外，他们也逐渐在追求休闲娱乐、外出旅游等方面有新的开销。如何某某所言："我们家花在旅游上的费用也不少，我预测三年后，寨子里的人去省外、国外旅游的人越来越多。等三年后，固定资产定下来后，他们就会想方设法在其他地方买房或者投资。有些等固定资产确定后还会换车。"① 由此可见，随着勐腊县个体工商户经济收入的提高，他们在生活消费结构上也发生了很大的改变。

进入 21 世纪以来，勐腊县社会消费品零售市场取得新的发展，2002 年社会消费品零售总额 3.3 亿元，2007 年已达 5.3 亿元，截至 2013 年勐腊县社会消费品零售总额达 16.22 亿元。综合比较来看，勐腊县城镇居民和农民在收入与支出之间的差距却逐渐增大，2010 年城镇居民人均纯收入 11099 元，农民人均纯收入 3663 元。2011 年，勐腊县城镇居民人均可支配收入达 12266 元，同比增长 10.5%；农村居民人均纯收入达 4415 元，

① 访谈人：何某某（易武乡麻黑村委会村支书）；访谈地点：何某某家中；访谈时间：2014 年 6 月 26 日。

同比增长 20.5%。城乡居民收入水平的提高，以及消费能力的提升，有力促进了社会消费品零售总额的增长，增长速度全年保持在 18%左右。城乡消费市场同步增长，城镇市场增速略快于乡村市场。城镇市场消费品零售总额达 8.19 亿元，同比增长 19.3%；乡村市场消费品零售总额达 4.27 亿元，同比增长 17.9%，城镇市场增速比乡村市场快 1.4 个百分点。此外，在国家政策的大力扶持下，勐腊县非公有制经济拉动消费品零售总额增长的作用明显。全县以个体、私营经济为主导的非公有制经济发展迅速，在社会消费品市场中占据主要地位。全年全县实现非公有制经济社会消费品零售总额达 11.94 亿元，同比增长 18.8%，占全县消费品零售总额的 95.8%。[①] 截至 2013 年，勐腊县城镇居民年人均可支配收入 15908 元，农民年人均纯收入 5891 元。

表 4-10　勐腊县 2011—2012 年城镇居民与农村居民年人均收入统计

城镇居民年人均可支配收入（单位：元/年）				
	西双版纳州	景洪市	勐海县	勐腊县
2011 年	15667	16900	14453	12266
2012 年	17909	18372	16807	13982
农村居民年人均纯收入（单位：元/年）				
	西双版纳州	景洪市	勐海县	勐腊县
2011 年	5327	6397	4560	4415
2012 年	6274	7574	5546	5064

资料来源：编委会：《西双版纳傣族自治州经济工作手册》（2014 年），第 134 页。

从历年来的数据对比中我们可以看出在城乡发展中存在的不利因素：一是城镇居民与农民之间收入差距在逐渐增大；二是勐腊县城镇居民和农民阶层的年人均收入水平都低于全州的平均水平，较之全国的平均水平存在的差距更大。从表 4-10 可以看出，2011 年，勐腊县城镇居民年人均可支配收入 12266 元，而西双版纳州平均水平为 15667 元，低于全州平均水平 3401 元；勐腊县农村居民年人均纯收入为 4415 元，全州平均水平为 5327 元，低于全州平均水平 912 元。2012 年，勐腊县城镇居民年人均可支配收入 13982 元，而西双版纳州平均水平为 17909 元，低于全州平均水

① 参见勐腊县政府办公室依应香《我县居民收入增加　消费市场繁荣活跃》，2012 年 4 月 9 日。

平 3927 元；勐腊县农村居民年人均纯收入为 5064 元，全州平均水平为 6274 元，低于全州平均水平 1210 元。从数据对比中我们可以看出，2012 年勐腊县城镇居民与农村居民人均收入与全州平均水平相比，较之 2011 年，差距还在逐渐增大。城乡发展的差距在扩大、全县收入水平低于全州平均水平，这些因素的存在将会阻碍城乡一体化发展的步伐，因此，从政策制定方面来说，勐腊县政府需在政策上加大对农村经济发展扶持的力度，缩小城乡发展的距离，才能促进城乡一体化又快又好发展。

第四节　民族地区的城镇化发展探索

2014 年中央一号文件《关于全面深化农村改革加快推进农业现代化的若干意见》指出，加快推动农业转移人口市民化，积极推进户籍制度改革，建立城乡统一的户口登记制度，促进有能力在城镇合法稳定就业和生活的常住人口有序实现市民化。自 21 世纪初以来，农村劳动力转移也成为很多地方富民强县的重大举措。因为随着农村经济改革的深入以及农业产业结构的进一步调整，转移农村剩余劳动力往城市就业发展，将会推动农村经济得到更快更好的发展。因此，云南省也将“农转城”工作的开展作为提高云南县域城镇化水平的重要举措。云南省针对“农转城”问题的开展，于 2011 年 9 月 27 日出台了《云南省人民政府关于加大城乡统筹力度促进农业转移人口转变为城镇居民的意见》，也提出了“两床被子”“十件衣服”的实施方法。

一　勐腊县的城镇化率

城镇化率是指一个国家或地区城镇人口占其总人口的百分比。城镇化是一个综合性概念，它既包括城乡人口变动，即城镇人口增长和比重上升，农村人口减少和比重下降，也包括人口观念的转变和质量的提高；既包括总人口在城乡比例上的变动，也包括由此带来国民经济结构的变动，即农业份额下降及第二、三产业份额的上升；既包括劳动力向城镇聚集的过程，也包括资金等生产要素向城镇流动的过程；既包括乡村的城镇化，也包括城镇自身发展和素质的提高，即“城镇的城市化”。[①] 截至 2012

① 西双版纳傣族自治州统计局、人民政府办公室合编：《西双版纳傣族自治州经济工作手册》（2014 年），第 217 页。

年，整个西双版纳州的城镇化水平达到了39.26%，较之2000年城镇化率22.8%而言，西双版纳州的城镇化获得较大发展，在12年间，增长接近一倍。“十一五”规划发展期间，全州城镇化水平年均提高1.37个百分点，2010年达到39%。从表4-11可以看到，2000年西双版纳州的城镇化水平低于云南省的城镇化水平0.6个百分点，但是自“十五”计划发展以来，西双版纳州的城镇化水平一直高于全省的平均水平，不过西双版纳州的城镇化发展水平远远低于昆明市的发展水平。2011—2012年的统计数据可以看出：2011年，西双版纳州的城镇化率是37.13%，排在云南省各地州级城市的第四名，昆明市城镇化率是66%。2012年西双版纳州城镇化率是39.26%，昆明市城镇化率是67.05%。21世纪以来，在旅游业和市场商品经济的推动下，西双版纳州的经济水平在不断提高，农业产业化、工业新型化、服务优质化的产业发展中，全州的城乡发展都迈入一个新的台阶。

“十五”计划期间，勐腊县的城乡统筹获得很大的发展，城乡发展的差距在不断缩小，城镇居民人口比例也在不断增加，尤其是在2006年第一批新农村建设以来，农村劳动力向城市转移的比例在不断增加。随着农村农业的产业化、乡镇企业的工业化，农村从事农业粮食方面的种植比例在不断缩小，从事工业、服务业的人数有明显增多，城乡一体化的发展程度进一步推进，至2010年，勐腊的城镇化率达到34.5%，相对于西双版纳州的城镇化平均水平39%而言，还存在一定的差距，但是相对勐腊县整体的经济发展而言，已经获得了很大的发展。在“八五”计划实施期间，勐腊县的城市化率仅有17.59%，时隔20年后，勐腊县政府在“十二五”规划中将勐腊县的城镇化率要求定在40%，是“八五”计划实现指数的两倍多。其中，“2012年勐腊县城镇化率为38.88%，2013年预定城镇化实现率为40.6%”①，已经超出了“十二五”规划的目标。城镇化率的不断提高意味着创造更多的城镇就业和消费，成为扩大内需的最大潜力，是扩大内需、拉动增长的持久动力。城镇化带动大量农村人口进入城镇，带来消费需求的大幅度增加，同时还产生庞大基础设施、公共服务设施以及住房建设等投资需求。

① 勐腊县统计局编：《勐腊县国民经济统计提要》，2013年，第9页。

表 4-11　西双版纳州与全国、全省城镇化水平对照

年份	全州城镇化水平（%）	全省城镇化水平（%）	全国城镇化水平（%）	备注
2000 年	22.8	23.4	36.2	
2001 年	25.5	24.9	37.7	
2002 年	29.6	26.0	39.1	
2003 年	31.1	26.6	40.5	
2004 年	31.6	28.1	41.3	
2005 年	32.2	29.5	42.1	
2006 年	34.0	30.5	43.9	
2007 年	34.3	31.6	44.9	
2008 年	36.0	33.0	45.7	
2009 年	37.0	34.0	47.6	
2010 年	39.0	36.0	47.6	
2015 年	46.0	42.5	53.0	全州城镇化水平在“十一五”末基础上按每年提高 1.4 个百分点预测

资料来源：《西双版纳州国民经济和社会发展第十二个五年规划纲要》。

勐腊县“九五”计划完成后（2000 年），勐腊县的产业结构比例慢慢偏向第二、第三产业，第一产业所占的比例也首次低于 50%。进入 21 世纪以来，勐腊县的国民经济发展在国家政策的引导和勐腊县政府的规划、管理中获得很大的提高。“十五”计划完成时，第三产业所占比例已经超过第一产业，第二产业所占比例也在逐渐提升。由此可见，勐腊县的经济发展逐步朝着工业化、产业化、服务一体化的方向发展。直至“十一五”规划完成，勐腊县第一、第二、第三产业所占比例分别为：27.6∶29.6∶42.8。“十一五”期间，实现了产业结构从“十五”期间的“三一二”的产业结构比例向“三二一”的转变，勐腊县的工业化、产业化也超过了传统农业对整个勐腊县国民经济 GDP 的经济贡献比例。

二　勐腊县小城镇建设的社会发展模式

勐腊县的小城镇建设是在县域经济情况以及地域特色、民族文化特色、国家资源投入的基础之上对城市道路、土地利用与林地保护、村庄规划编制、房地产开发、城镇与乡村基础设施建设、垃圾与污水的处理等等进行规划与发展。进入 21 世纪以来，勐腊县政府在综合考虑资源环境承

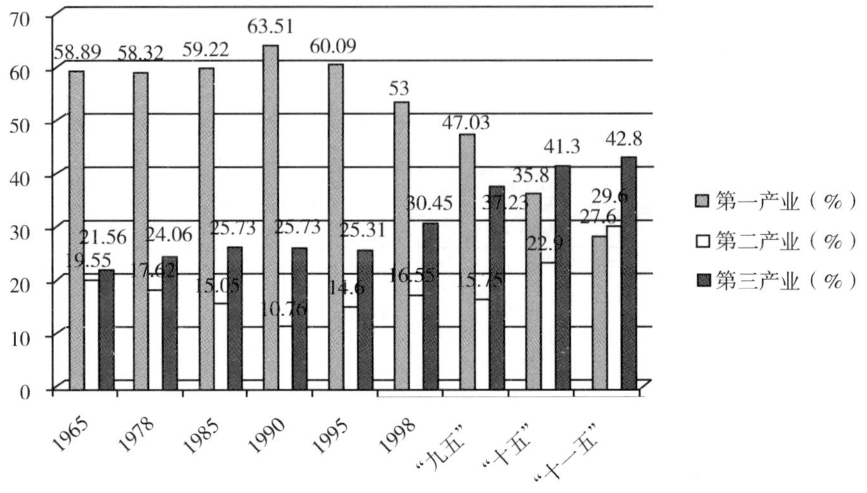

图 4-8　全县生产总值构成比例

资料来源：根据勐腊县统计局《勐腊五十年巨变——国民经济、社会事业统计综集（1949—1998）》（1999 年 10 月）第 11 页、勐腊县“十五”、“十一五”、“十二五”规划提供数据制作而成。

载力、现有开发基础和未来发展潜力等因素的基础上，按照集中布局、点状开发、辐射周边、联动发展的思路来发展磨憨跨境经济合作区以及勐腊县各乡镇，全力打造勐仑、勐捧等特色城镇，逐步建立起布局合理、功能齐全、设施配套、各具特色的小城镇体系，推动人口向城镇迁移、三产向城镇集中，把小城镇建设成为辐射和带动农村发展的中心，进一步增强城镇功能和承载能力。①从整个勐腊县的城镇化布局来看，勐腊县政府正在全力利用民族文化资源与特色生态资源来发展勐腊小城镇的旅游，并将勐捧、勐满列入中心小城镇发展中来加快对中心小城镇的发展进度，促进南部区域经济发展和城镇化水平的快速提高。此外，利用关累、磨憨的口岸资源优势来推动当地城镇功能区划分的多元化，加快当地城镇化的发展。还充分利用当地特色资源的优势来推进易武乡与瑶区乡的城镇化发展。比如易武乡的茶叶发展具有一定的历史渊源，勐腊县利用易武乡茶叶以及民族文化特色资源、革命老区资源以及文化古迹的资源来推动易武乡旅游小城镇的发展。瑶区乡的矿业较为发达，在矿业发展的基础上，勐腊县与瑶

① 参见勐腊县政府办公室《2012 年勐腊县政府工作报告》。

区乡政府通过农业产业化和招商引资小型企业的进入来推动瑶区乡未来乡镇发展的转型，以保证瑶区乡经济的可持续发展。

1. 勐仑“雨林旅游”小城镇：利用民族生态资源推动小城镇发展模式

1992 年，勐腊县委、县政府根据勐仑镇的地理区位、自然环境的优势，结合当时勐仑植物园旅游观光不断升温的实际，提出了在勐仑镇建设旅游经济开发型小城镇的总体构想，确定了把建设成为集旅游、观赏、避暑、度假疗养、科研科普、经济合作技术开发为一体，多功能、多层次的花园式旅游城镇的建设目标。1994 年，勐仑镇被国家建设部列为全国 500 个小城镇建设试点之一。1995 年，勐腊县确定了“一线三点两翼”的战略发展思路，把勐仑小城镇建设列为全县的重点项目建设，实行一级财政。2005 年，勐仑镇凭借独特的气候资源、较为完整的民族文化风貌、较为突出的区位优势以及丰富的旅游资源优势，被云南省政府确定为 60 个旅游小镇建设之一。21 世纪以来，勐腊县正加快勐仑镇以旅游服务为中心的小城镇建设的步伐。随着云南省加大“桥头堡”建设的步伐加快，勐仑旅游小镇正处于发展的关键时期。

勐仑镇具有丰富的民族生态资源。勐仑镇地处中国云南的热带雨林气候区，“勐仑镇森林覆盖率 64%，保护区 12.2 万亩，国有林地 22 万亩。有良好的山水生态格局，周围山地环绕，山脚水系环流”①。在勐仑镇域范围内，有着大量的坝区农田、林地以及山水田园风光，还有密集的傣族居住区，整体良好的生态环境和平坦的地势条件有利于勐仑镇开展城镇化建设和山水特色的旅游发展。在勐仑镇内还分布有国家级热带雨林自然保护区、中科院西双版纳热带植物园，以“以园带镇，镇园相结合，建设新镇”的发展战略，把周边的旅游资源进行整合，巩固、完善现有的热带雨林风景区，如雨林谷、翠屏峰、绿石林公园等，形成一系列独具特色的热带雨林自然景观。勐仑镇内主要居住着傣族、汉族、哈尼族等 13 个民族，其中以傣族为主体民族。各民族在长期的生产生活中形成了风格各异、类型多样的民族文化、风俗习惯、节日、服饰、村舍建筑。勐仑城区周边有几个保存较为完整的傣族村寨，多年来曼春满傣园的旅游业已初具规模。傣族独特的人文景观，独特的傣族“贝叶”文化等民族文化与热

① 参见《勐仑镇创建省级文明旅游小镇材料》，云南省数字乡村新农村建设信息网：http://ynszxc.gov.cn/szxc/model/ShowDocument.aspx? DepartmentId = 1086&id = 2941271。

带雨林自然景观融为一体，使整个勐仑镇的城镇化规划更具特色。勐腊县勐仑镇邻近景洪市，勐仑公路的开通连通了思茅、江城、勐捧、关累的交通。此外，勐仑正处于昆曼铁路与泛亚铁路建设的黄金节点，随着中国加快澜沧江—湄公河次区域的开发以及大湄公河旅游圈的构建，缅甸、老挝、泰国与中国四国的文化交流和旅游开发也在进一步加强，四通八达的小城镇交通网络也为勐仑镇分享到了邻近乡镇、城市以及邻国的文化资源优势，推动着勐仑城镇化的发展。

勐仑小镇城镇化的发展是依托在独特的自然生态资源、民族文化特色资源以及四通八达的交通网络的基础上来进行规划以及对行政功能区、居民住宅区、旅游观光休闲区等城市功能区的划分。在 2007 年勐腊县政府报告中提出"勐仑镇要按照'一个对国际、国内富有吸引力、极具竞争力的旅游小镇'的整体定位要求，尽快启动西双版纳植物园'园外园'建设，努力打造勐仑国际精品旅游小城镇"。在《西双版纳傣族自治州"十二五"规划》中也指出："在完善勐仑旅游小镇建设规划基础上，以西双版纳学院搬迁新建、勐仑植物园改造提升、罗梭江两岸景观改造和高星级酒店建设为契机，推动名人名家村、影视基地建设。"勐仑镇的小镇建设围绕着西双版纳州提出的"热、傣、园、水""山环水绕、田城相依"等地域、民族特色建设的要求来进行布局，并将镇区、寨子、农田与独特的热带雨林自然景观、傣族风情的民族景观融在一起来进行城镇化建设。

勐仑镇在整个镇域的城镇化规划中形成了自己独特的规划思路，以"一个核心、一个次中心，一条城镇一级重点发展轴"为主要内容的村镇体系结构布局。以勐仑镇为核心，勐醒中心村为镇域经济的次中心，并以昆曼公路作为一条重点发展轴进行城镇职能的分工与规划。勐仑镇政府在城镇化规划中将勐仑镇定位为勐腊县北部城镇经济区次中心，以旅游业、第三产业为主，而将勐醒中心村定位为"东南部经济区"的中心，以集市贸易和生态绿色加工工业为主的中心村，并将大卡村规划为以农业生产为主的中心村，其他的基层村规划为以农业生产为主的基层村寨，从而形成"一心，双轴，五组团，六傣寨"的"组团式"的城镇规划结构。① 在"十二五"期间将完成勐仑生态垃圾处理场扩建工程、勐仑镇污水处理厂建

① 参见《勐仑规划总本》，http://wenku.baidu.com/view/e70480a70029bd64783e2cd9.html。

设工程、版纳学院建设工程、超星级酒店（ANANTARA，安纳塔）建设工程、小型水库等配套设施的建设工程，这将使城镇的功能进一步完善，生态环境得到进一步改善。[①] 在综合当地地域特色的地理自然资源、民族文化资源、特色宗教建筑资源的基础上，勐仑镇的城镇化建设达到"建设一座城镇，繁荣一方经济，转移一批农村富余劳动力，致富一方群众"[②] 的城镇规划要求。

2. 磨憨口岸：口岸经济开发区的城镇发展模式

1992 年 3 月国务院批准磨憨为国家一类口岸。1993 年 12 月中老两国正式开通磨憨—磨丁国际口岸。1994 年 8 月向第三国人员开放。2001 年 5 月根据省政府姐告现场办公会精神，磨憨边境贸易区挂牌设立。2004 年 9 月国务院批准磨憨口岸享有第三国人员落地签证权。2006 年 9 月国家清理开发区，磨憨边境贸易区被保留，并更名为"云南西双版纳磨憨经济开发区"。西双版纳磨憨经济开发区管委会现为西双版纳州委、州政府正处级派出机构，行使县级经济管理权限和部分州级管理权限。为实现开发区可持续发展，西双版纳磨憨经济开发区经三次调整区划，2011 年 6 月磨憨经济开发区与磨憨镇实行"区镇一体"，管理区域从 3. 54 平方千米扩大到 803 平方千米，区内有 6 个村委会，57 个自然村，62 个村民小组，现常住人口 2. 75 万人。[③]

西双版纳磨憨跨境经济合作区包括磨憨经济开发区和磨憨进出口贸易加工园区勐满片区，总面积为 759. 76 平方千米，与老挝磨丁经济开发专区对接形成中国磨憨—老挝磨丁跨境经济合作区。合作区位于大湄公河次区域"南北走廊"的中心节点，中国连通中南半岛的主体通道——昆曼国际大通道和拟建的泛亚铁路中线穿区而过，区位条件十分优越，周边自然资源丰富，基础设施较完备，中老双方合作基础良好，发展潜力巨大。[④] 国家资源投入与政策的制定在磨憨经济开发区发展中起着至关重要的作用。紧随《国务院关于支持云南省加快建设面向西南开放重要桥头

---

① 保虎：《浅析如何创建国家级生态乡镇——从西双版纳勐腊县勐仑镇的创建引发的思考》，《湖湘三农论坛》，2012 年。

② 参见勐腊县建设局《搞好城乡规划，努力提升勐腊城镇品位》。

③ 参见西双版纳傣族自治州统计局编《西双版纳傣族自治州经济工作手册（2014）》，第 91 页。

④ 参见《西双版纳磨憨跨境经济合作区发展规划纲要》，中国磨憨网：http：//www. zgmh. net/Article_show. aspx？ id=248。

堡的意见》（国发〔2011〕11 号）和《云南省加快建设面向西南开放重要桥头堡总体规划（2012—2020 年）》相关政策的步伐，2013 年 8 月，云南省人民政府专门出台支持磨憨跨合区发展的优惠政策。《支持西双版纳州磨憨跨境经济合作区建设若干政策》（云政发〔2013〕122 号），从 7 个大方面给予了 22 条含金量极高的优惠政策。比如在财税政策方面：一是 2013—2017 年，省财政每年给予磨憨跨合区 5000 万元综合财力补助；二是磨憨跨合区实行财政收支预决算单列。省财政在测算和安排各类一般性转移支付和专项转移支付时，充分考虑磨憨跨合区交通、能源、水利、口岸等基础设施和边境维稳、禁毒防艾、生态环境保护以及面向老挝北部地区的农业、教育、科技、文化、卫生交流合作等特殊因素，增加补助数额，给予重点倾斜支持；三是对入驻磨憨跨合区的新办企业，除国家禁止和限制的产业外，应缴纳企业所得税地方分享部分实行“五免五减半”[①] 优惠等等。2013 年 9 月 24 日，《西双版纳磨憨跨境经济合作区发展规划（2013—2020）》（以下简称《规划》）通过国家发改委评审。《规划》纲要对跨境经济合作区建设的重大意义、指导思想、基本原则、发展目标和功能定位做了全面阐述，将全面指导磨憨跨境经济合作区今后发展。[②] 西双版纳州在“十二五”规划中，也将磨憨经济开发区的建设作为“十二五”规划重点，以泛亚铁路中线建设为契机，全面改善和提升基础设施和投资环境，加快中国磨憨—老挝磨丁跨境经济合作区、国家级重点开发开放试验区、国家级边境经济合作区建设，按照“着眼长远、立足国内、面向东南亚、与国际接轨”的发展思路，进一步完善规划，调整发展布局。积极推进“区镇合一”管理体制创新，持续优化城镇结构体系，加强招商选资，培育支柱产业，提升商贸、旅游、出口加工、物流、仓储、通道服务等功能，将磨憨经济开发区建设成为国际物流、商贸、进出口贸易加工和现代服务基地。凭借地理区位的优势，磨憨口岸经济开发区在国家经济发展与城镇化建设上分了“一杯羹”，在国家政策的引导和大量资源的投入下，磨憨经济开发区的经济功能区位划分多元化，这也在很大程度上推动磨憨经济开发区城镇化发展的特色化。

① “五免五减半”，即企业自取得生产经营第 1 笔收入年度起，前 5 年免征、后 5 年减半征收，具体减免税范围由西双版纳州人民政府确定。

② 参见磨憨经济开发区管委会《磨憨经济开发区关于桥头堡建设进展情况的报告》，2013 年 12 月 15 日。

磨憨口岸，作为国家级口岸，是湄公河次区域合作的主体通道之一，与老挝磨丁口岸接壤，是中国至东盟自由贸易区的最佳接合部，拥有19亿消费者，成为跨国贸易、国家多政策汇集的地带。中国磨憨—老挝磨丁的跨区域合作，将中老缅泰以及东南亚其他国家的经济贸易交流紧紧整合在一起，是全球第三大自由贸易区域。在中国利用磨憨经济开发区的优势来发展跨国贸易交往以及相关国家政策的影响下，磨憨经济开发区的城镇化发展较之勐腊县其他乡镇的城镇化规划，有着自己明显的独特性。磨憨经济开发区管委会在城镇化方面实行“六抓”[①] 来统筹城乡一体化的发展，并发展出“一轴三带”的城乡发展格局。

“一轴”即以昆曼大通道作为磨憨城乡发展的主轴干道，以东盟大道为依托，集商业餐点、休闲娱乐、科研行政、物流运输等主要功能点。“三带”即生活服务带、产业发展带、休闲旅游带。在“生活服务带”上，沿尚勇横一路，引导城市规划多元发展，并在现代生活服务区提供现代公民活动场所，积极引入图腾、寺庙等充满民族特色的文化元素；在“产业发展带”上，沿环山路、新民口岸沿路线规划工艺、物流、科研、商业用地，形成磨憨产业发展四轴线，并将进出口贸易加工园西片区建设为现代物流区块，并针对基本农田进行保护，塑造传统田园原始风貌，打造磨憨跨境产业经济区；在“休闲旅游带”上，沿丁贸区、凤凰路，打造集旅游购物、度假休闲、商贸金融功能为一体的城镇化发展，发展宗教观光、文化旅游、休闲体验，营造独特的异域风情。此外，磨憨经济开发区实行“一线放开，二线管住，人货分离，分类管理”的双线管理模式，在磨丁口岸旁边建设集免税购物、商贸服务、金融咨询、文化传媒、教育医疗等产业为一体，与磨憨国际商贸旅游核心为一片，形成未来的中央商贸区和城市发展区，并沿着主干马路发展物流企业和物流加工业区、云铜公司投资的采矿粗加工区以及加快磨苗公路、廉租房、工业园区主干道、国际客运中心、云维仓储物流中心、会展博物广场、高档酒店餐饮、商贸步行街、原矿交易中心、垃圾处理场、污水处理厂等项目的顺利开展。

3. 勐捧镇：利用国家重点扶持资源来推动城镇化发展模式

勐捧是傣语“西双版纳”中十二个大坝子之一，现在的勐捧镇是2005年由原勐捧镇和原勐润乡重组而成，位于勐腊县城西南部（镇政府

---

① “六抓”，即一抓基础建设、二抓项目、三抓招商引资、四抓软硬环境的营造、五抓城乡统筹、六抓生态保护。

距勐腊县城42千米），是勐腊县的中心重镇，也是勐腊县的粮食主产区。2011年全镇有8个村委会，67个村民小组（勐捧片区有5个村委会，勐润片区有3个村委会），40多个机关单位，2家国有国营农场和1个中型糖厂以及1个外商独资企业，辖区内居住着汉、傣、哈尼、彝、布朗、克木等民族，主体民族是傣族。勐腊县“全县万亩以上坝子有勐捧、勐满、勐仑、勐润、勐伴5个，千亩以上的小坝子有勐醒、尚勇等45个。在万亩以上的坝子中，最大的坝子为勐捧坝，面积41.6平方千米”。[①] 由此可见，勐腊县政府在城镇化发展规划中，将勐捧镇规划为中心小城镇来进行城镇化建设是有其独特的优势。勐捧镇大面积的坝区，不但可以为农业走产业化的路子提供足够的土地资源，还有利于勐腊县在进行城镇化规划中，以勐捧镇为中心来带动周边乡镇的城镇化建设、发展。

勐捧镇在“整乡推进”的过程中，走出了一条以“村为基础、整乡推进、区域规划、产业培育、科学发展”[②] 的扶贫开发路子。至2014年，共有文化活动室60个，文化活动场所54个，3个独立的哈尼族村史馆，文艺队56支、篮球队46支、陀螺队23支、气排球队18支、门球队7支，10个县级农家书屋，开放2个文化信息资源共享工程；完成扶贫安居工程40户，发放补助款40万元，扶贫整村推进太阳能项目116户，补助金额11.6万元。[③] 此外，2011年勐捧镇共投入资金4830万元用来修建自来水工程、曼广大桥、曼丈大桥、温泉大桥、捧润公路、景坎大桥、岁修沟渠等。投入资金246万元，建成不同标准的高稳产农田3万亩，完成低产田改良改造5960亩，建成农村沼气池157户。[④] 勐捧镇在国家扶贫资源的投入乡域建设中加快了城乡一体化发展的步伐。依托边境优势，通过国家政策倾斜支持，加强与周边国家在农业技术、动物防疫、替代种植和农产品贸易等方面的合作。通过兴地睦边农田整治等农田水利项目，将勐捧片区和勐润片区统一规划、连片整治，进一步完善农业基础设施，提升土地使用率和机械化水平。从2003年大唐公司在勐润落户到2011年中泰、联泰、广湛香蕉基地等公司相继到勐捧镇搞种植，加快了勐捧香蕉的产业化发展，也解放了勐捧镇大量的农村劳动力转移到第二、第三产业中

① 勐腊县统计局：《勐腊五十年巨变——国民经济、社会事业统计综集（1949—1998）》，1999年10月，第9页。

② 参见西双版纳州人民政府扶贫开发办公室《2011年扶贫开发工作总结》。

③ 参见勐捧镇政府办公室《勐捧镇经济社会发展情况汇报》（2014）。

④ 参见勐捧镇政府办公室《勐捧镇2011年政府工作总结》。

来，进一步推动了勐捧镇的城镇化发展。

勐捧镇要发展中心镇，要有一定的人口规模，才能发挥小城镇的聚集辐射作用。勐捧镇依据有关政策，采取切实措施，策动人口向小城镇聚集。一是改革小城镇户籍管理制度，对在小城镇规划区内有固定住所、有稳定生活来源、居住两年以上的暂住人口，允许申请办理小城镇常住户口。二是降低入镇门槛，制定优惠政策措施，鼓励各类企业向小城镇规划园区集中。三是坚持政府引导、农民自愿的原则，做好村寨搬迁工作，鼓励农民到小城镇安家落户。勐捧村委会曼浓村民小组通过搬迁，村容村貌发生了根本性变化，水、电、路、环境绿化等都走在全镇的前列。勐哈村委会曼勐村民小组易地搬迁到与勐满农场相连的城镇划区后，生活水平和居住条件得到很大改善。在城镇化的统筹发展中，勐捧镇在村落的规划中恢复传统民居风格，融入地方民族特色的文化元素。此外，勐捧镇开展“勐捧镇东北片区提升改造项目”，规划将打造一个集特色商业、酒店、写字楼、住宅为一体的复合功能、独具民族风情的生态特色片区。

2013 年中央 1 号文件提出要努力建设美丽乡村，建设美丽乡村是社会主义新农村建设的一个有效载体，“美丽乡村”要求达到“四个美”，即规划科学布局美、村庄整治环境美、创业增收生活美、乡风文明素质美。建设美丽乡村对统筹城乡发展、构建社会主义和谐社会具有重要意义。勐腊县在响应中央相关文件政策的同时，也将“建设美丽乡村”作为乡域城乡统筹发展、城镇化规划的一个重要指标。曼浓村民小组作为勐腊县中心小城镇勐捧镇的一个村民小组，在国家资源的扶持中，成为了全县建设美丽乡村的一个典范，曼浓村也成为新型村寨建设与公共空间规划的成功案例。

曼浓村民小组隶属勐哈村委会，属纯傣族聚居的坝区村寨，距镇政府 4.5 千米，距村委会 4 千米，距勐腊新城 36 千米，寨子土地面积 1440 亩，海拔 1010 米，适宜种植橡胶、水稻等农作物，有耕地 659 亩，其中人均耕地 1.99 亩，至 2013 年，全村共有农户 68 户 331 人，其中劳动人口 284 人，2012 年末村人均纯收入 4306 元。2013 年全村经济总收入 277.54 万元，农民人均纯收入 4628.00 元。农民收入主要以林业为主。现在村里已实现通水、通电、通路、通电视、通电话“五通”及网络全覆盖，村容村貌整洁，公共基础设施完备。村内主干道均为硬化的路面，距离最近的车站4千米，距离最近的集贸市场1.5千米。村内建有公厕3个，文化活动室1个，全部家户建起的新式傣楼做到了规划统一、结构统一、占地统一、瓦片统一、道路统一、门向统一、绿化统一、围墙统一、线路统一、水电排放统一、晒台统一、布局统一的12个统一，农户住房均为傣族式建筑特色的住房。2010年实行整体搬迁，国家扶持资金约270万元，民间筹资约1400万元，现已经搬迁完毕。①

曼浓村是典型的依靠国家资源投入扶持发展的寨子。如表4-12所示，勐腊县对曼浓村公共基础设施的投入资金达231.8万元，修建村内道路2条、花池253个、舞台1个、活动场地1块、绿化6000平方米、安装太阳能路灯24盏、安装健身器械10套、新建村小组至和尚庙道路1条、陀螺场1个、凉亭6个、挡墙2段。在新的村落规划中，不但强调村寨道路整洁、规划统一、房屋具有民族特色，也慢慢开始强调村民在精神文化方面资源的投入与共享。在曼浓村，较为完善的公共基础设施建设，如儿童娱乐场所、舞台、陀螺场等等，可以缩短城乡之间发展的差距，也带动村民在文化、精神层面的参与和资源的分享，提升当地农村生活的幸福指数，而且曼浓位于曼哈、勐捧、勐满、勐润的中心位置，能树立村寨先进标杆，带动全镇乃至周边乡镇群众积极参与村寨建设。

表4-12　　勐捧镇勐哈村委会曼浓村民小组一事一议财政奖补美丽乡村项目概算

序号	建设项目	规模及内容	总投资（万元）
1	道路硬化	长1288米，3条，厚0.2米	79.19
2	花池绿化，以工折资，工程预备费9.16万元	新建花池253个，面积496平方米	25.25
3	舞台	1个，面积209平方米	17.36
4	活动场所1块	面积2116平方米，长46米，宽46米，绿化6000平方米	21.35
5	村内绿化	6000株，花梨木272棵，红豆树235棵	78.31
6	安装太阳能路灯	24盏	15

① 参见勐捧镇政府办公室《云南省2013年西双版纳州勐腊县一事一议财政奖补美丽乡村建设项目材料》，2013年7月。

续表

序号	建设项目	规模及内容	总投资（万元）
7	安装健身器械	10 套	5
8	陀螺场	1 个，面积 1.3 亩	37.67
9	凉亭	6 个，162.24 平方米	19.57
10	挡墙及排污管道等	两段，101 立方米，排污管道长 3600 米	51.45

说明：总投资 350.15 万元，其中，村民筹资 0.83 万元，村民以工折资 11.76 万元（投工 1960 个），村集体投入 6.46 万元，以物折资 99.3 万元，申请一事一议财政奖补美丽乡村资金 231.8 万元。

资料来源：勐捧镇政府办公室：《云南省 2013 年西双版纳州勐腊县一事一议财政奖补美丽乡村建设项目材料》。

4. 易武乡：以茶叶经济带动旅游业发展的城镇化发展模式

中国普洱茶有六大古茶山，其中五大古茶山分布在勐腊县境内，易武乡就是其中一个，七子饼茶是易武乡茶叶的特色品牌。方国瑜先生在《闲话普洱茶》一书中指出：“清道光年间到光绪初年，普茶运销盛极一时，印度商旅驮运茶胶（紫胶）者络绎于途，还有缅甸、锡兰、暹罗、柬埔寨、安南等国的驮马商队，每年来往于西双版纳和思茅、普洱之间。”由于勐腊所产茶叶内外贸易需求旺盛，光绪年间，仅易武茶区，就有 56 个村寨从事茶叶种植，年产茶叶 5000 担，收购加工出售茶叶的商家，就有同顺祥、同庆号、乾利贞、泰来祥、同昌号等 17 家。[①] 江应樑著《傣族史》又载：“自倚邦通至普洱的运茶石板大道，长达五百余里。茶市有江内江外两区，江内区以易武为中心，江外区以勐海为中心，江内以制造圆饼茶为主，或称七子圆，即一般所谓普洱茶，除销全国各地外，外销缅甸、泰国、马来西亚、香港。江外以制藏庄紧茶即砖茶为主，运销西藏、印度、尼泊尔、不丹、缅甸等地。”在《云南通志》《普洱府志》中皆有记载茶马古道的路线，共五条，其中有三条经过易武乡关口到达东南亚。作为滇藏茶马古道的起点，在长期的历史交往中，易武乡是中原文化与边疆少数民族特色文化融为一体的特色小镇，现在易武老街村保存着很多明清建筑和木质结构的瓦房，现在老街一带的居民主要是石屏商人的

① 参见勐捧镇政府办公室《云南省 2013 年西双版纳州勐腊县一事一议财政奖补美丽乡村建设项目材料》，2013 年 7 月。

后代。易武乡现在共有古茶园面积1.8万亩，主要分布在七大村、八大寨。

易武乡辖易武、纳么田、麻黑、曼腊、曼乃、倮德6个村民委员会，68个自然村，73个村民小组，全乡土地面积878.2平方千米，总人口14781人，其中农业人口13851人，农村劳动力7419人。人口密度为15.15人/平方千米，主要有汉、彝、傣、瑶、哈尼等13个民族，其中汉族和彝族人口各占1/3，其他少数民族占1/3。2004年易武乡被云南省政府批准列为全省22家特色旅游乡镇之一，2006年被云南省政府列为“历史文化名镇”，2011年被批准列为60个旅游型特色小镇之一。[①]

易武旅游小镇的发展得到国家政策层面的助推。2011年5月，云南省人民政府发布《云南省人民政府关于加快推进特色小镇建设的意见》，提出了推进云南省特色小镇建设的总体思路、目标，并明确了推进特色小镇建设的政策措施，特色小镇建设成为云南城镇化建设的一个重点。2011年勐腊县城乡与住房建设局委托云南省城乡规划设计研究院编制《勐腊县易武乡旅游特色小镇规划》，以便更好地适应和指导新时期易武乡范围内各项建设有序而协调地开展。在易武乡的城镇化发展与旅游规划中，易武乡政府以资源丰富的茶叶经济和茶文化作为古镇的载体以及以地域传统建筑风貌和民族特色作为依托来进行城镇化发展。易武旅游小镇的发展有着丰富的历史文化资源与茶文化资源作为支撑。现在易武乡境内保存着许多古建筑以及历史文物，比如庆春号、同泰号、同兴号、车顺号等老商号茶叶铺面，以及“永远遵奉，断案碑记”“瑞贡天朝”“茶马古栈道”等茶文化文物。在易武街附近的茶王寨、黑水丫口、金厂河头、落水洞等地，至今还保存着古茶树林，全乡茶叶总面积34000亩，其中古茶树（园）28000亩，台地茶6000亩。[②]

从《易武乡旅游产业规划与策划设计》来看，整个易武乡的城镇旅游规划是以老街村为中心，以茶马古道为轴线来向四周乡村辐射，打造茶主题的体验小镇，从而形成多元网络化的旅游乡镇。通过对古镇保护、接待中心、综合服务、现代商业、度假酒店及度假社区等多种业态的合理布局，形成丰富的社区结构，完善的公共服务、优雅的生活环境、和谐的文化氛围，营造出多元融合的乡镇结构。在整个城镇发展中，易武乡因地制

① 参见云南城市规划建筑研究设计院《易武乡旅游产业规划与策划设计》，2012年11月。

② 参见云南城市规划建筑研究设计院《易武乡旅游产业规划与策划设计》，2012年11月。

宜，依托茶叶经济来发展出“一心、一带、两片区”独特的产业格局。“一心”即以易武乡作为乡域行政中心、经济中心、旅游综合服务中心；“一带”即沿“江城—易武”二级公路形成的文化产业带，带上分布有倮德、曼乃、曼腊三个中心村、多个基层村，是辐射乡域经济的主动脉（如表 4-13 所示）。乡域农副产品加工业、服务业等产业主要沿经济发展带布置；“两片区”即麻黑村委会刮风寨片区民族文化旅游发展区及结合曼乃通道形成的商贸及边境旅游发展区。产业化发展是易武乡城镇化一体化发展中的重头戏。在易武乡的旅游小镇规划中提出“将易武古镇打造成为以茶叶、橡胶、咖啡种植为重点特色农业，结合咖啡园、橡胶园、茶园发展观光农业，结合民族文化、地域文化发展特色加工业，结合易武古镇发展旅游服务业的滇南特色乡镇”①。

表 4-13　　乡域各中心村（2013 年）职能结构一览

村委会名称	规模等级	职能类型	职能分工（2013 年）
			主要职能及产业
易武	乡政府驻地	行政及旅游型	政治、文化中心，主要发展交通服务、旅游服务业
曼乃	重点中心村	商贸服务型	经济中心，主要发展第三产业、边境商贸及橡胶、咖啡种植
曼腊	重点中心村	商贸旅游服务型	经济中心，积极贸易和旅游服务产业
倮德	一般中心村	旅游及农业型	主要发展咖啡及其他粮食作物种植
麻黑	重点中心村	旅游及农业型	主要种植茶叶，开展民俗旅游，发展茶叶加工产业
纳么田	一般中心村	旅游及农业型	主要种植橡胶，发展瑶族民俗旅游

资料来源：云南城市规划建筑研究设计院：《易武乡旅游产业规划与策划设计》。

易武乡在整个城镇规划中，在用地布局方面是居于行政办公、教育机构用地、文体用地、医疗保健用地、商业金融用地、集贸设施用地等土地多功能使用，以中心镇建设来带动整乡的社会经济发展，并依托中心镇发展，在镇区内扶植建设若干示范性中心村，使中心村达到一定的人口规模，逐级带动周边乡村的发展，最终形成乡政府驻地—中心村—基层村三个层次的村镇体系等级结构。

① 参见云南城市规划建筑研究设计院《易武乡旅游产业规划与策划设计》，2012 年 11 月。

5．国家资源投入与边疆民族地区城镇化发展的综合分析

从勐腊县特色城镇化发展路径来看，其一，国家资源投入与勐捧边疆中心镇的城镇化发展有着密切关系。勐捧是勐腊县的农业大镇，是勐腊的粮仓和鱼米之镇，人均年收入水平一直排在整个勐腊县前列。勐捧的发展一直受到云南省、西双版纳州的关注。勐腊县将勐捧镇作为中心小城镇开发，主要是考虑到勐捧坝区的优势和整体的经济综合实力。2005年底勐润乡撤乡并镇合并到勐捧，整合勐捧镇实力。2007年新农村建设就在勐捧村委会实施整村推进，2009年勐捧镇被列入西双版纳州唯一的整乡推进，将坝区、山区统筹考虑，勐腊县投入资金300万元，州级、省级扶贫办投入共1亿多元。国家对勐捧中心镇投入大量资源，主要是规划以勐捧镇作为中心的乡镇来带动周边乡镇的发展，整合整个勐腊县的乡镇资源来推动勐腊县的城乡一体化发展。

对于勐捧镇的城镇化发展，国家投入大量的资源在其中，会产生什么样的社会效果？其所产生的社会效果具体有以下几点：一是推动了勐捧经济中心小城镇规划与建设的发展。在勐捧镇域统筹范围内，现在的城镇整体布局存在很多问题，比如居住、行政、商业混杂，缺乏集中的现代商业，大多数公共建筑建于20世纪七八十年代，集镇主要街道依托县级公路自发形成，临街自然形成街铺，休闲、娱乐、物流等业态档次较低，缺乏酒店和商务办公场所等等。现在勐捧镇利用国家资源的投入来开展“勐捧镇东北片区提升改造项目”“勐捧智善小区概念性设计项目”“旧农贸市场改造”等，这些规划的开展将会改变整个勐捧镇公共基础设施落后、乡镇功能区混乱等现象，进行整个经济中心小城镇的打造，促进了勐捧镇城乡统筹与城乡一体化的发展。二是促进勐捧农场改革，推动勐捧镇城镇化建设。2005—2010年“十一五”规划期间，农场党委以提高职工生活水平和生活质量为根本出发点，把职工安居工程作为“十一五”的工作重点，提出要在规划期内全部消灭四房，即茅草房、油毛毡房、杈杈房和土基房，无住房职工全部住上安居房。2006年3月，五分场十队35户哈尼族职工全部搬进新建的安居住房；同年12月29日三分场十三队哈尼族职工乔迁新居。此外，2006年，勐捧农场投资50万元在三区修建的一条1千米长的油路工程和橡胶分公司投资200万元在二区三、四队修建的一条4千米长的油路工程已经全面竣工。改善职工的生产、生活及出行条件，改变基础设施，推进社

会主义新农场建设。[①] 2007 年勐捧农场小城镇建设一期工程启动，加快勐捧农场的城镇化建设。三是促进美丽乡村建设与新农村建设。曼浓村是勐捧镇乃至勐腊县建设“美丽乡村”的典范。勐哈村委会下辖的曼浓村民小组因涝灾整体搬迁后建成傣族示范村，拥有整齐的乡村规划以及舞台、儿童乐园、老人休闲亭、健身器材等公共基础设施。国家资源对边疆地区的民族村寨的投入，对边疆地区的小镇建设起着重要作用。在国家资源的支撑下对边疆地区进行先进的公共基础设施建设，不但丰富了边疆居民的生活质量，同时也缩短了城乡一体化发展的距离，促进边境地区的稳定和社会经济的发展。

其二，国家农垦系统积极参与边疆民族地区社会与城镇化进程。国家农垦系统的建立始于 1956 年，中国政务院（后更名为中国国务院）下设农业相关主管机构为：农垦部、农林部、农牧部、农副部、农渔部五大部门，农垦部的主要工作是，避免与农争地而在无农地区开辟新农业基地，从事农业生产，满足国家建设对粮食的需要，这就是农垦系统的建立。自农垦系统建立以后，国家有计划、成规模、有系统、成建制地输送城市工人到没有农民从事农业生产的，但完全适合农业生产和发展的地区进行农业生产。勐腊县农场系统的出现是在 1958 年之后，之后呈不断增长趋势。目前勐腊县有 4 个农场：勐捧农场、勐满农场、勐腊农场、勐醒农场。课题组重点就以勐捧农场为例来讨论国家的农垦系统对边疆民族地区社会与城镇化的参与。

勐捧农场于 1974 年组建，当时国家是为了边疆固边、推动边疆地区的经济繁荣发展和维护边疆社会稳定有计划地大批输送知识青年和部队士兵进行开荒垦边。一开始，农场职工基本是汉族，而勐腊县的少数民族群众还是从事比较落后的粮食作物生产。改革开放以后，勐捧农场大力吸收少数民族劳动力“并寨入场”，截止 20 世纪末少数民族已占全农场员工的 40%以上，加之土地面积的扩大、市场竞争力的增强，发展成为全国第一大橡胶农场。[②] 农垦系统将少数民族农村劳动力纳入国营农场后，少数民族地区的生活条件得到了很大的改善，在通路、通水、通电的前提下，还通过“农场给每户少数民族职工补助 6000 元鼓励新入场的少数民

① 达珠：《云南农垦勐捧农场“十一五”开局之年出现六大看点》，《云南农垦》2007 年 1 月 29 日。

② 张宁：《勐捧模式研究》，云南民族出版社 1998 年版，第 86 页。

族职工自建砖混结构的住房，少数民族劳动力进入农场后，一户家庭年收入 10000 元左右，高的达到 15000 元以上，大屏幕彩电，全自动洗衣机，双门电冰箱，这些现代化的家用电器开始进入少数民族职工家庭，使入场的少数民族职工一扫过去贫穷落后的生活状态，大步迈入小康生活”。此外，他们的医疗卫生条件也得到了极大改善。勐腊县属于热带雨林气候区，疟疾病频发，给当地少数民族群众带来身体上的痛苦。后来将少数民族群众纳入农场中，农场及时组织医疗人员帮助他们解除疟疾病缠身的痛苦。

国家将少数民族群众纳入农垦系统中来，改变了他们的农业生产方式和贫困的生活居住条件，将大量农村剩余劳动力高效地转移到农场中来，不断促进了农场的发展，同时农垦系统对民族地区土地的连片整合，提供了连片推进扶持的平台，对少数民族地区群众生活质量的提高有很大的帮助。在当前非传统安全因素占主导地位的情况下，勐腊县地处边疆地区，国家不但通过农场改革来加强边疆建设，更多的还会通过连片整乡推进扶贫、边民补贴固边等政策，来加强新时期政府对边疆民族地区经济发展、国家安全以及社会和谐的建构。

其三，国家资源投入促进边疆口岸城镇化发展。磨憨口岸是国家级边境口岸，依托昆曼公路、泛亚铁路和澜沧江—湄公河黄金水道的地理优势以及国家大量资源投入来加快当地基础设施的建设、基本公共服务的完善以及优势特色产业的发展，以此来促进磨憨经济开发区城乡一体化发展格局的形成。

磨憨跨境经济合作区、中老磨憨—磨丁跨境经济合作区，利用境内外两个市场、两种资源，大力发展国际物流、旅游休闲、商贸会展、金融保险、进出口保税加工等产业，打造澜沧江—湄公河次区域投资优惠、贸易便利、高度开放的综合性国际经济合作区。其中，勐仑—磨憨通道经济带以磨憨口岸、勐腊镇、勐仑镇为重要节点，对内联动景洪、普洱、昆明，对外经磨憨口岸、勐满通道连接老挝、泰国等中南半岛国家，重点发展国际商贸物流、悠闲娱乐度假、民族文化及跨境旅游、特色资源加工等产业。景洪港—关累港沿江经济带，以景洪港和关累港为节点，依托景洪港水陆空联运枢纽和澜沧江—湄公河黄金水道，发挥中国与中南半岛国家的水运优势，重点发展国际商贸、保税物流、跨境旅游等产业。

磨憨口岸利用国家资源的巨大投入，按照集中布局、点状开发、辐射周边、联动发展的思路来进行口岸区域城镇化的发展以及功能区的划分。一是商贸服务区。以勐腊县城为中心，重点发展国际物流、总部经济、现代物流、信息服务、教育培训、科技研发、文化创意、医疗服务、休闲旅游等产业，逐步建设成为国际绿色休闲度假城市、国际商贸服务基地、国际文化交流窗口。二是港口贸易区。以景洪港、关累港为中心，辐射带动澜沧江—湄公河沿江港口发展，重点发展仓储物流、国际货运、进出口贸易等产业，把景洪港、关累港建设成为中国面向大湄公河流域的综合性国际港口。三是进出口加工区。以勐满镇为重点，联动勐捧镇、勐腊镇、关累镇，重点发展机械制造、家用电器、生物制药、农产品加工、生物质能源、仓储物流等产业，建设集加工、商贸、物流为一体的进出口加工基地。四是民族文化旅游区。以勐仑镇为重点，联动易武乡、象明乡，重点发展民族文化、休闲养生、科考教育、国际影视等产业，打造国内一流、国际知名的民族文化旅游胜地、国际影视基地。五是特色农业区。以勐捧镇为重点，联动勐伴镇、易武乡、瑶区乡、象明乡，加强基本农田保护，发展粮食、橡胶、茶叶、甘蔗、蔬菜、傣药材、热带水果、珍贵林木、特色种养殖等产业，打造特色鲜明的热区生态农业示范基地。六是生态屏障区。以尚勇自然保护区、勐腊自然保护区和中老跨境联合保护区为重点，加强热带雨林保护和自然保护区建设，保护生物多样性，建立边境地区疫情病联防联控体系，严格控制外来入境物种入侵，构建生态安全屏障区。①

在国家政策的引导下，磨憨口岸经济开发区所管辖的范围以对外贸易为主轴带动了周边村落和乡镇的发展。正因为有了国家级口岸的开发，才带动了当地边民互市的更加繁荣。在调查中了解到很多分布在磨憨口岸的寨子的村民经常通过磨憨口岸往返中国与老挝两国之间来经商、从事多种商业活动。当地的边民每天还可以通过磨憨口岸从老挝带进价值 8000 元的免税商品，这在一定程度上推动了他们生活水平的提高。此外，国家资源在磨憨口岸的投入建设，不但带动了周边乡镇经济上的发展，也有助于缩小乡镇农民与城市居民的收入水平和享用公共基础服务与设施的差距，这些也有利于推进云南省“桥头堡”战略全面实施以及维护边疆边境少

① 参见西双版纳州发展和改革委员会西部开发科《勐腊（磨憨）重点开发开放试验区工作情况汇报》，2014 年 5 月 28 日。

数民族地区和谐稳定。

第五节　民族地区社会事业发展取得的成就与面临的挑战

一　边疆民族地区卫生事业取得的成就

历史上勐腊县的医疗卫生条件十分落后，20世纪50年代初，在毛主席“动员起来、讲究卫生、减少疾病、提高健康水平”的号召下，勐腊县委、县人民政府领导全县人民大力开展爱国卫生运动，长期持久地坚持和贯彻落实“预防为主，依靠科技进步，草药、中药、西药并举，动员全社会参与，为人民健康服务”的工作方针，经过50年来广大社会公众和医务工作者的努力，使勐腊县的医疗、卫生、保健事业有了很大的发展。1998年勐腊县辖区共有各类医疗卫生机构56个，职工1489人，其中：医务人员1262人，病床1071张，分别比1980年的44个机构增长27.3%，1120人职工人数，增加32.9%，753张病床位增加42.2%。

进入21世纪以来，医疗机构及从业人员有所增多，截至2012年底，勐腊县共有21个卫生机构，编制床位1109个，实际床位1248个；共有执业医师434人，执业助理医师121人，注册护士571人，药剂人员62人，检验人员35人，相比20世纪末有所改善。此外随着妇幼保健服务网的建立，妇幼保健措施进一步落实，新接生率、住院分娩率、孕产妇系统管理率、儿童系统管理率、新婚及孕产妇入保率等有所提高。2010年勐腊县全县住院分娩率为84.45%，与2000年的39.25%相比，提高了45.2个百分点；2000年危重孕妇住院分娩率为66.67%，2010年达到98.54%；2000年农村新法接生率为53.27%，2010年农村新法接生率为85.3%；2000年全县7岁以下儿童保健覆盖率为34.77%，2001—2009年维持在30%—40%。随着勐腊县经济社会的发展，卫生事业在未来也将有进一步改善。

1. 地方性疾病防治

勐腊县历史上就属于恶性传染病暴发流行地区之一。新中国成立后，疟疾、伤寒、霍乱、百日咳、脊髓灰质炎、肝炎、结核等传染病和血吸虫病、麻风病、甲状腺肿大等地方病，仍在相当长的时间内危及人民身体健康。随着勐腊县党委和人民政府的重视，全县卫生系统和卫生防疫部门以及各个医务人员的坚持不懈，促使勐腊县卫生防疫事业的不断壮大，各种传染病、地方病得到了有效控制和预防。1956 年 12 月到 1967 年 1 月，云南省抗疟分队派 6 人前往勐腊、勐捧组建疟疾防疫站，并对勐腊地区进行疟疾调查防治。在人屋、牛棚、村寨周围的小河、水塘蚊虫滋生地采用药物灭杀幼虫，对疟疾病人和有疟史者进行根治，号召健康人群服药预防。如表 4-14所示，1955 年疟疾传染人数有 7197 人，占当年人口 4. 97 万人的 14. 48%，1973 年各种传染病人数高达 14203 人，发病率占 10. 78%，到 1978 年降为 4. 29%，1988 年发病率为 1. 11%，1998 年发病人数为 1252 人，发病率为 0. 79%。到 2012 年，抗疟措施执行中，休止期治疗人数由 1993 年的 4198 人次下降至 56 人次；流行季节预防服药人数由 1993 年的 14 万人次上升至 117 万人次；现疟疾病人治疗人数由 1863 人降至 45 人，发病例数由 1998 年的 1252 例下降至 760 例，但依然比 1993 年的发病例数高出 81 例。由此可见，勐腊县的抗疟工作在进入 20 世纪之后取得了显著成就，但整体而言勐腊县的发病例数呈现由少增多再减少的特征，随着医疗实施的完善，勐腊县抗疟行动呈良好趋势发展。

表 4-14　　1993—2012 年勐腊县抗疟措施执行情况

年度	抗疟措施执行				
	休止期治疗人数（人次）	流行季节预防服药人数（万人次）	现疟疾病人治疗人数（人次）	灭蚊洒户数（千户）	发病例数（例）
1993	4198	14	1863	29. 75	679
1994	6532	2. 57	803	61. 99	450
1995	5164	8. 28	1086	19. 56	498
1996	4005	9. 37	1157	25. 28	649
1997	7912	14. 84	3331	56. 13	1025
1998	3845	14. 36	2254	60. 68	1252
2011	108	2302	83	—	830
2012	56	117	45	—	760

资料来源：《勐腊五十年巨变——国民经济、社会事业统计综集（1949—1998）》，勐腊县统计局；《2011 年勐腊县统计年鉴》，勐腊县统计局；《2012 年勐腊县统计年鉴》，勐腊县统计局。

2. 艾滋病等传染性疾病防治

自1989年在滇西边境地区静脉吸毒人群中检查出146例艾滋病病毒感染者后，云南省的艾滋病疫情一直持续上升，据云南省有关部门统计，截至2000年9月底，云南省累计报告的艾滋病病毒感染者占全国的40.16%；艾滋病病人占全国的47.3%。[①] 由于艾滋病流行范围不断扩大，感染者人数不断增加，各类人群感染率不断上升、高危人群高危行为普遍存在等原因，云南省已成为全国艾滋病的重灾区。勐腊县自1995年发现首例艾滋病病毒感染者以来，截至2010年6月30日，累计报告艾滋病病毒感染者和艾滋病病人166例，其中男性82例，女性84例，死亡35例，报告外地29例。传播途径以性传播为主，性传播143例（占86.14%），吸毒传播11例（占6.63%），母婴传播4例（占2.41%），不详8例（占4.82%）。由于艾滋病对边疆地区的社会稳定与发展产生了深刻影响，因而积极地采取措施防止其扩散刻不容缓。艾滋病对勐腊县人口安全产生一定影响。第一，影响人口数量。一方面艾滋病患者的死亡直接导致人口数量的减少。另一方面由于死亡人口大多数是20—40岁生育旺盛期的育龄人口，尤其是处于生育旺盛期的育龄妇女死亡，使得妇女总和生育率因此而下降。第二，影响人口素质。一方面是降低人口的身体素质。艾滋病的流行本身就是一个严重的健康问题，它的流行不仅危害了人类的身体健康，而且还影响与健康相关的诸多社会问题。如果患有艾滋病的妇女结婚生子，那么通过母婴传播将提高新生儿出生的缺陷或死亡率的增高。另一方面，影响科学文化素质的提高。由于年轻的父母死亡，破坏了知识在家庭内部的传承，由于受经济负担增加制约，孩子的教育状况恶化。第三，影响人口结构。由于患有艾滋病而死亡的多为青壮年，因而使得劳动力减少，具有社会创造能力的劳动年龄人口的减少，必然会提高社会抚养系数。第四，增加贫困人口。勐腊县患有艾滋病的人多为经济欠发达的边疆，职业以农业和无业居多。患病使得家庭收入减少，医疗费用增加，最终导致贫困人口的增加。由于这一系列的危害，勐腊县加紧对少数民族地区的艾滋病防控则刻不容缓。

3. 新型农村合作医疗实施

进入21世纪，新型农村合作医疗建设增加了勐腊县人民的医疗保障。

---

① 庞海红：《艾滋病对云南边疆社会的影响》，《学术探索》2008年第1期。

2007 年勐腊县被云南省政府确定为新型农村合作医疗新增试点之后，勐腊县政府依据全县农民健康状况、卫生服务需求量、医药费负担等实际情况，先后制定下发了《勐腊县新型农村合作医疗制度实施方案（试行）》《勐腊县新型农村合作医疗实施细则（试行）》《勐腊县新型农村合作医疗机构管理暂行规定》等文件，并通过广播、电视、宣传标语、宣传栏等方式，调动农民参加新型农村合作医疗的积极性，2007 年1—5 月短短 5 个月勐腊县全县参合农民达到 103019 人，参合率达 70%；筹集资金 267.83 万元，其中农民个人缴纳 98.5 万元，占 36.78%；勐腊县财政和民政补助资金 4.5 万元，占 1.68%；云南省财政专项补助资金 164.83 万元，占 61.54%[①]，初步实施产生显著成果之后，接下来的几年间，通过新型农村合作医疗的继续推行，勐腊县取得了阶段性成果。首先，参合率稳步提高。参合率由启动时的 76.05% 提高到 2013 年的 99.58%；人均筹资标准逐年增高，截至 2010 年，人均筹资标准由 2007 年的 50 元提高到 140 元，其中：个人筹资由 10 元提高到 20 元；中央、省级财政补贴由 2007 年的 40 元提高到 120 元；报销封顶线由 5000 元提高到 2 万元。其次，农民受益面逐年扩大。2007—2009 年，勐腊县共筹集新农合资金 3140 万元，补助参合农民医疗费用 2629 万元，受益农民 55 万多人次，其中门诊受益 53 万多人次，减免 708 万元；人均补偿 1.8 万多人次，减免 1920 万元；人均补偿从 37.37 元提高到 51.62 元。[②] 通过新型农村合作医疗制度的实施，许多农村群众就医观念也发生改变，“大病拖，小病扛”的状况得到明显改善，有助于解决“因病致贫，因病返贫”的问题。2008 年勐腊县参合农民门诊减免受益率较 2007 年明显增加，可以肯定新农合制度已让勐腊县大多数参合农民受惠。从门诊病人流向来看，乡级门诊人次接近于村级门诊人次。从门诊次均费用情况来看，乡级和村级均略高于规定范围（村级 25，乡级 35），已基本体现勐腊县新型农村合作医疗制度“小病不出村、普通病不出乡、大病到医院”的精神。然而勐腊县农民在新型农村合作医疗上的受益状况与浙江、广州等经济发达的地区相比还有很大差距。

① 《西双版纳报》，http：//info.3g.qq.com/g/s? g_f = 18449&g_ut = 1&aid = news_ss&id = news_20070620002721。

② 《在全县 2011 年度新农合筹资工作会议上的讲话》，勐腊县人民政府公众信息网：http：//www.mlzf.yn.gov.cn。

二　民族地区人口与计划生育事业发展

1. 勐腊县第六次人口普查数据

21世纪以来，勐腊县在人口政策的开展与引导下，截至2010年第六次人口普查，勐腊县人口构成状况如下：

总人口为281730人，同第五次人口普查相比，十年共增加了46073人，增长19.55%；平均每年增加4607人，年平均增长率为1.80%。

家庭规模方面，共有家庭户78333户，人口为274962人，平均每个家庭户的人口为3.51人，比2000年第五次人口普查的3.68人减少了0.17人。

性别构成方面，勐腊县人口中男性为146821人，占总人口的52.11%；女性为134809人，占总人口的47.85%。总人口性别比由2000年第五次人口普查的110.25下降为108.98。

从年龄构成上，勐腊县总人口中，0—14岁的人口为58392人，占总人口的20.73%；15—59岁的人口为200935人，占总人口的71.32%；60岁及以上的人口为22403人，占总人口的7.95%，其中65岁及以上的人口为14869人，占总人口的5.28%。同2000年第五次人口普查相比，0—14岁人口的比重下降了6.04个百分点，15—59岁人口的比重上升了4.90个百分点，60岁及以上人口的比重上升了1.14个百分点，其中65岁及以上人口的比重上升了1.12个百分点。

从民族构成上，勐腊县全县人口中，汉族人口为83872人，占总人口的29.78%。各少数民族人口为197858人，占总人口的70.23%。同2000年第五次人口普查相比，汉族人口增加了13128人，增长了18.56%，占总人口的比重下降了0.24个百分点；各少数民族人口增加了32945人，增长了19.98%，占总人口比重上升了0.24个百分点。

从人口受教育程度来看，勐腊县全县人口中，具有大学（指大专以上）文化程度的人口为11371人；具有高中（含中专）文化程度的人口为20626人；具有初中文化程度的人口为69939人；具有小学文化程度的人口为116047人（以上各种受教育程度的人包括各类学校的毕业生、肄业生和在校生）。同2000年第五次人口普查相比，每10万人中具有大学文化程度的由1269人上升为4036人；具有高中文化程度的由6835人上升为7321人；具有初中文化程度的由19844人上升为24824人；具有小学文化程度的由43343人下降为41191人。文盲人口（15岁及以上不识字的人）为36171人，同2000年第五次人口普查相比，文盲率由14.78%下降为12.84人，下降了1.94个百分点。①

由以上数据可以看出，勐腊县人口现状是出生率下降，年人均增长率下降，0—14岁人口比率下降，说明十年间计划生育工作在控制人口出生率平稳降低方面取得了一定的成果。同时男女性别比虽有一定的降低，但依然处于男女比例失衡状态。说明在引导人们“男女平等”“生男生女都好”方面虽取得一定成绩，但依然存在问题。人民受教育程度提高，文盲率下降，说明近十年来勐腊县人口素质有所提高，并有上升趋势。勐腊县这十年间之所以在人口与计划生育方面取得一定成就，一是由于因地制宜的“一、二、三孩”政策满足当地不同层次人民的生育愿望。二是由于“少生快富”工程的推进，“奖优免补”奖励政策的诱导。

2. 少数民族生育文化与民族地区多层次的国家人口政策相协调

“一、二、三孩”政策满足少数民族的生育愿望。

中华人民共和国成立之前，西双版纳各民族中都鼓励多生子女，对于子女满堂的夫妻，认为是前世修来的福，结婚三五年不育的夫妇会感到焦虑苦闷而去祈求神佛，保佑生子，因此生育繁衍之事存在无节制的自发自流状态，但因生活贫困，医疗卫生条件恶劣，早婚早育现象普遍，因此当时自然生育状态下的特点是：第一，婴儿出生率越高，存活率越低；第二，文化程度越低，生孩子越多；第三，生活条件越差，自然增长率越低。1963年12月，西双版纳州人民法院在景洪坝区对傣族的婚姻情况进行过一次调查，重点调查的曼拿宰、曼景保两个寨子，没有一个18岁以上未结婚的姑娘。曼拿宰的玉某14岁结婚，生过4胎均夭折。曼景保的玉某15岁结婚，婚后34年生过20个子女，只有两个成活。改革开放之后，随着计划生育工作的深入开展，勐腊县在响应国家晚婚晚育的号召下积极开展计划生育工作，自计划生育政策执行，至21世纪初，人口的自然增长率逐年下降。如表4-15所示，1982年第三次人口普查时，勐腊县总人口为137265人，年均增长率为4.01%；1990年第四次人口普查时，勐腊县总人口为178850人，年均增长率为3.36%，相比1982年下降了0.65%；2000年第五次人口普查时，勐腊

① 勐腊县第六次人口普查数据。

县共235657人，年均增长率为2.71%，相比1990年下降0.65%；到了2010年第六次人口普查时，勐腊县共281730人，年均增长率为1.80%，相比2000年下降0.91%。可以看出进入21世纪后，人口增长率明显下降。

表4-15　勐腊县人口"三普—六普"总人数增长情况对比

人口总数（人）				年均增长率（%）				年均增长率（↑↓）的百分比		
三普	四普	五普	六普	三普	四普	五普	六普	四普：三普	五普：四普	六普：五普
137265	178850	235657	281730	4.01	3.36	2.71	1.80	↓0.65	↓0.65	↓0.91

资料来源："五普""六普"数据。

3. "奖优免补"的奖励政策

"少生快富"工程是进入21世纪以来国家针对西部地区人口和计划生育工作，为稳定西部地区低生育水平，实现西部地区人口与资源、环境的协调可持续发展而组织实施的一项工程。旨在通过经济奖励和政策扶持，在生育政策比较宽松的地区，鼓励符合政策规定可以生育2个、3个孩子的夫妻少生优生。作为在云南实行"少生快富"工程具体政策的"奖优免补"人口政策于2003年8月开始执行，而就勐腊县而言，在国家"少生快富"工程引导之下，在云南省具体的"奖优免补"人口政策之下，结合当地的实际情况，适当对奖励金额做出调整，积极推广执行"奖优免补"的奖励政策。按2013年的相关标准，主要执行以下几项奖励项目：其一，少生快富。即夫妻双方为农业（双农）户或家庭为双女户的，且当年申请办理独生子女父母光荣证者，办理当年给予一次性奖励3000元。其二，奖励扶助。（1）夫妻双方为农村户口；办理了独生子女父母光荣证；年满60周岁的，夫妻年满60周岁当年申报（年龄到者申请），独生女家庭每人每年1080元，独生子家庭每人每年960元。（2）夫妻双方有一方为农村户口；办理了独生子女父母光荣证的。农业户口那一方年龄达到60周岁当年申请，独生女家庭农村户口单方1080元/年；独生子家庭农村户口单方960元/年。其三，特别扶助（部分农/非农户口）。（1）办理家庭只有一个子女（符合独生子女家庭，夫妻双方只有一次生育行为或组合家庭只有一个子女）；独生子女伤残在三级以上或死亡的。夫妻中女方年龄达到49周岁当年申报，独生子女死亡家庭

2820元/年；伤残家庭1320元/年。(2) 独生子女死亡的家庭给予一次性抚慰金5000元。其四，城镇零就业家庭扶助。办理了独生子女父母光荣证；夫妻双方为城镇居民且无业；年满60周岁（年龄达到者申请），独生女家庭1080元/年，独生子家庭960元/年。其五，教育奖学金。(1) 办理了独生子女父母光荣证；办理当时为单亲家庭（离异或丧偶）；为农村户口家庭的。独生子女在小学阶段160元/年；初中阶段260元/年。(2) 办理了独生子女父母光荣证；为农村户口的。独生子女在考取高中、职业高中、中等专科的，当年申报，一次性奖励1000元；考取大专的一次性奖励1200元；考取本科的一次性奖励2000元。[①]"奖优免补"政策是在"三结合"（把计划生育工作与发展社会主义市场经济相结合，与群众勤劳致富奔小康相结合，与建设文明幸福家庭相结合，简称"三结合"）的背景之下，将人口政策与社会经济发展充分结合的典范。这种改变过去依靠行政手段控制人口的生育政策为利益诱导机制下的自愿行为，是勐腊县计划生育工作取得成就的一个重要因素。

三　民族地区妇女事业发展及妇女问题

（一）民族地区计划生育工作中的难点

1. 外来汉族、苗族流动人口的计划生育执行存在困难

由于勐腊县在部分地区实行"二孩、三孩"政策，因而，每年有大量外来人口到勐腊县生育。"流动超生"问题一直是勐腊县计划生育工作实践中的一大难点。截至2014年6月19日，勐腊县共计流动人口59965人，男性39131人，女性20834人。截至2010年9月，勐腊县省外流出2931人、省外流入21012人，省内流出2967人，省内流入8420人。[②]这些外来流入人口的特点为：其一，持证率低。每年计划生育中，这些外来的人通常是为了超生而到勐腊县，因而很多都没有合法的生育证，持证率低。其二，流向复杂。流动人口流动频繁、面广、分散，流出人口遍布世界各地，因而分类管理非常复杂困难。勐腊县地处云南最南端，与老挝、缅甸相接壤，同时勐腊县又是多民族聚居的地区，因而人口流动比内陆更为复杂，不仅涉及跨境流动问题，而且也涉及多民族之间的流动。其三，

① 依据勐腊县人口计生局提供的资料。

② 勐腊县人口与计生局工作汇报。

流动人口大多是青壮年劳动力，育龄人员占流动人口的大部分。其四，汉族、苗族流动超生问题突出。汉族传统上“传宗接代”观念比较严重，宗族意识也比其他民族更加突出，因而对生育的男性偏好也更加严重。因而汉族流入勐腊县地区的超生问题比较突出。同时，苗族是一个跨境民族，流动性大是其民族特点，因而苗族、汉族的流动相对其他民族更多，计划生育的管控也更加困难。

在计划生育实施过程中，主要的困难在于：其一，对流动的已婚育龄妇女的管理追踪存在难度。对流动人口的管理和追踪目前勐腊县使用了流动人口系统平台与统计，但由于资源共享还存在一定的问题，因而在平台上不能够及时更新信息，这给流动人口的管理与计生工作的开展都产生很大的阻碍。其二，流动人口计划生育的管理机制有待提高。随着市场经济的不断发展，西部大开发战略的进一步实施，流动人口将更趋复杂化。同时各种社会活动对户口性质意识逐渐淡化，原有的计划生育依赖于户口所在地管理为主的行政管理体制的约束力越来越显得无力。特别是流出人口寄回孕检证明不规范、造假等都给计划生育工作带来困难。其三，对流动人口违法生育惩罚有难度。由于勐腊县外出流动人口多为农民外出务工、经商，主要靠临时租房居住，一旦发现违法生育的情况，由于城乡收费标准大，往往导致违法生育的农民跑回户籍所在地。另外有些家庭非常贫困，几乎交不出罚款金额，这也对计划生育的执行产生影响。其四，经费不足、人手不够也成为计划生育工作中的难题。据勐腊县计生局的主任介绍，计划生育工作往往要依托公安、工商、城建、交通等多个部门的协调，同时在进行调查时需要大量的经费与人力。而勐腊县平均每个乡才有1个宣传员，这不但加大了基层工作的工作量，同时也影响了计划生育工作的质量。

2. 非婚生育问题

勐腊县受到传统少数民族风俗习惯的影响，早婚早育，以及边民通婚现象一直存在。而国家《婚姻法》规定的法定结婚年龄为男性22周岁，女性20周岁。同时双方必须满足一定条件才能到民政局登记结婚，成为合法夫妻。由于年龄不够，或者不能满足法定结婚条件而不能登记的男女便多选择不领证先结婚，等年龄达到标准或者完全满足结婚条件的时候再去补办结婚证。因而当地非婚生育现象，即不能满足法定结婚条件而结婚的夫妇生育儿女的现象自然也就存在。在计划生育实施过程中，由于传统的早婚习俗，导致一部分生育年龄偏小，从而影响计划生育的执行。1963年12月，西双版纳人民法院在景洪坝区对傣族的婚姻状况进行过一次调查，重点调查曼景保、曼拿宰两个寨子。调查结果显示，傣族的早恋、早婚情况比较突出。青年男女一般十三四岁恋爱，十五六岁结婚。两个寨子没有一个18岁以上未结婚的姑娘。作为西双版纳州的一个隶属县，历史上勐腊县的早婚、早育现象同样很明显，1990年西双版纳州婚姻状况普查统计表数据显示，1990年，勐腊县15岁及以上人口121349人，未婚人口27444人，占15岁及以上人口的22.62%；有配偶的87113人，占15岁及以上人口的71.78%。而20岁以下生育过的妇女虽然较20世纪末有所减少，但是民间依然存在早婚现象。在对勐腊县人口与计生局的有关领导进行访谈的过程中了解到，控制生育年龄是计划生育中的一个难点，在具体执行中由于生育是一件非常私密的事情，因而在宣传与执行计划生育过程中也就非常困难。同时，选择早婚的往往是贫困且受教育水平不高的群体，传统的生育观念浓重以至于不利于宣传的进行。同时，非婚生育的另一种情况是边民通婚。由于边民通婚的夫妻一般情况下不符合国家法律规定的条件，因而没有进行结婚登记。因而，许多非婚生育的孩子的户籍无法登记，尽管有些地区的政策比较宽松，通过罚款可以使其子女落户，但也不能享受更多的惠民权利。这对计划生育的工作也是一种挑战。

（二）勐腊县妇女事业发展面临的挑战

1. 家庭暴力趋势上升

新中国成立以后，女性摆脱了受压迫受奴役的地位，在政治、经济、文化、社会和家庭等各个方面获得了一定的权利。以往“男主外，女主内”的现象有所改善。然而，在当今世界范围内女性权利不断崛起，女性自觉意识不断复苏的同时，仍然存在许多阻碍男女平等、危害女性权益的现象。其中，家庭暴力便是一个不容忽视的问题。据全国妇联2002年的一项调查显示，在我国2.67亿个家庭中，约8000万个家庭存在不同程度的家庭暴力现象。目前，我国的离婚率为1.54%，每年约有40万个家庭解体，其中超过1/4的源起于家庭暴力。[①] 整体而言，中国的家庭暴力的产生是源于男权文化和父权思想。由于受封建社会政治制度的影响，封

---

① 王冰明：《对我国家庭暴力治理的思考》，《中华女子学院山东分院学报》2004年第1期。

建家庭伦理观念，夫权至上、男尊女卑的旧传统观念使家庭暴力有了长期存在的思想基础和土壤。而勐腊县因其地理位置和多民族聚居的特点，往往一个家庭涉及不同民族、不同地域甚至不同国家，因而家庭暴力问题则显得更加复杂。2010年，西双版纳傣族自治州第三次妇女地位社会调查：在整个婚姻生活中曾遭受过配偶侮辱、谩骂、殴打、限制人身自由、经济控制、强迫性生活等不同形式家庭暴力的女性占24.7%。其中，明确表示遭受过配偶殴打的比例为5.5%，农村和城镇分别为7.8%和3.1%。[①] 而在勐腊县，2012年，县妇联共接待来信来访216件，妇女及未成年人法律援助案件63件，其中妇女40件（均属民事案件），未成年人23件（刑事案件22件，民事案件1件）；到2013年，勐腊县妇联共接待来信来访205件，妇女及未成年人法律援助案件共143件，其中妇女56件（刑事案件5件，民事案件51件），未成年人87件（刑事案件83件，民事案件4件）。家庭暴力现象有上升趋势。在关累镇提供的信访工作情况报告中也反映了这一上升趋势。“2008年以来，关累镇妇联上访事件共45件，呈不断上升趋势，从近五年的家庭暴力案件来看，家庭暴力问题还是没有得到很好的控制，家庭暴力的受害者97%以上是妇女。”[②]

据了解，家庭暴力的产生原因主要有几点：其一，传统封建思想和文化形态残余。首先，历史传统上的“男尊女卑”思想根深蒂固。勐腊县人民法院陈芳曾经在《法官谈家庭暴力》专栏中提道：“在农村流传着这样的俗语‘面是揉出来的，老婆是打出来的’，在陈旧的观念中，男人认为想要使女人服从管教，唯一的方法是动用武力。正是受这种思想的影响，妇女对于家庭中的暴力行为处于逆来顺受、半遮半掩状态。”同时，百姓普遍认为丈夫打骂妻子是家务事，外人不便插手，这种思想也滋生了家庭暴力。其次、社会上的不良风气和旧有的民族习惯也会导致家庭暴力的出现。进入21世纪，受到现代化冲击的勐腊县也同其他地区一样，酗酒、吸毒、婚外恋以及娱乐场所“卖淫嫖娼”现象逐渐增多，对家庭和睦产生负面影响。同时勐腊县有26个民族，少数民族占总人口的75.4%。而许多少数民族，如哈尼族、彝族、瑶族等传统中就有爱喝酒、爱打架的习惯，因此，男性的酗酒增加了家庭暴力的可能性。在访谈中，大多数受害者表示其丈夫都有嗜酒习惯，通常在酒醉之后实行暴力。其二，生产劳

① 参见西双版纳州妇女儿童心理法律咨询服务中心《认识家庭暴力及其法律动态》。

② 关累镇政府汇报资料。

动和财产分配的不平等。勐腊县地区大部分农村妇女承担了主要的农活。在国家经济转型期，国土资源有限，造成大量农业剩余劳动力。同时为了追求相对较高的经济效益，开始流入镇，出现了向非农产业的转移，这就加剧了“农业妇女化趋势”的发展。而随着男性劳动力的转移，这些妇女不得承担起抚养孩子、照顾老人以及由此产生的各种家务。但是，虽然妇女在劳动生产中扮演着重要的角色，但是在财产分配上，妇女往往只分得一小部分，经济生活还要依附于男性。这种不平等往往也会带来家庭诸多的矛盾，因此，劳动与财产分配的不平等随着市场经济的逐步推进更加明显，这也就导致家庭暴力的产生。其三，法律保护和社会保护机制不完善。我国目前成文法中针对家庭暴力的法律主要散见于《宪法》《刑法》《婚姻法》《妇女权益保障法》《未成年人保护法》《老年人权益保障法》《治安管理条例》等法律中，并存在一定的漏洞与缺失。同时，社会保护机制又不完善，虽然 1998 年成立了西双版纳州妇女儿童心理法律咨询服务中心，勐腊县也相继成立了勐腊县妇女儿童法律咨询站，但是由于人力不足，宣传不够，大多数受害妇女不知道在 24 小时内报警验伤，寻求法律援助；也不知道如何起诉，更多的妇女怕打官司、怕丢脸，因而在受到家庭暴力的时候便忍气吞声。而基层工作人员也因“清官难断家务事”而不好介入其中。其四，妇女缺乏摆脱家庭暴力的能力。导致家庭暴力屡见不鲜的原因还在于农村妇女抵御家庭暴力的能力非常的差。她们往往在面对家庭暴力的时候只有几条路径选择。第一，忍受或等亲戚调解。第二，离家出走。第三，离婚。第四，自杀。只有少部分妇女会选择去妇联、公安机关或者相关单位寻求帮助。在关累镇派出所访谈到的刘某的案例中，刘某反映自 2011 年她丈夫的侄姑娘出车祸去世，并且没有得到满意的解决办法。这件事刺激了他，之后便开始对刘某施暴。刘某一直忍气吞声，直到亲戚发现其身上伤疤并劝她报案，她才在儿子的陪同下到派出所报案。此外，在勐腊县还有一类群体甚至比普通受家庭暴力的妇女更加走投无路。那就是“无国籍”身份的“外籍新娘”。这些外籍妇女由于没有合法身份，无法随便外出，没有亲戚朋友，也不能受到法律保护，即便提出离婚也几乎分不到足以继续生存的财产。

进入 21 世纪，随着勐腊县越来越受到“转型期”大环境的影响。在面对由计划经济模式向中国特色社会主义市场经济模式转变的过程中，在国家致力于深化各领域改革的过程中，面对社会经济成分、组织形式、就业方式、利益关系、分配方式多样化的趋势，面对市场经济条件下产生的生存压力，面对不同的世界观、价值观、思想认识、意识形态等多方面的冲击，面对世界范围内的各种思想文化对人们道德观念的冲撞，使得人们更加容易迷茫，这往往会导致已有矛盾的激化、升级。因此，如果不积极地建立和完善法律保护机制，家庭暴力趋势会继续增高，家庭暴力问题依然没有办法从根源上得到解决。

2. 边民通婚与外籍妇女的权益保护

勐腊县与缅甸、老挝两国接壤，接境地带多为少数民族的聚居区，许多民族是跨境民族，地缘接近，习俗、宗教信仰、语言等方面的相似，历史上边民通婚的现象非常普遍，并且当时没有划定边界，因而也没有边民通婚一说。当时这些跨境的少数民族并没有国界的意识，而是按照历史传统进行通婚，正常嫁娶、正常生产生活。1960 年 5 月 14 日中缅边界划分；1991 年 10 月 24 日中老边界划分，到 2008 年完成陆地边界全线勘界立碑工作，并签署边界管理制度文件。国界的划定使这些跨境的村寨分属不同的国家，因而产生了边民通婚。历史上对边民通婚的户籍管理经历了几个阶段，第一阶段，中华人民共和国成立后，1958 年起开始实行户口管理，双方嫁娶可以很顺利地领取结婚证，所生的孩子也能顺利落户。第二阶段，1986 年 2 月 1 日实施的《中华人民共和国外国人入境出境管理法》和 1986 年 12 月 27 日公安部、外交部发布的《中华人民共和国外国人入境出境管理法实施细则》，规定“外国人在中国居留，必须持有中国政府主管机关签发的身份证或者居留证件”。这一规定有利于国家对入境出境的外国人进行规范有效的管理。但是对于边民跨境通婚形式的居留则很难达成这条规定。其原因有二，其一，是老挝、缅甸的户籍管理不规范造成边民办证困难。其二，是边民通婚的随意性很大。勐腊县边境线长，出入境通道多，不可能只通过国家法定的通道进出，加之边民认为只要双方两情相悦，双方家庭同意就可以正常结婚，“嫁过来就是这边的人了”的思想也很普遍。以易武乡麻黑寨邓某为例，在访谈中了解到邓某在来中国探亲时与现在的丈夫相识，之后因双方两相情愿便结婚。至今也没有登记领结婚证。原因是她在老挝没有户口。据了解老挝到 1996 年才开始登记居民户口。当时她已经嫁到中国，她的父母认为女儿嫁到中国就是中国人了，因此在老挝登记户口的时候就没有给她上报，她在老挝的户口便被销掉了。拿不到老挝的身份证明，她至今不能办理结婚证。

进入21世纪后，勐腊县的边民通婚呈现出几个特征，第一，多为族内婚。以勐捧镇勐润乡曼回村小组为例，据村主任介绍，这个村子以哈尼族为主，村里共25对边民通婚，都是嫁进来的外籍妇女，而且都是阿卡，也就是均为族内通婚。这与少数民族的传统有很大的关系，历史上许多少数民族一直盛行族内婚，直到改革开放后逐渐改变这种状况。而跨境的民族通婚一般因同族的习俗、语言、宗教等相同，另外许多跨境通婚是由亲戚介绍认识，这也是族内通婚比跨族通婚多的另一个原因。第二，边民通婚的数量增多。据统计，1990年以前全县边民通婚仅有51对，占11%；1990—2000年有252对，占52%；2000—2008年有179对，占37%；到2012年勐腊县共有960对。[①] 数据显示，进入21世纪以后，边民通婚呈上升趋势。可见，随着我国一系列惠民政策的出台，勐腊县经济建设的快速发展，经济实力的上升，逐渐吸引了大量缅甸、老挝边民通过婚嫁形式进入中国。第三，边民通婚中以嫁入中国的女性为主。以勐捧镇为例，2013—2014年，共有227对跨境婚姻，除勐哈村曼广小组有一位男性上门，其余都为女性嫁过来。[②] 另外，老挝籍女性公民嫁入中国境内定居最多，有417人，占87%；缅甸次之，有65人，占13%。[③] 第四，多为非法婚姻，截至2012年8月，勐腊县共有边民通婚960对，其中，依据《中华人民共和国婚姻法》和《中国与毗邻国边民婚姻登记管理试行办法》依法领取结婚证的32对，占通婚数的4%，未办理结婚登记的928对，占通婚数的96%，通婚中缅甸国籍边民37人，老挝国籍边民891人。[④] 第五，外籍妇女受教育程度普遍不高。在勐腊县少数民族地区，女性社会经济地位较低，受教育水平较低。据西双版纳州妇女联合会副主席王红斌对勐腊县的调查得知“上访妇女中，初中以下文化程度的153人，占信访总数的72.8%。大部分家庭暴力事件是由于男方恶意导致的。很多农村男子由于从小缺乏良好的教育，生活中又染上嗜赌、嗜酒等恶习，很多丈夫面对妻子的规劝和阻拦，不但毫无悔意，反而大打出手”。在橡胶经济、茶叶经济等市场商品经济的影响下，勐腊县人民收入水平显著增

① 勐腊县民政局汇报资料。

② 勐腊县勐捧镇汇报材料。

③ 参见张甦《省政协到勐腊县调研边民通婚生育情况》，勐腊县人民政府公众信息网，2010年6月8日。

④ 勐腊县民政局汇报资料。

多，婚外恋、婚外性行为的事情也时常发生，促使勐腊县少数民族地区的婚姻家庭趋于紧张化，夫妻间发生冲突的事件也不断在增多。第六，“婚姻挤压”加剧境内外边民通婚现象。国家实施计划生育政策以来，受传统上父权制文化和性别歧视的影响，造成一些地区人口构成中的性别失衡和女性婚姻人口短缺。由于中国人口失衡而导致的婚姻市场短缺中，农村的弱势男性就是主要的“受害者”。在激烈的竞争中，社会经济地位低的男性就面临着“光棍”的风险。而地处边疆的云南成为中国内地婚姻市场短缺的补充。“出生性别比较高的内地省份从云南等欠发达地区买新娘、少数民族新娘延伸到买外籍新娘，巨大的婚姻需求市场形成的拉力使得女性人口的流动呈现出从边疆到内地，从境外到境内的趋势，跨国的女性替补式流动继续发生。”① 正是这种“婚姻挤压”继续促使着勐腊地区边民婚姻的上升。

随着勐腊县边民通婚趋势的上升，随之而来这些“外籍新娘”的权益保护问题便越来越突出，首先，无法正常享受我国的惠民政策。进入21世纪，我国政府对边疆沿线乡镇的扶持力度不断加大，惠民政策不断出台，并随着农村低保、合作医疗等的进一步深入实施，勐腊县中国一侧的百姓生活上得到了极大的改善。但是这些“外籍”新娘多是黑人黑户，在中国无法取得合法身份，往往在原来的国籍又被销户，成了无身份的黑户。同时因为不能拿出身份证明这些妇女也无法在中国拿到合法结婚证。这些没有当地户籍又没有任何身份的“无国籍妇女”成为中国惠民政策无法覆盖到的人群。她们没办法和自己的丈夫甚至是孩子一起享受因我国发展而带来的生活实惠。即便是在一些财政情况比较好的乡镇，“无国籍妇女”因其特殊身份，也不能与其他中国妇女一样平等享受各项政策的保障。其次，作为“三非”人员随时都有被遣返的可能。虽然这些“外籍新娘”与中国丈夫的婚姻在当地得到了认可，但是由于大多不能进行婚姻登记，不受我国法律保护，也违反了我国相关的法律规定。这些没有结婚证而以夫妻之名与我国边民男性共同组建家庭、共同生活生产的“无国籍新娘”，属于非法入境、非法居留、非法结婚的“三非”人员。按照国家的规定，对“三非”人员，一经发现都要遣送回国。因而，这些没有取得合法身份的“外籍新娘”便时常承担着被遣返的风险。再次，

① 参考沈海梅《在跨国移民理论框架下认识中国的“外籍新娘”》，《昆明理工大学学报》（社会科学版）2012 年第 5 期。

其子女的权益保护受到限制。由于这些“外籍新娘”没有合法身份，因而无法办理到结婚证和生育证，从而使其子女不能落户，同时影响其子女入学、就业、外出及享受各种惠民政策。即便是在勐腊县一些地区，边民通过交一些罚款可以使子女落户，但是承担罚款也会导致这些原本就不富裕的家庭更加贫困，从而影响其子女的健康生活质量。最后，受到家庭暴力的伤害。一般来说，勐腊县边境沿线的我国边民，条件好点的家庭都宁愿多出一些彩礼讨个中国老婆。而边民通婚的家庭中多数是家境条件原先不好的，为了减少结婚的开支，往往选择娶一个外籍媳妇。这些外籍媳妇多是受教育程度不高、家境贫困，也希望通过婚姻到中国过好日子。但是由于身份特殊，没有合法身份，没有登记结婚，几乎不能外出务工，虽然许多外籍妇女都勤劳、能吃苦，但是在家庭收入不变、抚养人数增加的情况下，这些有外籍妇女的家庭生活水平实际上是下降了。因此，不少中国丈夫会把家庭贫困的原因归到外籍媳妇身上，加之少数民族多为爱喝酒的民族，因而家庭暴力便产生了。由于这样的婚姻不受法律保护，家庭暴力也没有办法从根源上得到解决。

3. 边境地区的妇女贩卖问题

勐腊县位于云南省最南端，西双版纳州东南部，东部和南部与老挝接壤，西部与缅甸隔江相望，西北部与景洪市相邻，东北部与普洱市江城县毗连，全县总面积为 7084 平方千米，国（边）境线长 740. 8 千米（其中：中老 677. 8 千米，中缅 63 千米）。由于勐腊县与老挝山水相连，无天然屏障，边境线长达 677. 8 千米，县内有磨憨国家级口岸以及曼庄、岔河等省级口岸，勐腊与老挝北部的正式通道有 5 条，便道则多达 20 余条，与老挝北部的丰沙里、乌多姆赛、南塔三省接壤，该三省属于老挝的上寮多山地地区，又多为少数民族聚居地，因而非法贩卖妇女儿童的现象也一直存在。从 1992 年勐腊县对外开放以来，境外老挝妇女被拐卖案件呈逐年上升趋势，打击跨国拐卖妇女案件成为勐腊县打拐工作的重点。2009 年 10 月 16 日，中老打击跨国拐卖妇女儿童执法合作联络官办公室在勐腊县（西双版纳州勐腊县）正式成立，对勐腊县打拐工作提供了有利的帮助。2009 年以来，据不完全统计，与老挝警方就打拐工作进行工作会谈 38 次，老挝警方向我方提供线索 51 条。刑侦部门在打拐工作方面共出动警力 215 人次、车辆 180 余辆次，投入经费 40 余万元。大队共侦破跨国拐卖妇女儿童案件 15 起，解救被拐妇女 45 人、儿童 3 人，抓获拐卖、收买妇女儿童的犯罪嫌疑人共24人，打击处理20余人。[①] 根据勐腊县对近几年打拐工作的分析，第一，犯罪主体多为我省文山州、红河州外地务工人员，以苗族、哈尼族等少数民族居多，利用其语言优势与同民族妇女进行交流的便利，以介绍工作、男朋友或者到中国游玩为名，诱骗拐卖地处山区、家境贫寒的苗族、哈尼族农村妇女到国内贩卖。在近三年的拐卖妇女案件中，抓获犯罪嫌疑人共24人，其中云南省文山籍的14人，本州籍的6人，外省籍的4人。第二，拐卖对象多为老挝妇女。2010—2013年，勐腊县公安局共解救老挝被拐妇女45人，年龄最小的14岁，最大的35岁。这些人普遍文化程度偏低，多为文盲，社会经验匮乏，缺乏基本辨知能力。其中，文盲18人、小学文化程度23人、初中文化程度4人。如2012年2月21日在磨憨解救的老挝少女洼挖年仅14岁。第三，发案区域多为边界线一代，被拐的老挝籍妇女大多来自与中国接壤的省、县，其中以老挝乌多姆赛省的纳磨县、南塔省的勐新县、丰沙里省的本代县、琅勃拉邦省的南把县为最多。从被拐入地看，收买老挝籍妇女案件多发生在经济落后的偏远山区。省内收买老挝妇女的多为文山州的广南县、西畴县、丘北县、马关县，近三年公安局从文山州解救出来的老挝妇女共有14人；收买老挝妇女最多的省份为湖南、浙江、安徽，近三年公安局从湖南省解救的老挝妇女有9人，浙江省5人，安徽省3人，共计17人。犯罪分子往往利用老挝贫困地区女性向往我国生活条件富裕，境内贫困地区男青年找对象难的实际需求，实施拐卖犯罪活动。加之这些地方的群众法律知识欠缺，缺乏对拐卖妇女犯罪的认识，致使跨国拐卖案件屡屡发生。第四，从作案手法分析。在已侦办的案件中，部分是境内、境外人员相勾结作案，有些是犯罪嫌疑人直接到老挝的饭馆、啤酒屋的务工场所或者是老挝妇女家中，直接将老挝妇女拐骗进中国商谈价格后直接卖给买家。如“李兴富、熊金林系列拐卖妇女案”，均系犯罪嫌疑人李兴富、熊金林自己到老挝的饭馆、啤酒屋物色了单、温、花等多名老挝妇女后以帮老挝妇女购买首饰、摩托车等借口将老挝妇女拐骗进中国后拐卖到文山。[②]

随着勐腊县经济的发展、交通的便利，市场越来越复杂，妇女儿童拐卖的问题就更加突出。同时妇女拐卖问题还往往与毒品、艾滋病问题交叉，因而继续关注与完善相关机制也显得更加重要。

---

① 勐腊县公安局工作汇报资料。

② 参照勐腊县公安局工作汇报资料。

第五章

文化繁荣与发展

随着改革开放的深入，在党和政府的正确领导和大力扶持下，勐腊县民族文化事业获得了长足发展。基础设施建设逐步完善，公共文化服务水平不断提高；文化艺术界在正确世界观、人生观和价值观指引下，始终坚持“双百”方针和“双为”方向，遵循“古为今用，推陈出新”的原则，献身文艺、精心创作，积极弘扬主旋律；社会文化活动蓬勃开展，文化市场逐步形成并日渐扩大，产业效应日显突出；城乡群众文化生活活跃，内容丰富，形式多样，紧扣时代脉搏；优秀民族文化获得弘扬光大，特色鲜明，生机盎然；非遗保护成绩显著，民族艺术人才茁壮成长。

第一节　民族传统文化异彩纷呈

勐腊县是一个多民族聚居的县份，世居民族有傣族、哈尼族、瑶族、彝族、苗族、壮族、布朗族、拉祜族、基诺族、佤族、回族和汉族等26个民族，当地气候、地理和生物形态多样，各民族历史悠久，源远流长，长期以来和睦相处，共同创造了多姿多彩、特色浓郁的民族文化。深厚而各具特色的文化积淀不仅是新时期民族文化创新的精神库存，而且成为推动当地经济社会发展的社会资本。

一　物质文化

民居文化。勐腊县地处北热带湿润季风气候地区，年平均气温21℃，冬无严寒，夏无酷暑，居民在山区、坝区都有分布。生活生态环境决定了传统民居的样式和风格，并形成了各自的特点，傣族、哈尼族民居是干栏式的竹楼或木楼，瑶族房屋一般为砖木结构的楼房，彝族（香堂）房屋建筑样式则与汉族大致相同。

勐腊县竹木繁茂，气候较为潮湿、多雨，受这种生态环境的影响，傣族等民族的传统竹楼则以取材方便、通风凉快、方便安全显示出其实用特点。较为古老的竹楼一般是以竹子和茅草作为建筑材料，竹子选用结实的老竹子，砍伐以后经过2—3个月的水中浸泡，然后才用于建造竹楼。竹楼的立柱深埋土中，以穿斗形式相互连接，分为上下两层；楼板和墙壁都是用圆竹劈成的竹笆编铺而成，坐卧住息的地方铺上用竹子编织的竹席笆；屋顶则用茅草编织而成的草排覆盖。随着生产技术的不断进步，傣族等民族的干栏式竹楼在结构不变的基础上，建筑材料逐渐换成更加结实耐用的木头，如木柱梁、木地板、木板墙、木梯子，屋顶则用土陶挂瓦盖顶，不易引起火灾。

竹楼建筑空间架构高大宽敞，在结构上分为上下两层，其间用木梯相连，上层住人，家室墙壁上一般有雕刻出的传统花纹图案；下养圈养家畜，或者用以堆放柴火，放置生产工具、杂物，以及作为粮仓使用。近年来，随着社会经济的发展和生态保护意识的加强，当地各族居民逐渐开始以混凝土砖瓦结构代替传统竹木结构，但在建筑形式上仍旧保留着“干栏”式和人字形屋顶外形，而且使用习惯性称呼“竹楼”。

民族服饰。服饰是人类物质文明的结晶，体现了民族精神文明及精神追求，更反映了各民族之间互相渗透、相互影响的交流交往过程。在勐腊县各民族中，传统民族服饰仍旧为各族人民群众所喜爱，同时，随着社会的发展和外出机会增多，现代社会服饰审美观念也逐渐为年轻人所接受，服装多样化，穿着汉装较为常见。

傣族女子服饰绚丽多彩，男子服饰朴素大方，带有浓郁的民族风格。传统男装上身是无领对襟或大襟小袖短衫，下身穿宽腰长管裤，喜欢用白色、水红色或青色布带包头，或戴黑色毛呢礼帽。傣族女性服饰非常漂亮大方，女子喜欢长发挽髻，发髻上斜插梳子、金簪或鲜花作为装饰，喜欢佩戴金银首饰，上面刻着精美的花纹和图案；女子上身一般是紧身内衣，外套浅色大襟或对襟圆领窄袖衫，下身穿花色筒裙，裙上织有各种图纹，色彩艳丽；常在筒裙及包、被面、垫单、窗帘、手巾等日用品上编制孔雀、大象等图案，每种图案和色彩都含有象征内容，如红、绿色筒裙是纪念祖先；大象图案象征五谷丰登；孔雀图案象征吉祥等。①

---

① 西双版纳傣族自治州地方志编纂委员会编：《西双版纳傣族自治州志》（下册），新华出版社2001年版，第500—501页。

勐腊县瑶族以蓝靛瑶和勉瑶为主，主要分布在瑶区乡、勐伴镇、易武乡和关累镇，传统服饰以深蓝色为主，穿长裤，女装前胸有红色穗巾，包头，裤腿全部绣有精细的花纹。哈尼族主要分布于勐润哈尼族乡和芒果树哈尼族乡，部分乡镇、农场也有散居。哈尼族妇女服饰极具特色，上穿左襟无领上衣，前后胸有美丽图案，女性帽子用黑色土布缝成，镶满料珠、银币、银须，上衣上缀满银饰、珠贝、彩羽、彩穗，腰间系两条绣着彩色图案的飘带，下身穿短裙，裹腿上绣有图案，一般身挂缀有彩穗、珠串的挎包。哈尼族男子则喜欢身穿黑色衣服，上身无领左衽，用银珠做扣，下身穿着宽腰大脚裤，头缠黑、红色包头或戴黑、黄色帽子，饰以银链等饰品。①

彝族传统服饰为男子头包黑色布带，身穿左大襟上衣，腰束布带，用银珠做衣扣；下身穿宽腰大脚裤。彝族女性留长发，辫子盘于头上，用青布包头；上身长袖姊妹衣，两侧齐腰开叉，下身穿长裤；胸前绣有花纹，衣袖用红、黑、蓝布相间围圈，镶有各色花格图案；妇女喜戴耳环、耳坠、银链、手镯和戒指。②

民族服饰是民族文化的重要载体之一，根植于特定自然、社会及人文环境，随着现代社会生产、生活方式的深刻变化，传统民族服饰逐渐淡出人们的视野，除了在诸如民族节庆等活动中能见到绚丽多彩的民族服饰之外，人们日常生活中更多地则穿戴以汉装为代表的现代社会服饰。

饮食文化。勐腊县气候湿润，地形多样，适宜多种作物生长。水稻是当地主要粮食作物，苞谷亦称玉米，除作为粮食外，还用于喂养家禽和牲畜；花生也是粮食作物之一。传统经济作物棉花广泛种植于山地与居所周围，主要用于纺织衣物、床垫、被褥、背包等；甘蔗是重要经济作物，曾有一段时间为当地农民主要经济来源；茶叶是当地著名的山地种植类经济作物。随着经济的发展和生活的需求，农民近年来广泛种植的现代经济作物还有豆子、砂仁、橡胶等，有些已成为村民赖以生存的主要经济来源。

多样的种植作物与蔬菜为丰富的饮食提供了食材，当地群众在承袭祖辈的传统食物制作技艺的同时，不断推陈出新，创造出风味独特的民族饮

① 西双版纳傣族自治州地方志编纂委员会编：《西双版纳傣族自治州志》（下册），新华出版社 2001 年版，第 514 页。

② 西双版纳傣族自治州地方志编纂委员会编：《西双版纳傣族自治州志》（下册），新华出版社 2001 年版，第 546 页。

食，当地较为著名的如糯米及糯米制品、竹子及竹笋制作的食品、剁生白旺与喃咪、独具匠心的烧烤、丰富的热带亚热带雨林野菜、绿叶包蒸与特色煮品、鲜花菜肴与昆虫美味。

特色蔬菜有蕨菜、臭菜、青苔、酸包叶、芭蕉花、芭蕉心、苦藤菜、木耳、菌子、甜菜、水香菜、水薄荷、竹虫、河鱼、苦花、鱼腥草、刺五加、马蹄草、杂烩菜等依不同季节应有尽有。主要作料有姜、蒜、葱、小米辣、香茅草、大小芫荽、辣藤、酸乔菜、酸叶等。食物加工工艺别具一格，以“剁”“腌”“舂”“包”为主，烹饪方法主要是“烤”“蒸”“煮”“炸”及凉拌，味觉上以酸、辣、香、苦为主。常见烧烤类食品主要有烤鸡、烤鱼、烤酸猪脸、烤笋、烤猪肉、烤干巴、烤韭菜、烤茄子、烤豆腐、烤小南瓜等；酱类食品主要有菜酱、果酱、螃蟹酱、番茄酱等；腌制类食品主要有腌酸鱼、酸牛皮、酸牛蹄、酸猪肉、酸牛肉、酸凉拌等；剁生类如猪肉剁生、牛肉剁生、鱼剁生等。

民间工艺。勐腊县各民族历史悠久，文化积淀丰厚，传统技艺如织锦、服装缝制、贝叶经刻写、竹编、雕刻、民间建筑、高升、传统傣味等民间工艺保存完好，并在一批手工艺继承人中延续和推广。传统民族服饰与首饰做工精良，陶制品、染织、竹藤篾编织等制作精细，傣刀、象脚鼓等更是技艺精湛，质量上乘，享誉海内外，深受中外游客喜爱。

傣族织锦与服饰制作是当地著名手工技艺，民间织锦一直保留至今，几乎家家都有，织锦用于制作各类成品，如制作通帕（背包）、织帕垫（床垫子、被面、床单）、织憧（憧帆）等，织锦图案搭配有致，细腻精美。傣族传统服饰大多是自己纺织布匹加工而成，传统纺织技艺延续至今，所制成品服饰朴实、雅典、别致，具有浓厚民族习韵，服饰既可作为艺术表演穿用，又可作为日常穿扮，有较高的艺术欣赏价值和实用价值。

当地民族自古就与竹有不解之缘，善用竹子、藤篾为原材料建造房屋及加工编织生活用具，常见的就有竹楼、竹屯、竹桌、竹凳、竹席等，饮食用具有饭盒、汤钵、汤勺、酒杯等，生产用具如捕鱼用具、簸箕、背篓、提篮等。竹编制作手工精致，美观大方且实用，历来深受当地民众喜爱。改革开放以来，随着生活水平的提高，群众对生活用品的质量和审美要求也在不断提高，家私用具不仅讲求实用，而且注重美观多样，追求现代性。尽管如此，传统的竹编家具和用具仍然随处可见。

象脚鼓是勐腊县傣族传统打击乐器，敲打时会发出浑厚的声音，具有很强震撼力，它是傣族人民在年节喜庆日必不可少的娱乐乐器，通常与铓镲配合使用。象脚鼓主要用酸木精心雕制而成，鼓面多为黄牛皮，大小根据使用场景而定，也可做成欣赏用的工艺品。象脚鼓制作技艺历来悠久，目前显现出较有前景的经济价值。

高升是勐腊县各民族喜爱的娱乐用具，主要在年节喜庆时放飞，高升飞得越高，代表来年收成越好，日子才会和美。高升制作选料为竹子，有大小之分，用火药助力，火药则由艺人自己配制。一个完整的高升由高升头、高升尾构成，高升头由若干竹筒依大小对称捆绑，药筒居中，高升尾则是一棵完整的竹子，身长根据制作大小而定。高升制作的关键在于舂药，火药舂得好才会飞得起来，而且还能二次冲飞，舂不好就会掉落或发生爆炸。

近年来，随着当地旅游业的发展和文化产业的逐步开发，勐腊县民族工艺技术逐步走向外部世界，走向市场，从而部分地刺激了当地民族工艺品市场的发展。然而，目前传统工艺市场化仍然存在许多困难。首先，民间工艺品都是由手工化制作，制作周期较长，成本较高，而且目前村寨从事工艺的继承人越来越少，年轻人更愿意到城市去打工挣钱，老一辈手艺人不断衰退，导致有价值的工艺技术流失很多。[①] 其次，与传统工艺技术有关的行业虽然在向现代市场体制迈进，但一般而言规模都很小，采用的都是家庭作坊模式，很少有雇工，大多数都是家庭成员自产、自营、自销。再次，产品外销渠道不畅通，缺乏外界市场，主要依赖于当地旅游业的带动，在旅游尚未充分发展的情况下，发展受到很大限制。还有，由于手工艺者本人文化水平较低，店面大多属于个体经营，缺乏现代市场营销观念和管理模式。最后，工艺技术一般家庭内传承，缺乏相关产业协会等社会组织来推广技术；传统技术成本费用较高，产量低，附加值低，仅限于提供艺术价值产品，但同时也限制了销量，现代技术虽然能够减少成本，提高产量，但产品的商品价值较低，销路不好。

二　精神文化

语言文字。民族语言文字是民族文化的重要组成部分。勐腊县傣族语言属于汉藏语系壮侗语族壮傣语支；傣族的拼音文字来源于梵文字母，傣

---

① 陈亮：《勐腊县曼朗村傣族非物质文化遗产调查与研究——以傣族织锦工艺与艺术图案研究为例》，《学园》2013 年第 35 期。

文是佛教的巴利文，各地不尽相同，分傣哪文（德宏）、傣仂文（西双版纳）、傣绷文（瑞丽、耿马、澜沧等地）和金平傣文，勐腊县傣族使用的是傣仂文。历史上，瑶族曾靠刻木记事，以后也没有形成本民族文字，借用汉字标注瑶语；20世纪80年代，国内外瑶族合作设计了一种拉丁字母瑶文。勐腊县哈尼语属汉藏语系彝语支，哈尼族历史上也没有文字，但存在民间口头文学，内容有神话、传说、故事、谚语等；20世纪50年代政府为哈尼族设计了拉丁字母的哈尼文试验推行。彝族（香堂）有自己的语言，属汉藏语系彝语支，但无文字，也使用汉语。

歌舞艺术。勐腊县各民族能歌善舞，民族歌舞形式多样，内涵丰富，独具民族风格。从表现形式上看，傣族民间歌舞可以分为民间歌曲、歌舞音乐、说唱音乐、戏曲音乐四类，内容或者是表达爱情，或者赞美家乡，或歌颂幸福生活，在年节、赶摆、喜庆时演唱，多用象脚鼓等打击乐器伴奏。传统傣族歌舞包括孔雀舞、打鼓调、十二马调、依拉恢、喊扎等。近年来民间歌舞走向繁荣，勐腊县在发扬传统歌舞节目的同时，还自编自导了许多新的节目，“民间传统文艺队”“傣乐队”等民间业余文艺演出队伍，经常参加各种文艺活动及节庆活动，多次到省内外进行文艺交流。

傣族民间歌曲有山歌、叙事歌、悲歌、宗教歌等。傣语“章哈”，即歌手之意，是傣族民间抒发情怀的一门演唱艺术，有山歌、情歌单唱和对唱。每逢节庆、贺新房、婚宴、怀旧都唱章哈，通常用笛子、二胡等乐器伴奏，女章哈多以扇半遮脸，男章哈则摇动扇子。章哈曲调内容丰富，主要分为叙事、即兴两种，前者通常用于节庆、贺新房、婚宴、怀旧等场合，后者多用于外出劳作、谈情说爱等场合。瑶族也通过歌谣展现多彩的文化生活，瑶族民歌有历史传统歌、时政歌、劳动歌、爱情婚姻歌、生活歌等，哈尼族著名歌曲《花恋》《祝酒歌》传遍全国。彝族民歌形式多样，曲调不一，内容丰富，富有诗意，形式有颂歌、赞歌、情歌，彝族山歌一般还用乐器伴奏，主要是大三弦和芦笙。三弦是彝族民间流传最广的乐器之一，有大三弦和小三弦之分，勐腊县香堂人弹的是大三弦。

宗教文化。历史上，勐腊县各民族都有本民族崇奉的自然宗教，包括自然、图腾、祖先、鬼神崇拜等，后来分别转信道教、佛教（小乘佛教 Hinayana Buddhism 或巴利语系佛教 Prakrit Buddhism）、基督教等宗教。历史上，傣族信奉的原始宗教中，崇拜勐心、勐神，① 认为日月天地山水田土都有灵魂，15 世纪中叶在傣族地区广泛流传南传上座部佛教（小乘佛教）。② 哈尼族、彝族信仰万物有灵的原始宗教，尊奉祖先为神灵而加以崇拜。瑶族全民信仰道教，克木人崇拜图腾，信仰自然和祖先神灵，③ 因长期与傣族相处，也受到了小乘佛教的影响，有部分人信奉小乘佛教。澜沧江流域彝族信仰万物有灵，奉行多神崇拜，崇拜风、雨、雷、电等自然神灵，供奉灶君、仓笼、火神、赶寨鬼等神灵。④ 为了求得神灵保佑，要定期举行祭祀活动。勐腊的宗教建筑有曼梭醒、曼达鸠等缅寺及曼崩铜塔、石良子观音庙等。县内宗教建筑有城子、曼庄、曼赛、磨歇、曼梭醒、曼达鸠等缅寺及曼崩铜塔、石良子观音庙等。

宗教信仰是民族传统文化的重要组成部分，不同类型的宗教信仰，虽然有各自的传承历史和特点，但它们都与各民族的社会、经济、文化、道德、风俗习惯密切联系，并在长期的发展过程中发挥了独特的历史作用。例如，作为一种文化观念，傣族等民族的佛教信仰对民族社会生活的各方面产生了重要影响，傣文因为佛教的传播而创制和普及，进而用傣文记录了傣族的历史、文化、历法、医药等方面的知识。再如，基督教的传入很大程度上改变了信教群众的价值观念和生活方式，教会除负责向教徒宣传教义和福音以外，还承担着宣传本民族文化的义务，教徒除了遵守教义做祷告和礼拜以外，还要积极参加本民族的各种文化活动。随着社会的发展，年轻一代的宗教信仰日渐淡薄，但是，受宗教观念长期影响形成的民族习俗还保留有某些功能性作用，例如，傣族信仰小乘佛教，村寨一般都建有佛寺，有的佛寺还供养着佛爷，佛教在基层村寨还发挥着社会控制作用。

三 礼俗制度

制度文化是在民族社会或家庭组织中延续且具有制度性的惯例，一般拥有一套由群体制定、承认和实施的行为规范准则。目前，传统社会民俗

① 朱德普：《勐腊的勐心和勐神概述》，《云南师范大学学报》1994 年第 4 期。

② 毛志睿：《七彩云南之二十一 水之聚落 勐腊傣族村寨与民居》，《室内设计与装修》2002 年第 2 期。

③ 李道勇：《勐腊的克木人概略》，《中央民族学院学报》1982 年第 1 期。

④ 姜国峰：《澜沧江流域彝族宗教信仰之崇拜研究——以云南省西双版纳州勐腊县象明彝族乡为例》，《保山学院学报》2011 年第 6 期。

制度虽然已经失去了往昔的强势功能，仅在形式上发挥习惯性象征作用，但也是维护基层民俗社会秩序的传统力量。

婚姻家庭。传统社会中，傣族、瑶族、哈尼族和彝族等民族的婚姻形式有自由恋爱和包办。傣族青年男女自由恋爱，结婚则举办婚礼仪式。婚礼前，一对新人要到佛寺去拜佛，祈求生活幸福。举行婚礼时，男方准备鞭炮、礼钱和喜酒，派出迎亲队伍到女方家迎亲，婚礼桌上举行“拴线”仪式，即拴魂，表示把新人拴在一起，白头偕老，永不分离；一般还请亲友中曾经当过和尚的老人主持婚礼，有时举行婚礼还要请“章哈”演唱，婚礼中更多的是对新人的祝福。[①] 结婚后，夫妻恩爱，感情融洽。

哈尼族婚礼也要经过一定仪式。结婚时，也是由男方家派出媒人等一行去女方家迎接新娘到夫家，一般经过“抢亲”的形式，送亲人则会用饭团、泥巴团、土灰投撒迎亲队伍和新娘，表示对姑娘出嫁的惋惜之意。婚礼酒宴上，新人一同食用鸡蛋和猪腿，然后给宾客敬酒。老人唱起哈尼调子祝福新娘早生子女，劝诫夫妻要和睦相处，白头到老。婚礼第二天新人上山砍回柴火举行烧火仪式，象征新人建立了新的家庭。

历史上，瑶族男女青年社交自由，选择配偶的主要方式是对歌，一般会在“耍歌堂”中选择意中人。蓝靛瑶族有咬手定情的风俗，姑娘在小伙子手背咬一口，表示忠贞爱情。若情投意合，男方即可通过媒人去说亲，通常由男方选派媒人向女方家递送烟叶，以示求婚，并以猪肉和酒为礼品，女方接收烟叶即作为接受提亲的表示。婚姻有时由父母包办。瑶族盛行族内婚，一般不与其他民族通婚，禁止同姓之间成婚，举行婚礼要大摆筵席，并邀请寨老参加，新郎新娘饮交杯酒。瑶族传统婚姻中，多行姑舅表婚。舅父享有优先娶外甥女为儿媳之权，只有舅父无子时才能嫁与别人，蓝靛瑶族上门入赘较盛行。

勐腊县香堂青年男女通过丢包方式选择意中人，与傣族和蓝靛瑶族男方前往女方家迎亲不同，彝族结婚则通过抢婚，抢婚只是一种娶嫁的形式，男女双方事先约好抢婚的地点、时间。姑娘被领到男方家堂屋，随之举行婚礼，宴请宾客。按照当地习俗，女子到了男方家堂屋，就意味着正式结婚了。据当地彝族人说，抢婚是祖辈传下来的，通过抢婚表示对女方家的尊敬之意。

---

① 金少萍：《南传上座部佛教与傣族的村社生活——版纳勐腊县勐仑镇城子村的田野个案》，《西南民族大学学报》2010 年第 9 期。

民族节庆。民族节庆文化活动最具悠久历史传统和广泛的群众性，最能表现民族宗教信仰、道德观念、音乐、舞蹈和文化艺术特点。在浓郁淳朴的民族风情中，勐腊县传统文化风貌保持全面，民族节庆文化丰富多彩，形式多样，内涵丰富。就节日类型而言，有祭祀类、庆祝类、生产类、玩乐类、祈祷类等，著名的如傣族泼水节、开门节、关门节；哈尼（爱尼）族的嘎汤帕节、耶苦扎节、合夕扎节（新米节）；瑶族的盘王节、清明节、禾苗节、献礼节；彝族的“百诗佳节”等。

泼水节是傣族最隆重的节日，也是傣族新年的开始，一般在阳历 4 月 13—15 日举行，历时三天。第一天祝贺傣历佳节，举行赛龙舟、放高升、放孔明灯等传统活动，第二天赶摆，开展物资交流、观赏民族风情如堆沙、斗鸡、丢包等，第三天泼水祝福。节日头两天是送旧，最后一天是迎新。① 各村寨傣历新年日不尽相同，但都非常隆重，通常村寨小组杀牛杀猪，傣族人家杀猪杀鸡，宴请亲朋好友，相互泼水祝福。村寨锣鼓喧天，欢歌笑语。赶摆在专门场地进行，场面壮观，大多是卖摊，更多的是傣味食品，如烤鸡、烤鱼、烤酸猪脸、包烧、凉猪皮、凉牛皮、酸鱼、豪糯索等；中心是舞场，放高升、跳舞、溜包、踩高跷，相邻村寨的文艺队也相互助兴，高升声、歌舞声、喝彩声此起彼伏。赶摆结束，旧的一年过去，新的一年开始了。有些村寨虽然规模小，人口不多，但泼水节放高升和赶摆、泼水祝福一样不少。

关门节和开门节是傣族传统节日。每年傣历 9 月 15 日到 12 月 15 日是傣族农忙时间，也是关门节，在这期间，不举办任何喜庆活动，不嫁娶、不上新房，没有较大规模或大范围的个人或家庭活动。其间举行一次大赕，是一年最大的斋赕，每七天一次斋祭，轮流请和尚念经、烧香、拜佛、听经，称之小赕，斋赕这天，主人可以邀请亲朋好友到家中做客。傣历 12 月 15 日是开门节，全村一起举行大赕，开门节后，一切活动恢复往常。②

瑶族是一个古老的民族，有着悠久的民俗风情习俗，盘王节是瑶族人民的传统节日，是由崇拜盘瓠而来，含有纪念祖先盘王和庆祝丰收的双重

---

① 西双版纳傣族自治州地方志编纂委员会编：《西双版纳傣族自治州志》（下册），新华出版社 2001 年版，第 503 页。

② 西双版纳傣族自治州地方志编纂委员会编：《西双版纳傣族自治州志》（下册），新华出版社 2001 年版，第 503 页。

意义，也是青年男女进行社交活动的盛会。嘎汤帕节是哈尼族传统节日，也是哈尼族新年，意味着“万物更新”“纪念先祖汤帕”，一般在阳历1月2—4日举行，节日期间舂粑粑、杀猪、宰鸡，祭祀祖先和宴请亲朋，同时举行打陀螺、荡秋千、文艺演出等活动。拉祜族扩节在农历正月初一至初三举行，年初一有抢接新水的风俗，节日期间男女老少跳三跺脚舞。勐腊、勐仑、象明等地的基诺族传统节日是“特懋克节”，一般在阳历2月6—8日举行，“特懋克”意思是“打铁节”，节日期间男女老少围着大鼓手拉手跳舞，同时举行打铁、备耕和铁匠收徒等仪式。克木人节日主要有祭寨神、新米节、红花节，每年3月全村举行祭寨神仪式，新米节是庆祝丰收的节日，每年9月举行，红花节主要形式是替动物、人、生产工具、植物等世间事物招魂，祈祷来年五谷丰登。[①] 作为传统习俗的一部分，节日文化对人们日常生活发挥着重大影响，外出打工的人员，一般不会轻易回家，一年回来一两次，也是要等到过重大节日的时候。近年来，勐腊县社会经济发展取得明显进展，新农村建设成绩喜人，群众生产生活发生了巨大变化，传统节日庆典活动已成为当地展现、传承民族文化，促进民族团结进步的重要平台。

社会组织。长期以来，勐腊县傣族等民族形成了以村寨为基本单位的共同体社会组织，一般以家族、宗族、房族为中心聚族而居。村寨历史都很悠久，一般超过百余年，有的已经有140多年，文化积淀深厚，形态多样。改革开放以来，虽然外来文化对村寨产生了影响，但是传统文化在村民中仍占主流。

勐腊县森林资源丰富，土壤肥沃，村寨一般建在森林环绕的地区，为了保护好生态环境和森林，村民森林保护意识较强，一般不会发生乱砍滥伐的现象，有时会利用森林下大面积的沟谷种植砂仁等经济作物。有时为了节约土地，村寨会依山斜坡而建。村前是开阔的稻田，有时会有一座小桥连通外界，村口有寨门，东南西北各一个，每年定期修补寨门，祭祀寨心、寨神时关闭寨门，禁止外村人畜进入。[②]

村寨内最显目的建筑是一座座竹楼，有的人户至今还住在传统竹楼之内，有的村寨至今尚保留完整竹木结构的建筑，全村没有一幢钢筋混凝土

---

① 赵青：《克木人宗教仪式研究》，《文山学院学报》2014年第4期。

② 毛志睿：《七彩云南之二十一 水之聚落 勐腊傣族村寨与民居》，《室内设计与装修》2002年第2期。

建筑。传统村寨中，户与户之间没有隔栏。各家各户门前栽种有香蕉、芒果、菠萝蜜、荔枝、菠萝、柚子、杨桃、枇杷、芭蕉等众多品种的果树。有的村寨旁边有清澈河流流过，村民们在劳动之余，经常到河中捕鱼、摸虾、捞青苔、戏水，尽情享受无穷欢乐，村内虽然都开通了自来水，但村民们仍然喜欢在河中洗浴、洗衣。

村寨中心有寨心，是用石头栽在寨子中央，周围插上木柱，每年祭祀寨心一次，祈求全寨人畜平安，丰收富足。① 寨心是村寨的重要标志物，也是村民们集中活动的中心。近年来，在当地政府的关心支持下，村民享受到了惠民政策，靠近寨心的地方一般都建起二层楼的公房、一个篮球场及一个舞台，作为全村寨民开展文化学习、培训和娱乐活动的中心。

村寨边上常常建有佛寺，有的佛寺非常雄宏壮观，有的仅由一两间木屋构成。礼佛被傣族视为重要事情，年节前一般都上寺庙礼拜。在过去，男孩在六七岁时一般都要被送到寺庙当和尚，接受传统文化学习和道德品质陶冶。随着经济社会发展和基础教育的普及，如今出家当和尚的男孩减少了，但寺庙依然完整地保留在村中，有的还建得比以前更漂亮，群众虔诚地举行传统宗教礼仪和活动。赕佛是寨民们经常举行的礼佛仪式，既有庙会期间集体“庙赕”，也有一家一户的“家赕”，还有同族的“族赕”等多种形式，通过赕佛，倾听佛爷讲解佛经、教规，教会村民处世做人的道理，教育人们积德行善，促进了社会和谐。

四 文化变迁

勐腊县民族村寨历史悠久，自然生态环境保护良好，民风民俗淳朴，非物质文化遗产资源丰富，文化传承种类繁多，绚丽多彩，延续不断。改革开放以来，尤其是近十余年来，随着改革的深入推进，在相关富民政策的带动下，民族融洽，社会稳定，经济繁荣，人们生产生活条件不断改善，生活水平显著提高，现代社会的电话、手机、摩托、汽车进入了村民家中，广播、数字电视极大地丰富了村民文化生活，扩宽了知识视野，提升了思想观念，民族村寨正大步迈向小康生活。

然而，人们在享受现代社会和文化生活的同时，传统文化正面临强烈的冲击而日趋消解，传统民居、民族服饰、民族工艺、民族节庆、宗教精

① 毛志睿：《七彩云南之二十一 水之聚落 勐腊傣族村寨与民居》，《室内设计与装修》2002 年第 2 期。

神等都在不断地变化。例如，日常穿戴不断被现代流行服装代替，民族服饰慢慢消失在日常生活视野中。除了在传统节庆、大型活动时穿戴民族盛装外，平时村寨中已很少见有人穿戴传统服饰。再如，随着农村经济的发展，寨民外出务工增多，民间技艺难以传承和创新，发展更是后继乏人。还如，有些民族如瑶族本来就没有民族文字，长期与汉族混居，而且在社会流动和交往空前加剧的条件下，受汉语影响不断加强，民族语言也面临失传的危险。

在思想观念上，随着社会变迁的深入，某些传统文化要素和观念虽然还继续得以保留，但其所发挥的社会功能已经非常有限，作为维护基层民俗社会秩序的传统力量，传统社会的民俗制度显然已经失去了往昔的强势功能，仅在形式上发挥习惯性作用，某些社会观念及其功能则有待更新。

传统社会中，各民族婚姻形式基本是自由恋爱，但也存在父母包办的情况。瑶族曾奉行单向姑舅表优先婚。傣族中存在早婚习俗，很多年轻人未到法定年龄就结婚，而且，由于风俗习惯不同，傣族结婚不重视结婚登记，仅按照民族习俗举行结婚仪式，就被视为夫妻关系。[①] 如今，各民族男女从恋爱到结婚，都是自由的，结婚必须达到法定年龄，有时候会保留一些传统因素而存在包办现象。各民族与异族通婚在历史上很常见，尤其是各民族与汉族之间结婚的很多，现在，各族之间通婚的情况越来越多。

在传统社会中，各民族大多实行一夫一妻的婚姻制度，有时婚姻更多的是一种买卖关系，离婚双方要支付赔偿，但鉴于经济因素的考虑，传统社会离婚现象较少。随着经济的发展，男女从恋爱到结婚，形式都发生了变化。首先是婚姻择偶范围不断扩大，不再局限于村寨范围之内，族际通婚范围也在逐步扩大。其次，就家庭结构而言，一般是夫妻、子女同居，如父母还健在，最多是三代同堂，因此，一般的家庭是由 3—6 人组成的核心家庭，超过 10 人以上的扩大家庭和联合家庭极少有。小型家庭结构有利于提高家庭成员劳动积极性，自强创业，减少依赖，增强父母子女的感情和教育功能等。最后，家庭经济更为独立，婚后即盖起自己的房屋，建立起自己的家庭。

婚姻家庭虽然有了许多变化，但是，某些传统观念还影响着家庭生活

---

① 余云疆：《制约西双版纳傣族基础教育发展的原因探析——以勐腊县勐仑镇城子村为例》，《今日民族》2010 年第 3 期。

和社会从业。例如，“男主外，女主内”的传统观念还一定程度存在，姑娘结婚以后，一般不再外出打工，待在家中操持家务；但现代家庭中仍旧普遍存在以性别为主的劳动分工，从家庭经济来看，生产和经济活动都由家长负责处理，一般由丈夫承担；有些地方甚至存在严重落后思想和观念，妇女在家庭中只认干活，没有社交，没有财权，没有自主权，社会地位较低。近年来，针对某些落后观念，政府采取了一些积极措施，帮助妇女树立现代社会思想观念，例如，政府倡导贷款到户不分男女，提高了妇女社会地位和在家庭中的理财经营主导作用。另外，乡村旅游业的发展也在一定程度上解决了部分女性就业和营业问题，家庭分工逐渐超越了自然分工的范畴。

长期以来，各民族形成了以村寨为基本单位的血族共同体社会组织，一般以家族、宗族、房族为中心聚族而居，在历史上，这种村寨曾具有农村公社的性质，内部形成了独特的生活方式。佛寺及世俗权威是构成社会的重要支柱，发挥了重大控制管理作用，现在，民俗制度逐渐失去了往昔的功能，但民俗权威仍旧保留有某些影响力。例如，作为村寨掌管佛教事务活动的长老“波章”，不仅主导一切佛事活动，而且和村中德高望重的老人一样，经常为年轻人讲述为人处世之道，讲解自然生态观念，教会他们礼仪禁忌等知识，传习传统文化和技艺；再如有些时候，世俗权威和村委会职能不分，村委会需要其帮助和认可才能发挥作用。村寨发生的诸种变迁是在全球化和现代化加速进程中不可避免的事件，“这种变迁不仅仅是人们生产生活方式的简单改变，在更高层次的意义上也是整个社区发展模式、价值体系的重大转变”①。

第二节　文化事业发展基础和创新机制

一　文化事业机构逐步健全

在文化事业建设方面，勐腊县党委和政府始终以满足城乡居民对公共文化需求为目标，顺应时代潮流，奋发作为，不断加强公益性文化事业建设，构建成熟完备的公共文化服务体系。近年来，积极推进文化事业机构

① 徐晓勇：《民族村寨生产和生活方式变迁的生态影响研究——以西双版纳勐腊县为例》，《生态经济》2011 年第 1 期。

改革，致力于提升文化馆、图书馆、博物馆、社区和乡镇综合文化站（室）等公共文化事业机构以及民族文化工作队（歌舞团）、电影放映队、新华书店、章哈协会等文化服务组织的业务水平，基础设施逐步完善，文化事业建设取得可喜成绩。

勐腊县文化事业机构是随着人民政权一起发展壮大的。1953 年 1 月，西双版纳傣族自治区成立，人民政府设文教科。1955 年自治区改称自治州，1957 年，文教科分为文化、教育两个科，勐腊等各县文化工作归口文教科领导。1984 年，勐腊县文化局成立，直属文化单位有文化馆、图书馆、新华书店、电影公司、文工队等，承担全县公共文化事业的领导与服务工作。[①]

进入 21 世纪以后，为了适应不断深化的市场经济体制建设，整合文化资源，打造文化品牌，凸显文化事业机构的社会服务功能，在县党委和政府的领导和积极推动下，文化体制改革也不断深入。2011 年底，勐腊县文化、体育、广播电视、旅游等文化管理部门合署办公，成立勐腊县文化体育广播电视和旅游局，正科级建制，行使政府管理职能，内设办公室、财务股、宣传股、政策法规股、文化艺术股、体育股、技术股 7 个股室，编制 22 名。新设的文体广电和旅游局下设文化馆（编制 13 名）、图书馆（编制 9 名）、民族文化工作队（正式编制 15 名、合同制演员 20 名）、“2131” 电影放映管理站（编制 3 名）、电视台（编制 20 名）、卫星地面接转站（编制 13 名）6 个直属事业单位，局党委下设文体、广电、旅游、望天树旅游景区 4 个支部。[②] 至 2013 年止，勐腊县文体广电和旅游局共有在职职工 115 名，主要职能是负责全县文化、文物、新闻出版、广播影视等方面的管理工作；推进城乡公共文化基础设施建设，完善公共文化服务体系；开展群众性文化活动，加大文物和非遗保护力度；强化文化市场监管等。

文化馆。文化馆是城乡群众文化事业机构。勐腊县文化馆成立较早，1956 年 9 月，为适应边疆工作的发展新形势，西双版纳自治州文化馆派干部分别到各县组织筹建文化服务机构，1957 年，勐腊县成立文化工作

① 西双版纳傣族自治州地方志编纂委员会编：《西双版纳傣族自治州志》（下册），新华出版社 2001 年版，第 190 页。

② 勐腊县文化体育广播电视和旅游局：《2012—2013 年文化体育广播电视工作年鉴》，2014 年。

服务队，1962 年始称勐腊县文化馆。[①] 在长达半个世纪的历史岁月中，文化馆在坚持正确政治方向和工作方针的同时，不断加强业务人员专业水平，积极开展各项文化活动，多方丰富群众文化生活。近年来，在文艺工作创新、群众文化辅导、文物普查、非物质文化遗产保护等方面取得了突出业绩。截至 2012 年，文化馆现有编制 13 名，在职职工 11 名，其中副高专业人员 1 名，中级 5 名，初级 5 名；文化馆建有办公楼、多功能厅、教学楼、展览厅（2 个）、民族博物馆、舞蹈排练厅（2 个），总面积 2200 平方米。

表 5-1　　2012 年勐腊县文化部门机构及人员统计

		机构数量（个）	从业人员（人）
艺术业	艺术表演团体	1	22
	艺术表演场所	0	0
图书馆		1	10
群众文化业	群艺馆、文化馆	1	12
	乡镇文化站	10	41
文物业		0	0
其他文化产业		1	5
总计		14	90

资料来源：西双版纳傣族自治州统计局、国家统计局西双版纳调查队编印：《西双版纳傣族自治州统计年鉴 2012》，2013 年 9 月。

图书馆。勐腊县公共图书馆可以追溯到民国二十一年（1932），这一年，镇越县（现勐腊县）政府建立图书馆，当时藏书 1000 册，该图书馆于 1948 年毁于战火。新中国成立后，为丰富群众文化生活，1958 年曾建成勐腊县图书馆，同年 10 月 1 日对读者开放。改革开放后，1985 年，文化馆图书阅览室分离出去，单独成立为勐腊县图书馆，并投资 20 万元建成钢混结构 740 平方米的两层楼房 1 座，设有阅览部、目录厅、书库、采编室、资料室、办公室，定编人员 8 人，藏书 9652 册；1988 年藏书增至 14423 册，订阅报刊 300 种；1993 年又增至 16268 册，订阅报纸 20 种，杂志 91 种，全年接待读者 11619 人次。此外，勐腊县工人俱乐部图书室

① 西双版纳傣族自治州地方志编纂委员会编：《西双版纳傣族自治州志》（下册），新华出版社 2001 年版，第 236 页。

藏书3260册，配有专职管理员1人；勐腊县有基层工会图书室51个。[①] 进入21世纪以后，伴随文化事业机制改革的深入，勐腊县图书事业成效明显。截至2012年，勐腊县图书馆馆房建筑面积1200平方米，另有300平方米馆房在建；累计馆藏图书34995册，阅览坐席180个；职工10人（在编9人，超编1人）；图书馆机构设置有成人报刊阅览室、图书外借室、多媒体电子阅览室、地方文献特藏室、采编业务咨询辅导室、办公室、全国文化信息资源共享工程县级支中心等。

新华书店。勐腊县新华书店建立于20世纪50年代中期。根据《西双版纳傣族自治州志》记载，1954年1月23日，新华书店西双版纳支店成立，综合门市部开始营业。1956年，尹克林到勐腊建店，盖起一间150平方米的茅草房作为支店的门市部，书台书架全用竹篱笆编成。1956年10月1日，勐腊新华书店正式营业，尹克林任勐腊支店副经理，图书发行区域为勐腊、勐捧、易武和瑶区。1962年，勐腊县政府拨款18000元给新华书店，建成1座砖木结构的二层楼房，有500平方米，其中门市部占200平方米，以后逐年扩建，条件逐步改善。之后开始在乡镇设立门市部或代销点，如1966年，勐腊县有乡镇10个，有门市部3个；1976年有乡镇10个，门市部4个，代销点9个；1980年分别是11个、4个、9个；1985年分别是11个、4个、12个；1990年分别是12个、4个、12个；1993年，勐腊县有砖混结构房屋1165.9平方米，有乡镇12个，门市部4个，代销点12个。[②] 除了日常图书配售发行业务之外，新华书店还承担当地学校课本发行任务，发行方式有批发、门市零售、预定供应、内部发行、邮购、开办书市和书摊等。1991年，新华书店由事业性质变更为企业性质，实行工资总额同销售收入和利润双挂钩，提取企业效益工资。近年来，随着勐腊县文化事业的快速发展，社会图书需求量不断增加，新华书店以社会效益和经济效益为目标，以市场为导向，不断改进经营方式，提高服务质量，如对书店的卖场进行重新装修，及时增加图书品种，并通过张贴新书海报、图书排行榜等方式，加大图书宣传力度，促进图书销售增长。

---

① 西双版纳傣族自治州地方志编纂委员会编：《西双版纳傣族自治州志》（下册），新华出版社2001年版，第244—246页。

② 西双版纳傣族自治州地方志编纂委员会编：《西双版纳傣族自治州志》（下册），新华出版社2001年版，第247—248页。

表 5-2　勐腊县新华书店图书、课本发行择年统计（1959—1993）

年份	图书发行额（元）	课本发行额（元）	课本发行数量（册）
1959	9518		
1966	47774	6778	41041
1972	59775	9902	68559
1978	117973	44292	212132
1985	378368	162854	448764
1990	803369	310806	517834
1993	1561845	747605	590257
2012	7000000		570000
2013	10030000		680000

资料来源：西双版纳傣族自治州地方志编纂委员会编：《西双版纳傣族自治州志》（下册），新华出版社 2001 年版，第 250—253 页。

民族博物馆。勐腊县民族博物馆创立于 1993 年 1 月，同年 4 月 16 日在西双版纳建州四十周年和傣历 1355 年双喜日子正式开馆。当时成立博物馆的目的是及时抢救和保护发现文物，所以建馆没有根据程序进行审批和备案，20 年来，民族博物馆一直没有单独设立单位，没有编制、没有专项文物保护经费，文保工作一直由文化馆负责。成立之初，民族博物馆有展品 1000 余件，其中国家一级文物 1 件，二级文物 1 件，三级文物 36 件，接待国内外各级人士 6 万余人次。现有馆舍面积 250 平方米，分三个展厅，一是和睦家庭风采——勐腊民族及其服饰艺术；二是生活文化风韵；三是灿烂历史之光。[①] 陈列有本地出土的唐代青铜佛像，陶瓷珍品，战国铜戈，李定国兵器，新石器，契约，瑶族经书，中法界碑，贝叶经，古抄本，铜鼓，银器，铁器，当地各民族服饰，傣族织锦，瑶族刺绣、拓片，首饰，生活用具，资料照片，大型丙烯画——绿色旋律与人文之光“多彩勐腊的绿色文化足迹”等。所藏展品集中反映了勐腊县不同时期、不同地域、不同民族、不同经济社会发展阶段的历史过程，也从不同角度反映了勐腊县的社会历史、文学艺术、宗教、生产和生活习俗，体现了各民族传统文化观念、思想意识和不同时期的民族心理素质。

文工队。1965 年 9 月 10 日，根据中共云南省委关于加强边疆和山区民族地区文化工作的指示，勐腊县成立文艺工作队，编制 12 人。文工队

① 玉腊：《勐腊县民族博物馆小记》，《民族工作》1999 年第 9 期。

成立之后，深入边沿一线及山区村寨，通过文艺演出、放幻灯片、图片展览、讲座等形式，普及科学知识，移风易俗。“文化大革命”中，文工队改称毛泽东思想文艺宣传队，演样板戏，跳“忠”字舞，“文化大革命”结束后，恢复文工队名称，以文艺表演为主。1989 年，文工队合并到县文化馆，1992 年又单独建制。1993 年，文工队有职工 17 人，演出 27 场。① 文工队活动主要在农村，每年农村演出场次占总场次的 50%以上，重大节日或配合会议在县城演出，演出的节目，紧密结合中心工作进行宣传教育，如创作演出的《插秧忙》《爱尼山寨丰收乐》《洪灾面前》《大卡人学毛著》《彻底粉碎四人帮》《小英雄玉腊》《咪涛章亢的忧虑》等。② 1984 年，全省民族舞蹈会演，勐腊县文工队创作演出的克木人舞蹈《竹筒戏酒》获发展民族舞蹈特别奖。③ 1980 年，中央民族歌舞团演出小分队到勐腊县和景洪县演出。④ 在漫长岁月中，文工队在宣传党的方针、政策，挖掘整理、传承民族民间文艺，创作文艺精品，丰富基层群众文艺生活方面发挥着重要作用。进入 21 世纪以后，文工队积极打造民族文化品牌，组织开展送戏下乡及各类节庆文化活动，辅导基层文化、组织农村文艺汇演等公益性文化服务，并适应新形势的要求，积极推进体制改革。

文化站。1979 年开始，西双版纳州在乡镇分批建立农村文化站，第一批共 5 个，其中勐腊县有 2 个，即勐满乡、尚勇乡，于 1980 年建成，每个站编制 2 人，每年经费 1000 元。⑤ 1982 年，勐腊县工人俱乐部建成，有砖混结构的二层楼房一座，面积 449.4 平方米，设有图书阅览室、录像放映厅、乒乓球室等。每逢节假日，便会吸引大量职工和儿童。⑥ 进入 21 世纪以后，根据勐腊县深化乡镇机构改革的实际情况，勐腊镇、勐伴镇、瑶区乡、易武乡、象明乡、关累镇、勐捧镇、勐满镇、勐仑镇、磨憨镇

① 西双版纳傣族自治州地方志编纂委员会编：《西双版纳傣族自治州志》（下册），新华出版社 2001 年版，第 222 页。

② 西双版纳傣族自治州地方志编纂委员会编：《西双版纳傣族自治州志》（下册），新华出版社 2001 年版，第 224—225 页。

③ 西双版纳傣族自治州地方志编纂委员会编：《西双版纳傣族自治州志》（下册），新华出版社 2001 年版，第 225 页。

④ 西双版纳傣族自治州地方志编纂委员会编：《西双版纳傣族自治州志》（下册），新华出版社 2001 年版，第 229 页。

⑤ 西双版纳傣族自治州地方志编纂委员会编：《西双版纳傣族自治州志》（下册），新华出版社 2001 年版，第 236 页。

⑥ 西双版纳傣族自治州地方志编纂委员会编：《西双版纳傣族自治州志》（下册），新华出版社 2001 年版，第 237 页。

10 个乡镇及勐捧、勐醒、勐满和勐腊 4 个农场逐步完成了文化站、广播电视站合并，乡镇成立文化广播电视服务中心，共有工作人员 48 人；农场成立文化体育广播站，共有工作人员 51 人。

二　广电实施建设不断加强

勐腊县广播电影电视事业随人民政权的建立而诞生，并在不断适应社会发展和自身特点中逐步完善，蓬勃发展，60 多年经历了不同发展重点。

第一，设立广播收音站，建成有线广播站，时间为 1951—1958 年。1950 年 2 月 17 日，西双版纳全境解放，辖区设车里、佛海、南峤、镇越 4 个县人民政府，归属普洱专属领导。1950 年 4 月，中央人民政府做出“关于在全国建立收音网”的决定，根据本决定，在 1951 年 10 月到 1952 年 7 月间，包括镇越县（后勐腊县）在内的 4 个县先后建立了广播收音站，每站配置收音员 1 人。其中镇越县收音站于 1951 年 10 月建成，成为该地区建成的第一个收音站。随着自治区的建立和社会发展需要，到 1955 年时，西双版纳自治州已经建立 20 个收音站，其中包括勐腊县的易武、勐捧、瑶区收音站以及勐仑办事处收音点。

第二，广泛建设农村有线广播网，时间为 1959—1975 年。20 世纪 60 年代初，西双版纳州广播事业继续发展，先建成以州广播站为中心连接各版纳（区）的传输网，后逐步发展成为以县广播站为中心联通所属公社、区、乡以及农户的有线广播传输网，包括有线广播专线和有线电话。1959 年元月，在原有收音站的基础上，勐腊县建成有线广播站，开播之初就架通了从县城到曼龙勒、曼纳伞等地的广播专线，开播后又使用有线电话线路开通了县广播站到勐捧公社，连接勐满、勐润等地的广播网。到 1960 年底，以县广播站为中心的农村有线广播网基本建成，到 1970 年，以县广播站为中心联通公社广播放大站以至农户的农村有线广播网基本形成，1974 年后又架设了广播专线。

第三，建成中波广播转播台，时间是 1976—1993 年。20 世纪 70 年代中期以后，有线广播逐渐萎缩，1975 年，西双版纳州为解决勐腊县境内云南人民广播电台节目信号弱且国外电台信号干扰严重的问题，在云南省广播事业局的支持下，建成了勐腊县中波广播转播台，并于 1976 年元月 1 日开播。新建转播台发射机功率 1000 瓦，频率 576 千赫，转播云南人民广播电台节目。1978 年，云南省及勐腊县政府投资 3 万元将勐腊县中波台机房改建为钢混结构，并于 1985 年架设了天线铁塔，主塔高 54 米。1990 年又投资 16 万元，购置 1000 瓦中波发射机两套，埋设地网及架设一座高 74 米的铁塔天线，两套发射机分别转播中央台、云南台的节目。

在此期间，1985 年，云南省广播电视厅拨给勐腊县 1 台 50 瓦调频发射机，机器安装在县广播站内。同年 6 月 1 日，正式与原有有线传输网一起转发县广播站节目，覆盖地区为县城周围、瑶区、勐伴、尚勇、曼庄等乡镇。此后，勐捧、勐腊、瑶区、易武、勐满等乡镇广播站相继建立起了调频发射台。截至 1987 年底，勐腊县广播站调频发射台的发射机功率由原来的 50 瓦增至 100 瓦，全县共有 6 个调频发射台，总功率 350 瓦。1991 年，勐腊县又在坝卡梁子电视差转台安装 300 瓦广播调频发射设备 1 套，转播西双版纳广播电台节目，广播信号进一步完善各乡、镇调频广播站的设施后，人口覆盖率达 90%以上。

有线与无线广播台站宣传节目分为转播节目和自办节目，围绕本地区中心工作，播报新闻，宣传党的农村政策、先进人物和事迹，交流生产经验，教育群众热爱党热爱社会主义。为了多方丰富群众精神生活，广播台站先后开办《听众点播》《歌曲欣赏》《曲艺节目》等文艺节目，以及天气预报、商品信息、广告、听众信箱等信息服务节目，节目多数用当地少数民族语言和汉语交替播音。如按时播报天气预报，为群众安排生产、生活提供参考，每天播出 2—3 次，从未中断。20 世纪 80 年代之后，随着改革开放的不断深入和商品经济的发展，民族民间文艺逐渐繁荣，广播节目也不断丰富。①

第四，建成南贡山电视转播台。1979 年，云南省广播电视厅在昆明召开边境地区广播电视工作会议，会议决定之一，就是在中缅、中老、中越边境地区建成 10 座 100 瓦发射功率的电视差转台，每台国家投资 10 万元。同年 5 月，勐腊县境内差转台选定台址，命名为“南贡山”台，位于勐腊县东北方，距县城 38 千米。同年 9 月底，南贡山台站完成机器安装调试，10 月 1 日正式开播。建台开播初期，道路不通，基本设施缺乏，没有高压线路，靠柴油发电机发电，机房、宿舍等都是油毛毡或石棉瓦房。在这样的条件下，差转台工作人员克服重重困难，艰苦奋斗，把接收

① 西双版纳傣族自治州地方志编纂委员会编：《西双版纳傣族自治州志》（下册），新华出版社 2001 年版，第 311—319 页。

到的云南电视台节目信号，源源不断地转播到勐腊县境内及中缅、中老边境等地区，成为该地区电视传输网络的骨干台，多次荣获省、州、县先进集体奖，1985 年 10 月，被广播电影电视部授予“全国广播电视系统先进集体”称号。1986 年，勐腊县财政拨专款 7 万元，勐腊、勐捧、勐满、勐醒 4 个农场赞助 6 万元，建成砖混结构机房、宿舍、食堂，总面积 410 平方米。1986 年，借助于西双版纳州开展的“331”“211”工程建设，勐腊县乡镇和行政村所在地群众收看电视问题得到解决，前者接收天线直径 3 米，转发机功率 3 瓦，转发节目 1 套；后者接收天线直径 2 米，转发机功率 1 瓦，转发节目 1 套。另外，1987 年勐腊县勐满区靠近边境线上的田房村 29 户瑶族群众，集资 3000 多元，建起一座电视差转点。

1991 年，勐腊县政府及州广播电视局决定，将南贡山电视转播台搬往坝卡梁子。1993 年 6 月坝卡梁子台开播，总投资 69.75 万元，首批砖木结构机房 200 平方米，砖混结构住房 250 平方米，交通和输电条件改善。转播台安装 300 瓦电视差转设备 1 套，收转曼兴良电视发射台发出的西双版纳电视台节目信号，用 9 频道转发，节目直接覆盖勐腊县城及勐腊、勐捧、勐满、勐润等坝子的部分地区。①

第五，整合资金加快发展，基础设施建设进入新阶段。为切实解决农民群众收听收看广播电视难的问题，我国于 1998 年初启动了广播电视“村村通”工程，勐腊县根据本县具体情况，因地制宜，合理规划，坚持广播电视并重、有限与无线结合、城乡共同发展，抓住“兴边富民”的机遇，促使广播电视发展。从 1998 年实施广播电视“村村通”工程以来，到 2006 年，勐腊县基本完成前两阶段的工程建设②，2006 年 6 月，国家广电总局、财政部联合召开会议，部署全国农村中央广播电视节目无线覆盖工作。

勐腊县无线覆盖工作工程在 2007 年完成台址确定、地质勘查、气象资料收集、“四通一平”等基础工程，并及时安排人员到省广播电视局学

① 西双版纳傣族自治州地方志编纂委员会编：《西双版纳傣族自治州志》（下册），新华出版社 2001 年版，第 341—343 页。

② 为了解决广播电视信号覆盖“盲区”农民群众收听广播、收看电视问题，国家从 1998 年开始实施“村村通”工程。第一阶段是 1998 年到 2003 年，完成 11.7 万个已通电行政村“村村通”工程建设；第二阶段从 2004 年开始，完成了 10 万个 50 户以上已通电自然村“村村通”工程建设；第三阶段是“十一五”期间，全面实现 20 户以上已通电自然村“村村通”广播电视，全面加强农村广播电视无线覆盖。

习培训。[①] 2008年将中央农村广播电视无线覆盖工程托管资金，省“解五难”资金和原勐润乡广播电视站机房处置资金进行整合，进一步加大基础设施建设力度，改善口岸和老区基础设施建设。一是投资109万元，建成层高二层面积338.4平方米的仿古式易武广播电视站综合楼；二是投资45万元，建成了尚勇广播电视站层高二层面积334平方米的广播电视机房；三是投资35万元，建成关累镇层高一层面积133平方米的广播电视机房。2008年6月下旬，勐腊镇（坝卡梁子）广播电视发射台、磨憨口岸广播电视转播台、关累口岸广播电视转播台建设任务完成，7月1日正式开播。截至2008年底，全县广播、电视覆盖率达到89.95%和95.33%。

2009年起，勐腊县编制了20户以上已通电自然村通广播电视项目规划，针对农村实施“村村通”广播电视初期建设起点低，农村广播电视基础薄弱，大部分农村收听、收看广播电视节目还达不到国家广电总局规划（8套以上电视，3—5套以上广播）的要求，加之农村电网老化，电压不稳，大部分地区处于雷区，已建“村村通”返盲等问题，拟定新三年“兴边富民工程”规划，计划用三年时间全县97个20户以上自然村实现直播卫星覆盖。2010年，勐腊县人民政府编制的《勐腊县国民经济和社会发展第十二个五年规划纲要》中，进一步明确了“村村通”工程建设目标，“十二五期间，使未通电视的149个20户以下自然村和原乡办场、村办场均实现户户通，启动农村有线广播建设项目，对529个自然村和350个农场居住点建有线广播室，到2015年，广播电视人口覆盖率均达到了100%”[②]。通过努力，2013年，广播电视户户通项目顺利通过验收。与此同时，还不断加强农村有线广播建设，2013年完成了勐捧镇20个村民小组有线广播室的建设任务，总投资10万元。

目前，基本建立覆盖全县城乡的广播电视公共服务体系和广播电视安全播出应急体系，中央、省、州广播电视节目覆盖以有线数字电视为主，无线发射和直播卫星为辅，广播电视台节目由有线数字电视覆盖，实现了全覆盖，覆盖率均达到了100%。另外，勐腊县还以国家实施“西新工程”为机遇，建设民族语翻译、制作、播出平台，提升民族语译播能力，推进电信网、广播电视网和互联网“三网融合”，实现三网互联互通、资

① 勐腊县广播电视局：《勐腊县广播电视工作情况》，2009年4月7日。

② 勐腊县人民政府：《勐腊县国民经济和社会发展第十二个五年规划纲要》，2010年12月31日。

源共享，更新改造全县通信网络，加快中国联通、中国移动基站建设，提高农村电话普及率，互联网用户数量上一个新台阶。

三　创新文化机制稳步推进

为适应新形势下的文化工作需要，在县委、县政府的正确领导下，勐腊县文化界本着围绕中心、服务大局的工作思路和解放思想、务实创新的精神状态，围绕又快又好发展的主题，抢抓机遇，努力拼搏，不断拓宽和改进工作方式，稳步推进创新文化机制建设，增强为群众文化生活服务的条件和实力，推动文化事业不断前行。

第一，不断深化文化管理体制改革，全面推进公益性文化事业单位改革，加快推进经营性文化单位转企改制。一方面，健全党委领导、政府管理、行业自律、企事业单位依法运营的文化管理体制和文化产品生产经营机制，逐步推动行政主体由办文化向管文化转变，强化文化行政管理部门政策调节、市场监管、社会管理、公共服务等职能。另一方面，赋予公益性文化事业单位自主管理权限，提高运行效率，改变事业单位管理行政化状况；创新公共文化服务运行机制，对一些公共文化产品、公共文化服务项目和公益性文化活动，引入市场机制，扩大服务范围，增强服务效益。推动歌舞团等一般性文艺院团转企改制，使它们成为合格的演艺市场主体，组建演艺集团公司，完成文体广电合并工作，深化宣传业务和经营业务“两分开”的剥离工作。

根据中央、省、州关于深化文化体制改革的相关要求，按照先易后难、分类指导、稳步推进的原则，以体制机制创新为重点，积极推进公益性和经营性文化事业单位和企业改革。2000 年完成了新华书店改制工作，更名西双版纳新华书店有限公司勐腊公司，属事业单位，企业管理体制。2003 年完成电影公司改制工作，2004 年成立了勐腊县“2131”农村电影放映管理站。2010 年底，完成了文化市场稽查大队的改革，成立了勐腊县文化市场综合行政执法大队。2012 年 6 月，按照省、州国有院团改革精神，完成了县民族歌舞团改革工作，更名为勐腊县民族文化工作队，核定财政全额拨款事业编制 15 名，聘用人员编制 20 名。

勐腊县广播电视局成立于 1985 年 5 月 16 日，当时设办公室、技术股等，直属事业单位有广播站、电视转播台、服务部等。1998 年机构改革中，乡镇广播站下放给乡镇管理，县广播电视机关只在业务上给予指导。

2005年9月完成勐腊县广播电视局改制工作，新闻宣传与电视网络分开运作，挂牌成立“云南广播电视信息传播股份有限责任公司勐腊支公司”。2009年12月，根据云南省体制改革的要求，整合成立“云南广电网络集团勐腊支公司”。2011年底，按照省、州、县机构改革要求，完成了文体、广电、旅游三局合并，成立了勐腊县文化体育广播电视和旅游局。同时，根据勐腊县深化乡镇机构改革实施意见，10个乡镇和4个农场完成文化站、广播电视站合并，成立文化体育广播电视服务中心，4个农场成立了文化体育广播站。

体制改革之后，勐腊县文化体育广播电视和旅游局归口管理全县文化体育广播电视、新闻出版事业，为勐腊县人民政府工作部门，正科级行政单位，内设办公室、财务股、政策法规股、文化艺术股、体育股、宣传管理股、技术管理股7个股室，核定编制22人。局机关下设文化市场综合执法大队（核定事业编制3名）、文化馆（事业编制13名）、图书馆（事业编制9名）、民族文化工作队（事业编制15名，聘用合同编制20名）、“2131”电影放映管理站（事业编制3名）、电视台（事业编制20名）、卫星地面收转站（事业编制13名）7个直属事业单位，共有在职干部职工115人。另外，有两个联系单位，其中，西双版纳新华书店有限公司勐腊公司共有职工13名；云南广播电视信息传播股份有限责任公司勐腊支公司有职工66名。

需要指出的是，结合文化机构改革和文化体制创新，勐腊县还加强了文化事业人才队伍建设。首先，在组织建设上，按照干部队伍“四化”方针和“德才兼备”的原则，选拔配备领导班子，强调领导班子和领导干部“三力建设”；其次，在队伍建设上，通过组织开展“解放思想”大讨论活动，提高队伍政治业务素质，改变不符合科学发展观要求，不适应市场化取向改革的思想观念，在坚持学习与实践相结合、继续教育与学历教育相结合、“送出去”与“请进来”相结合的基础上，加强文艺系统干部职工文化业务知识培训，提高文艺系统服务水平和服务意识；最后，积极培养和储备农村文艺工作人才，组建农村“文艺队”和“篮球队”队伍，壮大农村文体队伍，为推进农村文艺事业的发展贡献力量。到目前为止，勐腊县在农村组建了419支农村文艺队，有文艺队长419人；组建了241支农村业余篮球队、51支业余陀螺队、17支业余射弩队、21支业余高脚竞走队，共有体育队长290名。建有86个农家书屋点，有图书管理员 86 名，全县逐步建立起了一支专兼职相结合的文化管理队伍，形成了上下合力共同推进文化建设的新格局。

第二，以西双版纳州建设“文化名州”为契机，加大硬件投入，深化软件实力，充分整合和利用民族文化资源，打造民族文化精品品牌，变文化资源为文化产品，抢占市场，赢得先机，逐步建立多元化的民族文化产业；并不断探索文化交流与合作机制，把宣传民族文化与营销民族文化结合起来，通过实施文化“走出去”战略，打造面向老挝、缅甸等东南亚国家的文化“桥头堡”地位，增强勐腊县各民族文化的对外影响力和传播力。

文化事业建设离不开对资源的掌握和运用，勐腊县民族多元，自然资源丰富，文化底蕴深厚，为实现创新文化机制提供了物质和精神基础。勐腊县政府和社会各界历来重视民族文化保护和开发工作，近年来，文化体制改革稳步推进，政府越来越注重解放和发展文化生产力，通过各种途径全面提升文化软实力，充分挖掘和发挥民族资源、文化资源、人才资源等不同优势，基本形成了文化精神迸发、文化标志突出、文化特色鲜明、文化氛围浓厚、文化产业增长快速的民族文化大发展大繁荣的景象。民族文化建设亮点频现，生物多样性、生态文化、贝叶文化、多元民族文化、普洱茶文化等逐渐成为精品品牌。与此同时，根据各族群众现实的文化需求，立足实际，经过适合本土的文化创意和市场运作，积极转化和升华文化生产力，并实行多渠道、多手段、常态化的宣传营销策略，文化产业实力显著增强，市场影响力不断扩大。

勐腊县与东南亚各国地缘相近，人缘相亲，文缘相融，商缘相同，这些优势特点便于开展跨境文化交流与合作，有利于发展对外文化贸易。近年来，勐腊县加大政策扶持和财政支持力度，策划组织对外宣传和文化交流的“桥头堡”建设工程，加快推进文化“走出去”，通过政府间和民间对外文化交流，增强跨境文化的传播力，同时探索文化产品的进出口机制，在加强公益性文化交流的同时，积极推动商业性文化贸易的发展。近年来，面向东南亚南亚国家和地区广泛开展了国际文化周、艺术节、旅游节、影视展、美食节、体育比赛等特色文化活动。

第三，加强文化基础设施建设。进入 21 世纪之后，围绕县委、县政府加快发展文化事业和文化产业的决策，结合本县实际，以发展为主题，借助于国家、云南省以及西双版纳州实施的各项文化惠民工程，通过争取“兴边富民”“扩大内需”等项目资金，积极进行文化基础设施建设，为满足人民群众多方面、多层次、多样性的精神文化需求创造良好条件。

首先，逐步改善文化事业机构办公条件。借助于各类项目建设资金，对县民族歌舞团、博物馆、文化馆、图书馆及全县10个乡镇文化站业务用房进行新建或者扩建，2008年完成易武六大古茶山文化博物馆修缮工程；2011年开始，投资130万元实施县文化馆馆房建设，2012年完成县文化馆新建工程；2012年投资110万元完成图书馆改扩建工程。为相关单位配置了文化大篷车、电脑、灯光、音响、数字电影机等业务办公设备，办公条件得到了较大改善。

其次，实施体育健身工程建设。为贯彻落实《全民健身条例》和《全民健身计划》，以构建全民健身公共服务体系为核心，云南省实施了“七彩云南全民健身工程”，从2010年到“十二五”末，每年投入不少于1亿元建设县（市、区）、乡（镇、街道）、村（社区）健身基础设施。勐腊县以健身设施建设为基础，健身组织建设为重点，城乡群众参与健身活动为目的全力推动工程实施，积极进行文化公园和体育场地建设。2012年，已完成七彩云南健身路径7条，投资21万元。到目前为止，全县共建成非标准田径场26块、足球场11块、篮球场673块、陀螺场地37块、气排球场地45块、门球场地57块、地掷球场地30块、秋千场地1块、羽毛球场地5块、乒乓球场地4块、游泳池2个。2008年启动民族体育运动场项目申报工作，2012年，项目建设取得实质性进展，启动土地平整项目工作，完成投资80万元；2013年11月26日正式开工建设，总投资4200万元，2014年基本完成跑道、人工草坪、看台、体育馆主体工程等建设项目，附属工程羽毛球馆建成投入使用，计划完成投资3000万元。这些场馆的建成将为进一步发展文化事业创造积极条件。争取到工作经费300万元，完成勐腊县民族体育运动场各项前期工作。

最后，实施文化信息资源共享工程等重大文化项目工程建设。全国文化信息资源共享工程是文化部、财政部共同组织实施的一项国家文化创新工程、文化惠民工程和公共文化服务体系的基础工程，被喻为继“广播电视村村通工程”之后，我国农村文化建设的“二号”工程。该工程于2002年开始正式实施，其核心就是利用现代信息技术，对包括图书馆、博物馆、美术馆、艺术院团、研究机构等现有的文化信息资源，进行数字化加工和整合，通过覆盖全国城乡的网络化管理和服务体系，实现文化信息资源在全国范围内的共建共享。2008 年，勐腊县实施信息资源共享工程建设工作领导小组成立，办公室设在文体局，随后启动基础设施建设，文化部、省文化厅专项资金 68 万元，县政府配套资金 14.5 万元，用于机房建筑及装修。2011 年，勐仑等 4 个乡镇文化站建成“农文网培学校”，实现 10 个乡镇全覆盖，建成农家书屋 60 个，极大地解决了群众看书难问题。到 2012 年，勐腊县已经建成图书馆县级支中心和 10 个乡镇文化站、1 个农场、1 个村级基层服务网点建设，安装业务终端机 465 台，信息资源共享点 71 个，文化信息资源实现县、乡、村三级全覆盖。另外，目前开始申报和实施勐腊县国门文化交流设施建设项目。

第四，通过推进国家、云南省在农村、边疆地区实施的各项文化惠民工程，加快了农村文化体育基础设施建设，提高了农村居民文化生活水平，有效整合了文化资源，巩固了文化边防。“文化惠民工程”是党的十七大报告提出来的，是在全国人民物质生活水平快步提高之后实施的一项伟大工程，是社会主义文化大发展、大繁荣的重大举措，也是一项惠及全国人民、普及大众文化的重大工程，内容包括广播电视“村村通”工程、全国文化信息资源共享工程、农村电影放映工程、农家书屋工程、西部开发助学工程和电视进万家工程等重点项目。这些工程的逐步实施，对勐腊县农村文化设施建设和文化创新起到了激励作用。

首先，根据农村文化生活需要，整合现有资源，优化农村文化机构功能，推动农村体育文化事业发展。例如，为增强体育元素和功能，加快综合文化站建设，在各乡镇加挂体育站，实现文化站和体育站，一套人马，两块牌子，合署办公；再如，结合“边疆解五难”惠民工程文化项目实施，创造性开展工作，加强农村宣传思想文化阵地建设，加快建设较为完善的农村公共文化事业服务体系，推进社会主义新农村建设；还如继续推进“五个一”工程建设，组织实施了“扶持克木人发展文化项目”等，2008 年以来，多次组织克木人村寨文化工作调研，通过周密论证，做好村寨规划，完成了《扶持克木人发展文化项目实施计划》，并落实项目资金，组织项目顺利实施。

其次，通过实施“村村通”工程，增强广播电视基础设施建设。1998 年，为了解决广播电视信号覆盖“盲区”群众收听广播、收看电视问题，国家组织实施广播电视“村村通”工程。构建农村广播电视公共服务体系，该工程分为两个阶段，第一阶段工程至2005年结束。2006年，按照“巩固成果、扩大范围、提高质量、改善服务”的要求，决定继续实施广播电视“村村通”工程，新一轮工程目标是，到2010年底，全面实现20户以上已通电的自然村全部通广播电视。勐腊县广播电视事业的发展具有良好的基础条件，借助于“村村通”工程的逐步实施，全县529个自然村350个农场居住点建设有线广播室，农村地区广播电视无线覆盖水平普遍提高，农村群众收听收看中央广播电视节目的水平和质量得到极大改善。2011年4月，中宣部、国家广电总局启动直播卫星“户户通”工程，作为“村村通”公共文化惠民工程的延伸，是在“村村通”工程以外、有线网络未通达的广大农村地区和边远地区，利用直播卫星提供广播电视公共服务，向农民发放既能接收国家直播卫星信号，又能接收当地地面无线数字信号的机顶盒，使广大农村群众能收听收看到数十套广播电视节目。2012年8月2日，云南广电网络集团与中国移动云南分公司在昆明签订《直播卫星户户通战略合作协议》，标志着“户户通”工程在云南省正式启动，勐腊县2012年当年实施“户户通”工程185万元。截至2013年，全县基本形成了有线电视、无线覆盖、卫星转播的多技术手段、立体覆盖的局面，基本实现了广播电视“村村通”的目标，全县广播电视人口覆盖率达到了100%。

最后，围绕“兴边富民”“五个一”工程、“七彩云南全民健身工程”积极争取“扩大内需”项目资金，科学规划，合理布局，推进综合文化站、文化惠民示范工程、农村文化体育活动广场试点村工程、农民体育健身工程、村史馆和农家书屋等设施建设，为农村群众开展文化体育活动、丰富文化生活和推动新农村文化建设提供了重要阵地。2009年投资勐腊镇、勐伴、勐满、尚勇、易武5个乡镇综合文化站建设及文化信息资源共享工程建设任务，当年完成10个农家书屋和1个田径训练点建设，以及51支乡村文艺队和村级文化活动室、51支乡村篮球队和村级篮球场建设。[①] 2011年，投资84万元完成瑶区、象明乡文化站等改扩建工程，投资60万元完成勐捧镇哥里囡村、勐满镇河图村等6个文化惠民示范村

① 杨飘龙：《深入贯彻落实科学发展观，在时代高起点上努力开创文体事业发展新局面——在全县宣传思想文化工作会议上的发言》，勐腊县文体局，2009年4月9日。

工程，投资 64 万元完成农民体育健身工程 32 块篮球场建设任务。[1] 2012 年完成勐仑镇大卡新寨、勐仑曼达鸠、勐伴城子村 3 个云南省农村文化体育活动广场试点村工程建设，完成投资 45 万元；完成州下达的“农民体育健身工程”32 块球场建设任务，完成投资 64 万元；完成 11 个农家书屋建设任务。2013 年完成勐满镇大广村委会坝腊村民小组、勐仑镇大卡村委会阿克新寨村民小组、关累镇坝荷村委会马迁村民小组、勐腊镇曼龙代村委会曼龙勒村民小组 4 个村级文化活动广场，完成投资 40 万元；完成勐仑镇城子村史馆建设，完成投资 10 万元；完成勐伴镇曼岗排角人村史馆建设，完成投资 24 万元；完成州农民健身工程 34 块篮球场建设，完成投资 68 万元；完成勐仑城子村小组、勐满曼赛囡村小组文化惠民示范村建设任务，完成投资 30 万元；完成 2 个农家书屋建设任务，占地面积 38940 平方米。[2] 到 2014 年，已经全面完成瑶区乡沙仁村、勐捧镇哥里囡村、关累镇南蚌村和麻木树村、勐满镇河图村、勐满镇岔河边防工作站以及象明乡倚绑村等 20 个农村文化体育活动广场试点村工程；完成了勐腊镇曼旦村、勐仑镇大卡老寨和城子村、瑶区乡 3 个文化惠民示范村工程。到目前为止，10 个乡镇文化站均拥有面积 300 平方米以上的站房，基本能保证文化活动的开展，并通过了全国乡镇文化站评估定级，易武乡达到一级站标准，瑶区乡达到二级文化站标准，勐腊镇、关累镇、磨憨镇达到三级文化站标准。

四　精神文明建设成效显著

随着经济社会的发展，人民群众多方面、多层次、多样化的精神文化需求不断得到满足，勐腊县社会文明程度不断提高。人民群众的道德观念、行为取向、价值尺度和审美方式已经越来越符合构建社会主义和谐社会的基本要求；文化战线以邓小平理论、“三个代表”及科学发展观等重要思想为指导，认真执行党的基本路线和基本方针，坚持贴近实际、贴近生活、贴近群众，围绕全县经济社会发展工作中心，深入开展学习实践科

① 中共勐腊县委宣传部：《紧紧围绕中心，坚持服务大局：奋力开创“十二五”宣传思想文化工作新局面》；中共勐腊县委办公室、中共勐腊县委党史研究室编《中共勐腊县委执政纪要（2011）》。

② 勐腊县文化体育广播电视和旅游局：《2012—2013 年文化体育广播电视工作年鉴》，2014 年。

学发展观活动，为文化事业繁荣发展，构建民主文明和谐的勐腊提供思想保证、舆论支持、精神动力和文化条件。①

第一，发挥宣传思想文化工作的引领作用，强化中国特色社会主义理论教育，积极开展社会主义核心价值体系和价值观教育。

中国特色社会主义理论和社会主义核心价值体系是社会主义意识形态的本质体现，是社会主义文化建设的灵魂。2011 年党的十七届六中全会通过了《关于深化文化体制改革 推动社会主义文化大发展大繁荣若干重大问题的决定》，部署了推动社会主义文化大发展大繁荣、建设社会主义文化强国的战略任务。2012 年中共第十八次代表大会《坚定不移沿着中国特色社会主义道路前进 为全面建成小康社会而奋斗》指出，扎实推进社会主义文化强国建设，首先是要加强社会主义核心价值体系建设，要求“倡导富强、民主、文明、和谐，倡导自由、平等、公正、法治，倡导爱国、敬业、诚信、友善，积极培育和践行社会主义核心价值观”。2013 年党的十八届三中全会召开，进一步强调了社会主义价值体系和价值观的思想基础作用的重要性。上述会议精神为社会各界贯彻执行党建设社会主义文化强国、提高国家文化软实力、推动社会主义文化大发展大繁荣等决策提供了航向与指标。与此同时，社会各界也展开前所未有的学习、领会、讨论和吸收的热潮。勐腊县以党团组织、新闻媒体、学校和党校为主阵地，依托广播、电视、党报党刊、黑板报，通过各种形式宣传、教育和培训，用中国特色社会主义共同理想凝聚力量，用以爱国主义为核心的民族精神和以改革创新为核心的时代精神鼓舞斗志，用社会主义荣辱观引领时尚，巩固全县各族人民团结奋斗的共同思想基础，以促进政治文明、物质文明、精神文明、生态文明的和谐统一为目标，提高各族人民的道德素质，根据城乡经济社会的变化，开展群众性精神文明建设活动和现代公民教育活动。

第二，开展多样化文化宣传活动，利用不同的载体、方式，把精神文明创建贯穿于各种教育、文艺和体育活动中，把党的新理论和政策宣传到千家万户。围绕“国庆”“党庆”等重大节日，贯穿“没有共产党就没有新中国”主线，精心组织系列文化宣传活动，如组织以爱党、爱国、爱家乡为主题的演讲比赛、红色歌曲传唱，组织“党在我心中”

① 刀亚斌：《抢抓机遇 改革创新——努力开创全县宣传思想文化工作新局面》，2011 年 3 月 25 日。

知识竞赛，举办红色电影放映周等系列群众性文体，在全县中小学组织开展了童心向党的主题活动等。结合实施“走出去，引进来”文化发展战略，把精神文明建设与对外宣传紧密结合在一起，积极邀请网络、报纸、电台、电视台等各类媒体采访报道，借助外力全方位、多角度宣传勐腊县的新精神、新风尚和新面貌。近年来，州级以上新闻媒体刊载播发的建设富裕民主和谐勐腊的新闻稿件数量不断增多，新华社、《人民日报》、《香港文汇报》、台湾中天电视台等中央、省、州报社、电视台、电台等主流媒体和地方新闻媒体等都到勐腊县去采访。这些采访活动有的以民族风情为中心，如关注泼水节、嘎汤帕节、盘王节、二月八百诗佳节等民族节日活动；有的则以对外文化交流为主线，如“泛珠·东盟·新南行记”28 人采访组和“睦邻友好，和谐周边”主题记者团 14 人；有的则以体育探险为目的，如百度、探索频道、蜂鸟公司共同举办的“U 生活挑战”活动等。①

第三，把提高全县思想文化宣传战线队伍综合素质作为精神文明建设的重要方面，通过学习培训、上派下挂、横向交流、适岗锻炼等多种形式和途径，提升现有队伍的综合素质和能力，并加大文化人才引进力度，同时结合合理的奖惩制度，激发宣传队伍参与精神文明创建活动的积极性和自觉性。近年来，多次与云南日报报业集团互派干部交流工作，组织县委宣传部和乡镇宣传干事参加西双版纳州组织的宣传干部培训班，组织县电视台新闻从业人员开展“三项学习教育”，对全县乡镇宣传干事、专业记者、骨干通讯员、县直各部门单位办公室主任进行业务培训，表彰奖励宣传思想文化工作先进单位、优秀通讯员等。

第四，以建设社会主义核心价值体系为根本，加强公民思想道德建设，培育文明风尚，着力推进群众性精神文明创建活动，提高公民素质和社会文明程度。为了全面推动文化事业向前发展，根据深化文化体制改革推动民族文化发展的战略部署，全部乡镇（农场）均配备专抓文化工作的领导，精神文明创建工作深入开展。工作重点如，积极推进文明单位、文明村寨创建活动，特别在组织好全国文明单位、文明村推荐和迎考工作中做了大量工作；推进“十星级文明户”创评活动，推进新农村建设示范点村创评活动；精心组织好“道德模范”评选推荐工作，开展文明单

① 刀亚斌：《抢抓机遇　改革创新——努力开创全县宣传思想文化工作新局面》，2011 年 3 月 25 日。

位支援灾区抗旱救灾活动，成功创建 2 个国家级文明单位（村寨）、21 个省级文明单位（村寨）、62 个州级文明单位。

第五，结合精神文明创建活动，在全县建立健全民族团结进步表彰奖励长效机制，开展以爱党、爱国、爱社会主义为主要内容，由全县各族群众广泛参加的群众性系列活动，以此激发爱国热情、凝聚人心、振奋民族精神；通过对先进模范典型的学习宣传，营造学习先进、争当先进的良好氛围，1996 年以来，累计召开民族团结进步表彰大会 4 次，表彰先进集体 80 个和先进个人 210 名。[①] 此外，勐腊县委还以县委党校教师为主，多次组成宣讲团到基层乡镇各个村委会、4 个国营农场进行民族团结进步专题宣讲。

第六，加强未成年人思想道德教育，开展了未成年人思想道德建设测评工作，净化社会文化环境，整治校园周边环境，为未成年人健康成长营造良好环境。首先，做好未成年人思想道德教育工作，通过让青少年在参与精神文明创建活动中与广大群众积极互动，建立和巩固正确的荣辱观，增强抵御各种不良风气的能力。其次，加强互联网、手机等新兴媒体管理，长期关注并及时回应青少年关切的问题，引导青少年正确看待成长中遇到的各类社会问题。再次，净化社会风气，为青少年健康成长提供良好外部环境，积极改善未成年人上网学习条件，结合“绿色电脑进西部”活动，解决了农村学校学生上网和乡镇文化站开展工作的实际困难。最后，依法打击各种非法文化产品的流通、消费，管理好网络等文化市场，使广大青少年免受其害。

第七，结合新农村建设，推动农村精神文明创建活动。一是继续发挥农村文化活动室在科技推广、法律普及、民心凝聚、文化娱乐和公共事务等方面的作用。二是尊重广大少数民族群众的宗教信仰，支持合法的宗教场所建设，使广大信教居民能够接受正确的教义熏陶，提高道德水平，全力打击各种非法宗教活动；抵御不良风气侵蚀，防止一些不良经营活动腐蚀农村淳朴的风气，保护良好而独特的风俗习惯，各民族之间相互宽容、尊重、和谐和团结。

---

① 中共勐腊县委、勐腊县人民政府：《勐腊县经济社会发展综合情况汇报》，2014 年 6 月 18 日。

第三节　公共文化活动与服务

一　公共文化事业推陈出新

随着文化创新机制的逐渐形成和基础设施建设的不断强化，勐腊县公共文化事业进一步繁荣发展，各文化机构办公条件改善，业务范围扩展，专业水平提高，为广大群众文化体育生活需求服务的能力增强。加强文化广播电视事业建设。发展公益性文化事业。重视图书馆、档案馆、文化馆建设，保障建设经费；广泛开展形式多样、内容丰富的群众性文化活动，加快广场文化、村镇文化、校园文化和企业文化等公益性文化建设。

文化馆始终坚持“双百”方针和“二为”方向，加强业务人员专业水平，开展各项文化活动，丰富了群众文化生活。业务工作主要包括：做好群众文化辅导工作，推进群众文化节目创新工作；整理文物普查资料、材料；做好档案工作；继续办好民族健身操及民族集体舞系列广场文化活动，力求在内容、形式、范围方面有所拓宽，进一步扩大影响；做好民族博物馆的爱国主义教育工作，做好非物质文化遗产名录工作；做好美术、书法及舞蹈培训班工作。社会服务内容包括：文化艺术辅导培训、时政法制科普教育、公益性文化活动、公益性展览展示、培训基层队伍和业余文艺骨干、指导群众文艺作品创作等。

近年来，文化馆积极配合相关单位开展各类群众性文化活动，以及创先争优宣传活动，积极筹办勐腊县民族博物馆申报事宜，做好业余文艺队情况统计工作和馆建文艺队工作，为开展好社会文化公益活动制定出相关的《勐腊县文化馆免费开放工作实施方案》《勐腊县文化馆免费开放管理办法（试行)》《勐腊县文化馆免费开放基本文化服务项目》《勐腊县文化馆公共文化服务应急预案》《勐腊县文化馆公共文化服务免费开放公示》等，为群众参与公益活动积极创造条件，为实现省级园林城市制定《勐腊县文化馆园林建设方案》，制定《勐腊县开展哈尼族“排角人”民族文化及服饰保护、收集、整理工作方案》《勐腊县民族民间故事整理、编辑工作方案》。此外，加强管理工作，制定了《勐腊县文化馆消防安全工作方案》《安全巡查、检查工作制度》《勐腊县重点文物保护单位防火防盗工作制度》等。

为丰富群众精神文化生活，解决边疆群众“看戏难”问题，勐腊县民族歌舞团充分利用文化大篷车，深入机关、农村、厂矿企业，开展科学发展观、林改政策、廉政文化进农村、进社区等活动，为农民群众送上了精彩的文艺大餐，“十一五”以来，送戏下乡演出共238场次，观众达197800人次。勐腊县民族歌舞团还和县文化馆、各乡镇文化站一起，通过举办文艺培训班，做好群众文艺辅导等形式，不断提高队伍素质，组织农村文艺队结合新农村建设的主题，编创形式多样的文艺节目，如利用傣族“泼水节”、哈尼族“嘎汤帕节”、瑶族“盘王节”、彝族“二月八百诗佳节”等少数民族传统节日，组织丰富多彩的活动。易武乡每年节庆新春花灯歌舞热闹非凡，汉文化传统节目舞狮子、耍龙灯、扭秧歌、闹花灯得到恢复;[①] 勐腊镇结合民族文化创新基层党建、勐伴镇军民演唱组等亮点凸显，结合乡土文化推陈出新，深受群众欢迎。

勐腊县农村影片放映历史可以追溯到20世纪50年代。1951年起，西南区电影巡回放映队云南大队第八小队，云南省文化局电影教育工作队第四十三、四十五、四十六、六十三小队先后到宁洱专区（含西双版纳）放映电影。1955—1956年，云南省第一期和第二期电影放映培训班结业，省里将西双版纳送训的3人和内地送训的6人组建成第八十二、八十三小队，加强西双版纳州放映力量。1957年，电影管理体制变化，第八十二、八十三两个小队及第四十五小队，由省下放给西双版纳州，同时与州里成立的35毫米放映队一起，成为州和三县的放映队。“文化大革命”期间，电影放映处于停顿、半停顿状态，之后得到复苏和发展，1984年，农村国办放映队下放给乡镇管理，1993年多数停止活动。1984年，勐捧建立集镇电影院，1986年与勐满、尚勇三地建立起口岸电影院，这些电影院有固定室内放映场所，坐席800个以上，同时承担着乡镇农村放映任务，1987—1993年，象明、芒果树等乡镇也陆续建立起集镇影院。此外还有公助民办的集体放映队、个体放映队、农垦系统放映队以及勐腊县科委电影队、勐腊县林业局电影队等。[②]

勐腊县电影院初创于20世纪60年代。1961年，省文化局拨给长江

① 黄华、温志宇:《边疆文化阵地的守望者》,《云南日报》2010年5月17日第4版。

② 西双版纳傣族自治州地方志编纂委员会:《西双版纳傣族自治州志》（下册），新华出版社2001年版，第253—254页。

54-35型提包机一台，在县城一座可容纳近千人的大茅草棚内营业。1972年12月，县财政局投资24万元，在草棚旧址兴建三用礼堂，定名为勐腊电影院，1974年10月落成，安装松花江5501型座机，设坐席1164个。1984年，更新为松花江5505型座机，5800型扩音机，每年放映700场次左右。[①] 在管理体制方面，1965年5月，西双版纳州内开始设电影管理专职干部，编制1人，在州文化科办公，1960年思茅专区设电影管理站，代管西双版纳州业务。1966年5月，州电影管理站正式成立，负责本州影片发行、器材供应、修理、财务核算等业务管理。1973年，全州各县成立电影管理组，1975年更名为勐腊县电影管理站，1980年改称勐腊县电影公司。[②]

勐腊县委和政府多年来一直重视农村电影。进入21世纪以来，坚持实施农村“2131”工程，勐腊县人民政府于2004年5月启动了农村电影放映工程，以解决农村群众看电影难的问题。之后的几年中，农村电影放映工作紧紧围绕社会主义新农村建设及“2131”工作目标，相继开展了“百部文化科教影片进万村”“爱国主义电影周”“优秀电影进社区”“每月每村放一次电影”等活动。以农村数字电影放映为载体，结合县委关于创建学习型党组织、农垦改革及泼水节等各类文化活动的开展，面向机关、社区，深入村寨广泛宣传党的方针政策、法律法规、爱国主义、革命传统以及禁毒防艾、森林防火、安全用电、交通法规等知识。同时，结合纪念改革开放30周年以及广电总局关于开展精神文明“五个一工程”入选电影作品展映展播活动的要求，开展放映和展映活动，展播《我的长征》《杨善洲》《红河谷》等优秀电影作品；积极参加由县委宣传部组织开展的文化、科技、卫生“三下乡”活动，深入象明、勐仑的中学、勐醒农场等学校放映，组织放映《毒品的危害》《毒品致命的诱惑》《农村儿童疾病预防》等影片，为社会主义新农村建设和构建和谐社会发挥了积极作用。此外，为做好护林防火宣传，加强军民关系，到勐腊县森林武警中队放映电影科教片和故事片，丰富了官兵的文化生活。“十一五”以来，共放映电影4186场次，观众达1052202人次。与此同时，为解决城

① 西双版纳傣族自治州地方志编纂委员会编：《西双版纳傣族自治州志》（下册），新华出版社2001年版，第255页。

② 西双版纳傣族自治州地方志编纂委员会编：《西双版纳傣族自治州志》（下册），新华出版社2001年版，第255—256页。

镇居民和农民工看电影难问题，加快推进城镇文化广场数字电影放映工作。2010 年 11 月开始，在县城启动了文化广场数字电影放映活动，每年放映数字电影不少于 280 场次，观众逐年增加，仅 2011 年，放映电影 755 场次，观众达 113763 人次。①

图书馆。近年来，为解决边疆农民看书难问题，县图书馆面向农村基层、面向社会、面向群众，依托馆藏、农家书屋、文化信息资源共享工程，通过阵地服务、送书下乡、设立流动图书馆书箱、多媒体电子阅览、板报等形式，丰富群众的科技文化知识。

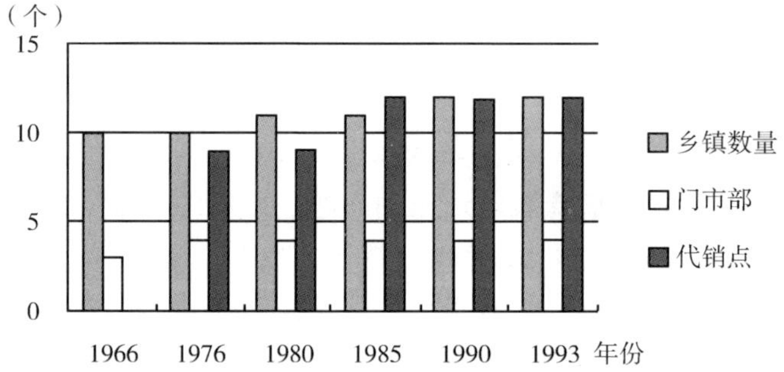

图 5-1　勐腊县图书发行网点择年统计（1966—1993）

资料来源：西双版纳傣族自治州地方志编纂委员会编：《西双版纳傣族自治州志》（下册），新华出版社 2001 年版，第 248 页。

全国文化信息资源共享工程是利用现代信息技术手段，将文化资源进行数字化加工整合后，通过共享网络体系，实现优秀文化信息资源在全国范围内共享共建，它是一项民心工程、创新工程。勐腊县图书馆 2007 年被列为县级支中心，其依托图书馆电子阅览室，向群众提供服务。农家书屋是专门为农民建立的书屋，是党和政府根据我国农村缺少书报的现状，为满足新时期广大农民学知识学文化需要而建立的新型文化服务设施。勐腊县农家书屋工程由图书馆组织实施，鼓励社会捐助，农民自我管理，供村民借阅使用。

2008 年，图书馆抓住被省文化厅列为 2007 年度云南省全国信息资源共享工程县级支中心之一的机遇，加快图书信息化建设，为让边疆群众尽

① 中共勐腊县委宣传部：《紧紧围绕中心，坚持服务大局：奋力开创"十二五"宣传思想文化工作新局面》，中共勐腊县委办公室、中共勐腊县委党史研究室编《中共勐腊县委执政纪要（2011）》。

快享受文化共享工程带来的成果，县委、县政府高度重视，在财政困难的条件下，支持14.5万元资金，选址图书馆内，装修建设了面积100平方米的电子阅览室，并于2008年8月28日按要求安装完备省文化厅配备的价值68万元的25台共享工程电脑设备，优质高效地完成了勐腊县级支中心的建设任务。图书馆工作继续依托馆藏，发挥阵地作用，开展赠书、图书流动书箱等活动，同时通过多媒体电子阅览、板报等形式，丰富群众的文化知识。全年共接待读者74710人次，外借图书1559册次，阅览报刊13355册次，完成了农村24个“农家书屋”布点工作，以及服务新农村建设。新华书店继续发挥书籍销售的主渠道作用，强化柜台服务，重视导购宣传，不断增加图书销量，全年共销售图书53万册，销售额为681万元，实现利润35万元，取得了经济社会效益双丰收。[①]

2011年，勐腊县图书馆与勐腊县路政中队、勐腊消防大队、森林武警中队、小磨公路巡警大队建立图书流动点5个，全年共流通图书1256册次。2011年5月，勐腊县图书馆与勐仑镇、关累镇、瑶区乡、象明乡4个乡镇文化站完成了全国文化信息资源共享工程“农文网培学校”的建设工作，11月，图书馆与新华书店一起完成了勐腊镇曼岭村小组、曼旦村小组和磨憨镇回力村小组“农家书屋”图书配送建设。2011年9月，图书馆完成了勐伴镇回落村委会、金厂河村委会，尚勇镇磨憨村委会，关累镇藤篾山村委会，象明乡龙谷村委会、倚邦村委会、安乐村委会，易武乡纳么田村委会，瑶区乡新山村委会、黄连山村委会，磨憨镇回力村委会小组文化信息资源共享村级点设备配送和建设。2011年共接待读者78456人次，外借图书1282册次，上架新书426册。

2012年，图书馆以“读者第一，服务至上”为宗旨，以提高群众科学文化素质为目的，做好免费开放工作，为读者提供优质服务，坚持每周对外开放时间70小时，充分利用馆内“成人报刊阅览室、图书外借室、多媒体电子阅览室、地方文献特藏室”4个对外服务窗口，开展了开放自助借阅、免费上网、取消办证工本费等便民服务；利用网络开展图书推介和宣传，定期推荐好书、新碟以及专题书目，创新图书馆导读和服务的方式，向读者推荐新书并做好预借、读借、导读工作；电子阅览室全年及节假日免费向读者开放，方便读者阅览电子图书、查阅资料等。全年馆内共

① 杨飘龙：《深入贯彻落实科学发展观，在时代高起点上努力开创文体事业发展新局面——在全县宣传思想文化工作会议上的发言》，勐腊县文体局，2009年4月9日。

接待读者87698人次，外借图书期刊9067册次，办理借书证34本，馆藏图书28011册。[①]

2013年，图书馆更新和新增书架102组，会议桌30张，单人椅子60把，阅览桌8张，单人椅子48把，幼儿圆桌凳2套，并在原设“成人报刊阅览室、图书外借室、多媒体电子阅览室、地方文献特藏室”4个对外服务窗口的基础上，增设了1个少儿阅览室，除为少儿读者提供阅览和外借图书外，每周六还举办一期少儿美术培训，全年共接待读者88472人次，外借图书期刊9842册次，办理借书证53本，馆藏图书29025册。在开展好阵地服务工作的同时，积极开展延伸服务，设流动图书服务点6个，全年共流通图书2694册次，阅览人数达13470人次，为社区居民和部队搭建了一个提高科学文化素质的平台。推进“农家书屋”建设，为勐腊曼旦村民小组、瑶区新山村民小组惠民示范点建立了2个农家书屋，每个点配送阅览桌1张，阅览凳4个，书架2个，图书1500册。为提高农家书屋管理员图书管理水平，对全县81个农家书屋点管理员进行了培训，举行了以“我爱我书屋”为主题的农家书屋演讲比赛，参加了县委宣传部组织的“三下乡”活动，在象明、勐醒、勐仑三个活动点共发放图书与期刊450册。利用信息资源共享工程设备对农民群众进行宣传，让农民群众享受到共享工程的优秀文化成果，参与了全省开展的第五次全国公共图书馆评估定级工作，上级评估检查组对图书馆各项工作给予了高度评价，同时还积极做好申报创建州级文明单位等工作。[②]

目前，图书馆内设4个对外服务窗口，5个流动图书点，1个县级支中心，10个乡镇“农文网培学校”，60个村级基层服务点。本馆于2011年11月16日起实行免费开放，节假日电子阅览室共接待读者达300余人次，每周对外开放时间约70小时；全县现有共建农家书屋60个，爱民书屋11个，实现行政村全覆盖。

勐腊县新华书店充分发挥书籍销售主渠道作用，重视导购宣传，以灵活的营销方式和细致周到的服务，使每年图书销量都得到提高，取得了经济效益和社会效益双丰收。2012年，共发行图书27943册，发行教材、

---

① 勐腊县文化体育广播电视和旅游局：《2012—2013年文化体育广播电视工作年鉴》，2014年。

② 勐腊县文化体育广播电视和旅游局：《2012—2013年文化体育广播电视工作年鉴》，2014年。

二类辅导与活动用书 57 万册，完成销售 700 万元，同时，配合图书馆完成了农家书屋的发行工作。2013 年，新华书店不断完善服务设施，进一步提高服务质量，与全县 31 所学校及县直各部门加强联系，做好图书推荐工作，主动提供上门征订服务；同时，积极实施“走出去”战略，拓展国外市场，与老挝寮都公学、寮北学校建立良好合作关系，通过多渠道图书发行、销售方式，促进了图书销售增长。2013 年共发行图书 11 万册，发行教材 68 万册，完成销售 1003 万元。

乡镇文广站。乡镇（农场）文化广播电视服务中心充分发挥职能作用，认真做好免费开放服务工作，积极培养农村文艺人才，壮大农村文艺队伍，组织开展丰富多彩的农村文化活动。目前，10 个乡镇共组建了 341 支老中青农村文艺队，演员人数达 18000 余人，通过举办文艺培训班、开展群文辅导等形式，提高队伍演艺水平。结合新农村建设主题，组织编排反映农村新面貌、计划生育、交通安全、禁毒防艾等内容的文艺节目，结合各种节庆日进行文艺演出，加强政策法规宣传，进行爱国主义教育，弘扬民族文化。在组织开展文艺演出活动的同时，充分发挥农文网培学校（文化信息资源共享）和农家书屋的作用，通过组织图书阅览、开展农村实用人才培训等活动，为农民群众免费提供资料信息查询服务，传递科技文化信息，帮助农民发展生产，增加经济收入，真正达到文化育民和文化富民的目的。

二　广电新闻宣传引导有力

21 世纪初以来，勐腊县广电局贯彻落实农村广播电视“村村通”工程，解决山区群众听广播、看电视难的问题，在优质、安全、完整的转播中央、省、州广播电视节目的同时，围绕县委、县政府中心工作扎实开展新闻宣传，为孟腊县改革、发展和稳定提供强有力的舆论支持。

到目前为止，勐腊县辖区内播出机构有云南省广播电视局勐腊中波台、云南广电网络勐腊支公司、勐腊县广播电视台、勐腊镇广播电视发射台、关累镇广播电视发射台和磨憨镇广播电视发射台。隶属关系是中波台、网络公司由云南省管理；广播电视台及勐腊镇、关累镇和磨憨镇广播电视发射台由勐腊县管理。勐腊县中波台现有工作人员 13 人、网络公司有 50 人、广播电视台有 25 人，以及勐腊镇广播电视发射台 4 人、关累镇 4 人、磨憨镇 4 人。所转播节目中，中波、网络和发射台转播中央、省、州广播电视节目，广播电视台播出时段为每天 8：30—00：30，播出汉、傣语《勐腊新闻》及科普节目、普法节目、影视剧等；《勐腊新闻》、每集影视剧播完后播出广告；00：30—8：30 时段转播中央电视台一套节目。

广播影视宣传基调平稳、引导有力，达到了“把握舆论导向，引领社会文明，宣传亮点频现，社会反响良好”的效果，充分发挥广播电视的文化传播和舆论宣传功能。勐腊县广播电视事业坚持正确舆论导向，以坚持正面宣传为主，在优质、安全、完整地转播中央、省、州广播电视节目的同时，围绕县委、县政府中心工作扎实开展新闻宣传，为勐腊县改革、发展和稳定提供强有力的舆论支持。一是围绕重大会议和纪念活动，强化舆论导向和建设美丽中国主题宣传，全方位、多角度展示勐腊县的发展变化；二是围绕县委、县政府各个时期的中心工作，抓住宣传重点，突出宣传亮点，以“建设和谐平安勐腊，共创富民兴县大业”等为主题展开宣传报道；三是加强对新农村建设的宣传工作，为建设新农村营造良好的舆论氛围，广泛动员各族群众积极投身社会主义新农村建设；四是开设专栏报道勐腊县经济、政治、文化和其他社会各项事业取得的成就，对促进增长的重点工程进行跟踪报道；五是围绕“桥头堡”建设、特色产业、特色文化等重大题材，加大外宣力度，提升勐腊形象，为对外开放和招商引资创造良好舆论环境；六是突发事件面前把握宣传导向，及时进行舆论引导，化解负面影响。

优化编播质量和精化节目栏目。首先，注重策划，强化引导，坚持办好时政新闻栏目。按照“时政、民生、资讯”三项内容，不断改进和规范《勐腊新闻》栏目设置，并通过组织记者走基层等方式，在《勐腊新闻》开辟各类主题专栏，如“人大代表政协委员风采”“开好局起好步、确保实现首季开门红”“记者走基层”“园林县城创建”“迎接十八大，科学发展，成就辉煌”等，做好重点宣传，报道全县重大事件、重大活动。其次，深入农村基层，对在社会主义新农村建设中涌现出的新人新事进行浓墨重彩宣传，从而更好地服务“三农”加大科普宣传力度，开设《科普天地》栏目，并推出《致富信息》《卫生天地》等版块，主要播放养殖业、种植业实用技术。最后，积极配合有关部门推进“桥头堡”建设项目，围绕创建园林县和打造民族风情文化节等宣传，拍摄推出一批专题类节目。

表 5-3　　勐腊县广播电视业务择年统计（2007—2013 年）

年份	记者采写稿件（篇）	通信员来稿采用（篇）	编排汉语新闻		傣语新闻		州级新闻单位刊播（篇）	省级新闻单位刊播（篇）	《科普园地》	
			组	分钟	组	分钟			组	分钟
2007	2527	278	169	9691	155	10364	514	12	192	16320
2008	1056	324	155	13200	154	14045	520	13	744	22320
2012	1132		132	9900	132	11880	396	8	309	20460
2013	1030	420	168	12600	168	15120	357		682	20460

资料来源：勐腊县广播电视局：《勐腊县广播电视工作情况》，2009 年 4 月 7 日；勐腊县文化体育广播电视和旅游局：《2012—2013 年文化体育广播电视工作年鉴》，2014 年。

2007 年《勐腊新闻》播发稿件 2805 条（篇），其中：记者采写稿件 2527 条（篇），通信员来稿采用 278 条（篇），编排汉语新闻 169 组，播出时间 9691 分钟；傣语新闻 155 组，播出时间 10364 分钟；州级新闻单位刊播 514 条（篇），省级新闻单位刊播 12 条（篇）。2008 年 1 月 1 日起，广播电视台正式恢复频道播出，从更好地服务“三农”加大科普宣传力度入手，开办《一周看点》、《科普园地》、影视剧等栏目，《科普园地》内设《致富信息》《卫生天地》等版块。一年来编排《科普园地》192 组，播出时间 16320 分钟。《一周看点》40 组，播出时间 1508 分钟。① 2008 年播发稿件 1380 条（篇），其中记者采写稿件 1056 条（篇），通信员来稿采用 324 条（篇）；编排汉语新闻 155 组，播出时间 13200 分钟；傣语新闻 154 组，播出时间 14045 分钟；州电台播出 168 条（篇），州电视台播出 192 条（篇），州报社刊登 160 条（篇）；省级以上新闻媒体刊播 13 条（篇）。一年来编排《科普园地》744 组，播出时间 22320 分钟。② 2012 年，广播电视台共采访、制作、播出汉语《勐腊新闻》132 组，165 小时；傣语《勐腊新闻》132 组，198 小时；《一周看点》40 组，66.7 小时；《科普园地》309 组，341 小时。与此同时，围绕“桥头堡”建设、“十二五”开局、特色产业、特色文化等重大题材，加大外宣工作力度，记者采写稿件 1132 条（篇），向上级新闻单位送稿 450 余条，其

① 《勐腊县广播电视新闻宣传扎实有力》来源：勐腊县广电局，西双版纳勐腊县数字乡村新农村建设信息网：http：//www.ynszxc.gov.cn/CountyModel/ShowDocument.aspx？Did = 1084&Dep-artmentId = 1084&id = 2279283。

② 勐腊县广播电视局：《勐腊县广播电视工作情况》，2009 年 4 月 7 日。

中州级媒体采用了 396 条，省级媒体采用了 8 条。[①] 2013 年，广播电视台共采访、制作、播出汉语《勐腊新闻》168 组，达 12600 分钟，傣语播出 168 组，达 15120 分钟，《科普园地》播出 682 组，达 20460 分钟，记者采写稿件 1030 条，通信员来稿采用 420 条，其中被西双版纳州电视台采用 135 条，被西双版纳州广播电台采用 102 条，被西双版纳州报社采用 120 条，出色地完成了外宣任务。2012—2013 年度，勐腊县广播电视台在省、州级的创优参评作品中，有 1 件作品获第 29 届云南新闻奖二等奖，有 1 件作品获西双版纳广播电视奖一等奖，有 3 件作品获西双版纳广播电视奖二等奖，有 3 件作品获西双版纳广播电视奖三等奖。[②]

不断改善广播电视工程技术与维护工作，规范管理，保证广播电视安全播出。制定相关制度，确保广电设备和消防系统运行正常，实行 24 小时巡查值班，推进发电机房工程建设，定期检测无线台站的发射频率及功率；定期排查安全隐患，加强节目、网络播出管理，加强电源和网络设备的维护与巡检，确保广播电视节目的安全播出；加强安全保卫和监听监看等工作，制定和适时启动安全播出预案，坚决杜绝任何技术操作或其他因素造成的安全播出事故，确保广播电视节目优质、完整、安全播出。此外，积极推进“村村通”工程和技术维护工作。2012 年，卫星地面收转站为 59 个村寨 845 户安装调试装备；免费为用户更换备机 120 台、遥控器 260 个、电源板 310 块、高频头 450 个，维修维护“村村通”设施设备 720 次，“村村通”维修站出动车辆 182 台次，人员 430 人次；工程技术人员共出动车辆 126 余台次，人员 482 人次，维修维护磨憨口岸、关累口岸和勐腊县广播电视发射台机器设备 198 次。[③]

三　群众文化活动丰富多彩

经过多年努力，尤其是“十一五”以来各项惠民工程的实施，由县委文化部门主导，政府文化部门组织，多体制、多层次、多形式、多渠道兴办公共文化事业的新格局已经形成并日趋完善，企业文化、社区文化、

① 勐腊县文化体育广播电视和旅游局：《2012—2013 年文化体育广播电视工作年鉴》，2014 年。

② 勐腊县文化体育广播电视和旅游局：《2012—2013 年文化体育广播电视工作年鉴》，2014 年。

③ 勐腊县文化体育广播电视和旅游局：《2012—2013 年文化体育广播电视工作年鉴》，2014 年。

乡镇文化和农民自办文化等活动内容丰富多彩，形式灵活多样，方式手段不断创新，呈现出蓬勃开展的良好态势。

第一，以丰富群众精神文化生活为目的，积极搭建公益性文化活动平台，打造节庆、风情文化活动品牌，开展丰富多彩的群众文化活动，群众文化活动有声有色，空前活跃。

首先，组织开展各民族重大节庆的文化宣传和文艺演出活动。勐腊县有哈尼族、傣族、瑶族、彝族 4 个主体民族，另外还有许多其他民族，各民族文化悠久灿烂，群众文化活动活跃，其中以各民族的新年节庆活动最具特色，群众参与性较强。近年来，政府及社会各界日益重视旅游业对经济、社会、文化的推动作用，强化了文化与旅游结合，组织以“傣族泼水节”“哈尼族嘎汤帕节”“彝族百诗佳节”和“瑶族盘王节”等四大主体民族节庆为主的文化活动。傣族“京比迈”，又称“桑堪比迈”，是傣历新年节，在每年的傣历六月下半月（公历 4 月中旬）的第一天开始举行，一般历时 3 天，活动项目有赛龙舟、放高升、章哈演唱、歌舞、丢包、堆沙、泼水、放火花、水灯等。其中最突出的是跳“依拉贺”，这是一种用象脚鼓伴奏，齐唱“甘仿”（舞词）起舞的群众性歌舞，它贯穿于新年各项活动中。泼水是傣族新年节活动的最高潮。届期，还举行傣历新年茶话会及庆典活动的文艺演出。哈尼族新年节“嘎汤帕”是万物更新的意思，年节活动丰富多彩，有传统歌舞、对歌、文艺演出、打秋千等。瑶族农历十月中旬盘王节，跳“铃舞”，易武的汉族沿袭传统，每年正月十四至十六日，演唱“花灯”等。在为各族群众献上丰盛的文化大餐的同时，也向外界展示了勐腊县丰富的民族文化优势、灿烂文化旅游优势和特色经济发展优势，提高了勐腊县知名度，扩大对外吸引力，促进开放开发及与外界文化交流和经济技术合作，进一步加快经济社会各项事业全面发展。

其次，依托民族文化资源优势和自然环境优势，弘扬传承悠久民族文化，充分展示独特的民俗风情，促进民族传统产业和旅游业的发展。自 2012 年开始，勐腊县依托县文化馆、乡镇、管委会等单位，成功举办两届民族风情文化节。2012 年 12 月 28 日至 2013 年 1 月 3 日，勐腊县首届民族风情文化节成功举办，主题是“多彩勐腊，和谐发展”，内容一是民族饮食文化展，展示勐腊各民族特色风味、传统美食、本地小吃，组委会免费提供场地、铺面，动员各乡镇、各村寨、各餐饮行业和各族群众积极参与，并邀请泰国、老挝企业参展，展示异国风味。二是民族风情文化实物及图片展，展示一批代表县民族文化非物质文化遗产及勐腊县历史文化、民间艺术、民俗文化、本地特产、自然风光、现代工业和民族风情文化的实物图片。三是民族风情文化才艺展，集中展示多姿多彩的民族文化，如本土原创歌曲演唱会、民族歌舞晚会、傣仂之韵、彝族山歌对唱会、瑶族盘王节之夜等民族风情文化才艺展，哈尼族“嘎汤帕”庆祝活动等。四是民族之花评选，面向全县甄选汉族、傣族、哈尼族、彝族、瑶族5个民族之花及勐腊旅游形象大使，提高全民的关注度和参与度；五是宣传展示易武、象明普洱茶文化的勐腊县普洱茶展销会；此外还有装饰建材、根雕艺术展销会；多品牌、多型号车辆参展会等。2013年12月29日至31日第二届勐腊民族风情文化节成功举办，主题是“魅力勐腊，和谐发展”，活动期间举办了民族间美食大赛、民族时装秀、民族风情文艺晚会、民族风情展、商品展销、商品促销和书画书法展览等丰富多彩的活动，让外界充分了解勐腊县民俗风情、民族服饰文化、传统美食文化以及特色产品等，充分展示勐腊县民族文化的非物质文化遗产以及勐腊县历史文化、民间艺术、民俗文化、本地特产、自然风光和特色产业。[①] 为丰富群众文化生活，展现和谐友爱和多姿多彩的民族风情发挥积极推动作用。

再次，以建党节、建军节等重大节庆日相关单位举办文化活动为契机，积极开展社会文艺团体文艺汇演、行业与企业文艺展演等各类文化活动，发展积极健康向上的行业、企业文化，推动群众文化活动走向社会化、大众化、多样化。例如，为隆重纪念改革开放30周年和党的纪律检察机关恢复重建30周年，2008年12月19日举行了大型文艺联欢晚会，民族歌舞团、望天树景区阿莲雅艺术团、勐腊镇教育局等单位在文艺晚会上表演了歌伴舞《春天的故事》《和谐奔小康》等17个精彩节目，深情讴歌了勐腊30年来的沧桑巨变。另外，利用街心公园、文化馆等文化机构和场所，与老年体协一起组织开展民族健身操和广场舞，促进推动广场文化等公益性文化活动和全民健身运动发展，群众广场文化“月月有专场，夜夜有活动”。县老年协会、老年“常青艺术团”组织开展迎新春、赞五一、庆党建、祝国庆、唱九九等文艺联欢晚会及联谊活动，丰富了老年人的精神生活。

① 勐腊县文化体育广播电视和旅游局：《2012—2013年文化体育广播电视工作年鉴》，2014年。

最后，组织文化展示活动。如前所述，文化馆组织“勐腊县民族风情文化节”非遗文博展，展出书画 33 幅，有级别文物照片 30 张，实物 51 件（其中 26 件购买，借展 20 件，5 件博物馆），接待参观人员 1793 人次。[①] 傣历 1375 新年节前夕，文化馆组织举办了一期历时 30 天的“绿色家园·和谐勐腊”及庆祝博物馆开馆二十周年的美术作品展，展出作品 57 幅，参观人数 3300 人次，展览征集了景洪市、普洱市、勐仑植物园和勐腊县的美术作品。[②]

第二，农村文艺队伍不断壮大，文艺活动正常有序，内容丰富多彩。一方面，政府及社会各界积极扶持农村文化发展，鼓励农民自办文化团队，培育农村文化新人；另一方面，引导企业、社区积极开展面向农民的公益文化活动，通过广泛开展农民文化节、“三下乡”“大家乐”的方式，注重“建文化、送文化、种文化”的有机结合，加强乡镇和农村基层文化辅导培训，推动群众性文化活动。

勐腊县农村文化组织成立较早，根据相关记载，1957 年，勐腊县文化工作服务队在易武乡建立花灯演唱小组，组员 13 人，不仅在易武演出，还去附近村寨演出。1959 年，勐腊县文化工作服务队在农村建立 7 个俱乐部，2 个业余文工队，1 个业余剧团。农村俱乐部的组织形式，一般是设主任、副主任（多数是由乡、队干部兼任）、文体委员（分管体育、文娱活动和章哈工作）、学习委员（分管夜校、组织读报、农业新技术推广）、宣传委员（分管展览、广播、出黑板报）。1960 年，勐腊县农村业余工作队发展到 10 个。1965 年，农村俱乐部改称文化室，活动内容增加了学习毛主席著作、普及文化科学知识等，文化室普遍办有夜校、识字班、读报组、黑板报组，并开展体育活动和文艺演出，勐腊县有 75 个文化室，活动骨干 1500 多人。1966 年“文化大革命”开始，勐腊县群众文化组织全部停止活动。1972 年，勐腊县成立 4 个农村文艺宣传队，所演出的节目大都是成立的各种“宣传队”教的，部分傣族村寨的文艺宣传队用章哈调演唱“革命样板戏”。1977 年，粉碎“四人帮”，农村群众文化活动得到了恢复，勐腊县有农村文艺宣传队 70 个，队员 1574 人。1981 年，农村实行家庭联产承包责任制，农村文化组织适应不了生产关系的变化，许多停止了活动，勐腊县剩下 2 个队。1983 年，农村群众文化组织

① 勐腊县文化馆：《勐腊县文化馆 2013 年工作总结》，2013 年 11 月 27 日。
② 勐腊县文化馆：《勐腊县文化馆 2013 年工作总结》，2013 年 11 月 27 日。

开始回升，勐腊县有 11 个农村业余文艺演出队，8 个农村文化室；1985 年有 28 个农村演出队，山区、坝区各 14 个，队员 349 人，全年演出 120 场次。[①] 随着改革开放的深入，农村文化工作出现了多方联手共办的新局面，如军民共建文化室、民兵文化室、青年文化室、科技文化室等，1986 年，农村群众文化组织由县文化馆移交给乡文化站管理和辅导。

进入 21 世纪以来，随着农村物质生活水平的提高，农民文化需求日趋高涨，勐腊县适时发挥民族文化资源优势和农村文艺宣传队的积极作用，以“打造一支文艺宣传队，自编自演一套文艺节目”为目标，在全县农村组建老、中、青农村文艺队，发展和壮大农村文化团队，并通过举办文艺培训班、群众文艺辅导班等形式，不断提高农村文艺队伍的水平。通过挖掘传统文化，成立傣族传统文艺队以及彝族山歌、哈尼族和瑶族文艺队，充分利用傣族“泼水节”、哈尼族“嘎汤帕节”、瑶族“盘王节”、彝族“二月八百诗佳节”等民族传统节庆日开展丰富多彩的民俗及文艺活动，活跃节日气氛，丰富群众文化生活。到 2008 年，全县已经组建 347 支农村文艺队，演员人数达 16000 余人。例如，2008 年，勐腊镇 7 个村委会 71 个村小组就有 96 支业余文艺队，1440 名演员，该镇农村文化生活开展得有声有色。

结合新农村建设，在县委、县政府相关部门的组织下，各乡镇坚持每年举办一至二次农村文艺调演活动，为各村文艺队提供展示平台和交流学习机会。2008 年 3 月 21 日，成功举办勐腊县第二届农村文艺调演，参加演出文艺队 14 个，170 名演员，演出节目 23 个，汇集了 47 个优秀节目。2009 年 2 月 27 日，以“新村风貌”为主题的第三届农村文艺调演举行，此次调演共有 15 个代表队参加，参赛节目 14 个，表演节目 8 个，约 5000 余名群众观看了演出。在这次调演中，曼旦村委会代表队的象脚鼓舞《铮嘎光》，曼庄村委会代表队的哈尼族舞蹈《跳铃》和曼龙代村委会代表队的傣族舞蹈《丰收喜庆》分别获一、二、三等奖。文艺调演以农村为主题、农民为主角，演员全部是来自傣乡农村文艺骨干和乡村民间艺人，精彩纷呈的文艺表演在丰富广大群众的精神文化生活的同时，也反映出了近年来新农村建设的精神风貌。

农村文艺团队是自发组成的业余性群众文化活动组织，业余文化活动

① 西双版纳傣族自治州地方志编纂委员会编：《西双版纳傣族自治州志》（下册），新华出版社 2001 年版，第 234—235 页。

演出的节目，除文化馆站辅导人员传授外，大部分是自编自演，编演一些群众喜闻乐见的文艺节目，在各村寨之间进行交流演出，运用传统艺术形式演唱新的内容，宣传新人、新事、新风尚。如20世纪60年代县农业业余演出队创作演出的《玉香学犁田》《改造懒汉》《早婚不好》《誓夺稳产高产》《毛主席派来工作队》等；70年代创作演出的《战三秋》《选良种》《为四化奋斗》《拖拉机耕耘爱尼山》等；80年代创作演出的《勤劳致富》《送岩叫上学》《咬手定情》《瑶家歌唱共产党》《克木新歌》等；90年代旅游业兴起，各旅游景点所在村寨将文化活动与旅游业结合，创作演出的多为浓郁民族特色的歌舞，如《孔雀舞》《象脚鼓舞》以及哈尼族爱尼山歌等。① 进入21世纪后，结合深化集体林权制度改革及农村土地承包经营权证补换发工作，农村文艺团队积极编排反映林改内容的文艺节目进行演出，对林改政策宣传起到了积极作用。

此外，为努力满足农村群众日益增长的文化生活需求，有关部门还组织开展了文化、科技、卫生“三下乡”活动，“我爱家乡·和谐文化进村寨”巡回演出，以及“多彩勐腊”大型文艺演出和民族节庆日等系列活动。② 用文艺表演的形式，向群众宣传禁毒防艾知识、计划生育政策及党的各项方针政策、法律法规等。勐腊县歌舞团积极配合县委政府中心工作，利用省委、省政府边疆“解五难”工程解决群众看戏难配送的文化大篷车，深入勐腊、易武、象明、勐仑等乡镇，大力开展“新农村、新傣乡”送戏下乡及“林改宣传”进农村活动，为农民群众送上一台精彩的文艺大餐，展示“文化大篷车”风采，满足农民群众的精神文化需求，推动农村和谐文化建设。据统计，仅2008年一年，歌舞团共完成演出任务89场次，观众达10.8万人次。③

第三，充分利用对外文化交流活动，广泛开展文艺演出，展示文艺风采。首先，参加西双版纳州组织的文艺汇演活动。西双版纳州各县市的文艺会演活动历史较长。1956年，在允景洪举行全州首届民族民间文艺会

---

① 西双版纳傣族自治州地方志编纂委员会编：《西双版纳傣族自治州志》（下册），新华出版社2001年版，第232—233页。

② 中共勐腊县委宣传部：《紧紧围绕中心，坚持服务大局：奋力开创“十二五”宣传思想文化工作新局面》，中共勐腊县委办公室、中共勐腊县委党史研究室编《中共勐腊县委执政纪要（2011）》。

③ 杨飘龙：《深入贯彻落实科学发展观，在时代高起点上努力开创文体事业发展新局面——在全县宣传思想文化工作会议上的发言》，勐腊县文体局，2009年4月9日。

演，演出节目 56 个，1960 年举行第二届全州文艺会演，其后，1963 年、1966 年分别举行两次会演，“文化大革命”中，会演中断。1978 年恢复会演，同年 9 月，每县组织一个代表队参加全州会演。1979 年，全州举行向新中国成立 30 周年文艺献礼会演，1982 年 10 月、1983 年 1 月，先后两次举行文艺会演，推动了群众文艺广泛开展。1984—1986 年间，州文化局为了集中地、有目的地发掘各民族优秀传统艺术，弘扬民族文化，举办了 3 次不同艺术形式的文艺会演。1984 年 9 月举行民族语小戏会演，如勐腊县的瑶话话剧《咬手定情》、克木语歌剧《送岩叫上学》；1985 年 4 月举行民族民间传统舞蹈会演，勐腊县演出队有克木人的倒倒舞、瑶族的走鼓、哈尼族爱尼支系的铃舞及簸米舞等 10 个传统舞蹈参加；1986 年 12 月举行民族民间音乐会演，勐腊县参加演出的节目有克木人戛尔冬倒合奏、民歌独唱、排笙演奏，彝族香堂人芦笛演奏，排角人情歌等 13 个节目。在 1989 年 2 月举办的“全州通俗歌曲比赛”，1991 年在允景洪举行的全州农村、农场文艺调演以及 1993 年 6 月举办的“西双版纳歌王歌后大赛”中勐腊均有代表参加。[①] 勐腊县业余演员多次参加全州、全省、全国的文艺会演。1986 年 10 月，勐腊县尚勇业余演出队代表自治州参加云南省民族民间文艺会演。[②]

近年来，勐腊县组织群众积极参加西双版纳州举办的全州文化调演活动，2007 年参加西双版纳州首届农村文艺调演；2008 年 4 月 12 日，组织曼旦村文艺队参加全州象脚鼓舞比赛，荣获一等奖。2008 年，为弘扬民族文化，县文化馆、民族歌舞团和各乡镇文化站精心组织业余和专业演员编排反映改革开放 30 年变化的曲艺节目，参加了第六届西双版纳少数民族曲艺展演。此届展演，县民族歌舞团演员郑彦增创作的方言小品《新乡村》荣获专业组创作和表演二等奖，歌舞团赵先文创作的民族民间歌曲《巴啦啦过啦册册》荣获专业组表演三等奖，勐腊镇农村演员岩香创作的傣语小品《社会主义新农村》获业余组创作和表演三等奖，关累镇文化站邢宗蜀创作的爱尼语小品《林改进我家》获业余组表演三等

① 西双版纳傣族自治州地方志编纂委员会编：《西双版纳傣族自治州志》（下册），新华出版社 2001 年版，第 233 页。

② 西双版纳傣族自治州地方志编纂委员会编：《西双版纳傣族自治州志》（下册），新华出版社 2001 年版，第 234 页。

奖。[①] 2010 年，组织农村演员参加了西双版纳州第三届农村文艺调演，舞蹈《刀·棍·拳》荣获二等奖，歌舞《哨哆哩》获三等奖，舞蹈《梦沙拏维》获三等奖，小品《岩宏学艺》获优秀奖及集体优秀组织奖。2010 年，组织瑶区乡文艺队参加西双版纳建州 60 周年庆典活动，参加人数 200 人。2012 年 12 月 12—14 日在勐腊县举办西双版纳州第八届少数民族曲艺展演。2013 年，在参加的西双版纳州第三届“傣乡杯”傣语歌曲演唱大赛中，节目《缅桂花》荣获二等奖，《老伙子爱上小姑娘》获三等奖，《想恋》获优秀奖，参加的第三届“大家乐”群众文化广场舞大赛中，节目《瑶山乐》获二等奖，《傣家儿女》获优秀奖，《月亮赶太阳》获优秀奖。[②]

其次，参加云南省及国内相关文艺活动，积极实施“走出去”战略，开展外宣活动，向外推介了勐腊县丰富的自然资源、浓郁的民俗风情、独特的区位优势，提高了勐腊县知名度，拓宽了勐腊旅游客源市场。2008 年 8 月，参加国家旅游局和辽宁省政府主办，沈阳市政府和辽宁省旅游局承办的“2008 中国沈阳国际旅游节”，勐腊演员表演的《美丽神奇的西双版纳》，深受国内外朋友喜爱。2008 年 9 月，组织歌唱演员参加了云南省“流行歌曲创作和演唱大赛”，由本团安飘演唱，杨柱标作词、作曲的流行歌曲《望天树》，9 月底入围“全国优秀流行歌曲大赛”云南赛区 60 强，10 月入围“全国优秀流行歌曲大赛”100 强。《望天树》让本土文化走向全国，提高了“望天树”珍稀植物和旅游景点的知名度。2008 年 10 月 15 日又赴曲靖市参加“云南省首届新农村文艺调演”，在历时 7 天的比赛中，西双版纳州代表队表演了具有地方民族特色的哈尼族舞蹈《春粑粑》、克木人舞蹈《克木人铜鼓风》、傣族章哈伴奏《绿之扇》、民族祝酒歌《补过人祝酒歌》4 个节目。此次调演，西双版纳州代表队表演的傣族舞蹈《欢乐的象脚鼓》荣获舞蹈表演二等奖，歌舞团自创表演的《补过人祝酒歌》荣获三等奖。2008 年 11 月，参加州文化艺术培训中心组织的“欢乐新农村”巡回演出，深入勐海、普尔地区江城等地演出，演出 36 场次。2011 年参加中国昆明国际文化旅游节，文化馆编排舞蹈，完成

① 杨飘龙：《深入贯彻落实科学发展观，在时代高起点上努力开创文体事业发展新局面——在全县宣传思想文化工作会议上的发言》，勐腊县文体局，2009 年 4 月 9 日。

② 勐腊县文化馆：《勐腊县文化馆 2013 年工作总结》，2013 年 11 月 27 日。

了演出任务。[①] 2011 年 9 月在参加的西双版纳州第二届“大家乐”群众广场舞比赛中，哈尼族舞蹈《阿卡然咪》获一等奖，瑶族舞蹈《瑶家山水美》获二等奖，傣族舞蹈《月光下的凤尾竹》获三等奖，10 月参加的全省“大家乐”群众广场舞比赛中，哈尼族舞蹈《阿卡然咪》获铜奖。[②] 2011 年 10 月底，参加了云南省第七届民族民间歌舞乐展演，组织了傣族（刀、棍、拳舞）和哈尼族的（山魂组合）。2013 年，积极参加第八届云南省歌舞乐展演比赛。

最后，参加国际文化交流活动，向中外客商展示多姿多彩的民族文化。2008 年 10 月 12—14 日，参加了第十一届西双版纳边境贸易旅游交易会暨第十四届中老缅泰四国边境地区文化艺术节及第十二届滇中南民族艺术节。2011 年，为庆祝中老建交五十周年，文化馆负责策划“中老建交五十周年”文艺晚会，并编排、辅导《美好的明天》《占巴花》《共饮一江水》3 个节目在 4 月 14 日的文艺晚会中上演，文化馆工作人员同台演出，受到观众、老挝代表队好评。2012 年 11 月 29 日组织人员参加澜沧江·湄公河流域国家文化艺术节的“民族之秀·傣乡印象”西双版纳少数民族服饰展。组织人员参加 2013 年澜沧江·湄公河流域国家文化艺术节的“勐泐神韵”时装秀展演活动。[③]

四　公益文化服务惠及于民

以实施“解五难”惠民工程为契机，整合有利资源，创新公共文化管理运行机制和服务模式，提高公益文化服务意识和服务水平。文化馆、歌舞团和乡镇文化站等政府文化机构肩负重大节日以及学校、机关、农村的群文活动的组织、协调、信息沟通、文艺辅导和创作任务。在政府主导下，文化部门不断增强服务意识，提高自身专业素质，加强对机关、学校和农村的群文辅导和培训，编创形式多样的文艺节目，组织丰富多彩的文化活动，服务于群众日益多样化的文化生活。

第一，继续加强农村宣传思想文化阵地建设，在农村大力开展“一个党员活动室、一块运动场、一间文化室、一支文艺宣传队、一个体育队”的“五个一”活动，增强农村文化阵地作用的基础。同时，充分利

① 勐腊县文化馆：《勐腊县文化馆 2011 年工作总结》，2011 年 11 月 14 日。
② 勐腊县文化馆：《勐腊县文化馆 2011 年工作总结》，2011 年 11 月 14 日。
③ 勐腊县文化馆：《勐腊县文化馆 2013 年工作总结》，2013 年 11 月 27 日。

用文化大篷车，借助各种节庆日，积极开展科技、文化、卫生“三下乡”活动，宣传科学发展观，灌输法制意识等；探索农村数字电影放映市场化运作的新机制，围绕“2131”工作目标，启动勐腊县“百部文化科教影片进万村”活动，开展“优秀电影进社区”和“每月每村放一次电影”等，同时，在县城启动了文化广场数字电影放映活动，解决了农民工看戏难的问题；依托县图书馆馆藏、农家书屋、文化信息资源共享工程，通过阵地服务、送书下乡、设立图书流动箱、多媒体电子阅览、板报等形式，不断增强群众的科技文化知识。

第二，统筹安排、科学规划、综合利用，推动文化馆、图书馆、博物馆等公共文化服务场馆和爱国主义教育基地、国防教育基地向全社会免费开放，把农村基层文化站建设成为集图书阅读、广播影视、宣传教育、公益广告传播、文化娱乐、非遗传习、科普推广、网络培训、体育和青少年校外活动于一体的综合文化阵地。按照《文化部、财政部关于推进全国美术馆、公共图书馆、文化馆（站）免费开放工作的意见》及《云南省文化厅关于做好美术馆、公共图书馆、文化馆（站）免费开放有关工作的通知》精神，图书馆、文化馆和10个乡镇文化站于2011年11月16日起实行免费开放，推出零门槛无障碍服务。文化馆完善公益性文化服务设施，做好免费开放服务工作，免费开放多功能厅、综合排练厅、展览厅、电子阅览室、非遗文博展厅，最大程度地为群众免费提供排演场地、舞台、灯光、音响设备、服装和用电、用水等；图书馆免费开放图书外借室、成人报刊阅览室、儿童报刊阅览室、多媒体电子阅览室、地方文献特藏室；免费办理借书证，实行押金制度，工本费全免，图书文献资料借阅、检索与咨询、电子阅览室上机费全免。10个乡镇文化广播电视服务中心（综合文化站）多功能厅、展览厅、图书室、电子阅览室实行了免费开放，服务项目有：书报刊借阅、电子阅览、科普资料提供、文艺和科普展览、培训辅导和时政法制科普教育、群文活动、体育健身等。

第三，文化馆在组织开展群文活动，丰富群众文化生活方面做了大量服务性工作。首先，组织人员参加州、县曲艺表演、文艺调演以及傣历新年节庆汇演活动，开展欢庆新春团拜会、文化大篷车春节慰问送戏下乡、民族节日歌舞晚会、“爱我家乡，和谐文化进村寨”巡回演出等活动。其次，负责民族节日及重要节庆活动的策划、部署和节目的编创、编排、辅导等工作。如负责傣历新年节中泼水仪式的会场布置及庆祝活动的舞台设计和大型民族舞蹈如《家乡有条南腊河》编排等工作；再如2010年为庆祝“三八”国际劳动妇女节，文化馆策划、编排了庆祝“三八”国际妇女节100周年文艺晚会《展巾帼风采，建和谐勐腊》；① 还如为相关机关、社会团体的运动会、联欢会、节庆活动、社会公益活动开展免费辅导，为老年体协、社区、学校及其他单位开展各类文艺宣传活动无偿提供培训场地、灯光及音响服务等。最后，举办全县书法绘画摄影作品展，举办书法绘画摄影技巧培训班，为人代会、政协会、各单位部门及各类节庆活动拍摄影像资料，拍摄各类宣传资料图片，其中包括文物和非物质文化遗产申报的所需资料图片，出版各类宣传专栏和黑板报等。

表5-4　勐腊县群众文化活动项目统计（2008—2013年）

年份	群文辅导				民间演出		文艺培训		少儿培训		公益讲座		免费开放	
	编创节目数	辅导天次	辅导人员数	受辅导人数	观众数（万）	演出场次	培训期次	培训学员数	期次	人数	期次	人数	场次	人数
2008	94	246		2475		281	1	115	2	130				
2009	23	46		966										
2010	67	408		17905		9	26							
2011	94	191	113	14762	6.5	39			1	20				
2012	157	561	325	3295	2.3	24	11	7057	2	186	2	388	87	13314
2013	102	463	731	12492	1	8	6	264					557	18387

第四，为丰富城乡文化生活，文化馆会同歌舞团及各乡镇文化站积极做好群众文艺辅导、组织民间文艺演出、举办文艺培训班等工作。近年来，文化馆承担的群文工作内容更加多样，如在哈尼族“嘎汤帕节”、瑶族“盘王节”、彝族“百诗佳节”期间下基层开展文艺排练，指导装台布景，组织汇报演出等；辅导民族集体舞及组织章哈歌手演出；辅导城乡各文艺队（含章哈），编创节目，如《月光下的凤尾竹》《阿卡然咪》《红花节的幸福》《哨哆哩》《傣族健身操》《欢乐节日》《西双版纳我的家乡》《情歌悠悠》《新农村》等，培训民族乐舞，如象明乡彝族三弦培训班，培训内容有三弦制作、调弦及演奏中的各种调类、各种三弦舞步等，此外，还与农业局、科技局等联合举办社会、文化、科技及其他公益性讲座等。

① 勐腊县文化馆：《勐腊县文化馆2010年工作总结》，2010年12月10日。

农村业余文化组织的辅导，历来由文化馆承担，截至 1993 年，勐腊县文化馆举办各类培训活动 11 次，参训人数 1239 人次。[①] 2008 年，在全县 10 个乡镇 51 个村委会组建 51 支农村文艺队，编创辅导文艺节目 94 个，辅导 246 天次，受辅导人数 2475 人次，举办了 1 期 115 人参加的全州六大民族团结舞培训班，2 期 130 人的少儿舞蹈培训班，组织民间文艺演出活动达 281 场次。[②] 2009 年，傣历新年节前，有关人员分别到勐腊镇、勐仑镇、关累镇 3 个乡镇 9 个村及县级机关单位进行文艺辅导 46 天，辅导 23 个节目，受辅导人数 966 人次。[③] 2010 年，文化馆积极组织辅导培训参加全州少数民族曲艺展演的项目和节目，完成傣历新年节大型民族舞蹈编排和舞美设计，组织农村文艺调演，普及有关体育运动项目；举办民族健身操培训班等，共辅导节目 67 个，受辅导人数 17905 人次，辅导 408 天次（3 人），策划、编排 1 场文艺晚会，参加演出 9 场次，举办舞蹈、章哈、美术、书法、民族健身操等各类培训班 26 期。[④] 2011 年全年派辅导员下基层开展工作 113 人次共 191 天，编创、培训及辅导节目 94 个，其中获奖节目 11 个，受辅导人数 14762 人次，完成演出任务 39 场次，观众达 65200 余人次；为各单位无偿提供场地、灯光、音响等服务 73 场次，为各种会议、培训提供音响服务 18 场次，拍摄各类宣传资料图片 4200 余张，出各类宣传专栏 8 期等。[⑤] 2012 年，文化馆派出辅导员下基层开展工作 235 人次，共 561 天，编创、培训及辅导节目 157 个，受辅导人数 3295 人次；完成演出任务 24 场次，观众达 23000 余人次，开展社会文化公益活动并提供免费服务 292.5 天，开展活动 87 场，受服务人员达 13314 人次；为各种会议、培训提供音响服务 29 场次，举办培训班 11 期，培训学员 7057 人次，举办少儿书画展 1 期，参观人数 80 人次；展出作品 77 件，拍摄各类宣传资料图片 3000 余张，出各类宣传专栏 3 期，勐腊县民族博物馆免费对外开放接待参观 520 人次。[⑥] 2013 年派辅导员下基

---

① 西双版纳傣族自治州地方志编纂委员会编：《西双版纳傣族自治州志》（下册），新华出版社 2001 年版，第 236 页。

② 杨飘龙：《深入贯彻落实科学发展观，在时代高起点上努力开创文体事业发展新局面——在全县宣传思想文化工作会议上的发言》，2009 年 4 月 9 日，勐腊县文体局。

③ 勐腊县文化馆：《勐腊县文化馆 2009 年工作总结》，2009 年 12 月 31 日。

④ 勐腊县文化馆：《勐腊县文化馆 2010 年工作总结》，2010 年 12 月 10 日。

⑤ 勐腊县文化馆：《勐腊县文化馆 2011 年工作总结》，2011 年 11 月 14 日。

⑥ 勐腊县文化馆：《2012 年勐腊县文化馆全年工作总结》，2012 年 12 月 13 日。

层工作 731 人次，累计 463 天，编创、培训、辅导节目 102 个，受辅导人数 12492 人次，组织策划参与各种活动 8 次，完成演出任务 8 场，观众达 10000 余人次，获省级奖节目 10 个，其中一等奖 3 个，二等奖 3 个，优秀奖 4 个；提供免费开放服务 557 场次，接待服务 18387 人次，举办培训班 6 期，培训学员 264 人次，举办书画、非遗文物展 4 期，展出作品 1177 件，参观人数 8759 人次，拍摄宣传资料图片 5000 余张。[①]

注重青少年审美艺术能力的熏陶培养，利用寒暑假开办少儿音乐、舞蹈、摄影、美术和书法培训班，举办少儿书画展，既丰富和充实了学生假期文化生活，又增强了学生掌握音乐、舞蹈、美术和书法的技能，美术培训内容有素描、蜡笔画、水粉画和书法基础等，舞蹈培训内容有形体、地面练习、布朗族广场舞、哈尼族舞蹈、傣族舞蹈和拉祜族广场舞等。2009 年举办少儿培训班 1 期。[②] 2010 年举办 1 期为期 21 天的少儿舞蹈培训班。[③] 2011 年举办 1 期为期 20 天的少儿音乐舞蹈培训班，学员 20 人，教授《月光下的凤尾竹》《阿鲁阿勒咚吧嚓》等舞蹈节目、基础组合、健身操等 9 个内容。[④] 2012 年举办 2 期培训班，共有音乐舞蹈学员 94 人，美术书法学员 92 人，举办学员作品展 2 期，共展出作品 642 幅。[⑤]

为全民健身工程做好服务工作。举办少数民族健身操培训班，推动与普及民族健身操，丰富群众文化生活。利用晚上的时间在街心公园、勐腊县新广场、文化馆等场所开展民族健身操和广场舞辅导，如在街心花园举行的“大家乐晚会”表演，吸引了众多群众参与，表演人数多达上百人，观众达千余人。辅导的傣族、哈尼族、拉祜族、景颇族、藏族等 6 个民族健身操在各类比赛中多次获奖，编创并辅导的瑶族舞蹈《瑶山乐》在参加的西双版纳州广场舞蹈大赛中荣获一等奖，哈尼族舞蹈《咚吧嚓》荣获二等奖，傣族舞蹈《西双版纳我的家乡》荣获三等奖。尽力为老年人开展健身活动提供方便，无偿提供培训、辅导、排练和演出场地、音响服务等，组织县老年体协开展六大民族健身操活动，辅导县老年体协和边防大队编排、表演节目，其中辅导的节目《祝福祖国》在建党 90 周年文艺调演中获得一等奖，《欢聚一堂》《咚吧嚓》《祖国颂》获得二等奖，节

① 勐腊县文化馆：《勐腊县文化馆 2013 年工作总结》，2013 年 11 月 27 日。
② 勐腊县文化馆：《勐腊县文化馆 2009 年工作总结》，2009 年 12 月 31 日。
③ 勐腊县文化馆：《勐腊县文化馆 2010 年工作总结》，2010 年 12 月 10 日。
④ 勐腊县文化馆：《勐腊县文化馆 2011 年工作总结》，2011 年 11 月 14 日。
⑤ 勐腊县文化馆：《2012 年勐腊县文化馆全年工作总结》，2012 年 12 月 13 日。

目《咚吧嚓》在参加的省老年大学文艺调演中获三等奖等。

第五，加强自身队伍建设，满足业务职能工作要求，集中强化文化队伍骨干培训，增强队伍业务能力训练，保障文化事业顺利进展，促进社会公益文化事业繁荣发展。由于历史原因，勐腊县各文化单位专业人员欠缺，近年来，有关单位通过多种方式增强管理和专业队伍建设。文化馆经常性地举办馆办文艺队伍业务培训，同时加强对城乡业余文艺队伍的骨干培训。为培训专业技术人才，尽最大努力派送骨干进行培训和深造学习，多次安排馆内业务人员参加云南省民族健身操、西双版纳州少数民族集体舞、全州乡镇文化站业务知识、云南省民族广场舞等培训，进一步加强了人员业务技术素质。加强对农村、城市、机关单位及社会各界文化骨干的培训，举办了包括县城四个社区和四个管委会在内的“全县群众文化队伍业务骨干培训班”，组织人员参加西双版纳州文化馆举办的“西双版纳州文化业务骨干培训班”，进一步巩固了文化业务队伍的思想素质和业务能力。培训业余文艺骨干，举办章哈编创、演唱培训班，举办花灯培训班，为发展群众文化、推进精神文明建设做出了积极贡献。

第四节 文化产业与非遗保护

在旅游业的推动下，民族文化产业在勐腊县经济社会发展中的作用逐渐显现。随着优势文化资源的开发利用、文化产业发展政策的落实、文化企业的引入、文化市场的逐步开拓，以及文化与旅游业的进一步结合，借助于非物质文化遗产保护资金及人力的不断投入，在弘扬与创新的基点和动力上，必然会培育出新的文化业态，创造出新文化产品，并不断提高民族文化自主创新能力和市场适应与竞争能力。

一 民族文化产业蓄势待发

文化产业是指从事文化产品生产和提供文化服务的经营性行业。文化产业以满足人们的文化需要作为目标，生产和提供精神产品。广义上看，凡是与文化相关联的产业都属于文化产业，除传统的演出、展览、新闻出版外，还包括休闲娱乐、广播影视、体育、旅游等。在经济全球化背景下，文化产业越来越注重创造力这一核心动力，重视主体文化因素，强调通过技术、创意和产业化的方式提升产业的软实力。在全球化竞争日益激烈的今天，文化产业已经成长为一种重要的生产活动，并逐渐成为影响企业、地区乃至国家发展潜力的重要因素。勐腊县政府及社会各界对文化产业的价值与创造力有充分的认识，对推动文化产业发展不遗余力，在当地，文化产业与社会经济生活越来越密切，已经成为带动勐腊县社会经济发展的一股重要力量。

近年来，通过充分挖掘勐腊县独有的自然生态资源和民族文化资源，加强文化建设，弘扬民族文化，丰富群众文化活动，繁荣文艺创作，积极培育民族文化生态旅游业，促进民族文化产业发展，文化产业竞争力显著提升。以 2012 年为例，全县文化产业完成固定资产投资 1372 万元，比上年增长 183%；文化企业 286 个，增长 175%；从业人员 706 人，增长 147%；本年度文化产业实现增加值 2.55 亿元。投入文化建设经费 824 万元，比 2011 年的 232 万元增加了 592 万元，增长 72%，高于财政经常性收入 60%。安排文化产业发展资金 50 万元。预计到“十二五”期末，勐腊县文化产业总体实力和核心竞争力会大大增强，产业结构会整体优化，增加值占全州生产总值的比重提高，达到 15%左右，文化产业增加值占全县 GDP 的 8%以上，使文化产业成为全县新的经济增长点和支柱产业。

为加强对全县文化产业发展工作的领导，促进文化产业又好又快发展，勐腊县从制度保障上进行了建设性工作。在机构设置方面，2011 年 3 月，成立了以县长为组长、相关部门为成员的文化产业发展工作领导小组，其办公室设在县委宣传部，组长由县委（副）书记和县长担任，副组长两名，成员若干，分别由县属各局局长组成，专门负责全县文化产业工作；在政策法规上，勐腊县政府为文化产业示范基地评选拟定相关条款，以建立一套符合县情民意的管理框架，及时出台《勐腊县文化产业示范基地评选命名管理办法（试行）》，目的是着力打造文化精品企业，积极培育重点文化企业，加大政策扶持力度。

为促进文化产业的发展，勐腊县在工作实践中逐渐完善出了发展文化产业的清晰思路，勾画出了文化产业发展范围和策略重点，并通过“惠民”文化等工程积极为文化产业发展争取创投资金，采取优先发展策略，推动和鼓励文化产业发展，致力推动文化与旅游、文化与企业、文化与科技、文化与金融结合，着力开发富有民族特色的文化产品，精心打造勐腊“民间艺术”特色品牌，走具有勐腊特色的文化产业发展之路。勐腊县文化产业发展的基本思路是，抓住云南省“两强一堡”战略实施的重要契机，按照西双版纳州着力构建“一核两带两翼”“推进澜沧江·湄公河国际文化旅游圈”建设的文化产业发展新格局，结合勐腊县文化资源、消费市场和产业发展现状及各产业发展门类和区域发展重点，借助“桥头堡”建设项目推进勐腊县文化产业的快速发展。

第一，打造文化旅游，推动文化与旅游结合互动，优化文化产业结构。勐腊县积极实施“旅游口岸活县”战略，形成了以旅游为体，文化为魂，互动共融发展，文化效益和经济社会效益俱佳的文化产业发展格局。通过建设一批重大旅游项目，打造热带雨林、神秘风情、跨境旅游等特色旅游品牌，推进民族文化产业多样化发展，旅游文化业已经成为勐腊和谐发展不可或缺的支柱产业，主要旅游经济指标持续增长，旅游业发展质量不断提升，对其他产业以及群众增收致富的拉动作用日益明显，旅游文化收入占全县 GDP 的比重不断加大。

首先，推进旅游文化产业园区开发建设。勐腊县政府选定一批具有示范意义的重点旅游项目投资开发，着力打造普洱茶文化、生态文化、口岸文化、傣乡田野、胶林风光等文化旅游园区，把关累—上湄公河—绿三角景区、自驾车营地等列为招商引资重点项目。依托良好的生态环境优势，实施森林公园生态旅游景区建设，打造以旅游休闲为重点的生态文化品牌。相继顺利推进热带雨林国家公园曼旦景区、望天树、勐远仙境、孔明山景区、南腊河野趣漂流度假区、绿石林景区等一批旅游景点景区建设。目前已逐渐形成以中科院植物园和望天树为主打的景区，与磨憨口岸游相呼应，辐射勐远仙境、雨林谷以及特色乡村旅游的经典旅游战略，集民俗、生态、休闲、观光为一体，旅游文化内涵不断丰富，旅游开发力度不断加大，其中植物园和望天树成功创建国家 5A 级和 4A 级景区。

其次，依托乡村旅游特色，发展山水田园生态游。依托县民族博物馆、植物园、傣族园、花卉园、热带雨林、边境通道等资源的开发保护，打造以民族村寨文化为主体的资源文化品牌，曼龙勒、曼龙代、曼安、曼哈伞等一批特色乡村旅游项目有效推进，勐仑和易武特色旅游小镇建设步伐加快，基础设施进一步完善。同时，加强对文化娱乐业发展的引导，开发建设新型演艺业，采取景区与村寨相结合，共同打造村寨文艺队进景区表演，不仅提高了文艺表演质量，也为村寨文艺队长远发展提供了后劲。

再次，积极探索与周边国家旅游合作新机制，大力发展边境、跨境旅游。以“桥头堡”建设和“三国六方合作机制”为契机，借助“边交会”“昆交会”“旅交会”平台，实施“走出去”战略，加快口岸文化设施建设，推动对外文化交流与合作，把勐腊县建成面向内地和周边国家开放的文化交流窗口。同时，加大旅游宣传促销力度，努力提升勐腊旅游知名度和吸引力，推进与周边国家的旅游合作，把勐腊县旅游业融入区域旅游线路，实现资源共享、客源共享、互利双赢，从而更好地推动周边地区和国家的群众共同富裕。①

最后，挖掘和保护非物质文化遗产，传承与弘扬民族传统节日文化，使之成为外界瞩目的文化产业名牌。重点打造“泼水节”“嘎汤帕节”“二月八百诗佳节”“盘王节”四个节庆日品牌及易武“中国贡茶第一镇”茶文化品牌，提升“澜沧江・湄公河流域国家文化艺术节”层次和水平，以开放的姿态积极承办国际性、全国性和全省性重大节庆会展活动和各类文化体育赛事。

第二，支持发展和壮大民族文化企业，鼓励社会力量发展文化产业，着力发展民族文化产品制造业。开展传统技艺和产业之间互动研究，重点扶持傣族织锦、传统造纸业、民族工艺品、民族服饰、香包、象脚鼓、制刀（如勐远傣刀、象明李字号傣刀）、陶瓷、根艺、竹编以及易武酱油等民族文化特色产业；努力打造勐腊民族文化系列品牌，推动特色文化产业规模化发展；充分发挥现有品牌优势，加强刺绣、编织、雕刻等民俗文化产品的保护、研发和生产；加快工业园区建设，着力打造天然橡胶、普洱茶、绿特食品等生物产业基地，改造提升制糖、制茶等传统产业。同时，鼓励、引导文化产业公司积极参加对外展销、设立对外窗口、举办新优产品展评会，走专业化、特色化的路子；扶持建设集培养、创作、生产、策划、销售于一体的文化产业园区。②

第三，实施文艺精品战略，扶持文化创意产业，推动文化产业经济快速发展。加大对创意产业的扶持和引导力度，发展品牌设计、包装设计、产品设计、时尚设计、多媒体设计以及手工艺品设计等，增强产业渗透力和辐射带动力；扶持文化精品创作和生产，推出体现民族文化特色的精品力作，打造文化精品企业，培育重点文化创意企业，扶持、培育根艺、书

① 王志明、王钊：《建设西双版纳民族文化名州的思考》，《云南科技管理》2013 年第 1 期。

② 王志明、王钊：《建设西双版纳民族文化名州的思考》，《云南科技管理》2013 年第 1 期。

画、茶、民族工艺品、服饰、餐饮、文化娱乐、广告、体彩、体育用品等文化产业，做好创意文化产业项目推介工作。

第四，加强配套服务设施建设，为文化产业及文化创意产品开发创造良好的发展条件。落实文化产业政策，围绕现有文化产业转型升级，着力在重大项目建设、精品品牌培育、客源市场开拓、服务质量提升等方面取得重大进展。增强产业集聚能力，扩展集聚效应，规划和打造特色文化产品消费市场，加强文化产品实体市场建设和文体产品网络销售平台等现代化商贸平台建设，并带动连锁经营、中介、咨询等相关产业发展。以建设文化产品大流通格局为目标，加强文化产品流通业发展，构建以勐腊为中心，面向老挝、缅甸、泰国等国家的现代物流体系。同时，加快勐腊旅游产业由观光型向观光购物、康体养生、休闲度假、商务旅居型转变；拓展品牌范围，提升文化含量，推进文化活动市场化运作水平。

第五，推进文化体制改革和文化产业发展，从制度设计上充分调动文化人才的积极性，提高文化产业管理水平和服务水平，推进经营性文化事业单位（企业）改革，鼓励社会办文化产业。结合旅游业，打造具有民族特色的文化产业精品，通过挖掘和保护非物质文化遗产，打造勐腊民间艺术特色品牌。以培育发展文化休闲、文化旅游、文化产品制造和流通等为重点，努力构建特色文化产业体系。

第六，健全文化产业监管机制，积极培育文化市场主体，切实发挥先进文化企业的示范、窗口和辐射作用，促进文化产业持续健康发展，提高文化产业的总体实力和竞争力。为此目的，制定了《勐腊县文化产业示范基地评选命名管理办法》（2012 年 12 月 3 日），凡在勐腊县辖区内并在工商部门登记注册、营业两年以上的各类所有制企业，均可申报文化产业示范基地，所列文化企业范围包括文艺旅游、广播影视业、广告网络传媒业、文化娱乐及演艺业、影像业、图书报刊业、文化产品生产及销售业、体育休闲健康业、文物和艺术品以及艺术培训业等领域，示范基地的基本作用是交流经验、相互观摩、坚持社会效益和经济效益协调统一。

在旅游业的带动下，纵观勐腊县近年来文化产业的传承和发展，纵向方面取得了一定成绩，并刺激区域经济发展和产业转型。然而，在横向方面，勐腊县文化产业发展缓慢，还有许多落后的地方，文化企业种类不多，规模偏小，竞争力不强，文化产品开发滞后，产业发展面临许多困难。

第一，勐腊县民族构成多样，四大世居民族居住分散，文化差异性较大，各民族的传统思想观念、文化素质和生产生活水平对当前文化产业的发展或多或少表现出制约作用，限制了文化产业水平的提升，这些制约性因素复杂，且短期内不会自我消除，还要维持很长的一段时间，相关文化部门应该认真研究，排除消极要素，找准各个民族文化及文化产业发展的切入点，推动民族文化产业的发展。

第二，政府和民间用于发展民族文化产业的资金有限，投入不足，难以整合产业链条，形成规模，现有产业很大程度上均仅停留在碎片性的非物质文化传承与保护层面上，没有形成文化大产业。民族文化产业培育与发展，仅仅靠政府主动投入或动员民间积极推动，都无法获得很好的效果。从政府方面来说，近年来在发展民族文化方面投入的资金比例虽然在不断增大，但相对而言，能用于投入保护、传承优秀民族文化发展资金的绝对数量是很少的，以目前勐腊县为例，政府财政收入有限，文化产业发展投入很多情况下有心无力，民间资金缺乏投资渠道，自觉投入困难，唯一可寄望的是招商引资，引进企业，发展文化产业，那就得在政策方面给予企业足够优惠。

第三，从市场经济的角度来讲，任何产品最终必须通过市场才能转化为商品，否则永远无法实现产业化，以勐腊县民族文化产品为例，曼旦的象脚鼓制作，曼朗的织锦，曼龙的傣刀，曼龙勒的竹根工艺品，这些独特的民族历史工艺产品，因为缺乏市场平台支撑，无法转化为商品，走向产业化和规模化生产。

推进文化产业发展，必须实现体制与机制的创新，解决制约当前文化产业发展的瓶颈问题，通过改革和创新，形成多种所有制共同发展的文化产业格局，从而增强文化产业发展的活力，并通过释放市场潜力，提高文化产业的竞争力，注入转型发展动力。

首先，整合政府文化发展资金和保护基金投入，积极引入社会资金，以旅游业为龙头带动文化产业发展。勐腊县曼龙勒村具有优美的生态景观和丰富的旅游资源，2012 年河马公司入驻开发南腊河野趣漂流度假区项目，之后，该村的产业结构发生了很大的变化，传统的田耕农作方式转为现代的乡村旅游服务业，民族文化产品逐步走向市场，村民经济收入也大幅提高，2014 年该村被列为建设“美丽乡村”的重点村。

其次，区域性旅游业和民族文化产业的发展，要预先做好统筹和规划工作，通过试点探索更为合理的经营模式和产销方式，避免落后产业遍地开花，避免跟风性的恶意竞争。比如，结合各村寨特点，可以组织成立织锦、竹编、手工造纸、酸鱼等文化产业合作社，通过“公司+合作社+农户”的经营模式，挖掘利用本村寨文化资源，确立文化产业项目，并逐步把文化产业打造成村组的支柱产业，实现“文化富民”目标；再如，根据各乡镇甚至村寨优势资源，打造和推出地方文化产业品牌，勐腊县易武镇结合西双版纳州委、州政府“十二五全州茶文化发展规划和旅游二次创业”的发展思路，在县委、县政府的支持下，2012 年投资 26 万元完成《易武镇旅游产业规划与策划设计》，充分利用当地丰富茶叶资源，把茶文化产业化，努力发挥古茶山、古文物、生态文化在茶文化产业发展中的作用，按照“发展茶产业、保护古茶园、弘扬茶文化、开展茶旅游、建设古茶镇”的发展思路，倾力打造“中国贡茶第一镇”品牌。

再次，整合相关资源，扩大文化产业发展领域，推动产业集聚发展。结合“非遗”保护，以文化旅游业为龙头，以民族文化企业为主体，实施具有产业拉动作用和示范效应的文化产业项目，扶持发展一批民营文化骨干企业，多方面为文化企业家成长创立环境条件，力争培育出资产和销售收入规模较大且具有影响力的大型骨干文化企业。结合城乡建设规划，打造县城商务区、会展中心、剧院等文化产业集聚区，扩展商务、演艺、会展、体育等文化产业空间，打造乡镇商业文化旅游中心、文化休闲中心和文化消费中心，培育旅游演艺、文博会展、民族文化工艺品等文化产业，引导文化制造业和文化销售业等不断增强集聚力和文化辐射力。

最后，政府主导发展现代文化流通产业，建设文化产品物流基地和物流企业，构建现代文化市场体系。以“边境贸易旅游交易会”等展会为契机，打造包括广告、设计、产品开发、组织变革、管理、人力资源等方面的交流、交通平台，不断扩大民族文化产业的辐射力和影响力。加强影视、演艺娱乐、电子音像制品、民族民间工艺品等传统文化产品市场建设，拓展和培育版权、资本、人才、信息、技术等文化要素市场，发展版权代理、产权交易、资产评估、广告代理、演艺经纪、工艺美术品拍卖等文化中介行业，为民族文化产业发展创造良好市场环境。同时，加强文化市场监管，规范市场秩序，加大知识产权保护力度。

二　文化市场消费健康有序

文化消费是社会文明进步的重要标志，文化消费在消费总支出中所占比重，是衡量国民生活质量的重要指标。随着改革开放的逐步深入，城乡居民物质生活逐步改善，对精神文化生活需求日渐多样化，同时随着新农村建设的逐步开展，农村地区也实现了跨越式发展，文化内需扩大，农村文化市场逐步开拓。

改革开放以来，面对人民群众日渐增长的文化消费需求，政府主导制定针对性的、预见性的对策和措施，引导提高文化消费层次和能力，建立健康向上的文化消费理念，同时规范尚不充分的文化市场。深入开展文化机制改革，改变传统组织和领导模式，如群众性的文化娱乐活动改变了原来只由政府组织举办的模式，逐渐出现了公助民办的新局面，并随着城乡文化市场的壮大，最终走向了市场。许多政府的文化事业单位，也将许多活动推向市场，开展有偿服务，如文化馆等文化机构相继开展营业性活动，如开办舞厅、录像放映、台球、电子游戏、音乐茶座等，以文养文，以文补文，一方面弥补了财政拨款的不足，另一方面也为文化市场的形成和健康发展发挥了领头作用。

随着政府对农业科技和农民教育投入的增加，尤其是西双版纳州建设“民族文化名州”的逐步开展，农村文化建设能力不断增强，农民现代文化素质不断提高，对现代精神文化需求也不断增加。与此同时，面向农村、农民开展的文化经营活动也与日俱增，卡拉 OK、歌舞厅、录像厅、台球室、电子游戏室遍及城乡，有线电视日益普及，农村群众文化消费呈多样化发展。

近年来，勐腊县政府及文化事业单位和团体在扩大文化消费方面做了许多工作，形成了清晰的发展思路，不断引导加快建设弘扬先进文化、高雅文化、大众文化的艺术舞台，提高城乡居民文化消费水平。首先，适应城乡消费者个性化、多样化的消费需求，探索引入社会资金、金融服务、民间文化团体等进入文化市场，推动建立文化消费的新机制，培育特色文化消费，开发不同层次的文化消费市场，扩大文化消费领域。如加强基层和农村文化消费网点建设，推动电影院线、演出院线向县乡延伸等。其次，加强基层文化市场平台建设，鼓励文化行业推出符合基层群众购买能力以及满足各类特殊人群需求的产品，鼓励演出企业推出低价演出场次和门票，鼓励网络文化运营商开发更多低收费业务，促进基层文化消费。再次，引领农村居民文化消费观念，培育和开拓农村文化市场。农村文化市场潜力巨大，农村居民是构成农村文化市场的主体，活跃农村文化市场，关键是引导提升农村居民现代文化消费观念，这就要求在加大对农村教育、文化投入的基础上，逐步提高农民文化水平，激发农村居民对现代文化内在需求的自觉意识。同时，结合农村居民的文化生活实践，有针对性地引导农村居民改变落后低俗的文化生活方式，开展创造性的文化活动，重视对传统文化的继承、挖掘和选择，重视对新文化、外来文化和优秀文化的传播、接受和移植，在此基础上逐步培育养成适合农村居民特色和消费能力的文化市场，引导他们加大在教育、文化、休闲娱乐、体育健身、医疗保健等方面的消费投入。

总之，随着市场经济发展和社会事业全面进步，城乡居民文化生活空前高涨，文化市场日趋繁荣，文化产业呈现总量增长态势。据统计，到 2013 年底，全县文化经营户发展到 285 户，经营范围包括歌舞娱乐、音像制品、网吧、电子游戏、出版物零售、打字复印、演出场所、图书报刊等，从业人员达 500 多人，全县建立起了娱乐、网络、演出、音像、图书报刊、印刷等门类齐全、运行规范、健康文明的文化市场体系。

市场机制的引入对繁荣社会文化事业产生了巨大推动作用，然而也不可否认，文化经营和消费市场中也存在某些与社会主义核心价值观不协调的要素，需要规范和监管，以此保证文化市场经营和消费的健康有序。

在市场化形成初期，营业性文化娱乐网店一般由主办单位自行管理，1986 年 4 月，在西双版纳州人民政府主导下，成立了州、县两级社会文化管理委员会，强化对社会文化市场的监管。1993 年 7 月，为了加大监督检查力度，进一步理顺管理体制，成立了文化市场稽查队，凡进入流通领域的文化经营项目，一律归文化行政部门管理。[①] 按照有利促进文化繁荣发展、有利加强文化市场管理、有利提高公共服务能力的要求，2010 年 12 月，经勐腊县政府研究同意，组建勐腊县文化综合执法大队，为县文化体育广播电视和旅游局下属事业单位，授权对全县文化、广播电视、新闻出版市场实行统一执法。通过改革进一步理顺了管理体制，统一了文化市场综合领导体制和工作机制，提高了执法能力，坚持“一手抓繁荣，一手抓管理”的方针，形成了与社会各部门及力量齐抓共管、群众监督和行业自律相结合的管理机制，标本兼治，常抓不懈，确保文化市场在规

① 西双版纳傣族自治州地方志编纂委员会编：《西双版纳傣族自治州志》（下册），新华出版社 2001 年版，第 238 页。

范化、法制化道路上繁荣有序。

首先，一方面，加强文化市场执法队伍建设，提高执法水平；另一方面，加大对文化经营业主及从业人员的法律法规宣传力度，进行法律法规和从业道德培训，提高经营者合法经营、守法经营、规范经营的自觉意识和市场道德素质，引导他们自觉为净化文化市场环境做出贡献。

其次，依法加强对文化经营单位的市场监管，确保文化市场繁荣有序，认真宣传并贯彻执行《娱乐场所管理条例》《音像制品管理条例》《互联网上网服务营业场所管理条例》《广告法》《广告管理条例》《户外广告登记管理规定》等法律法规，改善和培育依法经营的市场环境，树立良好市场形象，同时推进社会主义精神文明建设。

再次，深化文化市场综合治理，联合公安、工商、消防等部门，开展文化市场专项整治和“扫黄”“打非”集中行动，进行执法检查。依法开展文化经营户的年审工作；及时查处违规经营行为，整顿互联网上网服务营业场所违规经营行为；严厉打击图书、音像、印刷行业非法盗版现象；采取集中突击、部门联动、重点突破等方式，对游戏厅、娱乐场所违规经营保持高密度稽查，净化全县娱乐服务业，有效遏制游戏厅（室）、娱乐场所赌博、涉黄等问题。

最后，集中开展绿色行动计划，根据《中共中央办公厅、国务院办公厅关于进一步净化社会文化环境　促进未成年人健康成长的若干意见》（中办发〔2009〕6号）文件精神，组织力量加强学校周边环境治理，对网吧、娱乐场所进行集中整治，以解决网吧接纳未成年人上网为着力点，打击网络盗版、涉黄等社会热点问题。坚持市场管理“包保到人”责任制，规范教材、教辅读物出版发行，加强学校周边书店、书摊、地摊的检查力度，打击盗版经营，清扫非法出版物；结合“一日两查”（中午一次，学生放学后一次）制度，通过突击检查、明察暗访等措施规范网吧、娱乐经营场所，并开通了文化市场举报电话，24小时接受群众举报，同时，采取与经营业主签订网吧管理责任书、聘请“五老”义务监督员等措施，有效遏制未成年人上网现象，使他们免受黄色网络信息的侵害。

三　非遗保护工作有条不紊

勐腊县民族民间传统文化传承和保护坚持“保护为主，抢救第一，合理利用，传承发展”的方针，围绕“宣传、建档、传承、研究”四个重点逐步推进。为加强对非物质文化遗产保护工作的领导，勐腊县政府成立了由分管副县长任组长，宣传、文化、财政、国土、发改、住建、民宗、旅游等部门负责人为成员的非物质文化遗产保护专家委员会，并成立了傣协会、哈尼学会，负责非物质文化遗产保护工作的组织和实施，加强对各民族民歌、音乐、舞蹈、曲艺、民间文学等民族民间文化艺术进行挖掘、收集和整理，非物质文化遗产保护工作有条不紊。

宣传普及和日常管理是非物质文化遗产保护的基础性工作。从非物质文化遗产项目保护宣传和《非物质文化遗产法》宣传工作入手，出台《勐腊县非物质文化遗产传承人暂行管理办法》，保护非物质文化遗产传承人，发放县州级非遗传承人补助津贴，并建立统一的非物质文化遗产保护资源信息数据库，为非物质文化遗产保护、管理、传承工作打好制度基础。

非物质文化遗产项目实施的前期工作比较复杂，包括资料收集、调查、挖掘、整理、存档直至成功申报，这是一个漫长的过程，一个项目的最终获批，往往需要好几年的时间。2008 年，为了有效保护和传承国家非物质文化遗产，鼓励和支持国家级非物质文化遗产项目代表性传承人开展传习活动，根据《国家级非物质文化遗产项目代表性传承人认定与管理暂行办法》以及中央、省、州文化部门的部署要求，开展了第三批国家非物质文化遗产项目代表性传承人的申报和推荐工作。2008 年，根据长期积累掌握的资料，勐腊县整理出申报第二批云南省非物质文化遗产名录，即七子饼茶制作技艺、傣家竹楼、傣家高升、哈尼族服饰和树皮衣等传统手工艺，为准备申报非物质文化遗产项目传承人提供了必要依据。

2009 年 1—5 月，以文物馆民族民间研究室工作人员为主，先后到勐腊镇的曼旦、曼东、曼龙勒、曼炸，关累镇的坝落、城子，勐捧镇的国防、曼坎伞、扎板松，勐满镇的上田房，瑶区乡的沙仁村，勐仑镇的信用社等地，收集民俗资料 11 件，整理 7 件，参与撰写和修改申报云南省第二批非物质文化遗产《易武“七子饼”和“五子饼”普洱茶》调查报告，撰写勐腊县第二批非物质文化遗产项目、传承人的公示名录。[①] 到 2009 年 4 月止，勐腊县被确定并公布列入第一批县级非物质文化遗产名录的项目有 30 项，州级有 26 项，省级有 4 项。

① 勐腊县文化馆：《勐腊县文化馆 2009 年工作总结》，2009 年 12 月 31 日。

2010年收集民俗资料7件，并开展对阿卡首届说唱问卷和勐远城子村“宰压哈”战刀的历史记载及“祭刀”节的调查工作，撰写发表《勐远城子村“宰压哈”战刀的历史记载及“祭刀”节》（10月22日《云南日报》）和《勐腊县树皮衣制作工艺流程考察实录》；收集关于勐腊易武“七子饼”普洱茶传统手工制作技艺图片8张；参加非物质文化遗产网展，申报省级项目代表性传承人6名，完成申报文本2份，申报图片42张，完成县级、省级、国家级非物质文化遗产1项和9个传承人数据库档案的录入及数据库档案报表，图片资料52张，[①] 当年完成申报勐腊县第二批、州级第三批非物质文化遗产传承人工作。

2011年完成第四批国家级非物质文化遗产传承人舞蹈类傣族象脚鼓舞项目传承人波罕丙材料申报，以及对全县10个乡镇30多个傣族村寨织锦艺人情况的调查工作。[②] 2012年，文化馆会同城乡建设管理局、财政局等单位展开传统村落调查，制定了《勐腊县开展哈尼族“排角人”民族文化及服饰保护、收集、整理工作方案》，组织人员到勐伴镇开展对排角人民族文化的挖掘、收集、整理工作，最终完成哈尼族“排角人”民间习俗、礼仪等文化调查；做好西双版纳州少数民族传统文化抢救保护项目申报工作，申报了“傣族传统武术”、“彝族（香堂人）民歌”、哈尼族“竹筒舞”和傣族“象脚鼓舞”4个项目；完成了勐腊县傣族织锦艺人调查报告；着手对县各民族民间音乐、器乐、舞蹈、手工艺制作、文献收藏等非物质文化遗产项目开展调查。

2013年，为有效地加强非物质文化遗产保护，有关人员多次深入勐腊镇曼朗村，对该村的傣族传统文化进行了全面、认真细致的调查，确认曼朗村是勐腊县乃至西双版纳傣族村寨中保留傣族村落文化、传统较完整的村寨，对研究傣族传统文化具有较高的价值；为申报勐腊生态县以及易武乡十字街传统村落保护发展规划进行调研、调查；还组织开展了对传统村落、古树、古塔的调查工作，拍摄图片3600张，开展了排角人民族文化的挖掘、收集、整理工作；组织完成了县第三批、州第四批、省第三批非物质文化遗产保护名录申报，县级第三批非物质文化遗产名录项目代表

---

① 勐腊县文化馆：《勐腊县文化馆2010年工作总结》，2010年12月10日。

② 中共勐腊县委宣传部：《紧紧围绕中心，坚持服务大局：奋力开创“十二五”宣传思想文化工作新局面》，中共勐腊县委办公室、中共勐腊县委党史研究室编：《中共勐腊县委执政纪要（2011）》。

性传承人 16 人，非物质文化遗产名录项目 8 项；申报州级非物质文化遗产名录项目代表性传承人 16 人，非物质文化遗产名录项目 3 项；省级非物质文化遗产名录项目 2 项；完成县少数民族传统文化抢救保护项目申报工作，继续申报“傣族传统武术”“彝族（香堂人）民歌”等 5 个项目。

截至目前，勐腊县“易武‘七子饼’普洱茶传统技艺”被列为云南省第二批非物质文化遗产项目，并推荐为国家级非物质文化遗产申报项目。曼旦傣族传统文化生态保护区和易武车顺号茶庄“普洱茶制作技艺”被列为云南省第三批非物质文化遗产项目，全县列入国家、省、州县各级名录的传承人共有 56 人，其中国家级 1 人，省级 7 人，州级 48 人（含县级 17 人）。傣族章哈传承人康朗屯进入国家级代表性传承人名录，傣族象脚鼓舞传承人波罕丙、傣族舞蹈传承人波旺的、布朗族支系克木人音乐传承人波应罕（岩对）、傣族章哈传承人依香、哈尼族服饰传承人龙坡、傣族织锦传承人咪么等进入省级代表性传承人名录，依香等 48 人进入州级代表性传承人名录。

在积极做好“非遗”项目申报工作的同时，以非物质文化遗产资源的开发研究和传承人的传承培养为主要内容，争取云南省“土风计划”项目资金，建盖传习所，支持并组织“非遗”传承人和民间艺人开展章哈、傣族刀棍拳、象脚鼓舞授徒传艺和教学、交流活动。

章哈是傣族民间优秀传统文化，也是民族民间非物质文化遗产传承保护项目，2011 年 11 月到 2012 年 2 月，文化馆在勐捧镇勐哈村委会勐哈村小组举办了 1 期为期 125 天学员 4650 人次的傣族章哈培训班，由国家级传承人康朗屯执教，并组织了勐腊县“廉政文化进傣乡”的章哈比赛，整理章哈历史资料照片 7 份，说明并存档。2011 年还组织人员参加西双版纳州第四期国家级非物质文化遗产保护名录“贝叶经制作技艺传承人”培训班学习。2012 年 3 月 16—22 日与西双版纳州州文化馆联合举办了以勐腊镇为主有学员 50 人参加的第五期国家级非物质文化遗产保护名录“傣族织锦技艺”传承人培训班，培训学员 50 人。

“十二五”期间，云南省依托音乐、舞蹈、绘画、文学等丰富的民族文化对具有鲜明特色、完整体系和传承价值的村落启动“土风计划”，从 2012 年开始，勐腊县启动“土风计划”培训，制定方案并着手实施，2013 年勐腊镇曼旦村非遗传习所挂牌，开始实施“土风计划”。此外，为抢救民族村寨乡土历史，结合新农村建设和文化惠民工程的推进，建造一批展现历史、传承乡土文化和民俗风情的村史馆，2012 年完成哈尼族“排角人”村史馆建设；2013 年，筹备并推进勐仑城子傣族村史馆及勐伴镇曼岗排角人村史馆建设，2013 年 2 月 26 日勐捧镇曼回庄村委会国防小组村史馆建成。

除此之外，文化馆等单位专业人员配合县政协文史委员会挖掘、收集、整理反映勐腊县政治、经济、社会、民族传统文化等方面的文史资料，编辑出版了五辑《勐腊县文史资料》，共收录文稿 250 多篇，140 多幅图片，近 80 万字，这些史料记录了不同历史时期各种史事和优秀民族传统文化。

四　文博事业建设成绩斐然

伴随社会主义建设事业和改革开放的深入进行，勐腊县弘扬历史精华，在文物调查、勘探及抢救性保护方面做了大量工作，文物普查田野工作有条不紊，博物馆工作不断取得新进展。

早在 1962 年，云南省博物馆工作人员在勐腊县城 22 千米处公路旁边发现一处新石器遗址，出土石斧、石矛等石器六件。[①] 1981 年 7 月 28 日，西双版纳州文物管理所成立，包括勐腊县在内的州属三县建立文物管理所，由县文化馆设专人管理，业务上受州文物管理所指导。1984 年，经州人民政府批准，州文化局成立“西双版纳州文物普查办公室”，并以州文物管理干部为主，抽调包括勐腊在内的三县文化馆干部 14 人，组成“文物普查工作队”，对全州文物进行全面调查，同年 3—5 月间，到勐腊县、勐海县进行普查。[②] 1993 年 1 月，勐腊县民族博物馆创立，主管单位是勐腊县文化馆，1993 年 4 月以后，民族博物馆长期展出民族文物，设有 3 个展室，即“和睦大家庭情采”，展示全县各民族服饰；“生活文化风韵”，展示各民族民居模型、刺绣、乐器；“灿烂历史之光”，陈列历史文物。

文物普查和申报是一项系统工程，主要工作涉及田野调查、文物挖掘、整理存档、文物管理保护以及馆藏布展等方面。在工作实践中，勐腊县文物工作者对史前遗址、民族建筑、文化线路、自然生态区以及普洱茶

① 杨玠：《云南西双版纳勐腊发现石器》，《考古》1963 年第 6 期。

② 西双版纳傣族自治州地方志编纂委员会编：《西双版纳傣族自治州志》（下册），新华出版社 2001 年版，第 261 页。

等文化事项进行了细致的勘探及抢救性保护工作，建立了完整的文物档案，先后申报了一批批国家级、省级、州级和县级重点文物保护单位。

2008 年开始，为组织落实第三次全国文物普查和第七批全国重点文物保护单位申报工作，首先开展了《第三次全国文物普查工作手册》《第三次全国文物普查不可移动文物登记表》《中华人民共和国文物保护法》等相关文件和方案的学习宣传，完成了《勐腊县第三次全国文物普查工作方案》，并选派专业人员参加云南省、西双版纳州文物普查业务培训。当年即积极组织专业人员对尚勇镇新明村出土文物进行了调查。扎实的准备工作为勐腊县全国第三次文物普查和保护工作奠定了坚实基础。2009 年，勐腊县文物普查工作进入田野调查阶段，在云南省、西双版纳州文物管理部门的配合、指导下，普查人员先后到象明乡、勐仑镇、勐捧镇、易武乡、勐满镇、尚勇镇、勐腊镇、磨憨经济开发区 8 个乡镇开展调查工作，复查文物点 3 个，发现新文物点 28 个，发放文物普查宣传资料 108 册，增加文物 16 件，采集实物 14 件，拍摄各种资料照片 1000 余张，往返行程达 1800 余千米，书写 6 份文物工作情况简报，总计田野调查 105 天。通过整理调查资料，当年完成第七批全国重点文物保护单位“勐腊县易武茶马古道起源地”申报工作。

2010 年，勐腊县文物专业人员配合云南省文物考古所到关累镇开展澜沧江流域旧石器采集工作，共采集旧石器 5 件，这一发现表明勐腊县境内澜沧江流域自古就有人类活动。有关人员还配合西双版纳州文物管理所开展了磨憨经济管理委员会新民路文物勘探工作，勘察道路 7.6 千米，且完成勐腊县文物普查实地调查阶段查漏补缺工作。在接到国家关于要求在全国对国家有等级的文物进行造册、注册通知后，积极配合将勐腊县民族博物馆国家有等级文物（唐代青铜佛像等）送至文物管理所进行造册、注册。此外，还配合全国澜沧江中下游科技考察组完成勐腊片区考察工作，全年田野调查 69 天，拍摄各种资料图片 2000 张。

2011 年，根据第三次全国文物普查工作要求，文物工作人员对已完成的文物普查工作进行总结，撰写了《勐腊县第三次全国文物普查工作报告》，另外还有 28 份第三次全国文物普查纸质文本、电子文本；完成实地文物调查数据的误差率抽样检测；按照国家《博物馆管理办法》相关规定，准备博物馆注册登记申请事宜。由于工作突出，成绩显著，文物普查组刀红梅、许爱兵被云南省文化厅和文物局评为“云南省第三次全国文物普查实地文物调查阶段突出贡献先进个人”。同年，根据云南省文物局《关于开展云南省第七批重点文物保护单位申报工作的通知》精神及西双版纳州文体局相关要求，经过实地调查，按质量完成了云南省第七批重点文物保护单位易武白云洞摩崖和勐腊镇曼崩铜塔两个项目的申报材料，此外还开展了象明倚邦官坟梁子古墓群、勐仑曼梭醒古塔等申报工作。

2012 年 3 月间，工作人员协助云南省文物考古所对国家高速公路网 G8511 昆磨高速路段（孟勐到磨憨）改扩建工程沿线文物进行考古调查勘探，在勐腊镇曼降囡村处，发现多件砺石、石器和陶片等遗物，采集到石器 28 件，石刻 1 件，铜斧 1 件，发现遗址 1 处，收集信息 15 条。[①] 同年，勐腊县重点文物保护单位“曼崩铜塔”“易武茶马古道”被列为省级重点文物保护单位。2013 年，协助云南省文物考古所开展勐腊至勐满四级公路沿线考古工作，完成对全县境内古树、古塔、古庙、古寨门、古井等的拍摄工作，拍摄照片 3600 张，并计划勐腊县全国第一次可移动文物普查工作，对第三次全国文物普查不可移动文物进行填表登记，对遗漏的项目和数据进行补充调查。

在进行文物普查工作的同时，开展文物古迹恢复、重点文物保护以及开发利用等工作，采取一系列措施积极保护古寺、古塔、古寨、古道、古树、古茶。目前，勐腊县有国家、省、州、县级文物保护单位 4 个，其中，茶马古道勐腊段被命名为第七批全国重点文物保护单位，李定国祠被命名为省级文物保护单位，易武白云洞摩崖被命名为州级文物保护单位，勐腊县曼崩铜塔被命名为县级文物保护单位。与此同时，勐腊县文博布展工作取得新进展，博物馆馆藏文物 1000 多件，其中一千余年前的唐代铜佛像被列为国家一级文物，是目前全州收藏文物中等级最高的一件，该铜佛像是 20 世纪 80 年代由当地人从一座倒塌的佛寺遗址中挖到的，1990 年经文物鉴定专家确认为唐代早期铜佛像，对研究上座部佛教在西双版纳的流传以及与之相关的历史文化有重要参考价值[②]；2006 年创建的易武普洱茶博物馆内，馆藏《茶案碑》《瑞贡天朝》木匾等文物 406 件。

① 勐腊县文化体育广播电视和旅游局：《2012—2013 年文化体育广播电视工作年鉴》，2014 年。

② 岩温：《勐腊唐代铜佛像展示记》，《云南民族学院学报》1996 年第 1 期。

曼崩铜塔是一座铜片裹身的佛塔，位于勐腊县城南郊南腊河岸小山上。曼崩铜塔占地77平方米，塔基为四方形，边长8米，基座约1米高，主塔高10米，立于正方形基底之上。塔分为3层台阶，塔体基部有4座小型佛龛立于东南西北四面，每座佛龛内供有一佛像，佛盘坐于佛坛之上，栩栩如生。曼崩铜塔台座南门两侧，塑有一对大佛；西南角塑有女佛一尊。台角之下塑有一对黄条斑猛虎。四周设有水泥柱铁栅栏，西侧是进入塔园的门楼。南面建有一座傣楼式屋宇，供佛教信徒祭拜使用。据《勐腊县志》记载，该塔建于傣历1102年（1740）。傣历1121年（1795），在玛哈维亚伴亚佛爷的主持下，募捐白银3万两，历时3年重修竣工，且以铜皮包裹塔身。“文化大革命”期间，塔身铜皮被人偷剥。改革开放后，勐腊县政府于1983年划拨专款10000元重修，外涂铜粉。1984年11月29日，曼崩铜塔被列为勐腊县级文物保护单位。①

李定国祠俗称“汉王庙”，位于勐腊县城东北曼嘎村山坡上，是祭祀明末清初农民起义军领袖李定国的祠堂。李定国祠是一座类似傣式竹楼状的房子，重檐建筑，中间有正房五间，每间宽3米左右，外围木板，间间互通；四周为廊厦，宽1.5米左右。据史料记载，李定国（1620—1662），陕西绥德县人，10岁参加张献忠起义军，24岁任安西将军。张献忠死后，李定国率大西军余部进驻云南，联明抗清，1656年，因迎接南明永历帝入云南被封为晋王。1659年，清军进入昆明，李定国率部转移至中、老、缅三国交界边境，坚持抗清斗争。清康熙元年（1662）二月，吴三桂杀永历帝于昆明，李定国闻讯后不久即病逝于勐腊。他死后，被傣族群众尊奉为“召法王”（天神），并建祠祭祀，香火不减。1988年12月21日，李定国祠被云南省政府公布为第三批云南省重点文物保护单位。

易武白云洞位于易武古镇东南马道子山腰上，分为旱、水两洞，旱洞长30米、高7米、宽3米，洞中有钟乳石，石洞两壁刻有诗词，为清光绪二十二年（1896）清政府勘界官员黎肇元、许台身等人参加中法勘界时抒怀之作。1988年11月，易武白云洞摩崖被西双版纳州政府公布为第

① 参见西双版纳傣族自治州地方志编纂委员会编《西双版纳傣族自治州志》（下册），新华出版社2001年版，第264页。

二批州级重点文物保护单位。①

易武《茶案碑》位于易武大庙（现为易武小学）院内，碑高1.3米、宽0.7米，碑文阴刻楷书1142字，立碑时间是清道光十八年（1838）冬月初十，群众称之为“断案碑”。记载了19世纪一次易武茶农要求提高茶价、减轻茶税的斗争。此外，勐腊县境内史料价值珍贵的历史碑文石刻还有《永远遵守》碑文3块，现存于象明乡倚邦村公所，记载了清政府有关茶叶生产、交易、税收、劳务的管理规则；《永安桥碑文》，现存勐腊县文化馆内，记载清道光年间群众捐资修建倚邦到易武间“永安桥”的经过。

在文物保护方面，勐腊县文化馆、民族博物馆认真落实《文物保护法》，做好各项管理工作。规范工作流程，加大文物保护与开发力度，完成《文物保护单位管理体制调查表》，撰写上报《勐腊县关于做好旅游开发建设活动中文物保护工作的自查报告》，配合西双版纳州文物管理所和民族博物馆开展文物征集和借展工作，实施馆藏文物调查及数据库管理系统建设项目，开展文物疑似物检查、鉴定工作。按照《文物保护法》等相关法律、法规，配合公安、消防等部门开展全县重点文物保护单位日常安全检查。为提高广大群众保护文物的意识，结合“世界文化遗产日”等，开展《文物保护法》宣传咨询服务活动，发放《中华人民共和国文物法》及各类宣传材料，并征求广大群众对文物保护的意见。博物馆是向公众开放的非营利性社会服务机构，也是对中小学生进行爱国主义教育的基地之一，近年来接待的省内外来宾、中小学生及当地群众参观人数与日俱增。

第五节　民族文化艺术与体育

勐腊县深厚的历史文化、民族文化、生态文化、宗教文化资源为文艺工作者提供了丰富的精神资源和创作源泉，在文艺精品战略和民族文化精品工程的推动下，创作出了一批民族特色浓郁又体现出勐腊县现代化特色的精品力作，推动勐腊县文化艺术全面持续繁荣发展。广大体育工作者以“发展体育运动，增强人民体质”为目标，认真贯彻落实《体育法》《全

① 西双版纳傣族自治州地方志编纂委员会编：《西双版纳傣族自治州志》（下册），新华出版社2001年版，第265—267页。

民健身计划纲要》，加快体育基础设施建设，积极普及有关体育运动项目，广泛开展全民健身活动，发展民族体育事业，体育事业得到了长足健康发展。

一　文化艺术创作生机盎然

文艺工作者坚持“二为”方向和“双丰”方针，深入实施民族文化精品工程，加快文化精品生产，推出许多反映勐腊县人民群众精神生活特色的精品力作，既展示各民族浓郁的民族风情和灿烂的文化，又引领着现代化风尚和时代风貌，丰富了人民群众的文化生活。

勐腊县民族文学资源丰富，例如傣族民间文艺作品包括叙事长诗、寓言、神话、传说、童话等，许多叙事长诗，如《召树屯与嫡木诺娜》《娥并与桑洛》《阿銮的故事》等都中外闻名，这些民间文学原来都是记录在竹叶上，称为“贝叶”文化。再如哈尼族有着丰富的民间故事，流传着许多寓言故事、生活故事、神话传说，如创世传说、太阳和月亮的传说、关于爱尼文字的传说、寻求光明的神话故事和机智人物故事等，著名的如《红爹米爹》《砍树遮天树》等。

结合文化体制改革的逐步推进，政府加大了对民族民间文学艺术创作的扶持力度，设立文化精品创作专项资金，积极为文艺工作者不断创作新的文化艺术作品创造条件。在制度设计上，逐步完善文艺作品评价体系和激励、奖励机制，把遵循社会主义先进文化前进方向、人民群众满意作为评价作品最高标准，把群众评价、专家评价和市场检验统一了起来，探索建立政府奖项表彰成就显著的文化工作者。在组织结构上，探索以歌舞团、文化馆和乡镇文化站等文化事业单位及傣协会、哈尼学会等文化团体为主体，成立文艺创作组织及领导机构，组织创作群众喜爱的精品文艺作品，提高文学艺术创作水平。在发展方向上，力求“以精品树形象，以繁荣为目标”，通过挖掘、整理民族民间音乐、舞蹈、曲艺、美术、书法等文化资源，推出一批既富民族特色，又紧扣时代脉搏，而且无论在思想性、艺术性还是观赏性上都具有强烈感染力的优秀作品。就创作实践而言，既激励文艺工作者到基层采风创作，又鼓励围绕重大文艺赛事组织题材，着力于创作精彩作品，即创作一首唱响勐腊的优秀歌曲、一台展示勐腊的精品节目，制作一部体现勐腊的宣传片，努力提高勐腊县在外界的知名度。

文艺编创人员深入基层收集、整理、编创民间传统文艺优秀作品题材，整理入册，并通过舞台走向外界，其中许多作品分别荣获省、州及其他奖励，向外界展示了勐腊县民族文化风采。

章哈是傣族群众喜闻乐见的一种艺术表现形式，为了参加全州傣族歌曲大赛，2009 年章哈协会召开了章哈理事会，组织创作《幸福不忘共产党》《曼批建大桥》《党的政策好》章哈唱词，并安排人员参加大赛；2010 年，文化馆组织创作章哈素材《勐腊变了样》《情歌》等 7 首；2011 年收集、整理并组织创作《宽阔的大道过勐腊》《情歌》《新农村》《傣族情歌》《谢恩》《教育中青年》等 8 个章哈素材。说唱《和谐勐腊谱新篇》在第八届西双版纳州少数民族曲艺展演比赛中荣获二等奖。创作的歌曲还如《多彩勐腊》《望天树》《茶马古道易武山》《家乡有条南腊河》《磨憨黄金口岸》《象明就是不一样》《澜沧江》《悠悠南腊河》及彝族民间歌曲《巴啦啦过啦册册》等。哈尼族祝酒歌《干杯，亲朋好友》、瑶族祝酒歌《酒杯盛满瑶家情》在 2006 年云南省首届酒歌大赛中分别荣获二、三等奖，在 2008 年云南省首届农村文艺调演中，补过人《祝酒歌》荣获创作三等奖。创作了 5 首歌曲。

民族歌舞团充分发挥文艺主力军作用，开展精品创作，挖掘、整理、编创了傣族舞蹈《同一颗心》《水语》《灵鸟》《长甲舞》《仆哨仆冒》《神奇版纳》《萨拉哦》《南腊欢歌》；瑶族舞蹈《瑶之瑶》；彝族舞蹈《祭山》《哥哥的酒葫芦》；哈尼族舞蹈《宝草嘟》《舂粑粑》；克木人舞蹈《克木铜鼓风》；汉族舞蹈《开门红》及大型舞蹈《南腊之歌》。傣族舞蹈《欢乐象脚鼓》在 2008 年云南省首届农村文艺调演中荣获二等奖，哈尼族广场舞蹈《阿卡然咪》在 2011 年云南省第二届“大家乐”广场舞大赛中荣获铜奖；哈尼族原创广场健身舞《山寨欢歌》在全州第四届“大家乐”群众文化广场大赛中获得一等奖；歌舞《让我听懂你的语言》在云南省第十一届新剧节展演中荣获作曲、编导银奖；歌舞《刀、棍、拳》《迁徙》在云南省第七届民族民间歌舞乐展演中分别荣获“云南省民族民间歌舞乐展演奖”银奖、优秀奖。傣族男子传统舞蹈《鼓韵》在云南省第八届民族民间歌舞乐展中获编导铜奖、表演铜奖及传承奖；阿三和杨柱标参与西双版纳州创作组创作的大型歌舞《让我听懂你的语言》在云南省第十四届滇中南民族艺术节比赛中荣获编导和音乐创作一等奖，参与创作的大型傣族舞蹈《水水水》在云南省第二届少数民族文艺汇演中获创作金奖。

此外，民族歌舞团等文化单位不同时期创作的作品还有小品《雪中送炭》《新乡村》《村长做媒》《老两口办证》等，《村长做媒》在第八届西双版纳州少数民族曲艺展演比赛中荣获三等奖；音乐电视《家乡有条南腊河》等获云南省广播电视奖；创作了《舂粑粑》《克木铜鼓风》《神奇版纳》3 首舞蹈音乐，并完成自创音乐光盘制作。这些具有民族特色的文艺精品贴近生活、贴近群众、贴近实际，积极宣传了党的路线、方针、政策，弘扬主旋律，丰富了人民群众的精神文化生活。

二　体育运动事业健康发展

勐腊县体育运动事业得到政府和社会各界的大力支持。1971 年，勐腊县体育运动委员会成立，由县委、县政府统一领导、协调、监督全县体育事业，发展体育运动，增强人民体质，促进民族团结。1983 年体委与县教育局合署办公，保留体委名称，1990 年单设县体委，有两名工作人员。2011 年底勐腊县完成机构改革，文体、广电、旅游三局合并，成立勐腊县文化体育广播电视和旅游局。

体育运动是城乡群众精神文化生活的重要内容，勐腊县各级党委、政府对体育事业发展给予足够重视，从领导班子配备、经费投入、人才培养、场地建设上都创造了良好条件，建立了以文化体育广播电视和旅游局为中枢，以各乡镇文化体育站、单项体育协会为分支机构的群众体育网络。群众体育运动形式多样，参与程度提高，全民健身积极性和参与意识增强；民族传统体育焕发活力，与现代体育竞技相映生辉；农民体育运动兴起，促进了农村两个文明建设；老年人体育锻炼蔚成风气，充满朝气。截至 2012 年底，全县成立了 19 个老年体协分会，2 个陀螺协会分会；组建有 241 支农村篮球队，51 支陀螺队，17 支射弩队，21 支高脚竞走队；形成了政府领导、依托社会、覆盖面广的全民健身组织网络和队伍体系。同时，加强队伍建设和指导工作。全县有 18 名取得资质证书的社会体育指导员，有篮球二级裁判员 11 人、篮球三级裁判员 12 人，羽毛球二级裁判员 1 人，乒乓球三级裁判员 2 人，有气排球、门球、地掷球等其他项目的裁判员近 249 人。为提高社会指导员队伍素质，通过举办广播体操、民族健身操、健身气功、地掷球、健身球、门球、民族传统体育竞技等各类培训班，积极普及有关体育运动项目，并充分发挥其在开展全民健身活动中的重要作用。

全民健身计划开展以来，勐腊县政府在人力、物力、财力上给予大力支持，同时积极争取“兴边富民”和“扩大内需”项目资金，抓住新农村建设等契机，采取政府投入、社会参与等方式，整合资源，多方筹措资金，加大投入，积极改善城乡体育基础设施。组织实施了易武乡（秋千）、瑶区乡（射弩）、象明乡（陀螺）3个乡（镇）及勐腊县一中民族竞技等少数民族传统体育基地的建设；开展了勐满镇、易武乡2个体育示范乡镇建设；完成了州委、州政府部署的自2008年开始每年农村30块篮球场建设任务；落实了勐腊县民族体育运动场土地57.28亩，做好了项目申报及建设规划、场地平整招投标工作。据统计，到2012年底，全县887个村小组，共有篮球场地610块，不标准场地62块，气排球场地45块，门球场地57块，地掷球场地30块，陀螺场地37块，秋千基地1块，羽毛球场地5块，乒乓球场地4块，网球场地3块，游泳池1个，投资4200万元，正在分两期建设占地38059.47平方米的民族体育场。

为落实《体育法》和《全民健身计划纲要》，勐腊县人民政府及文化体育部门通过“健身月”、8月8日全民健身日、重大节庆日等，广泛宣传，组织举办民族健身操比赛、新农村篮球运动会及职工“主人杯”、“三八”杯、“卫士杯”等各类大小运动会，全民健身活动蓬勃开展。

第一，勐腊县民族传统体育运动项目源远流长，丰富多彩。傣族传统体育项目有武术、赛马、赛龙舟、丢包、堆沙、打秋千、打陀螺、象脚鼓对踢、射弩、游泳、斗鸡、牛骨牌、陷阱棋、鸡虎围棋等；哈尼族传统体育项目有滑坡、投竹竿、射弩、抢拔竹签、独绳秋千、追逐跑、牛角牌、撑杆跳高、火药枪射击、打陀螺等；瑶族传统体育项目有踩高跷跳远、投竹标枪、扳摔、射弩、方格棋、土围棋、爬竹竿等；克木人传统体育项目有打鸡毛球、下土棋、抛飞锤等。作为民族优秀文化的重要组成部分，传统体育运动项目并没有因时代的变迁而消失，反而日益活力焕发，与现代体育竞技运动交相辉映，如近年来傣历年节庆期间，经常组织“望天树杯”龙舟赛、钓鱼大赛及“西丽园”赶摆场民间斗鸡、高跷、陀螺等比赛活动。

第二，为提高儿童青少年身体素质，政府和社会各界大力支持学校体育运动发展，学校体育有序开展。尽量为中小学以及幼儿园配备专业体育师资，兴建体育场地，购买体育器材设备。幼儿园建有操场、滑梯、攀登架、平衡木、木马转椅等教学设施；幼儿园的课间操、运动会、体育课有序开展。教育部门在各类中小学校开足开齐了体育课、早锻炼、课间操和课外活动课等，保证学生每天能参加一小时体育活动，并把体育列为升学考试科目；体育工作的有效开展，使全县中小学生体能测验总达标率达到了98.2%，体育教学设施逐步完善，一般都有田径运动场、足球场、小运动场、篮球场等。根据《国家体育锻炼标准》规定，中小学普遍开设课间操（眼保健操和广播体操），开展丰富多彩的课外活动，由体育教师做专业指导，运动项目有篮球、足球、乒乓球、羽毛球、田径、武术、体操等，有的学校还开展业余体育训练，有条件的中小学每年举办学校体育运动会，竞赛项目有儿童广播体操、跳绳、拔河、排球、乒乓球、田径等。

第三，社区和职工体育锻炼形式多样。为提高社区居民身体素质，各社区居委会引导居民群众积极主动地参与健身活动，充分发挥协会组织作用，利用社区文化活动中心（室）、文化广场、篮球场、街心花园等场地，组织开展打太极拳、排球、门球、地掷球、柔力球、健身球、篮球、足球、乒乓球、羽毛球等丰富多彩的体育项目活动。职工体育运动及竞赛主要由单位、系统、辖区和工会组织。党政机关、事业单位员工一般要求开展工间操，不同单位都组织有自己的职工体育运动队，而且运动员不断增多，经常开展的体育项目有广播体操、篮球、足球、门球、羽毛球、乒乓球、象棋、拔河、游泳、老年气排球、陀螺等。近年来，体育运动事业逐渐社会化，各种体育协会纷纷建立，行业、系统、部门内部或相互之间经常举办形式多样的比赛，如公安局系统“蓝盾杯”运动会，农业、环保、发改委等部门也经常组织各类大小运动会，以及在勐腊县举行的全州“党委系统运动会”“全州人大系统运动会”等一系列运动会等。

第四，农村体育运动蔚然成风。勐腊县是个多民族聚居的农业县，农民体育基本为民族民间传统体育，历史悠久，内容丰富，主要有傣拳、高跷、陀螺、射弩、斗鸡、秋千、顶竹竿、爬竹竿和现代体育项目篮球、气排球等。农民体育运动是社会主义新农村建设内容，勐腊县体育管理部门及各乡镇党委、政府及文化体育站坚持因地制宜、科学文明的原则，挖掘和整理民间传统体育，引导农民参与全民健身活动，经常组织开展秋千、射弩、陀螺等农民喜欢的传统民族运动项目。与此同时，随着农村体育场地设施的逐渐增多，体育运动条件的改善，农民体育运动积极性提高，体育竞赛逐渐兴起，除了传统运动项目和各种游艺外，还开展短长跑、跳远、跳高、游泳、排球、篮球、足球等现代竞技体育项目，后者随着经济社会发展及文化体育交流频繁，越来越受到农村广大青年欢迎。农村老年体协经常组织开展丰富多彩的体育运动锻炼，目前已经成立的有勐捧、勐腊、勐满、尚勇、勐仑等老年体协分会，成员达2300余人，经常开展门球、地掷球、气排球等体育活动。为加强体育交流，勐满、勐润、尚勇等边境一线地区的群众还经常性地和邻近的老挝边民邀约开展篮球、足球、藤球等民间体育项目比赛活动，切磋球技。边境体育交流活动在促进体育水平提高的同时，也增进了中老两国人民的友谊，为建设和谐边疆做出了积极的贡献。

勐腊县历来有举办全县农民运动会的传统，体育代表队在赛事活动中多次获奖。1971年2月勐腊县体委召开首届农民篮球运动会，地点在县城，有18支男女队250名运动员、裁判员和工作人员参加。1974年2月勐腊县召开第二届农民篮球运动会，有18支男女队207名运动员、裁判员和工作人员参加。1985年勐腊县召开第三届农民篮球运动会，有26支男女队335名运动员、裁判员和工作人员参加。1989年6月，为庆祝新中国成立40周年，勐腊县体委、县民委联合举办勐腊县民族传统体育运动会，设斗鸡、射弩、弹弓、秋千、高跷、陀螺、顶竹竿、民间武术等18个项目，有13个乡镇代表队350名运动员参加。近年来，在西双版纳州首届“新农村”篮球运动会上，勐捧镇男队荣获男子篮球第六名，勐满镇女队荣获女子篮球第五名，关累镇女队荣获女子篮球第六名；在全州第二届“新农村”篮球运动会上，勐捧代表队双双荣获男女冠军，勐满男队取得第四名、女队获得体育道德风尚奖，此外，勐腊县民族传统体育项目秋千在全国第八届民族运动会上荣获第三名，云南省民族运动会上荣获第一名。

第五，农场、军队体育运动坚持不懈，活动频繁。勐腊国营农场相继建成于20世纪50—70年代，主要有勐腊农场（1959）、勐捧农场（1974）、勐满农场（1974）、勐醒农场（1981），在农场工会组织的带领下，体育设施比较齐全，建成了灯光篮球场、门球场、地掷球场、田径场、足球场、小运动场、活动室、游泳池、旱冰场等，职工体育运动坚持不懈，经常举行的竞赛项目有篮球、排球、羽毛球、足球、拔河、中国象棋、门球、太极拳（剑）、田径等。勐腊县驻军部队（包括武警）体育设施也较完备，除了军事项目比赛外，也经常参加地方开展的各项体育竞赛，与附近单位或者乡镇机关、学校等开展篮球、足球友谊比赛。

第六，广泛开展全民健身运动，积极推进老年人、残疾人体育运动。2009 年 8 月 8 日，中国首个全国性体育节日“全民健身日”启动，之后，在这个以体育健身为主要内容的节日里，组织特色浓郁的全民健身活动，举办民族健身操比赛，积极推广民族健身操和民族广场舞，全民健身活动出现了参与健身人数多、晨练晚练网点多、群体比赛表演多、健身活动内容多的良好态势。勐腊县老年体协及各基层老年体协会员人数逐年增加，经常开展适合老年人锻炼的体育活动，如门球、地掷球、羽毛球、乒乓球、钓鱼、跑步、健步走、游园、展演、太极拳（剑）、木兰拳、棋类、爬山、健身操（舞）、气功、养身功等。残疾人体育运动也受到社会各界的关注，组织残疾人开展力所能及的体育活动，帮助他们树立积极生活理念，战胜疾病，增强体质。

另外，随着经济发展和社会进步，体育运动消费已经成为一种社会时尚和生活需要，城乡体育消费市场不断扩大，体育产业作为第三产业中的新兴产业日趋发展。为培养发展体育产业，首先，体育健身市场迅速发展，保龄球、网球、乒乓球、羽毛球、水上高尔夫、登山、游泳、健身操等休闲体育日益赢得人们的青睐。截至 2012 年底，全县有游泳馆（池）1 家、台球厅 6 家、跆拳道馆 1 家、健身俱乐部 1 家、水上高尔夫场馆 1 家。其次，开发体育竞赛与表演市场，为此，勐腊县相关单位及各乡镇和民间组织尝试用市场化方式开展丰富多彩的体育竞赛，以此拉动体育消费市场。再次，体育用品销售市场日趋繁荣，全县有体育用品经营商户 20 余家，主要以销售体育服装为主，体育运动器材为辅。最后，体育彩票销售兼顾公益性，发展态势良好，全县共有概率网点 25 个，竞彩网点 1 个，即开型销售代表 2 个，体育彩票网点从业人员共 57 人。2009 年 1 月至 2012 年 10 月 31 日销售情况为，概率玩法销售 5600 万元、传统足彩销售 486 万元、竞彩玩法销售 483 万元、即开玩法销售 2000 万元，网点创收 686 万元。①

---

① 勐腊县文化体育广播电视和旅游局：《勐腊县体育事业及体育产业发展情况汇报》，2012 年 11 月 6 日。

第六节 文化发展评估

近十余年来，勐腊县文化体育事业取得了长足发展，文体设施得到改善，群众文化活动丰富多彩，农村文化阵地不断壮大，文化市场日趋活跃，非物质文化保护业绩突出。但是，长期以来，文化事业发展主要依靠政府投资，没有形成多元化文化投资机制，民间资本和社会资本对文化事业发展的贡献有限，在政府财力不足的情况下，文化设施建设、文体活动开展、文艺精品创作、传统文化保护、文化产品开发等工作受到制约。总体来看，勐腊县文化体育事业发展还有以下方面的问题应该引起注意。

第一，就促进文化事业发展的主体而言，政府在相当长的一段时期内无疑还是主要投资者和引导者，这就要求政府以机制创新为重点，不断深化文化体制改革，研究并解决制约文化发展的瓶颈问题。

首先，理顺体制，突出公益性，强化服务功能，激发发展活力，推进公益性文化事业单位的改革力度，赋予公益性文化事业单位自主管理权限，对于公共文化产品和服务、公益性文化活动，引入市场机制，繁荣文化市场。

其次，文化事业建设始终存在经费不足的情况，导致基础设施落后，专业部门业务器材短缺，文艺工作者深入基层开展业务难度较大。例如，文物普查、非物质文化遗产保护及群文辅导工作受到摄影器材、车辆、音响设备等条件的限制，给实际工作带来诸多不便；再如，财政投入和广告收入有限，广播电视开播和民语节目译制受到影响；“户户通”工程运营维护资金无法满足正常需求，无法保障有效通、长期通；文化保护投入不足，抢救与保护工作难以全方位开展等。这就需要探索建立稳定的投入保障机制，加大投入力度的同时，改进投入方式，拓宽投资渠道，提高资金使用效益，鼓励和吸纳社会资金投入文化公益事业。

最后，文化队伍人员和力量不足，缺乏专业人员，文化事业发展和群众文化活动受到影响。由于历史原因，文化单位工作人员缺乏专业训练，尤其缺乏艺术尖子人才和经营管理人才；同时由于勐腊县经济社会欠发达，工资福利较低，造成了本地的人才培养不出来，外地人才引不进来的情况。例如，广播电视傣语采编、播译人才匮乏，大学毕业生汉语言文字水平比较好，但是民族语言文字水平较弱；而参加事业单位公考的人员，民族语言文字好，但汉语文水平差，这种情况不利于民族语广播电视事业的发展；再如，受现代文化的冲击，年轻一代淡化了传统文化的情感，民族文化人才队伍缩小。面对现实人才状况，通过学习、培训、交流与锻炼等方式，提升现有业务队伍素质和能力；加大人才引进力度，吸引相关专业人才；不断培养乡土文化能人、民间文化艺人以及“非遗”项目代表性传承人。

第二，民族文化保护是一项长期工作，需要持续投入较大人力和物力，而且，随着全球化和现代化冲击的加剧，许多民族珍贵文化遗产面临濒危失传的状况，民族文化保护工作任重道远，并存在亟待解决的诸多问题。

首先，政府要有总体思维和前瞻性，主导制定传统文化保护和建设的规划，以满足和解决居民文化需要为前提，从最大限度保护传统文化和提升县域文化软实力两个角度出发，精心策划，分步组织实施，充分发挥文化资源优势，促进县域经济发展和社会和谐稳定。完善民族文化保护协调机制，广泛动员社会力量参与，成立统一协调和指导县域民族文化普查、抢救和保护工作的专门机构。

其次，加强宣传力度，扩大民族文化的知名度和影响力，并借此提高城乡居民文化保护意识。依托勐腊县独特的民族文化和传统文化，采取新闻宣传、文化交流以及举办民族风情节等多种形式，形成全方位、多层面的宣传局面，以此激发人们对保护民族文化的忧患意识，宣传可持续的发展观，同时通过对传统文化的挖掘和保护，让民族群众在保护、传承和利用民族文化中得到实惠，把保护民族文化的行为变成自觉行动。

再次，政府大力主导，民间积极参与，培育民族文化传承人才。政府要在政策和资金上加大对民族传统文化人才的培养及非物质文化遗产传承人、民间艺人的扶持和保护力度。建立必要的文化传承场所、文化研究组织，资助传习和研究经费，并出台相关优惠政策、优惠待遇，鼓励开展民族文化研究，支持非物质文化遗产传承人、民间艺人开展授徒传艺、教学、交流活动。同时，开展民族文化进课堂的课题调研，组织民族乡土教材的采编、宣传和挖掘工作，充分发挥民族地区中小学校的教育作用，把民族中小学校建成民族文化传承基地之一。另外，积极培养通晓民间文化专业知识和市场经济运作的经营型人才和管理人才，开拓民族文化展演和商品市场。

最后，正确看待保护和发展的矛盾，借鉴国内外其他地方文化开发对保护的冲击，吸收良好经验，尽量避免破坏性教训。

第三，勐腊县民族文化市场化潜力有待发掘，文化创意产品较少，对当地经济发展带动有限。在宣扬原生态文化的同时，应该以拓宽旅游市场为途径，开发文化创意产业，推进传统文化行业向文化创意产业转型，开发并利用知识产权，产生出高附加值的文化产品。

目前，勐腊县民族文化市场化前景有限，主要是指以原生态文化旅游和民族工艺品加工为主的产业链条。近年来，当地政府开始实施旅游兴县与强县战略，将旅游业作为全县经济社会发展的重要产业，以旅游业为龙头带动第三产业发展。

首先，特色村寨是当地旅游业发展的重要方面。勐腊县傣族等民族村寨以其优美的自然环境、淳朴的田园风光、浓郁的民族风情、原生态歌舞和完整的村寨文化，构成了丰富的旅游资源，吸引着外界游客。结合惠民工程的实施，政府对主要村寨加大了改造提升力度，推出具有典型代表性的示范性村寨，如瑶区乡沙仁村委会南贡山村民小组、勐腊镇曼旦村委会曼旦村民小组和勐仑镇城子村等。在惠民示范村创建过程中，一个重要方面就是突出文化产业特色，结合乡村生态文化旅游扩大产业的外延。以南贡山村小组为例，建立了一个文化产业合作社，即南贡山瑶族文化艺术合作社；一个乡村特色文化产品即瑶区瑶族冬瓜猪养殖专业合作社，创造产值百万元，覆盖周边全乡各个瑶族村寨1000多农户，产品远销省内外，为当地瑶族群众增收致富创造了条件。再如，曼旦村和城子村文化旅游资源十分丰富，在乡村生态文化旅游建设中，着力发展村寨餐饮业、村寨农家住宿接待以及手工艺制作，以此吸收培育文化旅游从业人员。

其次，勐腊县民族节日和风俗文化丰富多彩，内涵丰富，著名节日如“傣族泼水节”“哈尼族嘎汤帕节”“彝族百诗佳节”和“瑶族盘王节”等，再如“瑶族歌定会”和“咬手定情”及祭祀活动等风情浓郁，以这些节日和风俗为平台，经过创意打造，广泛宣传，活跃旅游市场，可以变成创利增收的“文化资本”。

最后，餐饮服务开发。勐腊县各民族饮食文化源远流长，傣族、哈尼族、瑶族等饮食独具特色，尤其以绿色无污染最受众人青睐，宴中的食物皆为生态食品，而且餐饮用具都用绿叶、竹子制成。

另外，勐腊县各民族传统技艺如食物制作、民族服饰与首饰加工、织锦、贝叶经、竹编、雕刻、陶制品、傣刀和象脚鼓等均由民间工匠手工制作，款式多样，工艺复杂。然而，民族工艺品市场化和产业化水平有待提高，曼旦村打算注册酸鱼加工厂，把酸鱼的腌制由家庭作坊方式转变成工厂式，试图打造以象脚鼓制作为主的乡村特色文化产品。

文化旅游的迅速发展对当地社会发展产生了重大影响。首先，旅游收入逐年激增。其次，旅游带动了产业结构的变化，由单一种植业传统模式逐渐转变为以农家乐、旅游表演和养殖业等多种经营活动相辅的农村经济发展方式；第三产业逐渐成为城乡居民增收的主要渠道。最后，旅游也带动了基础设施不断完善，促进了寨民新文化共识和思想认识，科教育人、商品经济、生态意识、文物保护等现代观念深入人心，同时也为保护民族文化创造了有利条件。同时，乡村旅游开发过程中也显现一些矛盾和问题，需要引起注意和及时改进。

首先，文化与旅游互融不够，没有形成特色鲜明、功能互衬、经济社会效益俱佳的文化旅游产业发展格局，原生态文化市场化潜力有限，应该以拓宽旅游市场为途径，对比归纳当地表演、音乐、服饰、建筑等传统文化资源和有发展潜力的传媒产品。

其次，经营观念和模式落后，应该借鉴国内外旅游市场开发中的成功经验，提高旅游规划水平，规范景区管理与经营模式，建立合理的利益分配机制，保证旅游开发的可持续发展，增加就业。

最后，落实文化产业的扶持政策，建立产、供、销一体化的市场模式，壮大文化产业经济实体力量。如把群众自治的专业协会发展成为农村经济实体；以“文化产业合作社”为组织架构，建成民族文化产业发展的新型经济实体等。例如进一步提升农家乐产业整合水平，改变现有经营模式，打造一条连接养殖、精制食品加工、宾馆等产业的链条，增强对旅游经济的辐射带动作用。

第六章

语言文字使用状况

云南省是一个多民族的省份，5000人以上的少数民族有25个，其中22个有自己的语言、14个有自己的文字，形成了多民族、多语言、多文字的省情特点，是我国民族种类、民族自治地方、少数民族语言文字最多的边疆省份。少数民族语言文字工作是民族工作的重要组织部分，关系到民族平等、民族团结和各民族共同繁荣，关系到少数民族人口科学文化素质的提高，关系到少数民族地方政治、经济、社会和文化发展。

西双版纳傣族自治州，成立于1953年1月23日，是云南省第一个成立的少数民族自治州。位于云南省南部边陲，北纬21°10′—22°40′，东经99°55′—101°50′。东北与江城哈尼族自治县、思茅市翠云区相连；西北与澜沧江拉祜族自治县为邻；东南、西南与老挝、缅甸接壤，边境线长966.3千米，约占全省边境线长度的1/4。与泰国毗邻，从景洪市勐龙镇中缅240界碑出境经缅甸到达泰国北部边境，最近距离仅180多千米。[①] 州境内有44个民族成分，其中，傣、汉、哈尼、拉祜、彝、布朗、基诺、瑶、苗、回、佤、壮、景颇13个民族为世居民族。2005年末，全州常住人口为880837人，少数民族人口为671295人，占全州总人口的76.21%。在13个世居民族中，傣族、哈尼族、拉祜族、彝族、布朗族、瑶族、苗族、壮族8个民族跨境而居，分别与境外的傣族、泰族、老挝族、掸族、哈尼族、布朗族、瑶族、苗族等民族为同一民族，同祖同宗，文化同源，语言相通，宗教信仰相同。[②] 下辖景洪市、勐海县和勐腊县，

① 《西双版纳傣族自治州概况》修订本编写组：《西双版纳傣族自治州概况》，民族出版社2008年版，第1页。

② 《西双版纳傣族自治州概况》修订本编写组：《西双版纳傣族自治州概况》，民族出版社2008年版，第15页。

有 31 个乡（镇）和 1 个街道办事处，10 个县级国营农场，面积约 19125 平方千米，在 32 个乡镇、街道办事处中，有 7 个民族乡，18 个乡级镇。①

勐腊是中国云南最南端的一个边境县，也是西双版纳少数民族最为聚居、国境线最长的县份。东部和南部与老挝接壤，西边与缅甸隔江相望，西北与景洪市相连，北面与思茅地区江城县毗邻。国境线长达 740. 8 千米，县城距省城昆明 868 千米，距州府景洪 172 千米。辖 7 镇 3 乡，即勐腊镇、勐捧镇、勐满镇、勐仑镇、尚勇镇、勐伴镇、关累镇、易武乡、象明彝族乡、瑶区瑶族乡；有勐腊、勐捧、勐满、勐醒 4 个国营农场。县政府驻勐腊镇。于 1927 年建县，时称镇越县，后易名为勐腊县。区位优势独特，是通向东南亚的通道。关累港是通向东南亚各国的重要港口，磨憨口岸已列为国家级口岸，至老挝，延伸到泰国的旅游线路已开通。② 勐腊县是多民族聚居的县份之一，境内共有 26 个民族，3 个未识别民族。世居少数民族主要有傣族、哈尼族、彝族、瑶族，未识别民族主要有克木人（现已划归“布朗族”）、补过人和排角人。③ 全县常住人口 28. 62 万人，少数民族占总人口的 75. 7%，是国家级集中连片少数民族边境贫困县。④

勐腊，系西双版纳傣语ດ୨θ୨ɷɔe［$mə\eta^{41}la^{11}$］的音译。“勐”ດ୨θ୨［$mə\eta^{41}$］：意即“地方”或“区域”；“腊”ɷɔe［la^{11}］：即“茶”。“勐腊”意为产茶之地。勐腊县各民族历史源远流长。汉代前，傣族、佤族及克木人的先民就在这里农耕劳作，生息繁衍。元代有汉族、彝族相继定居此地。明清时期，汉族、瑶族、布朗族、苗族、壮族、回族、拉祜族、基诺族等相继迁入。长期以来，各族人民广泛交流，和睦相处，共同发展民族经济和文化教育事业，形成了你中有我、我中有你的民族文化多元化格局。

语言既是民族特征之一，也是重要的社会交际工具，在勐腊县各民族社会生活中发挥着极其重要的作用。在当地，各民族人民不仅使用各自的本民族语言，有时也使用周边的其他民族语言，在行政、教育和媒

① 《西双版纳傣族自治州概况》修订本编写组：《西双版纳傣族自治州概况》，民族出版社 2008 年版，第 41 页。

② 《西双版纳傣族自治州概况》修订本编写组：《西双版纳傣族自治州概况》，民族出版社 2008 年版，第 41—45 页。

③ 云南省勐腊县志编纂委员会编：《勐腊县志》，云南人民出版社 1994 年版，第 93 页。

④ 中共勐腊县委、勐腊县人民政府：《勐腊县经济社会发展综合情况汇报》，2014 年 6 月 18 日。

体等领域使用国家通用语言文字。勐腊县少数民族的傣族、哈尼族、彝族、瑶族等不仅有语言，还有自己的本民族文字。20世纪50年代，在党和政府的直接关心和支持下，在全国民族语言普查的基础上，先后为国内10个没有文字的少数民族创制了14种文字方案，为3个原有文字不完备的少数民族改进了文字。作为版纳州的区域自治民族傣族的西双版纳傣文即属改进的民族文字之一，改进前的称“老傣文”，改进后的称“新傣文”。这些语言文字为民族地区经济社会发展、少数民族文化教育进步起到了不可忽视的积极作用。改革开放以来，少数民族语言文字的使用发展状况发生了很大的变化。进入21世纪，国家的建设发展进入了新的历史时期，少数民族语言文字的使用和发展状况如何？民族语文工作面临哪些问题和机遇？这些问题应该说是目前学科所面临的新课题，也是本次国家社科基金特别委托项目“21世纪初中国少数民族地区经济社会发展综合调查”子课题“云南省勐腊县经济社会发展综合调查”的调研任务之一。我们选取了西双版纳傣族自治州勐腊县作为代表点，从州、县、乡（镇）一直到村，深入到勐腊县的勐腊、尚勇、勐捧、关累、瑶区、易武等乡镇，采取座谈、入户走访、个别访谈、问卷等多种形式进行调研，重点调查了西双版纳州和勐腊县人民政府、人大、政协等国家机关及相关部门，包括民族、宗教、语言文字工作主管部门，以及教育、文化、广电、新闻出版、旅游等管理部门，电视台、广播电视、报刊社、出版社、网络媒体等语言文字使用机构，深入到学校进行实地调研和课堂观摩；走访了勐腊、尚勇、勐捧、关累、瑶区等少数民族集中居住的乡镇、村寨和社区；还深入到磨憨口岸和关累口岸对边民进行调研。着重考察了勐腊县傣族、哈尼族、彝族、瑶族以及近年被归并为布朗族的克木人等少数民族的语言文字，并以区域自治民族傣族语言文字的使用和发展情况为重点，调查其语言文字概况、语言文字的使用与发展状况、当前本民族的语言文字观念与语言文字态度、民族语言文字的使用和发展中存在的问题等几个方面的情况。通过为期近20天的田野调查及补充调查，我们对勐腊县少数民族语言文字使用发展的特点、历程、现状以及发展趋势有了较为全面细致的了解，本报告在调查的基础上，提出了与此相关的针对性意见和建议。

下面各章节主要围绕勐腊县民族语言文字概况及其使用发展状况、本民族的语言文字认知态度、民—汉双语教学等方面的具体问题来展开。

第一节　勐腊县民族语言文字概况

勐腊县少数民族众多，语言文字资源丰富，世居少数民族语言分属汉藏和南亚两大语系。其中，傣语、哈尼语、彝语、瑶语等属于汉藏语系，这些语言均有文字，有的是传统文字，有的则是新创制的文字；克木语属于南亚语系，无文字。由于使用人口和分布区域差异等原因，各少数民族语言文字的使用和发展并不均衡，或使用范围相对较广，或使用范围狭小，或处于濒危状况，或发生母语转用等。相对而言，傣语较为通行，不仅傣族群众使用傣语，在多民族杂居的社区，其他民族也使用傣语。傣族是勐腊县人口较多的民族之一，占全县总人口的30%以上。主要聚居在勐腊、尚勇、勐润、勐捧、勐满、勐仑、勐伴等乡镇，芒果树、象明、曼腊、易武等乡的河谷地带也有分布。[①] 本次调研主要是考察傣族语言文字的使用和发展情况，对哈尼族、瑶族、彝族、布朗族克木人等的语言文字也进行了必要的调查。

（一）西双版纳傣语和傣文概况

傣族是我国一个历史悠久的民族，在汉文历史文献中早有明确记载。汉代称傣族为“掸”；唐代称傣族为“金齿”“银齿”“茫蛮”“白衣”；宋代沿称傣族为“白衣”；元代称傣族为“金齿”“白衣”“白夷”（“百夷”）；明代称傣族为“白夷”或“僰夷”；清代以后多称傣族为“摆夷”。以上这些均为见于史籍记载的他称。至于傣族自己一直自称“傣”。“傣”的傣语意为“自由人”。[②] 但由于傣族分布地域较广，各地傣族又有不同称谓，西双版纳州的傣族自称“傣仂”。德宏州住竹楼的傣族自称“傣德”（他称“水傣”），住平房的自称“傣哪”（他称“汉傣”）。红河州金平县的傣族有自称“傣端”（即“白傣”）的，还有自称“傣胆”（他称“黑傣”）的；元阳县的主要自称“傣友”，也有自称“傣罗”的。玉溪地区新平县自称“傣雅”（他称“花腰傣”）和“傣卡”（他称“汉傣”），元江县、红河县有自称“傣仲”或“傣拉”（他称“水傣”）的，也有自称“傣友”的。新中国成立以后，我国政府根据傣族

① 云南省勐腊县志编纂委员会编：《勐腊县志》，云南人民出版社1994年版，第94页。

② 《西双版纳傣族自治州概况》修订本编写组：《西双版纳傣族自治州概况》，民族出版社2008年版，第16页。

人民的意愿，统一称为“傣族”。按语言学的谱系分类，傣语属于汉藏语系侗台语族壮傣语支，与我国的壮语、布依语以及泰国的泰语，老挝的老挝语，缅甸的掸语，越南的傣语（岱语）、侬语、土族语等都是亲属语言。根据各地的语音和词汇的异同情况，我国傣语一般分为四个方言：德宏方言、西双版纳方言、红金方言和金平方言。傣语方言之间的差别主要表现在词汇和语音上，语法基本一致。西双版纳方言区人口较为集中，在国内只分布于西双版纳傣族自治州及与之接壤的江城县，其方言内部一致性较大，只有方音上的小差别而无土语差别。①

1. 西双版纳傣语

勐腊县使用的傣语属西双版纳方言，该方言有自己的语音、词汇和语法系统。

（1）语音

西双版纳方言以允景洪的语音为代表，其音位系统包括 21 个声母、91 个韵母和 9 个声调。

西双版纳傣语声母均为单辅音，无复辅音。辅音有清浊之分，其中浊音为内爆浊音，清音有送气和不送气之分，有圆唇化辅音。如表 6-1 所示。

表 6-1　　　声母表（按发音部位和发音方法列表）

音标 / 部位方法	清音			浊音		
	不送气	送气				
双唇音	p	ph		b	m	
唇齿音			f	v		
舌尖音	t	th		d	n	l
	ts		s			
舌面音	k			ŋ	x	j
声门音	ʔ			h		
唇化音	kw				xw	

声母表中的 x 可以和 kh 自由变读，不构成对立音位，如 xa^{41} 可读为 kha^{41} “茅草”；ts 和 s 在前元音 i、e、ɛ 之前腭化为 tɕ、ɕ。

① 周耀文、罗美珍：《傣语方言研究》，民族出版社 2001 年版，第 10 页。

西双版纳傣语的韵母系统是由 9 个单元音、13 个双元音和 69 个带辅音韵尾的韵母构成。9 个单元音分别是：a、i、e、ε、u、o、ɔ、ɯ、ə，其中 a 带尾音时分长短（长音记为 a:）；双元音中分为 i 尾和 u 尾两类；带辅音韵尾的韵母分为鼻尾音（-m、-n、-ŋ）和塞尾音（-p、-t、-k、-ʔ）两类，其中带喉塞音-ʔ 韵尾的韵母，其元音都是短音。如表 6-2所示。

表 6-2　韵母表

元音 / 尾音	a		i	e	ε	u	o	ɔ	ɯ	ə
-i	ai	a: i				ui	oi	ɔi	ɯi	əi
-u	au	a: u	iu	eu	εu					əu
-m	am	a: m	im	em	εm	um	om	ɔm	ɯm	əm
-n	an	a: n	in	en	εn	un	on	ɔn	ɯn	ən
-ŋ	aŋ	a: ŋ	iŋ	eŋ	εŋ	uŋ	oŋ	ɔŋ	ɯŋ	əŋ
-p	ap	a: p	ip	ep	εp	up	op	ɔp	ɯp	əp
-t	at	a: t	it	et	εt	ut	ot	ɔt	ɯt	ət
-k	ak	a: k	ik	ek	εk	uk	ok	ɔk	ɯk	ək
-ʔ	aʔ		iʔ	eʔ	εʔ	uʔ	oʔ	ɔʔ	ɯʔ	əʔ

西双版纳傣语声母有 9 个声调，其中，1—6 调为舒声调，7—9 调为促声调。如表 6-3 所示。

表 6-3　声调表

调类		调型	调值	例词
舒声调	第 1 调	高平调	55	xa^{55}腿
	第 2 调	中升调	35	xa^{35}嫁
	第 3 调	低升调	13	xa^{13}杀
	第 4 调	高降调	41	xa^{41}茅草
	第 5 调	中平调	33	xa^{33}树枝
	第 6 调	低平调	11	xa^{11}诽谤

续表

调类		调型	调值	例词
促声调	第 7 调	高平调	55	xat⁵⁵闩，插
	第 8 调	中升调	35	xa：t³⁵断
	第 9 调	中平调	33	xat³³口吃，结巴

（2）词汇

西双版纳傣语词汇中单音节词和双音节合成词占大多数，固有词中多音的单纯词较少，三个音节以上的单纯词多是从巴利语和梵语中吸收的借词，例如ᦀᦱᦙᦱᦃᧄ［ʔa⁴¹maǎ⁴¹xam³⁵］“保证”、ᦉᦰᦞᦰᦉᦰᦡᦲ［saǎ⁵⁵vaǎt⁵⁵saǎǎ⁴¹di⁴¹］“平安”；现代汉语借词多是两个或两个以上音节的合成词，例如ᦈᦹᦈᦹᦈᦳ［tsɯ³⁵tsɯ³⁵tsəu³³］“自治州”、ᦂᦸᧂᦉᦱᧃᦎᦱᧂ［koŋ³⁵san⁴¹taŋ⁴¹］“共产党”；有丰富的四音格词，例如ᦙᦱᧅᦃᦴᦵᦙᧆᦓᦱᧄ［mak³⁵xaǔ¹³met⁴¹naǎm¹¹］“粮食”、ᦂᦲᧃᦶᦢᦂᦲᧃᦇᦹᧃ［kin⁵⁵be¹³kin⁵⁵ŋɯn⁴¹］“贪污”。① 词汇中最明显的特点还表现在称谓词方面，有不同身份、不同阶层的称谓词，有尊称、谦称、卑称、亲密称等之分。如“我”有ᦎᦸᦃᦱ［to⁵⁵xa¹³］（谦称）、ᦎᦸᦃᦾ［to⁵⁵xɔi¹³］（鄙人，奴身）、ᦂᦴ［ku⁵⁵］（自大称）、ᦣᦱ［ha⁴¹］（亲密称）等称谓；“你”有ᦎᦸᦈᦴ［to⁵⁵tsaǔ¹³］（尊称）、ᦙᦹᧂ［mɯŋ⁴¹］（鄙称）、ᦃᦲᧂ［xiŋ⁴¹］（亲密称）等称谓；“他”也有ᦎᦸᦎᦱᧃ［to⁵⁵tan³³］（尊称）、ᦙᦰᧃ［maǎn⁴¹］（鄙称）等不同称谓。此外，还有一些不同等级的官员、僧侣名称，反映了傣族等级分明的传统社会制度。

（3）语法

西双版纳傣语语法具有汉藏语系语言的诸多共性：词序和虚词是其重要的语法手段，量词十分丰富。语序类型为 SVO 型，即“主语—动词—宾语”的语序。但又有自己独特的语法特点：动词和形容词可以带双音节的后附成分，如：ᦙᦱ［ma⁴¹］“来”——ᦙᦱᦟᦸᧆᦟᦸᧆ［ma⁴¹lot³³lot³³］（接踵而至），ᦓᦱ［na⁵⁵］“厚”——ᦓᦱᦀᦹᧇᦀᦹᧇ［na⁵⁵ʔɯp⁵⁵ʔɯp⁵⁵］（带有一定的感情色彩）；述补结构带宾语时，宾语置于补语之前，如“吃饱饭”要说成ᦂᦲᧃᦃᦴᦀᦲᧄ［kin⁵⁵xau¹³ʔim³⁵］即“吃饭饱”；定中结构中心

① 喻翠容、罗美珍：《傣语简志》，民族出版社 1980 年版。

语在前，修饰语在后；状中结构中心语有前有后。[①]

2. 西双版纳傣文（傣仂文）

傣族有5种文字：西双版纳傣文（傣仂文）、德宏傣文（傣哪文）、[②]勐定傣文（傣绷文）、金平傣文（傣端文）和新平傣文（也称花腰傣文）。其中，傣仂文主要使用在西双版纳傣族自治州的傣族地区，缅甸景栋的傣痕和泰国北部的傣允也使用这种文字；傣哪文主要使用在德宏傣族景颇族自治州的傣族地区和景谷、沧源、双江、耿马和镇康等县；傣绷文使用在德宏和缅甸相毗连的一小部分傣族地区，澜沧的傣族和佤族也有使用这种文字的，缅甸掸邦掸人使用的掸文与我国的傣绷文相同；金平傣文在金平县傣族使用，这种文字和越南、老挝傣族使用的文字基本相同；新平傣文在新平县傣族地区使用，是20世纪40年代外国传教士以汉语注音字母为基础而拟制的一种文字。在以上5种文字中，前4种是一种体系，与境外的泰文、老挝文、缅文、高棉文都由印度婆罗米字母演化而来。就字母的数目和方言的音位系统来说，傣仂文和金平傣文接近，傣哪文和傣绷文接近。就文字使用情况来说，以傣仂文最为通行。用这种文字写的书除了佛教的经书以外，还有编年史、政治经济资料、法律、医书、小说、唱本、天文历法，占卜书和道德常识方面的教本。新中国成立以后，用傣仂文和傣哪文出版了一些和汉文对照说明的图书、刊物。这两种傣文都已经成为傣族自治地方执行职务的重要工具。傣绷文和金平傣文都不大通行，新平傣文只有基督教新约的译文，懂的人更少。[③] 现行的傣文均为方言文字，使用最广的是傣仂文（西双版纳傣文）和傣哪文（德宏傣文）。

勐腊傣族使用的文字为傣仂文，该文字除在西双版纳傣族中使用外，孟连、景谷、江城的大部分傣族也使用这套文字。[④] 傣仂文有新、老文字之分，传统文字称“老傣文”，改进后的傣文称“新傣文”。新傣文是1955年经中央政府批准开始推广使用的傣文，有42个辅音声母，分高、低两组；9个单元音韵母，13个双元音韵母，60个由单元音带辅音尾的

① 巫凌云、张秋生：《西双版纳傣语文概况》，云南民族出版社1981年版。

② “傣哪文”有的写为“傣纳文”。

③ 傅懋勣：《傅懋勣先生民族语文论集》，中国社会科学出版社1995年版，第180—181页。

④ 云南省少数民族语文指导工作委员会：《云南少数民族文字概要》，云南民族出版社1999年版，第93页。

韵母；有 6 个声调，2 个声调符号。西双版纳州内无论是党政机关的行文，还是傣族地区学校的课本，都使用新傣文。保留在宗教典籍中的老傣文，大都只有老年人能读懂，年轻人多数只懂新傣文。

新傣文有 42 个辅音字母，分高、低两组，每组 21 个字母。高音组字母用短元音［a］相拼，读高平调，如ᦀ读为［ʔa^{55}］；低音组字母用长元音［a:］相拼，读低平调，如ᦁ读为［ʔa:^{11}］。如表 6-4 所示。

表 6-4　新傣文辅音字母表

	高音组			低音组		
傣文	ᦀ			ᦁ		
国际音标	［ʔ］			［ʔ］		
傣文	ᦂ	ᦃ	ᦄ	ᦅ	ᦆ	ᦇ
国际音标	［k］	［x］	［ŋ］	［k］	［x］	［ŋ］
傣文	ᦈ	ᦉ	ᦊ	ᦋ	ᦌ	ᦍ
国际音标	［ts］	［s］	［j］	［ts］	［s］	［j］
傣文	ᦎ	ᦏ	ᦐ	ᦑ	ᦒ	ᦓ
国际音标	［t］	［th］	［n］	［t］	［th］	［n］
傣文	ᦔ	ᦕ	ᦖ	ᦗ	ᦘ	ᦙ
国际音标	［p］	［ph］	［m］	［p］	［ph］	［m］
傣文	ᦚ	ᦛ	ᦜ	ᦝ	ᦞ	ᦟ
国际音标	［f］	［v］	［l］	［f］	［v］	［l］
傣文	ᦠ	ᦡ	ᦢ	ᦣ	ᦤ	ᦥ
国际音标	［h］	［d］	［b］	［h］	［d］	［b］
傣文	ᦨ	ᦩ		ᦪ	ᦫ	
国际音标	［kv］	［xv］		［kv］	［xv］	

新傣文的辅音字母除了作声母以外，还有一些字母可以用作尾音，用作尾音的字母采取在末尾加上小圆圈的办法以示区别。如表 6-5 所示。

表 6-5　尾音表

国际音标	ŋ	n	m	k	t	p
辅音字母	ᦇ	ᦓ	ᦙ	ᦂ	ᦡ	ᦢ
尾音字母	ᧂ	ᧃ	ᧄ	ᧅ	ᧆ	ᧇ

韵母分为单元音韵母、复元音韵母和元音带辅音尾构成的韵母三类。单元音韵母有 9 对，各分长短，共 18 个。如表 6-6 所示。

表 6-6　单元音韵母表

傣文符号	-ᦰ	-ᦲᦰ	-ᦳ	ᦵ-ᦰ	ᦶ-ᦰ	ᦷ-ᦰ	-ᦸᦰ	-ᦹᦰ	ᦵ-ᦹᦰ
国际音标	a	i	u	e	ɛ	o	ɔ	ɯ	[ə]
傣文符号	-ᦱ	-ᦲ	-ᦴ	ᦵ-	ᦶ-	ᦷ-	-ᦸ	-ᦹ	ᦵ-ᦹ
国际音标	a：	i：	u：	e：	ɛ：	o：	ɔ：	ɯ：	ə：

复元音韵母有 13 个，其中收 i 尾的有 7 个，收 u 尾的有 6 个。如表 6-7 所示。

表 6-7　复元音韵母表

傣文符号	ᦺ-	-ᦻ	-ᦼ	-ᦽ	-ᦾ	-ᦿ	ᦵ-ᦿ
国际音标	ai	a：i	ui	oi	ɔi	ɯi	əi
傣文符号	-ᧁ	-ᦱᧁ	-ᦲᧁ	ᦵ-ᧁ	ᦶ-ᧁ	ᦵ-ᦹᧁ	
国际音标	au	a：u	iu	eu	ɛu	əu	

元音带辅音尾构成的韵母有 60 个，其中元音均为单元音，除 a 分长短外，其余不分长短。如表 6-8 所示。

表 6-8　元音带辅音尾构成的韵母

傣文符号	-ᧂ	-ᦱᧂ	-ᦲᧂ	-ᦳᧂ	ᦵ-ᧂ	ᦶ-ᧂ	ᦷ-ᧂ	-ᦸᧂ	-ᦹᧂ	ᦵ-ᦹᧂ
国际音标	aŋ	a：ŋ	iŋ	uŋ	eŋ	ɛŋ	oŋ	ɔŋ	ɯŋ	əŋ
傣文符号	-ᧃ	-ᦱᧃ	-ᦲᧃ	-ᦳᧃ	ᦵ-ᧃ	ᦶ-ᧃ	ᦷ-ᧃ	-ᦸᧃ	-ᦹᧃ	ᦵ-ᦹᧃ
国际音标	an	a：n	in	un	en	ɛn	on	ɔn	ɯn	ən
傣文符号	-ᧄ	-ᦱᧄ	-ᦲᧄ	-ᦳᧄ	ᦵ-ᧄ	ᦶ-ᧄ	ᦷ-ᧄ	-ᦸᧄ	-ᦹᧄ	ᦵ-ᦹᧄ
国际音标	am	a：m	im	um	em	ɛm	om	ɔm	ɯm	əm
傣文符号	-ᧅ	-ᦱᧅ	-ᦲᧅ	-ᦳᧅ	ᦵ-ᧅ	ᦶ-ᧅ	ᦷ-ᧅ	-ᦸᧅ	-ᦹᧅ	ᦵ-ᦹᧅ
国际音标	ak	a：k	ik	uk	ek	ɛk	ok	ɔk	ɯk	ək
傣文符号	-ᧆ	-ᦱᧆ	-ᦲᧆ	-ᦳᧆ	ᦵ-ᧆ	ᦶ-ᧆ	ᦷ-ᧆ	-ᦸᧆ	-ᦹᧆ	ᦵ-ᦹᧆ
国际音标	at	a：t	it	ut	et	ɛt	ot	ɔt	ɯt	ət

续表

傣文符号	-ყ	-ɔყ	-θყ	-ʔყ	ɑ-ყ	ɑɑ-ყ	ɛ-ყ	-ɚყ	-θყ	ɑ-θყ
国际音标	ap	a：p	ip	up	ep	ɛp	op	ɔp	ɯp	əp

新傣文韵母包括单元音、复元音及元音带辅音尾 3 种类型。如表 6-9 所示。

表 6-9　　新傣文韵母总表（91 个）

韵母类型 \ 傣文												
单元音	短	-≈		-θ≈	-ʔ		ɑ-≈	ɑɑ-≈	ɛ-≈	-ɚ≈	-θ≈	ɑ-θ≈
	长		-ɔ	-θ		-ɥ	ɑ-	ɑɑ-	ɛ-	-ɚ	-θ	ɑ-θ
双元音	i 尾	∂-	-ɑǀ			-ɰ			-ɑǀ	-ɔ	-θǀ	ɑ-θǀ
	u 尾	-9	-ɔ9	-θ9			ɑ-9	ɑɑ-9				ɑ-θ9
元音带辅音尾	清尾音	-ց	-ɔց	-θց	-ʔց		ɑ-ց	ɑɑ-ց	ɛ-ց	-ɚց	-θց	ɑ-θց
		-Ƽ	-ɔƼ	-θƼ	-ʔƼ		ɑ-Ƽ	ɑɑ-Ƽ	ɛ-Ƽ	-ɚƼ	-θƼ	ɑ-θƼ
		-ǥ	-ɔǥ	-θǥ	-ʔǥ		ɑ-ǥ	ɑɑ-ǥ	ɛ-ǥ	-ɚǥ	-θǥ	ɑ-θǥ
	浊尾音	-ღ	-ɔღ	-θღ	-ʔღ		ɑ-ღ	ɑɑ-ღ	ɛ-ღ	-ɚღ	-θღ	ɑ-θღ
		-Ʒ	-ɔƷ	-θƷ	-ʔƷ		ɑ-Ʒ	ɑɑ-Ʒ	ɛ-Ʒ	-ɚƷ	-θƷ	ɑ-θƷ
		-ყ	-ɔყ	-θყ	-ʔყ		ɑ-ყ	ɑɑ-ყ	ɛ-ყ	-ɚყ	-θყ	ɑ-θყ

傣仂文有 9 个声调，包含 6 个舒声调和 3 个促声调。有 2 个声调符号，即6和e，只用于舒声调，其中6用于高音组第 2 调和低音组第 5 调，e用于高音组第 3 调和低音组第 6 调。第 1 调和第 4 调不标调，促声调也不用声调符号。如表 6-10 所示。

表 6-10　　傣仂文声调表

调类		调号	例词	汉义
舒声调	1	无	Ȝɔ	腿
	2	6	Ȝɔ6	嫁
	3	e	Ȝɔe	杀
	4	无	ɓɔ	茅草
	5	6	ɓɔ6	树枝
	6	e	ɓɔe	诽谤

续表

调类		调号	例词	汉义
促声调	7	无	ɜȝ	闩，插
	8	无	ɜɔȝ	断
	9	无	ɓȝ	口吃，结巴

傣仂文有一套独特的数字，其中表示数字“1”的有两个符号，即“ɔ”和“ɕ”。“ɔ”不能单用，要和其他数字结合构成 10 以上的数字，如ɔo“10”、ɔɔ“11”、২ɔ“31”、ɔ୨ɔ“121”等；“ɕ”作为单独使用的“1”，如序号ɕ、୨、২“1、2、3”等中的ɕ“1”。傣仂文数字符号如表 6-11 所示。

表 6-11　傣仂文数字

阿拉伯数字	1		2	3	4	5	6	7	8	9	0
傣文数词	ɕ	ɔ	୨	২	၄	၅	၆	၇	ʌ	၉	o

傣文除了上述的文字符号外，还有两个缩写字，即“ɷ”（和，及）和“ʊ”（了）。①

3. 傣仂文的历史发展和使用情况

在 5 种傣文中，西双版纳傣仂文的历史最为悠久。据傣文的《多拉维梯》等文献记载，傣仂文始用于傣历 639 年，即元朝至元十四年，公元 1277 年，这与汉文史籍上记载的材料基本上是相吻合的。② 西双版纳傣族自称ძɓɷθe［taǎi^{41}lɯ^{11}］“傣仂”，因此文字也称为“傣仂文”。“傣仂文”也被称为ɛတωɠ［to^{55}thaǎm^{41}］或ωɥωɠ［lai^{41}thaǎm^{41}］，意为“经书文字”或“经典文字”，用于宗教经书典籍。傣仂文从专门译写巴利语经典后今成为僧俗共用的文字，其间是经过改进的。经过改进的傣仂文既能译写巴利语经文，又适用于民间活动。改进前的老傣文有 56 个字母，分 10 组，前 8 组 41 个字母实际上是巴利文字母的转写，至于末尾两组 15 个字母，除个别字母外，都是为了适应傣语的语音特点而另外加上的字母。③

① 巫凌云、张秋生：《西双版纳傣语文概况》，云南民族出版社 1981 年版，第 83—108 页。
② 张公瑾：《傣族文化研究》，云南民族出版社 1988 年版，第 202 页。
③ 巫凌云、张秋生：《西双版纳傣语文概况》，云南民族出版社 1981 年版，第 85 页。

新中国成立以后，党和政府根据傣族人民的意愿和要求，在对傣族语言文字的使用情况做了充分调查研究后，确定对使用人口较多、历史较长的傣仂文在原有文字的基础上进行改进。1954 年，中国社科院语言研究所傅懋勣和童玮两位同志偕同云南省人民政府民族事务委员会刀忠强同志，协助开展这项工作。经过三次扩大讨论，最后通过了《西双版纳傣族文字改进方案》。1955 年，方案经中央民族事务委员会批准试行。改进前的文字称老傣文，改进后的文字称新傣文。文字改进前，傣仂文一直在西双版纳傣族地区广为使用，具有重大的历史作用。1955 年，新傣文试行后，老傣文仍在佛寺中使用。在国外，东南亚泰国、缅甸、老挝各国把老傣文作为经书文字用于寺院，民间也有使用。

20 世纪 80 年代初期，随着宗教活动的全面恢复，与周边国家往来交流的日益密切，要求恢复使用老傣文的呼声越来越强烈。根据这一要求和西双版纳州委、州政府的有关指示，州民族事务委员会于 1985 年 10 月 7 日至 11 月 5 日分别组织了三个工作组进行调查。经广泛征求意见，最后建议恢复使用老傣文，并将调查结论《关于继续使用老傣文的会议纪要》和《关于继续使用老傣文的调查报告》上报州政府。州政府党组研究同意并向州委做了报告，并于 1986 年 3 月 13 日第六届州人民代表大会提交了《关于继续使用老傣文的议案》。5 月 25 日，州第六届人大五次会议通过这一议案，同时审议通过《西双版纳傣族老傣文的使用方案（草案）》。1986 年 9 月 25 日，州政府向省人民政府上报备案。从该年起，西双版纳州继续使用老傣文。[①] 从目前实际的使用领域来看，老傣文主要使用于佛寺、宗教活动领域，新傣文主要使用于政务、媒体、教育、文化艺术和傣语文信息处理领域。

（二）其他少数民族的语言和文字概况

1. 哈尼族的语言和文字

哈尼族有自己的语言和文字。哈尼语属汉藏语系藏缅语族彝语支，语言内部又分哈雅、碧卡、豪白 3 个方言，其中哈雅方言下又分哈尼和雅尼 2 个次方言，西双版纳哈尼族属于哈尼语的哈雅方言雅尼次方言格朗和雅尼土语。西双版纳州的哈尼族自称“爱尼”（雅尼）、“阿尼”，人口 16

① 云南省少数民族语文指导工作委员会：《云南少数民族文字概要》，云南民族出版社 1999 年版，第 144—146 页。

万，占西双版纳总人口的18%，是西双版纳州的第二大少数民族，根据国务院正式颁布的全国少数民族的名称，统称为哈尼族。西双版纳哈尼族主要分布在勐海县格朗和、南糯山、勐宋、巴达、西定；勐腊县勐满、勐捧、易武、关累山区；景洪市勐龙、南联山、路南山等山区。[①]

西双版纳州广播电台顺应当地群众干部的要求，于1981年10月1日正式开播哈尼语广播，受到西双版纳哈尼族群众的喜爱。同年，为广播哈尼语的需要，中国社科院民族研究所李永燧老师和中央民族学院王尔松老师以1957年设计的哈尼文方案为基础，设计出了能记录当地雅尼次方言的拼音方案。州广播电台多年来用这套方案进行组稿编播。1987年，州电视台开办了哈尼语电视节目。1991年以后，州广播电台哈尼语组为了培训本民族的通信员，先后在格朗和、西定、巴达、芒果树等地举办哈尼文通信员培训班。由于干部群众对哈尼文的要求日益迫切，为了解决这一问题，1990年3月，省民语委派出专业人员前往西双版纳州景洪、勐海、勐腊三县进行调查。1991年1月，省民语委以云民语字（1991）第2号文印发了《西双版纳州推行哈尼文可行性调查报告》，为哈尼文的推行做了前期的准备工作。1995年2月17日，省民语委在昆明召开了“西双版纳雅尼次方言区使用哈尼文方案研讨会”。经会议有关专家协商，认为西双版纳哈尼文推行已有一定条件和群众基础，解决好文字方案和处理问题，将会有利于当地哈尼文的推行与发展。经过会议认真讨论，取得了一致意见，省民语委形成了云民语字（1995）第11号文，即《西双版纳雅尼次方言区使用哈尼文方案研讨会纪要》。西双版纳雅尼次方言区使用哈尼文方案的具体处理确定以后，州教委、州民委、州广播电视局联合牵头，从三个方面做了如下的工作：首先，争取到了州教委、州民委、州广播电视局领导对试行工作的支持，从人员经费上得到了一定的帮助，改变了以前哈尼文的学习无序状况，成为了有关部门的一项政府行为。其次，组织有关人员编写出版了适用于哈尼语次方言的《哈尼文课本》，成为了州内第一本哈尼文试用教材，为当地哈尼文提供了一本规范、实用的课本。最后，在景洪县的小街乡正式开办了哈尼文师资培训班，有了哈尼文

① 《西双版纳傣族自治州概况》修订本编写组：《西双版纳傣族自治州概况》，民族出版社2008年版，第24页。

扫盲的师资。①

哈尼族与彝族、拉祜族同属彝语支民族，隋唐时代，哈尼族与彝族的先民同被称为“乌蛮”，元朝时称“和尼”，明朝时称“窝尼”。勐腊县的哈尼族于9世纪后轮歇游耕逐渐由元江、墨江南迁到“勐泐”一带，而后从景洪、江城又逐步迁居于勐腊。其自称“爱尼”“阿卡”，主要分布在芒果树乡、勐润乡、勐捧镇、勐仑镇，其中芒果树乡是哈尼族聚居区。勐腊县世居哈尼族语言属豪尼白方言。由于方言之间差别较大，不能互相通话。与其他民族交往，则多用汉语和傣语。② 进过学校或通过各种形式扫盲、自学的部分哈尼族通晓汉文，用汉文记事、写信等。

2014年6月23日，课题组深入到关累镇，对当地民族语言的教学情况进行了调查。据关累镇中心小学钟校长介绍：全镇有7所学校，其中1所中学，6所完小，是勐腊县完小最多的镇。双语教学有勐远完小的“傣汉双语班”，从学前班开始到四年级，还有一个各民族混合班，开办双语教学未断过。根据县教育局的相关要求，2013年申报了“汉语和哈尼语双语教学”。曼岗、国门、旧龙完小都有哈尼族爱尼支系学生，而且人数较多。关累镇中心小学最早叫芒果树乡小学，后撤乡建镇改为关累镇中心小学，在校学生哈尼族居多。学校要求上课全部用普通话教学，学生在校也要求用普通话交流。而实际上，本民族学生间多习惯用本民族语言交流，不同民族间多用当地汉语方言交流。中心校的哈尼族较多，日常交流多用哈尼语。关累国门小学是澜沧江—湄公河黄金水道上的中国第一所学校，学校始建于1996年，2007年扩建为一所寄宿制村级完小，现有14个教学班，教职工27人，556个学生，其中缅籍学生172人，占总人数的31% 。学生主要以哈尼族、傣族、瑶族为主。

2. 彝族的语言和文字

彝族是一个历史悠久的民族，其语言属汉藏语系藏缅语族彝语支，内分北部、东部、南部、东南部、西部和中部六大方言。彝族有自己的文字。历史上，彝文被称为“爨文”“罗罗文”等。中华人民共和国成立后，党和政府帮助彝族人民对各主要地区的彝文进行规范并推行和应用。目前，云

① 云南省少数民族语文指导工作委员会：《云南少数民族文字概要》，云南民族出版社1999年版，第85—91页。

② 云南省勐腊县志编纂委员会编：《勐腊县志》，云南人民出版社1994年版，第101页。

南彝族共使用传统彝文、云南规范彝文、凉山规范彝文三种本民族文字。①

西双版纳的彝族居住在山区、半山区、主要分布在勐腊县象明、曼腊、易武、勐伴和景洪市的普文等乡镇，勐海县的部分乡镇也有分布。由于居住地区汉族多，长期与汉族交往，故多数地方语言已汉化。勐腊县的彝族自称“香堂”，是定居勐腊较早的民族之一。“香堂”支系还保留本民族语言，也能使用汉语。② 勐腊的彝族无文字，操以南部方言石（石屏）建（建永）土语为代表的彝语。

3. 瑶族的语言和文字

瑶族共使用4种语言，即瑶语、布努语、拉珈语和汉语。其内部还存在不同的方言和土语。有两种文字：“方块瑶文”和“拼音瑶文”。

西双版纳的瑶族主要分布在勐腊县的瑶区乡、勐伴镇、象明乡、易武乡、关累镇、勐腊镇、勐满镇、尚勇镇以及景洪市的勐旺乡。③ 县内瑶族有自称“孟”（蓝靛瑶）和“棉”（顶板瑶）两个瑶族支系，统称为瑶族。瑶语属于汉藏语系苗瑶语族瑶语支，两个瑶族支系分属瑶语金门方言和优勉方言。由于长期与汉、傣接触，瑶族一般男的通汉语、傣语，老龄妇女会讲汉语的不多。④

调研组于2014年6月25日在瑶区乡南贡山村民小组调查，据村民副组长陆华强介绍：该村现有83户，308人，除了个别来上门的汉族、嫁入的哈尼族外，都为瑶族。与傣族交流多用当地汉语，村里30%的人会说傣语（多为50岁以上），过去与傣族接触较多，主要是与邻近的纳卓傣族村、沙仁壮族村（多讲傣语）接触。20%的傣族也会说瑶话。目前，傣语与汉语相比，他们更愿意学汉语，认为傣语没有多少用，汉语更有用。电影电视多用汉语，开始不太听得懂，现在基本能听懂。用傣语广播的新闻也看。用汉语、傣语、哈尼语广播的节目，主要是看汉语，傣语约有30%的人在看，哈尼语基本听不懂，因此很少看。以前有小学1—5年级，到了6年级、初中则到勐腊、景洪、瑶区去读。现在已没有学校，小孩上学基本住校。幼儿园主要是送纳卓幼儿园。学前班则送纳卓和瑶区，

① 云南省少数民族语文指导工作委员会：《云南少数民族文字概要》，云南民族出版社1999年版，第1—2页。

② 云南省勐腊县志编纂委员会编：《勐腊县志》，云南人民出版社1994年版，第109页。

③ 《西双版纳傣族自治州概况》修订本编写组：《西双版纳傣族自治州概况》，民族出版社2008年版，第37页。

④ 云南省勐腊县志编纂委员会编：《勐腊县志》，云南人民出版社1994年版，第105页。

有傣族老师教授傣语。

4. 克木人的语言和文字

克木人曾是我国未识别民族族群之一，2009 年划归布朗族。是古高棉的一支，在汉文史籍中属于“百濮”族群，是一个跨境而居的族群，在老挝、泰国、越南也有分布。我国的克木人主要分布在云南省西双版纳州勐腊县和景洪市，人口 2500 余人。根据其来源的不同，克木人可分为“克木泐”“克木老”“克木交”。其中，“泐”为勐泐（西双版纳），“克木泐”即西双版纳土著；“老”为勐老（老挝），“克木老”为从老挝迁入者；“交”为交趾（越南），“克木交”为从越南迁入者。“克木泐”和“克木老”分布在勐腊县，“克木交”分布在景洪市。在国外，克木人主要分布在老挝北部、越南西北部、缅甸东北部和泰国北部。[①]

克木人是勐腊最早的土著民族之一，今磨憨镇的辖区，以及勐满镇和勐捧镇一带，都是古代克木人的聚居区域，同汉、傣、哈尼等民族交往甚早，曾有“同出于一个大葫芦”的民间传说。克木人自称“克木”，汉族称之为“岔满”，当地傣族则称之为“卡克木”和“卡宋”。勐腊县克木人有 12 个自然村，324 户，1549 人，分布于尚勇、勐捧、勐满、勐腊、勐伴 5 个乡镇。克木人有自己的语言，与佤语、布朗语、德昂语同属南亚语系孟高棉语族。各地克木语虽有细微差别，但未形成不同的方言土语。克木人无文字，仅有少数人识傣文，多数克木人能用傣语交流。[②]

随着社会的发展，各民族之间语言文化交流的日益频繁，各地克木语不同程度地出现了濒危的状态，使用范围逐渐衰退。从下文对东洋村的个案调查中可以窥见一斑。

东洋属尚勇镇辖地，为克木人村落。该村现有 35 户，176 人，除了克木人以外，还有瑶族、白族、哈尼族、汉族、傣族等多个民族。该村通用傣语，大部分人懂汉语，相互交流时多用傣语，姓名也与傣族相同。我们通过入户调查，从 35 户中调查了 30 户、134 人的语言使用情况，结果表明：有 133 人能说傣语，124 人能说汉语，84 人能说克木语，4 人能说哈尼语，2 人能说瑶语。134 人中，除傣族 1 人、瑶族 1 人、白族 1 人、汉族 3 人、哈尼族 3 人计 9 人外，克木人共有 125 人。克木人大多会说两种以上的语言，有的多达 5 种（如波应坎，会说克木、傣、汉、瑶、哈

---

① 陈国庆：《克木语研究》，民族出版社 2002 年版，第 1—2 页。

② 云南省勐腊县志编纂委员会编：《勐腊县志》，云南人民出版社 1994 年版，第 94 页。

尼5种语言)。克木人本身会说自己母语的实为81人，占克木人总数的64.8%。其中50岁及以上19人，占克木人总数的15.2%；30—49岁的35人，占克木人总数的28%；29岁以下的27人，占克木人总数的21.6%。这些数据显示，30岁以上会说克木语的占绝大多数，而29岁以下会说克木语的所占比例很小。由此可见，该村落克木语出现了高度濒危的状态。通过多方的调查研究，我们认为东洋克木语的濒危不是单方面的，而是多方面的，不仅有内部的原因，也有外部的原因。归纳起来，濒危的主要原因表现在：

(1) 语言接触导致了大量傣语借词和汉语借词的借入，进而产生了语言融合，完成了单语（克木语）向双语（克木语、傣语）、三语（克木语、傣语、汉语）的发展，再由三语（克木语、傣语、汉语）逐渐向双语（傣语、汉语）的演变历程。

(2) 学校教育。凡学龄儿童大都要送到学校去学习汉语文，出现了学历层次与母语所呈现出的反比关系：学历层次越低，母语掌握的程度就越高；反之，学历层次越高，母语掌握的程度就越低。

(3) 经济发展。一方面，经济的发展离不开先进的科学技术。为了掌握科学技术，人们要不断更新知识，参加学习和技术培训，这无形间又减少了对母语的使用。另一方面，经济发展了，家里有了闲置的劳动力，这部分劳动力外出打工，使用母语的机会大大减少，势必导致母语衰退。此外，人数少也是语言濒危的一个原因。

(三) 国家通用语言文字的运用与推广

据勐腊县教育局教育股卫股长介绍：当地推广普通话、规范汉字主要在学校。普通话按国家标准，老教师按等级达标晋级，初来者要具有普通话等级证，这一块针对县职业高中，列为试点。今年县民族中学列为达标试点，考试由州上做，州上派人，一年一次。

第二节　勐腊县傣语言文字的使用和发展情况

勐腊县的民族成分复杂，其语言分属汉藏和南亚两种不同的语系，各民族都保留着自己的语言。傣族、瑶族除了保留语言外，早在1949年以前就有了自己的文字。傣语在勐腊地区使用范围很广，不仅是本民族内的交际工具，也通用于布朗、拉祜、哈尼、基诺、佤、瑶和克木等多民族之间。1988年起在全州范围内，党政机关、企事业单位开始使用新傣文，社会文化广告等也普遍使用新傣文。由此可见，傣语言文字一方面是当地少数民族群众在日常生产生活中必不可少的交流表达工具，在行政、司法、出版、教育等领域广为使用；另一方面，傣语言的自然使用环境主要还是基层乡村的群众，特别是农村少数民族聚居的村寨。勐腊作为一个有着13个少数民族的边境县，在少数民族语言文字的使用上具有一定的代表性，所以我们在介绍勐腊县民族语言文字的使用和发展情况时，一般采取点面结合的思路，在总体上展现版纳州民族语言状况的背景下，重点凸显勐腊县语言文字的特性与个性。

（一）民族语言文字与经济社会生活

傣语在当地社会的生产生活中占有重要地位，特别是在农村家庭中，傣语与人们的生活密不可分，是村寨和家庭中的主要语言。在入户走访的村寨中，年岁大点的中老年人在生活中一般都说本民族语言，他们的汉语能力相对较差，有的一点汉语都不会说，也有的只会说一些基本的生活用语。以勐仑镇城子村为例，村里无论男女老少，在家与家人交流时都是使用傣语，在集市上或者公共场合时，大多先判断对方是傣族或者汉族，如果是汉族就用汉语方言进行交流，不会讲汉语的，就用傣语加上手势与人交流；如果是傣族就用傣语进行交流，有时判断不出时，会先用汉语方言进行交流，看对方的回答来选择用什么语言进行交流。这里所说的用汉语交流仅限于汉语方言，会说普通话的不多，甚至汉语方言都只会基本的用语，过于复杂或者过于深奥的词或句，基本无法听懂也无法进行对答。村子里甚至还有一点汉语都不会的，如访谈到的一位62岁的小卖铺老板，他只会傣语，既听不懂汉语，也不会说汉语。他说，自己不会汉语汉字，看电视只能孩子看什么他就看什么，但就只看画面，听不懂也看不懂。在商店里，当有汉族来买东西时，都是直接用手指想要什么他就拿什么给顾客。村里的青年与小孩在家就都用傣语进行交流，和小伙伴在一起时就用汉语方言或普通话。很多孩子，在入学前都不会讲汉语，只会傣语，汉语一部分是后来进入学校之后和老师学的，还有一部分是看电视学的。例如访谈时遇到的一个小朋友，后经询问才知，现在大多数入学前的小孩，看电视学叫爸爸妈妈，所以除了叫爸爸妈妈用汉语，其他都能熟练地讲傣语，要用傣语叫父母也可以，只是叫得很不流利。在这样一个语言大家庭中，老人小孩可以互相学习语言，老人会向小朋友学汉语，小朋友又向老人学习傣语，有的甚至可以跨民族学习非本民族的语言。村里大多年纪稍长的老人都有其他民族的伙伴，特别哈尼族的居多，但是普遍现象是哈尼族老人会说傣语，傣族老人不会说哈尼语，有的傣族老人会一点哈尼语，但也有的一句也不会说，只会听几句而已，但是哈尼族老人却大多会说傣语，有的会听也会说。

那些有多个少数民族混杂居住的村寨里，这一现象更为显著。人们可能会兼通几种民族语言，彼此之间有时还用汉语交流。以磨憨为例，磨憨是一个以傣族为主，汉、哈尼、瑶、苗、拉祜（苦聪支系）、布朗（克木支系）等多民族聚居区，各民族交流用汉语方言的较多，但瑶、苗等其他民族之间进行交流时，可用傣语交流，很多都是一族三语，即汉语、傣语、本民族语言，不过这仅限于老一辈的人，年轻一代比较少。磨憨村委会新民村是个瑶族村寨，共 65 户人家，243 人，上门的汉族有 4 人、老挝嫁过来的媳妇有 14 人、哈尼族有 5 人，这些外来人员，开始的时候除母语外都只懂汉语，后来渐渐都会说瑶话，只是有的不习惯说所以只听不说，而村里中老年人大部分也都会讲傣语，有的甚至会讲包括老挝语在内的多种语言，在与本族人交流时就讲瑶语，和傣族交流时就讲傣语，和老挝人交流时就讲老挝语。

在勐腊县城里，许多商店、饭馆的服务员都可以用自己的民族语言和当地汉语与本地顾客交流，普通话用得较少。也有的老板因长期居住，或多或少会听一些傣语，有的甚至会讲傣语，就像勐仑镇城子村村口的商店老板，他是四川人，1999 年到勐仑，会说傣语，但只在偶尔情况下讲傣语，大多都是说汉语方言，与家里人交流时则多用四川话。调研期间还发现，集市中摆摊设点贩卖自家瓜果蔬菜的傣族群众，虽然会听会说一点当地汉语，但他们彼此还是喜欢用自己民族的傣语交流。总体来看，尽管民族语言在传统或者说“原生态”的社会经济生活中保留着较强的使用活力，但在现代生活领域中，这些语言文字并没有得到足够重视和广泛使用。从宏观来看，版纳地区现在越来越注重傣族文化，傣文书籍逐渐增多，除了贝叶经以及傣文日历，其他傣文词典等也开始在市面上出售。现在，勐腊县城各政府部门门牌和各乡镇的店铺牌匾都依照州《自治条例》用汉字和傣文书写，街道上或者其他地方到处都有写着傣文的指示标牌，但不是纯傣文，而是汉傣互译的，也有牌子上只有汉字没有傣文。另外，当地的经贸企业一般不会张贴悬挂民族语言的说明或指示标牌，当地政府张贴的用于公民道德规范、学习雷锋等制成海报的宣传画指示标牌、说明等公益性标识都是汉字说明，不用傣文。在我们调查的村寨里，多是中老年人中有一部分人懂新傣文，至于老傣文则是只有当过和尚还俗的人或者是佛爷才会，而年轻一辈懂傣文的，不管是新傣文还是老傣文，都是少之又少。

随着新农村建设和城镇化的发展，昔日农村封闭的生产生活发生了很大变化，在这个过程中，民族语言文字的使用和发展也发生了一些变化。首先，随着学校义务教育的普及和广播电视、图书报纸媒体的传播影响，年轻一代对国家通用语言文字的掌握越来越好，越来越多的年轻人都成了兼通民族语和普通话或者汉语方言的双语人。课题组在勐仑镇曼俄村访问了一位傣族妇女咪某香（53岁），她在家多讲傣语，一点汉语都不会，去医院看病都是找傣族医生，现在会看电视，一点点地记，也会和小孩边学边讲，所以现在她会说一些汉语，甚至普通话也能说上几句。另一位傣族妇女咪某叫（44岁），她以前学过傣文，现在除了会写名字外，其他都忘了，不过中文很好，会读会写，经常在家看电视学讲汉语，同时还会翻看字典，自学汉语，一直持续到现在。其次，婚姻家庭对民族语言的使用也有影响。一般来说，在以一个民族为主的聚居村寨或社区，说其他语言的嫁入者几年之后就会兼用当地的语言；而在几个民族混杂的社区，大家一般都会听或说其他民族的语言，婚姻家庭中不同的语言可以保留、兼用，并传承给下一代。勐仑镇城子村的腊某英，原是勐腊县象明乡的彝族，嫁到傣族村寨13年，第一年来的时候，傣语只听得懂一点，但是生了孩子之后，就和孩子一起学习傣语，现在在家与家人交流都是讲傣语，说汉语的机会都很少。也有的民族，如哈尼族、瑶族等大多都会听一些傣语，甚至有的还会讲傣语。总之，这样的现象在勐腊地区，甚至整个版纳地区都是最正常不过的，各民族间语言的和谐共存是长期保存下来的传统。

（二）民族语言文字与政治建设

西双版纳州政府根据《中华人民共和国宪法》《中华人民共和国民族区域自治法》，结合本州政治、经济、文化的实际特点，制定了《云南省西双版纳傣族自治州自治条例》，第九条规定："自治州内各民族都有使用和发展自己的语言文字的自由，都有保持或者改革自己的风俗习惯的自由。"第十六条规定："自治州的国家机关在执行职务时，可以分别或者同时使用傣、汉两种语言文字，也可以使用其他当地少数民族的语言。自治州的国家机关、事业单位的公章、牌匾、文件头应当同时使用傣、汉两种文字。”第十八条规定：“自治州人民法院和人民检察院保障各民族公民有使用本民族语言文字进行诉讼的权利。对于不通晓傣、汉语言文字的诉讼参与人，应当为他们提供翻译。制作法律文书使用汉字，根据实际需要可以使用傣文。”基于上述法律法规条文，州政府又先后发布《西双版纳州人民政府关于加强使用傣文的通告》《关于会标、布标使用傣汉文两种文字的通知》等文件，加强傣文在全州范围内的规范使用。

此外，州政府作为自治州自治机关，把民族语文工作作为民族工作的重要内容来抓，为此成立了“西双版纳傣族自治州少数民族语文指导工作委员会”，简称“州民语委”，职能是推进民族工作和民族语文工作发展。政府对民族语文工作的重视，除了表现在建立健全民族语文法律法规、保障少数民族语言权利外，还表现为要求所辖县市和州属单位结合本地区本部门的实际情况，科学、规范地使用民族语言文字。

这些措施对推广规范使用傣语文起到了重要作用。以下结合本次社会调查，重点介绍当地民族语文在宣传介绍国家政策法规和自治地方行政司法领域的使用情况。

1. 傣语文在普法宣传、政策宣讲方面发挥了重要作用

傣语文在政治建设，特别是国家法律和政策的宣传普及上起着不可忽视的作用，像关于国家基本制度的法律，如《中华人民共和国社会保险法》等，政府都组织翻译发行，并免费发放进行宣传。近几年来，版纳州政府结合本地的民族州情，提出“民族五用”宣讲策略，即“用民族干部宣传、用民族语言讲解、用民族文字阐述、用民族节庆展示、用民族文化体现”。更结合风俗文化，提出“法律七进”活动，全面深化法制宣传工作。大力推进法律进机关、进单位、进企业、进社区、进学校、进家庭、进佛寺“法律七进”的工作，充分利用民族干部、民族语言、民族文字、民族节庆、民族文化宣传法治精神，结合西双版纳州青少年法制宣传教育工作实际，编印发放《西双版纳州青少年法律知识读本》8 万册，免费向全州中小学生发放。

勐腊县为落实依法治县和“民族五用”法制宣传教研员规划中提出的“法律七进”活动任务，推动“法律进佛寺”活动的深入开展，2007 年 7 月 23 日勐腊县司法局与县佛教协会等部门合作，在县佛教协会召开第二次工作会议之际，采取以会代训的形式，向来自勐腊县各佛寺佛爷、

和尚及各村民小组组长宣讲了与农民生产生活息息相关的法律法规。更在司法系统里，成立了法制文化宣传队，邀请佛爷加入，结合民宗局共同培训佛爷，在节庆或者开展宗教活动的时候，要求佛爷给群众普法，结合具体案例对民众进行实例教育。另外，在泼水节法制宣传活动时，会发放傣文文件，并组织懂民族语的干部，用民族语给百姓进行问题的解答。除了这些，还了解到在领导干部开会发言时，由于与会人员的民族成分不单一，所以大多不用民族语，但在各村各寨开会或者发广播通知时，都是使用民族语。勐仑镇城子村的播音宣传员告诉我们，在发广播通知时，如果用汉语通知的话，村子里的老人会听不懂，为此乡上打算培养专业的宣传人员，选送宣传干部到州广播电视台翻译部学习傣语和傣文，力求把文件翻译成傣文，用民族语播送出去。这样既培养了专业人才，也满足了民众需求，更给普法宣传、政策宣讲带来了便利之处。

2. 傣语言文字在各级行政部门和司法系统工作中的使用

为了傣语言文字能更好地服务于社会，州政府决定开设双语司法班，培养专业的司法人员，为人民服务。为此，在调研期间，我们还特意走访了州司法局，向政治部的高主任了解双语司法班落实的情况。在访谈中，我们了解到，2013 年毕业的司法班学生，基本都分到一市两县各个乡里的基层所，可 2014 年因为编制的问题学生的才能没有得到很好的发挥，这也说明了，学生毕业后的分工问题较为突出，多因编制问题而得不到解决。虽然如此，双语司法班的开设也不全然是无用的，起码在案件调解时，遇到少数民族不懂汉语的情况，使用民族语，对于保护当事人（当地少数民族）的权益很有必要。另外，由于双语司法班的学生都是事先签订合同的，必须执行满合同规定的服务年限才能离岗，这就保证了工作的稳定开展，不用担心学生会随意调岗，而且由于招收的是懂民族语甚至懂民族文字的学生，这样有利于马上进入状态，到地区开展工作。

根据《云南省西双版纳傣族自治州自治条例》第十六条规定，州内党政机关的文件、公章、门牌、广告、标识都使用了傣、汉两种文字。为加强傣文使用，政府多次组织以州民宗局、民语委等有关部门的专家、学者对全州州直国家机关、检察机关和企事业单位的牌匾、公章、文件使用傣文的情况进行执法检查。在执法检查中发现：部分单位没有使用傣文或使用傣文的单位和部门存在语言混乱、书写不规范、翻译不准确、错字、漏字、字母颠倒，学校教学、报纸和广播电视、牌匾、公章、文件头等有用新傣文的，也有用老傣文的，没有统一的标准和规范等情况。通过执法检查，把发现的问题及时反馈给有关单位和部门，并提出了相应的改进方案和措施，还对存在问题的单位和个体户发放限期整改通知书。成立了专门的傣文翻译、审定小组，组织专业技术人员帮助有关单位翻译、审定傣文，并规定各广告公司制作的会标、布标、门牌、匾牌、广告的傣文，必须到州民语委或州报社进行翻译，从源头上杜绝民族语言文字错误和混乱的情况，这些努力不可否认地为西双版纳州民族语文使用走上规范化和法制化轨道奠定良好的基础。我们在西双版纳州和勐腊县各部门调研走访中发现，州一级的政府行政部门在公务活动中一般都能坚持使用自治民族的语言文字。例如：各级党代会文献、两会文献、政府文件、简报、通知等的文件头、大会所用横幅，甚至有些宣传海报等都有汉、傣双语标示，州委、州政府、州人大、州政协以及政府各部门的牌匾和公章，都比较规范地使用了汉、傣两种文字，甚至基层乡镇、行政村也都悬挂“两文”牌匾。但是在各大商铺、其他街道等地，看到的牌匾、标识牌或者门牌，还是存在没有“两文”标示的情况，即使有“两文”的标示也存在翻译不准确、错字、漏字或声韵母颠倒等问题。

（三）民族语言文字与文化建设

语言文字是文化的载体，是人类文明的标志。傣族有自己的文字，即傣仂文，据史料记载，傣仂文始用于傣历639年，历史悠久，人们用傣文记载着丰富灿烂的傣族文化，是傣族人民交流思想、传递信息、表达感情、弘扬民族文化传统的重要工具。傣文对于民族区域内的学校教育、新闻出版、广播电视乃至文化安全都具有直接的影响，甚至和全州以及各县市的文化工作息息相关。

1. 勐腊县双语教学的现状

对于边疆地区而言，扫盲和双语教学工作是开展民族语文工作最实际、最具体的项目之一，也是西双版纳州民族教育的主要内容之一。因此，州民语委和教育部门，结合州民族教育实际，选择一些小学在低年级阶段开设傣、汉双语教学试点。2006年，全州双语单文教学学校62所，学生数为8930人；双语双文教学学校总数为58所，学生人数为2102人。全州双语双文师资为123人；双语单文806人。同时，为弘扬继承傣族传统文化，1987—2006年，州民族师范每年招收傣汉语教师1个班，共招收19个班，为西双版纳培养了中等学历的双语师资700余人。此后每年州教育部门都会举行双语师资培训班，对州内教师进行双语培训。双语教学的开展，对发展民族儿童的智力，提高教学质量起到积极的作用，为提高全州各民族劳动者素质和促进民族教育事业奠定了良好基础。

西双版纳州双语教育发展前景越来越好，经常开展面向全州的教研活动，组织学习有关理论，让各个学校的双语教师进行交流总结，共同探讨遇到的问题，商讨相应的解决办法。此次调研我们有幸参加由西双版纳州教育局举办的民汉双语培训，在观摩过程中了解到，这次共有32位老师参加培训，4位老师示范讲课。培训教师都是来自市县一级的双语教师，在这次培训前已经培训过近20次，每次培训内容均不同，这次培训是为了教所有双语老师使用电脑制作傣汉双语课件进行多媒体授课。上午培训如何制作双语课件，下午选出4位老师进行试讲，两位针对学前一、二册课文内容进行试讲，两位针对一年级一、二册课文内容进行试讲，其余老师听课并提出问题，进行分析讨论；另外这也是为录制电子版音像教材、制作课文配套的音像光碟创造条件。在州一市两县中，勐海县的双语教学开展得最好，勐腊县的双语教学也不错，全县有勐仑小学、勐腊镇小学、勐捧中心小学、勐满小学等几个双语教学的示范点，各个示范点又有着各自的教学特点。

2. 勐腊县双语教学的类型

全县民汉双语教学可分为三种类型：（1）“单语单文型”。是指仅用民族语言、民族文字教学，这一类型多用于进行学前教育，让学生从基础学起，学习如何书写，如何拼读，如何理解词汇等。（2）“双语单文型”，也叫“民族语言辅助型”。这里的“双语”指民族语言和汉语，“单文”指汉文。这种类型在学校的授课计划中不安排民族语文课程，教材全部采用通用的汉语文教材，只是在课堂讲授过程中用民族语言辅助教学，目的是解决少数民族中小学生理解、学习汉语文的困难。（3）“双语双文型”。专门开设少数民族语文课程，与汉语文课程同时进行学习，学生同时学习民族语言文字和汉语汉字，以利于传承少数民族语言文字、掌握国家通用语言文字；其中第一、第二种类型成为版纳州目前学校双语教学的主导形式，而第三种形式正在不断实践探索中，版纳州出版了语文同步对译教材，也是为了更好地进行双语双文教学。我们在调研中实际观摩了勐捧中心小学的双语教学课堂，虽然是四年级的学生，但是不是同步开课，是四年级才开始学习傣文的，所以使用的是学前教育一、二册教材，而不是低年级学生的教材用书，老师给四年级学生教授的是基础的知识，教学生读写声韵母、用所知道的词进行造句等，而有的学校在学前阶段就会进行这样的教学，低年级开始就开展“双语单文”的教学。勐捧中心小学很重视双语教学，虽然因为学校硬件设施和师资的问题，不能在学前阶段就开设双语班，但学校对于傣语教学还是很重视的。我们从中心小学张教导主任口中了解到，学校专门成立了一个傣语教研组，有 20 多个傣族教师，这个小组经常组织开展活动，还申请了名为“边疆傣汉语教学研究”校级课题，傣语教研活动也一直都开展着，常带傣语教师到双语教学开展得比较好的勐海县勐遮和景洪市嘎栋这两所完小参观教学，回来后还会组织讨论会，分析自己学校的不足之处并提出相对的改良策略。据了解，除了完小开设了基础双语班外，勐捧幼儿园正在试行零障碍教学项目，勐捧幼儿园于 2013 年 9 月开班，一个幼儿园全部只招收傣族学生，从小开始学傣语傣文。除了勐捧以外，勐满有个学前班也开展了零障碍教学项目。

此外，据关累镇中心小学校长透露，关累勐远小学接受傣语教学的只有二年级，共有学生 50 名，其中傣族学生 28 名（二年级 1 班 15 名；二年级 2 班 13 名）。由岩某香老师兼职上课，每周每班 2 节傣语课。以课堂教学为主渠道，根据小学生年龄以及学生的特点，创设生动的傣族语言教学情境，用听、说等新颖的教学形式，鼓励学生积极参与，主动接受傣语口语训练。针对双语教学，学校定期展开教研活动，学习有关理论，让双语教师与其他学校的双语教师沟通，探讨遇到的问题，商讨相应的解决办法，并适时地进行交流总结。更要求双语教师精心备课，鼓励教师用傣语备课，比如标题、教学目标、重点难点、教具、教学任务及流程、板书、后记等。此外在教学过程中的课堂用语、学生活动、教学方法等也要尽量用傣语表达。同时，结合学生实际情况，开展傣语朗读比赛、组词比赛等与傣语相关的活动。

除了傣语双语班，关累镇还打算开展汉哈尼双语班，已于 2013 年申报了双语班计划，但还没具体下发通知，要把这个汉哈尼双语班分配在哪个学校进行试点教学也还没有确定，所以汉哈尼双语双文教学到现在还没有开展起来。双语教育最先开展的就是傣语汉语双语教育，所以从各方面来看傣汉双语教育都更为成熟，其形式也多样。如勐仑镇常乐小学，也叫城子小学，它与勐捧镇中心小学略微不同，它是省级双语教育示范点，学前阶段对语言的学习主要以傣语教学为主，每周八节课，一年级至六年级阶段则是以汉语为主，傣语辅助教学，所以傣语课缩减，每周两节课。学前教育阶段的老师是从州师范双语教育班毕业的老师，但是大多的也只是曾经学习过傣文的老师，现在学校的双语教师较少，仅有两个，一个是专职的双语教师，还有一个是辅助傣语教学的老师。学前双语班的教材使用的是州双语办根据州教委、州民宗局等部门的要求编制的傣文基础教育教材，而一年级至六年级使用的是义务教育同步对译的语文课本。我们还从双语教师依某安那里了解到，在学前阶段，主要以唱歌比赛、手工（缝包等）、写法为主，多是学生想学什么就教什么，重在培养学生的学习兴趣。到了一二年级以后，低年级以傣语为主，汉语为辅；高年级以汉语为主，傣语为辅。双语课大多是选重要的课文如哲理文，先由语文老师上完了以后，第二次课由双语老师辅助，给学生进行细致的讲解，解答傣族学生的疑问。

勐捧镇中心小学和勐仑镇常乐小学虽同为勐腊县双语教育示范点，但二者又有着本质的区别，可见，采取什么样的双语教学类型和形式，与当地的生源、师资和教学条件有关。

3. 双语教学面临的问题

傣汉双语教育有两个试点，即西双版纳州和德宏州。德宏州在双语教学方面做得比西双版纳州好很多，西双版纳州在双语教学这一块上，目前只能做到表层，不能深入细致地开展工作，这也是双语教育所面临的主要问题：

第一，教育改革、学校整合导致师资力量不足。新教学改革，学历的要求，导致20世纪七八十年代大批优秀的双语教师逐渐离开教学岗位，有的甚至被迫从事与教学无关的厨师、门卫、文员等工作，而后起的一些经由包分配和招聘入校的双语教师，现如今也面临退休，这样就使得能够担任双语教师的老师越来越少。此外，经当地和学校合作培养的大学生，学历符合要求，可又因为傣文学习不精，教学水平不足，无法担任双语教师。针对学校培养出来的人员不能得到真正使用这一问题，州民族师范岩老师认为，可以开展合作培养人才的办法，但不是脱离环境，而是应该在本地联合办学，聘请高校老师到本地进行各种学科的高层次教学，同时也要让学生在亲自感受本地文化，了解本地实际教育的情况下进行授课，这样或许就可以真正培养出有用的人才，而不是培养出一代代懂语言文字，但是不被教育界看好的人才。另外，学校整合应该考虑当地实际情况，把双语考核达标与否列入工资考核制度中。

第二，教学课程设置不合理和教材不足导致双语教学工作难开展。双语课程没有独立性，都是按照国家规定的课程开课，没有专属自己的双语课程，都是各个学校看自己学校的需要，自己开设，不成系统。此外，没有足够的教材保证双语教学的开展。起初因为没有教材，教育局的老师和部分专家合力出版了几套学前教育和低年级学生的教材用书，包括《学前教育》一、二册，《小学》一、二、三、四册，还包括国家指定语文教材同步对译教材，可后期却由于资金的不足，编译出来的《初中》一册教材、《新老傣文对照》、《学前教育集合本》、《跟我学傣语》这几套书籍无法出版。更甚至有的专家编译书籍的稿费还没能付清，只能记账，待资金申请到位之后偿还酬劳。有幸的是，在西双版纳傣文网中已上传《跟我学傣语》的电子信息，需要的人可以上网查阅。

第三，资金不足。主要表现在出版书籍没有资金，也表现在开设双语班，没有大量资金的援助。开设双语班之前一直有国际组织资金的注入，现阶段在这一方面的援助，国际组织也力不从心，再加之没有实际条例的规范，也没有独立双语课程设置要求，学校觉得双语班可有可无，所以导致双语班的开设越来越难。

第四，主管部门支持力度不够，没有强大的政策保障，工作难以开展。国家虽然已经制定了文件，有了大方向上的条例和规定，可是却没有实际的配套措施。而且即使学校开设了双语班，但不考试、不列入教师考评，也不奖惩，所以学校和老师都不是很重视双语。州民族师范岩老师认为，首先，政府应该加大力度，制定具体的实际的可落实的政策，为双语教育的开展提供政策上的有力保证。其次，对于双语教学的开展，不能停留在学前儿童和小学阶段，更该深入到初中阶段，并且在中考时，应把双语考核列入成绩，这样可以促使家长和学生重视双语教学，学生的学习态度也才会认真。

第五，思想觉悟不够，对双语教学持错误态度。百姓认为进行双语教学是必要的，不能让孩子忘本忘根，在学习第二语言、第三语言的同时也应该保持母语的学习，不能只是会说还要会写。但是有些学校里的老师却认为，开展双语教学会影响其他教学，应该一心专研于汉语言教学。作为民汉双语教材编译室的老师——岩老师提出了自己的看法，他觉得，在以傣族为主的自治州地区，学习民族语言、了解自己本民族的文化，对于学习没有坏处，只有好处，了解多了学习多了，对日常生活很有帮助，对政府等开展工作也可以提供便利条件，而且教育和社会等各层面都有一定联系，教育得到发展的同时，其他方面也定能得到发展。

第六，针对问题，反映呼声很大，祈求解决办法，却没有得到回复。教育局曾就此问题向州人大和政协提交提案，但是没有得到回复。提案提出不是所有学校、所有班级都开设双语班，只是要求民族学生占 50%，或者占总人数 2/3 的学校和班级才开设双语班，一周上两三节课。又或者是制定一些条件，按条件办，只有达到条件的才有开班资格。这些提议都没有得到回复，这除了和重视度有关外，也和没有形成专门科室，提议影响度不大，没有专门的反映渠道有关。

第三节　民族语言文字在传媒中的应用

媒体和信息技术的迅速发展扩大了语言的使用范围，民族语言文字在勐腊县新闻出版、广播影视等媒体领域发挥着重要的作用，而以民族语言为载体的媒体艺术则是民族语言的优势领域。目前，勐腊县还没有独立的出版社和报社，全部依托西双版纳州报社、西双版纳州电视台。因此，可以通过对西双版纳州传媒近年来的发展变化和工作业绩，反映民族语言文字在勐腊县出版传媒方面所起的重要推动作用。

（一）新闻报刊

历史上傣文用于手工抄写，刻写在贝叶、棉纸、竹筒上进行传播，留传下了大量的经书典籍。据傣族史料记载，傣文始创于傣历 639 年(1277)。到了傣历 850 年间（15 世纪末），在傣族文人和僧侣群中兴起“书法热”，涌现出许多有名的书法家。时至元明和清初，傣文书法达到鼎盛时期。[①]

新中国成立初期，在党和政府的关心帮助下，为西双版纳地区傣族人民改进了新傣文，并于 1956 年底帮助西双版纳州成立了报社印刷厂，解决了傣文字模的浇铸及排版问题。1957 年傣文版的《消息》报诞生，以四开版、每周一期的形式发行。《消息》报的创刊，从此结束了傣族人民

① 云南省少数民族语文指导工作委员会：《云南民族语言文字现状调查研究》，云南民族出版社 2002 年版，第 127 页。

世代只能在棉纸和贝叶上记事刻字的历史。1958 年傣、汉两种文版的《消息》报正式出版，并由周刊改为每五日一刊，又由五日刊改为三日刊，同年《消息》报正式更名为《西双版纳报》。1966 年傣文报、汉文报同时停刊。1973 年两报同时复刊发行，为四开版的周报。1980 年将《西双版纳报》正式办成傣文、汉文两种文字版的报纸，傣文报不再作为汉文报的翻译版，两者都是州党委的机关报。

1957—1991 年，《西双版纳报》傣文版一直用新傣文出版。1958 年平均每期发行 300 份，由于新傣文群众基础好，报纸订阅数逐年增加，到 1991 年，平均每期发行 5200 份，订阅数为 4300 份，达到历史最高水平。

20 世纪 80 年代初期，随着宗教活动全面恢复，与周边国家交流日益密切，恢复老傣文的呼声较强。1986 年底西双版纳州恢复使用老傣文，《西双版纳报》也于 1992 年改用老傣文发行，因识老傣文的读者有限，订量骤减。1992 年平均每期发行 2090 份，1993 年平均每期发行 2445 份，订阅数为 1500 份，1994 年上半年平均每期发行 1614 份，订阅数为 500 份。《傣文报》面临着前所未有的压力，经向广大读者发放问卷调查，将《傣文报》版面改为一版、四版使用老傣文出版，二版、三版使用新傣文出版。一张报纸同时使用新老傣文出版，给编辑工作带来很大的困难，且报纸发行一直徘徊在两三千份左右。1996 年《傣文报》停止使用老傣文，恢复使用新傣文出版。

2003 年 1 月 1 日，《傣文报》由四开小报改为对开大报，每周出一期新傣文报，每月出一期老傣文报。扩版后的《傣文报》更加突出民族特色和地方特点，一版除了要闻报道，还开设了《傣乡短讯》等栏目；二版经济版新增设了《农村经济》《衣食住行》等栏目；三版设有《法律之窗》《科普园地》等栏目；四版设有《贝叶文化》《民间故事》等，这些栏目增强了版面信息量和可读性，更加贴近群众的实际生活。同日，西双版纳新老傣文计算机组版系统研发成功。2003 年 2 月完成了《中国贝叶经全集》第一卷的录入，由云南民族出版社出版。同年，报社编委会实行采编人员和各乡镇挂钩的办法搞发行，《傣文报》发行量逐年上升。2006 年景洪市嘎洒镇创建的 18 个报刊村中，《傣文报》有 13 个。其中景洪市曼校村 43 户人家除 1 户汉族、2 户文盲不能阅读外，其余 40 户全部自费订阅了《傣文报》。2007 年《西双版纳报》汉文版、傣文版、网络版成功改版，汉文报的邮政订阅发行量突破 1 万份，傣文报发行量达

6000多份，居全省民文报发行量之首。2009年开始，傣文报的发行量达到13500份。2010年起，在州政府的支持下，新傣文报免费赠送给读者，老傣文报也免费送给各寺庙和磨憨、打洛、景洪港口岸，免费提供给境内外读者。目前，西双版纳报社共出版三种文字的报纸，一种为周刊的新傣文报，一种为月刊的老傣文报，还有日刊的汉文报，但汉文报的平均发行量要比傣文报少100多份。

由西双版纳州文联主办的期刊《版纳》傣文版，于1982年1月创刊，从1991年第一期起改用老傣文，为照顾懂新傣文的读者，同一期内存在新老文字同时使用的情况。《版纳》及时通报各类文化信息，刊出本地作者作品，作品不仅有傣族传统的"章哈"唱词、诗歌这些广受读者欢迎的文学形式，更有傣文小说、民间故事等。

据西双版纳报社副总编玉某龙介绍，目前《傣文报》也存在诸多困难，如由于人员少，资金紧缺，记者下基层采写稿件很少，《傣文报》的稿源只能靠通讯员投稿和翻译汉文版的文章。一些民文记者的写作基础知识和创作水平都有待提高。需进一步加强对外宣传的力度，目前傣文数字化系统已经基本具备，但还需要解决境外落地问题，比如在泰国北部地区和老挝的北部地区建立网络宣传服务站，以及在境内的口岸城镇建立民文宣传服务站。

（二）广播电视

1953年西双版纳州在下属的12个版纳设立广播收音站，每站配置1名播音员。1956年，自治州在收音站的基础上建成有线广播站，形成以州广播站为中心连通各村寨的有线广播网。1960年初，各县建立起以县广播站为中心连通各公社和农村的有线广播传播网。1963年各县广播站实行调整，勐腊县广播站停办。1966年西双版纳广播事业得以恢复。1970年勐腊县广播站恢复使用。1978年西双版纳人民广播电台、西双版纳中波广播发射台建成开播。[①] 西双版纳州人民广播电台于1978年成立民族部，并开始使用傣语广播。这是云南省地州台中第一家使用民族语言播出的单位。1981年10月1日增设哈尼语广播，1996年2月民族语言广播与汉语广播分频播出。傣、哈尼语分别使用调频FM90.6兆赫和调幅

---

① 《西双版纳傣族自治州概况》编写组：《西双版纳傣族自治州概况》，民族出版社2008年版，第370页。

AM747 兆赫播出。2005 年全州广播覆盖率为 87.48%。2009 年全州汉语调频广播频率（FM98.9）全年安全播出时长达 6813 小时 20 分钟，民族语言调频广播频率（FM92.9）全年安全播出时长达 3194 小时 15 分钟，并实现了 0 秒停播的目标。2012 年西双版纳广播电台用傣语和哈尼语译播《西双版纳新闻》各 278 组，译播中央人民广播电台《新闻联播摘要》各 278 组。傣语文艺直播节目《多歌水》每期节目平均接听听众热线 30 多个 ，最多时达 52 个。

目前设置的节目有新闻、专题、文艺、服务，每天安排播出傣语、哈尼语广播节目 16 小时 45 分钟。全州的广播覆盖率为 99.2%。景洪市、勐海县、勐腊县广播站均设有傣语节目，勐海县、勐腊县有调频广播电台，转播中央人民广播电台、省广播电台、州广播电台的新闻节目，也制作播出本县傣语新闻。其中勐腊县广播电视台辖区内有云南省广播电视局勐腊中波台，云南广电网络勐腊支公司，勐腊县广播电视台，勐腊镇广播电视发射台，关累镇广播电视发射台和磨憨广播电视发射台。中波、网络和发射台转播中央、省、州广播电视节目。目前勐腊县广播电视节目覆盖以有线数字电视为主，无线发射和直播卫星为辅，广播、电视综合覆盖率分别达 99%和 99.5%。

广播电视台每天早 8 点 50 分开播，晚 24 点结束，日播出时政新闻及影视剧节目，全天自办节目时间达 15 小时。每周一、三、五播出汉语《勐腊新闻》，周二、四、六播出傣语《勐腊新闻》，因此，编辑可以利用插播的时间将第一天的汉语新闻翻译成傣语，便于第二天播出。目前，勐腊县广播电视台现有在职人员 10 人，其中汉语播音 3 人，汉语制作 2 人，编辑 1 人，傣语组 3 人，通联 1 人。

西双版纳州电视台于 1987 年 7 月正式开播，用汉、傣、哈尼语 3 个语种播放节目。开播初期节目设有傣语新闻、文艺、专题等，《西双版纳新闻》每周用汉、傣、哈尼语各播出两组。1993 年，每周播送的汉语新闻节目增到三组，每次 15—17 分钟，专题节目、文艺节目每期 10—20 分钟。2002 年以后，汉语新闻节目每周增到 6 组，傣语、哈尼语新闻各增到 3 组。之后，又开辟了《新闻赶摆场》栏目，分别用汉语、傣语播送。

随着各类大型活动的增多，西双版纳电视台逐渐开始用傣语现场直播会议或进行现场采访。2008 年西双版纳电视台用傣语播发“两会”新闻 120 条，其中现场报道 15 条，音像报道 50 条。2009 年西双版纳电视台用傣语翻译、播音、编辑播出的《傣语·西双版纳新闻》共136组1630条；用哈尼语翻译、播音、编辑播出的《哈尼语·西双版纳新闻》共136组1632条。2011年哈尼语文艺直播节目《滇航唱》开播，得到了广大哈尼族观众的喜爱和青睐，也受到周边国家如缅甸的勐勇、勐拉和老挝的勐醒、景康等境外地区听众的关注和积极参与。2012年西双版纳电视台用傣语和哈尼语译播《西双版纳新闻》各144组，译播傣语和哈尼语央视《新闻联播》各138组，播出傣语综艺栏目《欢乐傣乡行》46期、哈尼语综艺栏目《咚吧嚓》10期。2013年西双版纳广播、电台合并，傣语《西双版纳新闻》实现日播，哈尼语《西双版纳新闻》周二、四、六、日播出，比过去增加一天播出。广播电视傣语和哈尼语《新闻联播》运行平稳，两种民族语言电视《新闻联播》节目由原来的10分钟增加到15分钟，每天安排播出傣语、哈尼语广播节目16小时45分钟，每天安排播出傣语、哈尼语电视节目3小时30分钟，节目深受少数民族观众的喜爱。目前全州电视覆盖率为99.1%，1296个自然村和农垦系统所有生产队都开通了有线数字电视，有线数字电视用户达26万户，是云南省唯一一个实现数字电视整体转换的州市。

（三）影视译制

傣语译制电影的尝试早在20世纪50年代就已经开始了，当时条件有限，到60年代傣语译制工作才取得成功，用现场口译配音的方法上映影片。1965年，译制人员用自制的土设备配译了第一部傣语涂磁配音影片。“文化大革命”期间，译制工作一度停止。1974年，西双版纳州电影公司恢复少数民族语电影译制工作，成立译制组。1976年开始使用录音配制，共译制傣语影片331部，其中故事片319部，纪录片12部，同声现场译制5部，放映13654场。[①] 2011年用傣语和哈尼语分别译制了3部电影，在电影译制上进行尝试，迈出新步伐。2012年傣语译制故事片3部、科教片5部；哈尼语译制故事片3部、科教片5部。2013年，民语译制中心完成了10部故事片和20部科教片的翻译、配音工作；完成了哈尼语九集广播剧《欢喜山寨》的录制播出，完成傣语七集广播剧《玉娜苗》的录制。傣语电影丰富了群众的业余生活，深受当地群众的欢迎，也受到境

① 云南省少数民族语文指导工作委员会：《民族文字的创制与改进》，云南民族出版社2002年版，第173页。

外傣族的欢迎，许多傣语影片已录制成录像带出售、出租。

调研中了解到，目前西双版纳州民族语言广播电视面临着采、编、译人员匮乏和资金投入欠缺的困难。大学毕业的学生，多数汉语水平比较好，但少数民族语言文字功底较差，需要重新培养。进入单位后，要适应岗位工作，至少要三年时间，周期过长。而在社会上，汉语水平好、少数民族语言文字水平高、业务能力强的人，因公共科目考试难以通过，无法招进来，造成广播电视少数民族语人员断层。人员不足带来的最大问题是：首先，由于没有充足的时间深入农村采访，要办出民族特色、地方特色的节目就比较难。其次，广播音频工作站系统设备档次不高，内存等级不足，而且信号制式不是立体声。除了州财政拨款外，资金来源渠道少，译播中央电视台《新闻联播》，只有傣语节目得到补助，而哈尼语节目没有补助。

以上自治州广播电视的问题在勐腊县也存在，据勐腊县广电局的张某台长介绍，2010 年勐腊县文化局、广电局、旅游局合为一体，省、州（市）设广播电视管理机构，县乡（镇）两级撤并文化体育，由此带来广播电视工作在基层的工作弱化了。此外，由于经济社会欠发达，工资福利较低，存在人才匮乏的现象。

（四）新媒体

1997 年西双版纳报社与山东潍坊华光科技有限公司联合开发的新傣文计算机组版系统研制成功，《傣文报》实现了激光照排。2003 年又完成了西双版纳新老傣文计算机组版系统的研发工作，并正式使用。2002 年，西双版纳报社与计算机专家一起根据傣文的声母、韵母的音序规则制定了新老傣文的键盘布局，针对新闻出版单位的傣文专业录入人员，研制了相应的新老傣文输入法——纳鸟现代/传统傣文输入法。2010 年，西双版纳报社在深入了解傣语语音学知识的基础上，研究制定了基于傣文编码字符集国际标准的傣文键盘布局。为了用户更方便地使用傣文输入法，将新傣文和老傣文集成到一个输入法中，用户通过选择输入法面板上的输入法状态来选择使用新傣文或者老傣文。目前，新老傣文字体共有 20 种，已有 4 种新傣文字体字型获国家标准，即温暖菲白体和温暖菲黑体、赫罕白体和赫罕黑体。傣文输入法有纳鸟现代/传统傣文输入法、华光现代/传统傣文输入法（Unicode）、华光现代/传统傣文输入法（标准键盘）、华光现代/传统傣文输入法（语音选择）4 种。傣文采编系统、傣文键盘布局输入法、傣文语音输入法、傣文网站管理系统4项已获得国家计算机软件著作版权。该系统的研制完成，能编排处理各种新老傣文的书报刊，为出版《中国贝叶经全集》以及傣族民间文学、傣族古籍书籍打下坚实的出版基础。该系统也可在西双版纳傣族地区的中小学“双语教学”中推广使用，促进教育发展。

2009年2月西双版纳傣文网（www. dw12. com）建成开通，使傣文数字化技术研究上升到一个新的水平，是我国第一个傣文新闻网站。傣文网站以宣传党的路线、方针、政策为主，弘扬主旋律，向傣族群众提供国内外重要信息，宣传法律、农业科技、文化生活等知识，对传承和发展民族文化具有十分重要的意义。西双版纳与老挝、缅甸接壤，与泰国、越南相邻。西双版纳老傣文在东南亚部分国家的民间、寺院仍在使用，傣文网开发、建立了老傣文、泰文数字化新闻网站页面，在东南亚国家部分地区产生了一定的社会影响。西双版纳新闻网站的建设不仅仅限于文字处理，还设立了傣文视频平台和音频平台，视频平台可实现新闻及重大活动的现场直播，同时还设有影视节目的傣语播放，使网站更加活跃、更加直观，内容更加丰富；读者也可以点击音频平台，收听到傣语广播和各类傣族音乐节目。

2007年西双版纳手机报正式开通，读者可以通过西双版纳手机报和手机上网的方式，就可以阅读到《西双版纳报》。《西双版纳报》成为全省首家开通“手机传媒”的州市党报。由于技术上的原因，目前手机报的《版纳新闻》大都以中文的形式发送。西双版纳广电局将在2013—2015年内，以下一代广播电视网（NGB）为基础，在文化创意产业和现代信息业领域深入拓展，打造“数字西双版纳”，内容包括：数字城市、数字家庭、数字新农村，做到三网融合试点州。

第四节 傣语言文字使用发展问题及趋势分析

调查发现，勐腊县各族人民长期和谐相处、共同发展进步，这是语言文字始终保持活力的条件，也是版纳州地方政府特别是民族语文工作部门多年来坚持不懈努力的结果。但同时我们也认识到，勐腊县乃至整个版纳州的少数民族语言和文字在使用发展上还面临一些问题，而这些问题如何解决，将直接影响到未来民族语文使用发展的趋势。2013年5月1日，

《云南省少数民族语言文字工作条例》正式颁布实施，使云南少数民族语言文字工作驶入法治化、规范化、科学化的轨道，对版纳州和勐腊县民族语文事业未来发展提供了法律保障、引领了工作方向。下面结合勐腊民族语文使用发展实际情况和州《自治条例》的有关规定，分析勐腊县多地少数民族语言文字的发展趋势。

勐腊县少数民族语言文字的使用范围比较有限，建议有关部门提高对民族语文重要性的认识，进一步拓展民族语文使用和发展的空间。在我国，各民族都有依法使用本民族语言文字的权利，可在实际的使用中，由于受使用人口、文字历史、流通区域等因素的影响，不同语言在社会功能和法律地位上又存在着一定的差别。比如，普通话和规范汉字是国家通用语言文字，得到《国家通用语言文字法》的确立，是无可替代、不容置疑的。同时，在民族区域自治地区，实行自治民族的语言文字往往是本地区的通用语言文字，同样也得到国家和地方法律法规的认可。

众所周知，普通话的推广和使用越来越广泛，在社会上使用的领域和范围也越来越大，傣语作为当地通行的语言，在村寨、社区、集贸市场等传统生活领域广为使用，另外在行政、司法、媒体、教育等领域也保持着一定的使用频度。但不可否认，与 20 世纪相比，当前民族语文的使用空间在逐渐收缩，并有进一步加剧的趋势，一些应当同时使用民族语言文字的领域实际上并没有使用或者放弃使用。比如政府一直提倡开展的双语教学并没有在全县开展起来，只有部分学校实行，有的农村小学并未真正落实，而已经开展了双语教学的学校，双语教学的效果也不是特别的明显。又如，一些面向基层群众传达的文件通告、宣传材料等也没有使用傣文，最多只是在文件头标注汉、傣双文，文件内容还是使用汉文；另外，群众能阅读到的民族语言文字出版的图书报刊也比较有限，这对不懂汉文的群体来说，会直接影响到他们对国家政策法规、科学技术和民族文化的了解；再如一些政府部门在办公、会议、大型活动中也没有同时使用民族语言文字，有些会议和活动中可能会掺杂几句民族语，但考虑到与会人员民族成分的复杂性，不会纯民族语交流，而是兼用汉语方言和民族语，但是大多母语人在家或是和亲朋好友交流时，多是讲傣语。傣文的使用就更少，无论是磨憨或是勐捧，还是关累，不管在什么地方开会、开展活动时，傣文使用多集中在会议、活动的布标上，其他会议或活动所用文件文本都是汉文。

虽然政府大力提倡使用民族语言文字，但是实质民族语言文字的使用范围却越来越小。随着国家和民族地区经济社会的发展，人们在生产生活中的联系越来越紧密，交往越来越多，加上交通条件和各种文化设施的便利，作为国家通用语和族际共通语的普通话的使用频度自然增加，特别是在农村实现了广播电视“村村通”的情况下，年轻一代学习普通话的条件十分方便，普通话能力也比祖辈父辈提高了很多，这样也使年轻人使用本民族语言的机会越来越少。虽说这是社会发展不可避免的趋势，但是也可以看出，现在许多政府部门和社会群众对少数民族语言重要性的认识还不够，对语言文字的态度还未转变，认为民族语文无关紧要，就如教育局岩老师提到的，甚至还有的人觉得提倡使用民族语文会影响少数民族群众的文化教育发展、不利于地方经济社会发展进步，这种民族语文“无用论”直接导致了对民族语文工作的不重视。

调查期间，听到很多部门负责人以及村寨社区的人都说，大多数人民族意识渐渐淡薄，学习傣文的人越来越少，使用少数民族语言的人也大不如前，因此政府虽然出台了政策支持民族语言文字的发展，但并没有具体的实施方案，监管力度也不够，所以落实的情况并不是很理想。在现实的语言环境中，人们相互间的交流不再是纯正的民族语，会偶尔用汉语方言。为此，勐仑镇城子村的副主任告诉我们，现在很多人讲话都是傣汉参半，很多傣语词汇甚至是只有老一辈的人会说，年轻一辈的都不会说，也担心本民族语言在未来的某一天会消失。并以自己为例，有时候讲傣语讲得也不是很好，特别是深奥的傣语都讲不出来，有些话不会说就只能用汉语代替。现在也有很多人，即使是住在村寨里，有时都不愿意讲傣语，这些年轻群体恰恰又是民族语言文字的主要传播者。虽然傣语环境有着它不容忽视的问题，但是最大的问题还是在文字环境上，无论哪个村寨哪个社区，傣文环境的问题都比较显著，懂老傣文的很少，懂新傣文的人数虽然稍微多点，可是大多数人对新傣文的学习并不是持续的，断断续续的学习加之后来的不巩固，群众学习的意识也不强，有人组织学习时，也没多少人愿意学习。据曼俄村的一位大妈说，傣文没有书，都是手抄本，不能长期保存，自己在学校学习之后回到家没有书籍可以阅读，久而久之就把傣文给忘记了。也有人愿意学傣文，比如勐仑镇城子村委会的宣传播音员就觉得学习傣文还是很有必要的，她觉得傣文和汉文可以互补，因为版纳地区大多数招牌、门牌等都是汉、傣互译的；对商铺经营也有好处，老板可以取个好名，吸引顾客；而对于宣传部，汉文文件发下来后，自己可以进行归纳，翻译成傣文后，文件精神传达得会更全面、更准确。

除了上述重语言环境轻文字环境问题，调查还发现，傣文学习与学历是不成正比的。虽然不能说学历高的人，没有学习傣文传承傣族文化的意识，但是不可否认的是，村子里有的人学历很高，但是傣文却连一个字母都不会，也有没有学历的人一个汉文都不懂，傣文却可以熟练书写并阅读。以勐仑镇城子村为例，波某弯（男，66 岁），没有读过书，只是小时候当过三年的和尚，所以会老傣文，新傣文则是自学的，中文只会写自己的名字。他还在家里的小黑板上专门给我们书写傣文，让我们看看新老傣文的区别。岩某（男，28 岁），初中毕业，小学五六年级时，在常乐小学学习过一段时间傣文，但是现在已经全都忘了，连自己的名字都不会拼写了，汉文还会一点，但也不多，平时说得多，写得少。岩某朋（男，26 岁），小学都没毕业就出家做了和尚，虽然接受过传统的义务教育，也接受过寺庙教育，却傣文、汉文都不会。和岩某朋类似的还有一位岩某务，33 岁，当过和尚也读过三年小学，现在的他也是傣文、汉文都不会了，他的儿子在学校跟着学习傣文，虽在家里的墙上还看到贴着一张他的儿子傣文书写比赛的获奖奖状，但是当问及会不会要求孩子多多学习傣文时，答案依旧是否定的。而城子村的依某，本科毕业，学的就是傣语专业，所以新老傣文都会。共同下属城子村委会的曼俄村小组的咩某香（女，53 岁），只是小学毕业，汉文会得不多，却新老傣文都会，老傣文懂一点，新傣文懂得很多，自己家没有订《西双版纳傣文报》，也没有傣语书籍，但是自己会和朋友借阅，还会借傣族的传统故事传说看，古书本来就难懂，但是为了看得懂，自己会一遍又一遍反复地阅读，直到看懂为止。而和咩某香同村的一位 18 岁初中毕业生和一位 19 岁高中毕业生，也都不会傣文，只会汉文，平时除了和家人及亲戚用傣语交流外，在外多用汉语方言交流，初中毕业的女孩甚至因为工作关系讲的更多的是普通话。

撤点并校对傣文教学也有影响。在撤点并校以前，很多小学都开设双语教学班，学生在学校里学习傣文也学习汉文，但是撤点并校之后，加上学校教学任务的设置，使有的学校的双语教学班不得已而取消，学生不能在学校学习傣文，同时学生在校外又接触不到傣文，傣文逐渐也开始出现断层，就像勐哈小学，之前还教老傣文，但是现在已经没有了。有的家长说，以前孩子学习傣文不难，只要读书即可以学习汉文又可以学习傣文，而且学校的老师也会利用晚上的时间到村子里教大家傣文，距离近也不怕麻烦，但是现在想这样就难了，所以可以说是撤点并校对于傣文教学或多或少都是有着一定影响的，虽然影响可能不是很大，但是也不可忽视。

第七章

多样性的宗教生活

勐腊县的少数民族比例高达 75.7%，其宗教信仰与民族文化密切相关。首先，在勐腊县占人口比例最高的少数民族是傣族，因而勐腊县的宗教状况以傣族信奉的南传上座部佛教为主。其次，在各少数民族中也存在程度不同的万物有灵的原始宗教信仰，比如傣族在信仰南传上座部佛教的同时，也保留着原始宗教信仰；哈尼族中除了信仰基督教的人群之外，还有相当一部分人信仰原始宗教；此外还有一些彝族、苗族等民族都有不同程度和层次的原始宗教信仰的存在，其中包括自然崇拜、祖先崇拜和图腾崇拜。再次，还有部分哈尼族和汉族信仰基督教。最后就是瑶族绝大部分信仰道教，这也是勐腊县宗教的一个特点。以下将分不同宗教情况进行论述。

第一节　南传上座部佛教

佛教在印度产生以后，主要在恒河流域一带传播。到公元前 4 世纪的时候，佛教发生了分裂，分为上座部和大众部。上座部比较坚持佛陀的原始教义，严格遵守佛祖的教义和戒律；相对而言，大众部认为他们对原始佛教的教义和戒律进行了发展。上座部佛教开始向中南半岛、东南亚和我国云南等地传播，按照这个线路传播和持守传统佛教教义的就是南传上座部佛教，也简称为南传佛教，或者小乘佛教。[①] 而大众部因为传播路线是向北，所以又被称为北传佛教，进入藏地和藏族的苯教信仰结合，形成藏传佛教；通过丝绸之路，传入中国内地，成为内地的汉传佛教。南传佛教主要为东南亚国家，以及我国云南的傣族、布朗族、德昂族等一些少数民

---

① 小乘佛教的说法，相对于北传的大乘佛教而言。

族所信仰。南传上座部佛教传入西双版纳地区之后，基本上保留了南传上座部佛教的特征，但也和当地的傣族文化结合，形成了具有地方特色的南传佛教。勐腊县信仰南传佛教的主要是傣族，也有人口占少数的布朗族和克木人信仰。在勐腊县佛寺和佛塔遍布傣族聚居的村寨，尤其是进入21世纪之后，随着经济条件的改善，每个村寨的佛寺都修建得金碧辉煌。

1. 南传佛教传入

南传佛教传入我国傣族地区的具体时间目前争论比较大。从公元前4世纪或者公元前3世纪一直到14—16世纪，各种说法不一。按照时间的先后顺序大致有这样几种观点：第一种观点认为是14—16世纪，持这种观点的有江应樑先生，他在《傣族史》中根据元代的《马可·波罗行纪》和明代的《百夷传》所记载的情况，认为无论是德宏还是西双版纳这两大傣族聚居区，南传佛教都是在明代中期甚至以后才开始流行的，也就是14或者15世纪的时候。[①] 刘岩先生在其著作《南传佛教与傣族文化》中也认为，大约在14、15、16世纪阶段，南传佛教和佛教文化经过不同的路径先后传入云南南部傣族聚居的地区，并获得了一定的发展。[②] 第二种观点是认为南传佛教在公元8世纪末到9世纪初传入傣族地区，《傣族简史》持这种观点，主要根据是引证《南诏德化碑》中有关的人名。[③] 第三种观点则认为南传佛教自公元7世纪传入西双版纳，12—13世纪得到发展；而传入德宏地区则比较晚，大约是在13世纪。[④] 颜思久先生在《云南宗教概况》中也认为南传佛教在公元7世纪初传入西双版纳，[⑤] 其主要根据是西双版纳的一些文物和传说。张公瑾先生在《傣族文化》一书中认为，南传佛教传入傣族地区的时间大概是公元6—8世纪。[⑥]《傣族哲学思想史》根据傣族地区的文物和文献记载，也认为南传佛教传入傣族地区的时间在公元7—9世纪前后。[⑦] 第四种观点是认为南传佛教大约在公元3—5世纪传入傣族地区，这是《傣族文学简史》所持的观点。其根据

① 江应樑：《傣族史》，四川民族出版社1983年版，第345页。

② 刘岩：《南传佛教与傣族文化》，云南民族出版社1993年版，第87—94页。

③ 国家民委五种丛书之一编写组：《傣族简史》，云南民族出版社1985年版，第60、62页。

④ 杨学政、韩军学、李荣昆：《云南境内的三大宗教》，云南人民出版社1993年版，第59页。

⑤ 颜思久主编：《云南宗教概况》，云南大学出版社1991年版，第11页。

⑥ 张公瑾：《傣族文化》，吉林教育出版社1986年版，第144页。

⑦ 岩温扁等：《傣族哲学思想史》，民族出版社1994年版，第82页。

是：第一，泰国、缅甸、柬埔寨和越南等国的佛教大致是这个时期传入的，而我国傣族和这些国家比邻而居，关系密切；第二，傣族信仰佛教是在阶级社会以后，公元 3 世纪到 5 世纪正是傣族形成阶级社会的时期。[①] 第五种是王懿之先生的观点，他认为南传佛教早在公元前三四世纪就传入了西双版纳地区。这种说法主要是根据其 1982 年在勐海县发现的傣文手抄本《帕萨坦》中的记载，说释迦牟尼成佛后十年，便带领弟子出游，将佛教传入到缅甸和西双版纳。[②]

学界对于南传佛教传入傣族地区的时间并无定论，《西双版纳州志》则记载，公元 615 年［祖腊萨哈（小历）前 23 年］，西双版纳建立了第一座佛寺“瓦坎洁”，之后佛寺在景洪、勐海、大勐龙、勐罕等地区逐渐建立起来，传入勐腊县则相对较晚，大约在 10 世纪中叶。[③] 据《勐腊县志》载：明隆庆三年（1569）第十三代召片领下令各勐土司建佛寺，勐腊县首先建“瓦龙”（大佛寺，今县文化馆后山）、“瓦宰”（今广播电视局住址）两座寺庙，之后南传佛教逐渐在勐腊县传播开来，成为傣族等民族的主要宗教信仰。[④] 州志所记载的南传佛教传入勐腊县的时间与传入景洪和勐海的时间相距较远，似乎也需要进一步的探讨和研究。

2. 南传佛教的僧侣

传入西双版纳的南传佛教为润派，主张出家修行，因而传统上，西双版纳的傣族男子到七八岁的时候就要出家为僧一段时间，短则三个月，通常为一到三年，一般成年之后，大多数僧人都会还俗，只有少部分会逐步晋升，直至终身为僧侣。通常来讲西双版纳润派佛教僧阶有九级之多：从高往低依次为松迪、阿嘎牟尼、帕召祜、桑哈拉扎、沙弥、祜巴、都、帕和科勇。科勇是属于见习僧人，虽已经过剃度，但还未披袈裟，也不住在寺院，经过半年或者七八个月的学习，基本熟悉佛寺的仪轨之后，就可以举行升和尚仪式，正式成为僧人“帕”这一等级。升和尚仪式是傣族男子一生中非常隆重的日子，代表着男孩子成长的新起点，从一个懵懂的孩童，即将接受教育，成为知礼的少年。这时要为孩子寻觅一位教父，通常是由亲戚担任，为孩子准备入寺所需的袈裟等佛教用品和日常用品。举行

① 岩峰、岩温扁等：《傣族文学简史》，云南民族出版社 1988 年版，第 208—209 页。

② 王懿之：《西双版纳小乘佛教历史考察》，《贝叶文化论》，云南人民出版社 1990 年版。

③ 西双版纳傣族自治州地方志编纂委员会编：《西双版纳州志》（下册），新华出版社 2002 年版，第 669 页。

④ 《勐腊县志》，云南人民出版社 1994 年版，第 96 页。

仪式当天，男孩子要被打扮成古代王子的模样，穿彩衣、戴彩帽，在众亲友的簇拥下由一位亲戚背入佛寺。一路上众亲友为其撒米花和鲜花，现在也撒从商店买来的亮片纸。通往佛寺的道路成了一条撒满米花、彩纸和鲜花的道路。孩子在大殿中接受佛爷的训诫，脱去彩衣，由佛寺中的“帕”和“都”为其换上袈裟，再由“都”赐一个僧名。之后接受众亲友的滴水祝福，这时佛寺中花团锦簇，亲朋好友为孩子赕的各种物品和钱都会在佛寺中摆出来，新升的小和尚在佛寺中为前来祝福的人们念“随喜经”。晚上，还会请章哈唱歌为孩子祝福。至此见习僧人就正式成为僧人“帕”，也称为“帕囡”，就是小和尚，开始了佛寺的生活和学习。成为“帕”以后，每日要住在佛寺，参加佛寺的劳动，同时跟随佛爷，即“都”学习文字，诵读经文，也参加村寨中的宗教活动，比如上新房、祭寨心、过赕等等。在传统的傣族社会中，如果男孩子没有出过家，没有到佛寺接受过教育和经历过宗教生活，会被认为是缺乏道德修养，不被社会接纳和认可，被称为“野人”，也无法顺利娶妻。在这个意义上，傣族佛寺在传统傣族社会中相当于傣族的传统学校，起到了教育功能。通常“帕囡”在佛寺中学习一到三年，有相当一部分就会还俗。如果没有还俗，等到十五六岁的时候就可以升为“帕龙”，即大和尚。到20岁以后，如果还没有还俗，凡对佛教教义和戒律有一定的知识和修养，并经寺内住持认可，举行一定的晋升仪式，就可以晋升为“都”，也就是佛爷。升佛爷是一个家庭特别荣耀的事情，也会花费这个家庭大量的金钱，但是对于这个家庭来说，也能获得良好的声誉。升佛爷之后几年还可以再升为“都龙”（二佛爷）和“都比龙”（大佛爷）。这时该僧人就有了一定的地位，可以在寺院中担任住持。一般到这个阶段，绝大部分僧人都会还俗，回到日常的生活中。还俗之后的佛爷被称为“康朗”，就是有学问有知识的人，受到人们的尊敬，在村寨中具有很高的地位和威望。“都比龙”如果能够苦心钻研佛经、恪守戒律，还有可能升为“祜巴”（长老）。晋升祜巴除了要经上一级佛寺的批准，在旧时，还要认当权头人或召勐或者召片领为教父，经召勐或召片领及同级议事厅推荐，通过隆重的晋升仪式，才能获得“祜巴”的称号。在一个勐的范围内，有一个祜巴的威望最高，主持全勐的宗教事务，被称为“祜巴勐”。2004年1月31日，西双版纳总佛寺“瓦坝洁”住持“都比龙庄”认西双版纳老州长召存信、刀述仁为教父，经国家宗教局批准，晋升为“祜巴龙勐”，即全州的都统长老，也是目前西双版纳最高等级的南传佛教僧侣，统辖西双版纳全区佛寺的事务，担任西双版纳佛教协会的会长。在祜巴之上还有五个僧阶："沙弥"比"祜巴"高一等级；桑哈拉扎和帕召祜的等级比较含糊，主要是对学识渊博、精通教义的高级僧侣的尊称，并无明确的等级界限和晋升制度；阿嘎牟尼只有召片领的血亲才能担任，过去只有召片领的一个儿子召孟捧巴获得过这一称号。松迪是召片领在接任前入寺为僧时的封号，还俗后接位则被称为"松迪帕丙召"，即"至尊佛主"。祜巴以上的五个等级并没有明确的晋升制度，由于受政治的影响，一般人是无缘的。目前勐腊县最高等级的僧侣是都罕府，统管勐腊县各个佛寺的宗教事务，主持相关的宗教活动，担任西双版纳州政协委员，勐腊县政协副主席，勐腊县佛教协会会长。

"文化大革命"时期，佛寺被关闭，也禁止男孩子再入寺为僧。20 世纪 80 年代宗教政策落实之后，佛教再次在西双版纳复兴，男孩子入寺为僧的这一习俗又重新兴起。90 年代国家实行义务教育，要求适龄儿童必须要接受九年制义务教育，这和傣族的这一传统相互冲突。采取的措施是，允许在校学生入寺为僧，但是要求白天到学校接受国民教育，晚上回到佛寺再学习佛经。于是在西双版纳的学校出现了穿着袈裟的和尚学生，成为当地的一道特殊风景。但是由于男孩子集中住在佛寺，"都"难于对他们进行有效管理，加之由于"文化大革命"的影响，有学识和能守佛规的"都"很少，所以和尚学生的教育一直是学校需要面对的一大问题。进入 21 世纪之后，西双版纳州政府规定必须接受完六年制义务教育才能入寺为僧，也就是小学毕业才可以升和尚。这对傣族群众来说，首先和他们的传统习俗不相一致，小学毕业通常已经十二三岁，过了入寺为僧的年龄；其次，由于"文化大革命"的原因，已经有相当一部分男孩子不再入寺为僧，所以寺院中缺乏僧人，不能满足傣族群众日常的宗教需求，所以也造成了国民教育与傣族佛教之间的冲突。近年来，由于社会经济的发展，很多傣族人家不再愿意送孩子入寺为僧，造成大量佛寺没有僧人，而不得不从境外引入僧人。

3. 南传佛教的寺院和其他佛教场所与建筑

在西双版纳地区，几乎每个村寨都有一个佛寺，傣语称为"瓦"。而且佛寺通常是村寨最好的建筑。据 1957 年数据统计，勐腊县佛寺共 117 座。一般佛寺都在村寨的入口，或者位置较高的地方，通常在村寨的寨门之外，所代表的意思是佛教是外来的，因而在村寨的外面。赕佛等各种宗教活动都在佛寺中进行。传统的傣族佛寺建筑结构类似于傣族传统的房屋，只是并不起二层。在佛寺大殿的旁边或者后面，则是傣族传统的干栏式建筑，是僧人的住所。傣族佛教只崇拜释迦牟尼，所以一般在傣族佛寺大殿中主要供奉释迦牟尼塑像，佛祖像的下面是一位保护神喃托腊尼的塑像，此外再没有其他的佛像。比较讲究的佛寺通常都会在四周的墙壁上绘上红漆金色的大幅壁画，内容都是佛经中的故事。现在也有地方会买一些印刷的佛经故事张贴在佛寺的墙壁上。“文化大革命”期间很多佛寺被损毁，到20世纪80年代宗教政策落实以后，傣族佛寺逐渐恢复，到1991年勐腊县有佛寺88座，截至2014年，勐腊县162个傣族自然村，共有佛寺102座。[①] 随着经济条件的好转，近些年几乎所有西双版纳傣族村寨的佛寺都进行了重新翻修，而且所有佛寺都仿照东南亚国家，尤其是泰国佛寺的样式建筑，已经与传统傣族佛寺的建筑形式有了较大的区别。新修的佛寺金碧辉煌，非常气派，傣族群众也非常踊跃捐钱出力修建新的佛寺，很多佛寺需花费几十万元甚至几百万元才能修建起来。

傣族佛教中，除了佛寺建筑之外，还有非常重要的佛教建筑，即各种形式的佛塔。这些佛塔建筑造型精美，是非常难得的建筑精品。重要的比如景洪的曼飞龙塔，勐海的勐混群塔等。勐腊县以曼崩铜塔最为出名，这座塔坐落在勐腊县城南郊2千米处，南腊河边一座红土小山丘上。据记载，该塔建于傣历1102年（公元1740年）以前，于傣历1121年（公元1759年）由玛哈维亚伴亚佛爷主持修葺，修葺后以铜皮包裹塔身，历时3年才完成。[②] 这座塔也是整个西双版纳州唯一一座以铜皮裹身的佛塔。整座塔占地面积77平方米，整体形状为方基葫芦锥体。主塔高10米，塔体基部为方形，每方均宽8米、高1米，分为3层台阶，中间一层的台阶壁上，雕有卧龙盘伏状，其余两台阶壁间，绘有飞禽走兽图案。塔身立于塔基正中，呈葫芦形，如同多层葫芦重叠在一起，从大而小直上，层间收缩，顶端渐细如锥子。塔顶竖有悬挂风铃的铁杆，风吹铃响，叮当不断。塔体基部有4座小型佛龛立于东西南北四面，每座佛龛内供有一尊坐佛。塔台座南门两侧，塑有一对大象；西南角塔台上塑有喃托腊尼像。台角下

① 数据资料来源于勐腊县民宗局，2014年。

② 杨玠：《西双版纳的佛塔》，载王懿之、杨世光主编《贝叶文化论》，云南人民出版社1990年版，第491页。

塑有一对黄条斑猛虎。佛塔也是傣族群众赕佛的重要场所，甚至在西双版纳，据说是先有佛塔后有佛寺，佛塔比佛寺的历史更为悠久。

南传佛教传入傣族地区以后就和傣族的社会制度结合，为了适应这种社会制度，佛教也形成了一种与傣族封建领主政治体系相对应的佛寺隶属组织关系。佛寺分为四个等级：最高一级设在西双版纳行政中心允帕钪，称为“瓦龙”（大佛寺）和“瓦诰”（总佛寺），与左右的“瓦扎迫”和“瓦庄懂”两座佛寺一起，形成一组中心佛寺“拉扎坦大总寺”。“瓦龙”的祜巴勐是全区佛教最高首领。第二级是各个勐自己的中心佛寺（瓦拉扎坦总寺），这些勐的中心佛寺通管本辖区内的大小佛寺。西双版纳30多个勐都有一座中心佛寺，一般中心佛寺以上的佛寺才附设一座“播苏”，也就是一个地区的戒堂，管辖若干中心佛寺，该勐最大的佛教长老就住在这里，负责承担向当地政权和上级佛寺请示、报告本辖区内的佛寺事务，主持负责领导本辖区内所属各佛寺的重大宗教活动。再下一级就是由4所以上村寨佛寺所组成的布萨堂佛寺，即中心佛寺，也就是以行政区域形成的全陇的中心佛寺。最基层一级就是属于一个寨子的佛寺（寨寺）。这种佛寺的等级系统与行政系统一致，上级佛寺对下级佛寺有指挥、批准、撤销的决定权力，下级佛寺则对上级佛寺有请示和报告的义务。每一级佛寺都与同一等级的政权组织相适应，基层佛寺与村寨组织之间保持密切关系，一切基层的宗教活动都以村寨为单位举行。

尽管这种传统的佛寺管理体系随着封建领主制度的废除而消除，但是在现在的傣族社会还依然能够看到这种佛寺管理体系的痕迹。目前统辖全西双版纳的佛寺傣语称“瓦坝洁”，是全西双版纳的总佛寺。根据《西双版纳州志》的记载，这是西双版纳地区最早建立的一座佛寺，始建于公元615年，在东南亚颇有影响。由于年久失修，1950年前已成为废墟。20世纪80年代末，重修“瓦坝洁”。后于2011年又重修，2013年元月举行了大殿落成仪式。新修的大殿金碧辉煌，建筑形式更多模仿了东南亚的建筑，除释迦牟尼佛之外，又塑很多佛像在大殿周围。祜巴龙庄就在这个佛寺中主持掌管整个西双版纳的佛教事务。具体到勐腊县，其中心大佛寺位于勐腊镇的“瓦龙”，即景龙大佛寺，“瓦龙”也是勐腊县最早建立的佛寺，与“瓦宰”一起构成一组佛寺中心，统辖勐腊辖区内大小佛寺。目前勐腊县的都罕府就住在勐腊县的“瓦龙”，统辖勐腊县的大小佛寺事务。每年勐腊县的“松桑卡”（比丘集结日）、赕甘（僧侣守戒节）等重大活动都在这里举行。其后又相继在么粉和曼龙勒建立了佛寺，这两个佛寺也是当地陇一级的佛寺，是周围村寨举行重大佛教活动时的中心佛寺。比如属于曼龙勒村寨一个陇的村寨佛寺，如果有人要升佛爷，就一定要来这个佛寺举行仪式。勐腊县的勐仑镇、勐捧镇、勐满镇、勐润乡、勐伴镇等都有各自的中心佛寺，统管本地各个佛寺的佛教活动。勐腊县的大多数傣族村寨中都有村寨佛寺，通常每个佛寺有一个大佛爷主管本村寨的佛寺事务，主持负责领导各村寨的佛教活动。村寨的传统头人与“波章”（当过佛爷还俗之人，负责管理村寨佛寺）都参与到村寨的佛教活动当中，大多数的佛教活动在村寨佛寺中进行，佛事活动非常频繁，经常有各种不同性质的“赕”。傣族群众对于赕佛非常热心，佛教观念已经深入傣族人的思想意识之中，他们认为只有在今生不停地赕，才能使来世有幸福的人生。传统的傣族社会中佛教寺院与傣族的村寨制度密不可分，虽然现在傣族传统的村寨制度已经废除，但是在佛教活动中还能看到这种遗迹。比如，目前傣族村寨的佛教活动，除了佛寺中的僧人住持，传统村寨头人也同样起到重要作用。最有意思的是，现在行政制度下的村长也在这种活动中起到重要作用。这说明傣族传统佛寺与村寨行政组织之间的密切关系在现代傣族村寨依然还有残存。①

4. 南传佛教与傣族社会

南传佛教传入傣族地区以后，就与傣族的社会文化结合，使傣族的社会文化与佛教密不可分，成为傣族文化的重要特征。

（1）傣族传统的封建领主统治体系与佛教结合，形成了佛教与统治者合一的政治模式。西双版纳第一代首领叭真就已经被称为“松列帕兵召”，意思就是“至尊佛主”，也就是说，统治者宣称自己的权力来自佛主，因而具有神圣性。历代的傣族首领召片领都利用宗教分封官员，而且官员的任免也大多在宗教节日，使傣族传统的统治政权与佛教紧密结合。傣族最高统治者要由佛教寺院授予其高级僧侣的尊称，而高级僧侣的晋升又要获得召片领或者召勐的赐封或者认可，而且只有王室成员才能担任最高等级的僧侣，政权和君权紧密结合。这样政教合一的政治制度，使佛教

① 笔者曾多次在西双版纳进行田野调查，参与过很多佛教活动，在很多村寨佛教活动中，经常会看到传统傣族村寨头人、寺院住持和现代国家行政体制下的村长一起共同负责佛教活动，这是一个很有意思的现象。

首先在统治阶级中站稳了脚跟，然后又借统治阶级在全民中推广，所以南传佛教在傣族社会的传播是一个自上而下的过程。加之傣族自给自足的自然经济和古老的农村公社制度又与佛教的原始教义相适应，使南传佛教成为傣族全民信仰的宗教。信仰佛教和尊崇佛教也成为傣族社会的重要规约，信仰佛教就逐渐成为傣族的一种基本的道德规范。

（2）佛教与傣族的文化教育结合，佛教寺院担负着教育的功能。除了前文所论述的，佛寺在一定程度上起着学校的作用之外，在很大程度上，佛寺还是傣族伦理道德和劳动技艺的传承场所。佛寺为傣族培养了一批本土的知识分子，他们不仅掌握佛教的教规教义，而且他们精通傣文，掌握了本民族的历史文化，在继承和发展本民族文化上具有相当重要的作用。同时，频繁的佛事活动，使佛教的教义和规条成为傣族人社会伦理道德的基础，因而傣族成为一个尊老爱幼、民风淳朴、善良温和的民族，不能不说佛教在其中起到了十分积极的作用。出家还俗的僧人由于接受了一定程度的教育，能够比较迅速地领受各种知识，因而很多成为村寨中造纸、制茶、酿酒、医疗、手工艺行业的能工巧匠。其中还有些人收集编写歌词、故事或者担任“章哈”，或者收集记录地方史志文献、历法和医药方面的知识，为民族文化的传承和发展做出可贵的贡献。进入 21 世纪之后，随着社会的发展，不仅家长不愿送孩子到寺院为僧，原来寺院的僧人也大量流失，造成傣族传统文化和佛教文化后继乏人，这是亟待解决的问题。

（3）佛教与傣族节日密切相关，傣族重要的节日基本上都是佛教节日。傣族最隆重的节日就是“桑干比迈”，也就是俗称的“泼水节”。时间在祖腊历六月下旬或者七月初，公历约在 4 月份。祖腊历是傣族历法，属于阴阳合历，年是阳历年，即地球绕太阳公转一周的时间；月是阴历月，即月亮一个圆缺周期。祖腊历新年是由太阳运行的位置来决定的，每当太阳在黄道上运行到金牛宫的时候即是一年的开始。具体时间要每年进行推算，通常祖腊历年都在六月六日至七月六日之间反复推移。目前为了配合西双版纳的旅游发展，将这个节日固定在每年公历的 4 月 13—15 日。“桑干比迈”一般举行 3—4 天。第一天傣语称为“宛多桑干”，就是“死”日子，是旧年的最后一天。第二天被称为“宛脑”，这一天按照祖腊历既不属于旧年也不属于新年，也就是在历法上多出的一天，如果新年是 4 天，那么“宛脑”就是两天。傣族民间传统上把这一日也称为“腐烂之日”，视为不干净。这是因为与传说中泼水节的来历有关，是魔王头颅腐烂的日子。① 最后一天就是新年的第一天，傣语称为“麦帕雅宛玛”，即“日子之王到来的一天”。在泼水节期间，最为重要的活动是到佛寺赕佛，同时在佛寺堆沙、滴水，缅怀逝去的亲人。中午之后，人们会把一尊佛像抬到院子中，全寨妇女用鲜花泡过的香水泼洒佛像，意为为佛像洗尘。除此之外，节日期间还要举行各种娱乐活动，放高升、丢包、划龙舟，以及饶有趣味的泼水活动和具有浓厚商业色彩的赶摆等。因为这个节日佛教色彩浓重，也被人们认为是佛教节日。也有研究者认为这个节日实际上是一个岁时节日。在傣族居住的亚热带地区，季节分为干湿两季，过了泼水节就进入雨季，就要进入农业生产的大忙季节，节日中举行的很多活动都与祈求风调雨顺有关。至于浴佛和赕佛等浓重的佛教因素，应当是佛教传入之后与佛教的结合而形成的。② 传统上泼水节活动多以村寨为单位举行，其活动由各村寨的老人商议而定，在“麦帕雅宛玛”前后选择日期，在各村寨举行赶摆活动，使不同村寨的群众相互走访，参与活动，赶摆还是男女青年结交的好时机，通常相邻地区的新年活动持续前后一个月的时间。进入20世纪90年代以后，为了配合旅游业的发展，泼水节成为西双版纳政府主导、民间主办、群众参与的一项重要节庆活动。每年公历4月13—15日，全州放假三天，政府及早做出安排，举办国际性的娱乐和商贸活动。佛教色彩相对淡化，而突出了娱乐性的泼水活动。把节日办成大型的旅游观光、招商引资的盛会。这个节日已经不单纯是傣族等民族过的节日，而成了西双版纳全州各民族欢庆的节日。届时，东南亚各国的商人和领导政要等也前往参加，这个节日已经成了一个国际性的节庆盛会，与泰国、老挝、缅甸的“宋干节”“水灯节”相媲美，影响力日渐提升。从另一个方面来讲，政府主导的泼水节商业色彩和娱乐色彩突出，使民间传统上的宗教色彩淡化，节日原本所包含的文化内涵在发生着深刻的变化，导致传统文化的变迁，这也是我们需要深切关注的问题。

关门节和开门节傣语分别称为“毫瓦萨”和“奥瓦萨”，是仅次于泼水节的傣族两大节日，与泼水节不同的是，这两个节日完全是佛教节日。

① 关于傣族泼水节的来历，各地传说都有不同，流传较广的一个版本是魔王捧玛点达拉乍混淆节令，给民间带来祸患，其7位女儿（一说妻子）为民除害，从而形成了这个节日。

② 可参看陈茜《泼水节的起源、传播及其意义》，载王懿之、杨世光主编《贝叶文化论》，云南人民出版社1990年版，第684—693页；杨丽珍《试论傣族和东南亚的泼水节及其传说》，云南人民出版社1990年版，第694—707页。

节期从每年祖腊历九月十五日（公历 7 月中旬）开始，一直到祖腊历十二月十五日（公历 10 月中旬）。关门节当天，人们要做好丰盛的饮食，庆祝节日。最重要的是到佛寺赕佛，人们准备鲜花、蜡条、钱等，在佛寺中听佛爷讲经，这一天就开始进入关门节期间。此后三个月中，要进行大赕一次，大约在傣历的十一月十五日，历时 3 天 3 夜。这个时候是人们缅怀逝去亲人的时候，祈求逝去的亲人保佑在世之人的平安。除了大赕之外，每 7 天又一次小赕，即每逢初八、十五、二十三都是小赕的日子，这种活动由村寨分组进行，轮到哪一组的时候，这一组的人家凑钱置办饮食，到佛寺赕佛。关门节期间，一项持续性的活动就是连续地听经和诵经，年长者身穿白衣白裤，有些甚至居住在佛寺中，年轻者也每天到佛寺听僧人念经讲法。僧人将南传佛教的教义、教规等以通俗易懂的话讲给众信徒听。这期间除到佛寺听经之外，每家都要自己抄写或者请人抄写一部或者几部经书，献给佛寺。在关门节期间，还有很多规定，佛爷不能出寺，所需的饮食由小和尚化缘而来，或者是村寨的人们送来。普通群众减少外出，年轻人不能谈情说爱，也不能结婚，不盖新房，不出远门，等等。关门节与佛教密切相关，一般认为其源于古代印度佛教雨安居的习惯，这三个月也被视为信众的安居斋戒期。开门节就是在这三个月的礼佛完成之后，人们要举行盛大的活动，准备丰盛的饮食，到佛寺拜佛祷告，举行各种娱乐活动。至此关门节结束，人们又恢复正常的生活和生产。近些年，关门节和开门节依然是很重要的傣族节日，而且这两个节日并没有受到旅游业发展的冲击，所保留的传统因素相对较多，也多以村寨为单位进行。但是由于寺院僧人的减少，以及现代社会人们对于信仰不如从前，所以这三个月的关门节期间，年轻人到佛寺的相对较少，多是老年人比较热心参与佛事活动。

（4）佛教对傣族的文化产生极其深远的影响。第一，佛教传入，为傣族带来了天文和历法知识，对傣族原始历法的改进产生了重要影响，形成了今日我国傣族与东南亚一些国家的傣族共同使用的祖腊萨哈历法。时至今日，傣族历法还是傣族佛教寺院的重要知识内容，每年度的历法测算制订及颁布权都属于佛寺。第二，傣族医学随着佛教的传入也有了较大的发展。傣族医学在传统民间医术的基础上，结合了印度医学，形成了独特的民族医学。比如，傣族医学的四塔五蕴理论即是傣族民间医术理论与佛教的结合。傣族医学还接受了佛教顺世论的原理，强调客观环境中的物质和构成人体的物质之间的相互作用，并加以解释，应用在治疗当中。第三，傣族的文学艺术与佛教有着更为紧密的关系。随着佛教传入的是大量的佛教经典，这些经典中包含着大量的文学故事、寓言、传说等，这些内容逐渐在傣族中传播开来，为傣族诗歌的创作提供了广泛的素材。比如傣族的长篇叙事诗《兰嘎西贺》，其许多情节就取材于印度史诗《罗摩衍那》；傣族著名的民间叙事诗《召树屯》也在泰国、缅甸等民间广为流传。很多傣族文学都包含着浓厚的佛教因素，或者直接就是由佛教内容改编而成，这些文学作品促进了佛教在傣族地区的传播，同时，也使傣族文学深受佛教的影响。不仅是文学作品，傣族的绘画、雕塑、剪纸、音乐等都与佛教有着直接的关系，很多傣族寺院的壁画、佛像雕塑就是精美的艺术品，素材也取自佛教内容。第四，献经书是佛事活动的重要内容，傣族人家每年都要抄写佛经献到佛寺中，如果自己不识字不会抄写，也要请人抄写，这样就保留了大量的佛教经书。经书中的内容不单纯是佛教的教义和教规，也包含很多傣族的历史文化、文学艺术等，佛经的抄写使这些重要的民族文化得到保存。

（5）自从南传佛教传入我国傣族地区，佛教便逐渐深入傣族人的生活之中，与傣族群众的日常生活须臾不可分离。傣族人的一生都与佛教密不可分，出生时的命名就需要当过佛爷的波章为其命名；男孩子到七八岁的时候入寺为僧；结婚成家后的新房也要僧人为之洁净；去世后，也要僧人为其过赕。人生的重要关口都需要有佛教的参与。傣族人的一生都要做各种各样的赕，在佛教“因果通三世”理论的影响下，傣族人认为，只有今生多多做赕，来世才能摆脱人间和地狱的痛苦，才能到天堂享受幸福生活。如果不做赕就要生病死亡，遭受各种痛苦，因此傣族人的一生都在不停地做“赕”。赕有大赕和小赕，小赕是指一家一户或者一个村寨举行的赕；大赕是全勐或者更大范围内举行的赕。每年傣族人固定的赕就有：赕新年、赕毫瓦萨、奥瓦萨、赕星（在关门节期间举行的每 7 天一次的祭祀亡灵的活动）、赕坦（即献经书）、赕甘（每年祖腊历二月一日至十五日每个勐的僧人全部集中到该勐的中心佛寺诵经拜佛，静思己过）和赕帕（为佛寺捐献僧衣袈裟）。过去还有赕鲁皎，就是举行男孩子升和尚仪式，由于近年来男孩子都不愿再入寺为僧，所以该仪式多年举行一次，甚至很多地方已经不再举行。其他各种不固定的赕数不胜数，还有赕塔、赕水井、为父母敬献衣物的赕萨腊、恋人相爱的赕萨腊亥、纪念亡灵的赕萨腊甩、同龄人的赕萨腊苏、专为7—12岁女孩子的赕萨腊帅，等等。傣族人的一生是做赕的一生。换句话说，傣族人的传统社会文化生活完全是在佛教的浸润之下，是一个佛教的人生。

5. 傣族佛教在新时代面临的问题

“文化大革命”期间，勐腊县的南传佛教和全国其他地区的宗教一样，被视为“四旧”加以破除，多数佛寺被毁，佛经被没收，佛爷和尚被迫还俗，佛教古迹被损坏，佛事活动不能正常进行。改革开放以后，宗教信仰活动才步入正轨。之后，佛教发展迅速，及至现在，傣族佛教信仰依然十分浓厚，在新的时期有了新的发展与动向。

（1）对传统佛教经典的整理和发掘发展到了一个新的台阶。2010年，《中国贝叶经全集》已经整理出版发行了114卷，2011年出版了《贝叶文库》。在对贝叶经的挖掘和整理过程中，共收集到经书400多部，其中贝叶经书152部，绵纸经211部，章哈唱本40部；搜集整理傣族古籍2100多条，讲唱类800多条。基本覆盖了贝叶经典籍的藏量。这对傣族佛教的经典保护是一项“功在当代，利在千秋”的业绩。①

（2）发挥佛教在和谐社会中的作用，对南传佛教的僧人备案，以方便管理。同时也关心他们的生活，将佛教僧侣纳入社保范围，解决他们的养老和医疗问题，为他们提供基本的生活保障。佛寺成立了寺院管理小组，设置专职的会计和出纳，加强对佛寺财务的监督和管理等。这些措施都保障了佛教活动在西双版纳和谐稳定的发展。另外还发挥佛教的积极作用，西双版纳州佛教协会自2003年成立了“佛光之家”，在“禁毒防艾”工作中起到了良好的作用。宣传“禁毒防艾”工作成效显著，截至2012年，“佛光之家”已对200多位艾滋病患者进行过关怀和帮助。②“佛光之家”和佛教协会也积极从事赈灾济贫的工作，发挥了佛教在慈善中的特殊优势和地位。

（3）佛寺的复兴和僧人的衰落。20世纪80年代宗教政策刚刚落实的时候，曾经有过一段时期，佛教恢复发展迅速。不少佛寺被重新修建，不少家长也积极送孩子入寺为僧，造成很多学龄儿童流入佛寺。当

---

① 岩香宰：《认真履行民族宗教职能　努力维护社会政治稳定》，载西双版纳州民族宗教事务局编《西双版纳民族宗教事务工作30年》，2012年12月，第159页。

② 《积极发挥僧侣的特殊优势　开展防艾宣传和对艾滋病感染者的关怀活动：西双版纳州佛教协会“佛光之家”工作总结》，载西双版纳州民族宗教事务局编《西双版纳民族宗教事务工作30年》，2012年12月，第205—208页。

时政府采取措施，与佛寺协调，放宽入学年龄，允许和尚学生上学穿袈裟。协调和尚学生到学校读书和在佛寺拜佛、念经及从事其他宗教活动的时间。据统计，到 1991 年，勐腊县的佛寺就已经有 88 座，僧侣 670 人，其中佛爷 85 人，和尚 585 人。进入 21 世纪之后，人们拜佛的热情依然不减，特别是傣族地区社会经济发展很快，生活水平有了很大的改善。对于兴建佛寺和佛塔等的热情很高，尤其是近些年，几乎每个村寨都重修翻修了佛寺，无论是内外装饰都极为豪华。与豪华的佛寺相比，僧人数量和质量却在逐年下降。由于傣族社会经济条件的发展，也由于义务教育的普及，绝大部分傣族适龄儿童到学校接受国民义务教育，有的到更高等级学校读书，高学历，找工作，谋发展，社会地位和经济地位都不错。家长都不愿意让他们的孩子长期在佛寺中为僧，除了少数有残疾的之外，很多华丽的佛寺却没有僧人。导致僧侣断层面很大，很难培养佛学知识高深的僧人。与 1991 年相比，2005 年，勐腊县佛寺增加到 102 座，但僧侣数量比 1991 年却下降了不少，共有 415 人，其中佛爷 89 人，和尚 326 人。到 2014 年，佛寺数量依然是 102 座，但僧侣数量却下降到 224 人，其中佛爷 92 人，和尚 132 人。有些佛寺没有佛爷，有些干脆连小和尚也没有。

（4）外籍僧人及南传佛教目前的发展状况。尽管勐腊县乃至整个西双版纳的僧人数量在减少，却并不意味着傣族群众信仰佛教的热情降低。这就造成了一种很有意思的现象，一方面是一幢幢富丽堂皇的佛寺修建起来，另一方面是僧人的数量和质量都在不断衰减。僧人无论从数量还是质量都不能满足当地群众的需要，这就给境外老挝、缅甸等地的僧人入境从事佛教活动造成了机会。目前在勐腊县的 224 名僧侣当中，有 157 名为外籍人，含缅甸佛爷 66 人，缅甸和尚 78 人；老挝佛爷 2 人，老挝和尚 11 人，[①] 占到僧侣总人数的 70%。整个西双版纳州的情况也基本类似。这其中的原因是：一是由于计划生育实施以后，很多家庭只有一个男孩，父母不愿意孩子出家。二是很多家长认为接受佛寺教育和学习传统文化对孩子的成长和前途没有什么帮助，所以家长选择送孩子到学校接受国民教育。三是勐腊县与老挝、缅甸接壤，在现代国家的意识形态上分属不同的国家，但是原来在血缘、文化上都有密切联系，甚至相互之间通婚、互市、

① 勐腊县佛寺和僧人数据统计来自勐腊县民宗局《宗教情况报告》（2014 年）。

走亲访友、节日聚会从未间断过，相互之间有不少是亲戚关系，宗教上的这种交往也就在所难免。因而对于境外这些僧人不能一概以宗教渗透来看待和处理，而是根据具体的情况对待，一方面满足当地傣族群众的宗教需求，另一方面也寻求一个合理的解决办法来管理这些境外僧人。为此，西双版纳州政府对邀请外籍僧人有一系列的措施和管理办法。一是由村寨的佛寺管理小组向村民小组提出申请，接到申请后由村民小组干部召开本村群众大会，大会通过后就派人到境外去请僧人。二是把境外僧人请到国内后由村民小组干部到当地派出所进行登记并为僧人办理暂住手续。三是佛寺管理小组或村民小组一般都与境外僧人有协议。协议的内容包括：境外僧人在本村的人身、财产安全应得到保障，僧人的生活由信众供养。四是境外僧人必须遵守我国民族宗教政策及《宗教事务条例》，举行宗教活动、法事活动必须听从波章的安排。在加强境外僧人的管理之外，注意加大培养自己的佛教人才，这是当务之急。①

（5）西双版纳佛学院属于云南省佛学院的分院，于 1995 年 5 月正式挂牌，主要培养南传上座部佛教人才。截至 2012 年，佛学院已经招收了 25 个班级，933 名学僧，毕业学生 812 名。佛学院不仅教授佛教的教义和教规，还注重与国民教育联合办学。2005 年开始，佛学院与西双版纳职业技术学院联合举办“傣汉双语”中专班，一边学习国民教育中专类的课程，一边学习傣文和佛学。2009 年和 2011 年又分别与西双版纳第二中学和西双版纳州民族中学达成联合办学的协议，招收“初中班”，招收已完成六年制国家义务教育并获得小学毕业证的学僧。这些学僧在校期间同时学习国民教育初中课程与佛学，达到培养佛教人才的目的。为了进一步培养高级佛教人才，佛学院还把优秀毕业生选送到云南佛学院、江西佛学院、广东佛学院、上海佛学院等省内外佛学院，以及泰国和斯里兰卡等国外佛学院继续深造。② 但是佛学院的前景并不乐观，办学规模小、办学水平不高，学僧逐年减少，不论是数量上还是佛学造诣上都不能满足信教群众宗教生活的需求。而过去村寨佛寺自主培养教职人员的培养模式已经不适应新形势。因此，必须积极探索一条新的培养宗教教职人员的途径和模式。

---

① 西双版纳州民宗局文件《关于外籍僧人的调研报告》（2014 年 6 月）。

② 《开拓创新　办出特色　努力培养更多佛学僧才：云南佛学院西双版纳分院工作总结》，载《西双版纳民族宗教事务工作 30 年》，第 243—247 页。

第二节 其他宗教

原始宗教概念是在人类学早期进化论的理论范式下提出的，认为是人类早期的宗教信仰形式。其主要特点是万物有灵，表现形态为植物崇拜、动物崇拜、天体自然崇拜、图腾崇拜以及祖先崇拜等。在勐腊县居住的13个民族中，都不同程度地存在原始宗教信仰。

一 傣族的原始宗教

尽管勐腊县的傣族主要信仰南传上座部佛教，但是原始宗教信仰也是傣族宗教信仰的重要组成部分，甚至佛教也深受原始宗教的影响，带上了原始宗教的特点，形成了独特的二元宗教信仰。傣族的原始宗教信仰所崇拜的对象包括自然界的物质与生物，如太阳、山、水、土地、粮食等。在傣族人的观念中，一切皆有灵魂，山有山魂，水有水魂，树有树魂，稻谷有谷魂，等等。一旦这些魂受到伤害，就会产生不良的影响，因而要对这些自然物进行祭祀。

傣族是一个农耕民族，因而其原始宗教活动与农业生产关系密切，最重要的就是祭祀寨神和勐神，傣语称为“色曼”和“色勐”。寨神就是一个村寨的地方神，保护着村寨的平安。勐神则是一个勐的地方神，负责一个勐的平安。最重要的是对于寨神和勐神的祭祀，所包含的还有祈求农业生产的顺利进行。尽管祭祀寨神和勐神的时间每个村寨和勐都不一样，但总体来说都是在春耕前或者秋收后，即所谓的“一月求雨，八月求晴”。每一个傣族村寨，在村寨的旁边都有一片长势良好的森林，里面有一个象征寨神所在的草棚或者是石头砌成的神龛。祭祀的时候，要关闭寨门，用竹篾编成“打寮”插在进入村寨的路口作为标志。本寨的人不许外出，外寨的人不能进来。届时各家各户备办饮食、蜡条、糯米饭和芭蕉等，进行祭祀。寨神所代表的是本村寨的保护神，因而只严格限定在本村寨成员内部祭祀，不允许外人参加，其中所表现的是一个村寨是一个共同体，有强烈的村寨边界的含义。

在祭祀寨神之上，就是祭祀勐神。祭祀勐神有些勐是一年一次，有些勐则是多年一次。要由一个勐的“波勐”来主管祭祀，参加祭祀的成员只限于“建寨最早的人”。与祭祀寨神一样，祭祀勐神也要封闭通往外勐的道路，所表现的也是一个强烈的边界含义。祭祀勐神因为是一个勐的祭祀，因而祭祀活动比祭祀寨神要隆重，有些地方甚至会持续一个月。届时不同村寨有不同的分工，准备祭祀用品等。目前在西双版纳地区，祭祀寨神还比较普遍，祭祀勐神的活动已经基本消失。

除了村寨神和勐神之外，每家每户还有家神。家神傣语称为“丢拉很”，家神在傣族中的含义并不是祖先，而是房屋之神。家神一般被供奉在主人卧室的上方，每天早上供一团糯米饭和一杯清水。傣族家庭对于家神也非常重视，非本家庭成员不可以进入卧室，以防冲撞家神，即使是嫁出去的女儿和在外上门的女婿也是同样。嫁入的媳妇或者上门的女婿，要祭祀家神之后才能进入卧室。这同样是对家的边界的强调。家神的祭祀规模很小，只是简单地摆上供品，点上蜡条。目前在勐腊县，一般家庭都还有这样的祭祀家神的活动。

在勐腊县，除了上述对于家、村寨、勐等地方神的祭祀之外，还有一种全村寨的祭祀活动，就是祭祀寨心。寨心傣语称为“宰曼”，就是一个寨子的中心，相当于一个村寨的灵魂所在。每个傣族村寨在建寨的时候要首先定下寨心，然后才开始建造房屋。寨心有各种形式的，有的是一棵树，也有的是一块石头，或者几根木棍，等等。这些年因为经济条件大为改观，很多村寨的寨心也修得异常漂亮，通常都由栏杆围起来。祭祀寨心每年一次，由村寨头人带领祭祀，现在除了传统的村寨头人之外，村长和村支书等村干部也参与领导祭祀，但主持依然是由传统的村寨头人担任。平常如果有人出远门、结婚、迁出和迁入等都要祭祀寨心。如果寨心要迁址或者更换，就要举行全村寨人都参加的盛大祭祀活动。2003 年勐腊镇曼龙代村公所的曼龙勒寨举行了盛大的迁寨心仪式，邀请众多的僧人参与念经祈福。从这件事情也可以看出，即使在现代，傣族村寨中的寨心还依然在人们心目中占据重要地位。

傣族人笃信鬼魂，除了上述较大的宗教祭祀活动之外，各种类型的祭祀树神、水神等等活动非常繁多。加上因为生病或者家庭不和顺等各种巫术活动在傣族各个村寨每天都在进行，因而南传佛教在傣族地区的传播，并未影响到原始宗教的信仰。相反，在佛寺中也会看到佛寺神，这是原始宗教与佛教结合的典型例子。因而在傣族社会中是佛教信仰和原始宗教信仰二者并存，形成了傣族独特的二元宗教信仰模式。

二　哈尼族的原始宗教

哈尼族是勐腊县第二大少数民族，主要为自称为“阿卡”的支系。

20世纪70年代，由于发展国营农场，从墨江迁入了“碧约”和“西木罗”两个哈尼族支系。

哈尼族的宗教思想基础是万物有灵论，相信自然界的万物都有灵魂，其信仰核心是神、魂、鬼这样三个层次。其崇拜的神分为天神和地神，天神是最为崇高的神，维护世间一切善良的生灵，主持公义；地神分为善神和恶神。此外还有祖先神，即由正常死亡的老人的灵魂转化而来。也分为两类，即自己家族的祖先和姻亲关系中的外家祖先。在这种神灵观念之下，哈尼族的神灵谱系十分多样，有掌管天地、日月星辰、雷电风雨的神，也有保护村寨、家庭和自然丛林的神，等等。哈尼族称灵魂为“沙拉”，认为男人有十二个灵魂，女人有九个灵魂，各自起着不同的作用，生病的原因就是因为灵魂离开了人体。与此对应的是，一切动物植物和非生物的自然物体都有灵魂。因而为了保护人的健康和家畜家禽的平安，哈尼族有名目繁多的“叫魂”仪式。在哈尼族的观念中，他们生活在一个充满鬼的世界，鬼和人几乎同时产生，形象丑恶本质也丑恶，是一种抽象的存在，很多情况下作祟人间。特别是非正常死亡的人，他们的灵魂往往就转化成鬼。哈尼族崇尚黑色，穿着黑色衣服，与哈尼族对于鬼的观念有关，具有防鬼辟邪的作用。① 与哈尼族这种神、魂、鬼三个层次的信仰观念对应的，就是哈尼族的宗教祭祀活动也分为祭祀神灵和祖先、叫魂和驱鬼。

哈尼族的祭司被称为“追玛”，即寨主，每个村寨至少有三个追玛，皆为男性，有大小之分。追玛为家族世袭，由儿子继承。但如果追玛家生了双胞胎或者生理上有缺陷的婴儿，则失去追玛的资格，需要重新选举。追玛的主要职责是主持宗教祭祀活动，附带管理村寨中的政事。追玛的主要任务是：第一，主持竖寨门、祭祀土地神、挖神水井、立秋千架等；率先进行下种、收谷等。第二，村寨中如果出现不吉利的事，他要通知全村停止生产一天，举行祭祀活动。第三，调节民事纠纷。另外还有“贝玛”和“尼扒”。“贝玛”也是男性，主要负责组织宗教祭祀和主持宗教仪式，是哈尼族社会中掌握民族传统和知识比较丰富的人，也有大小之分。贝玛通过师徒传承，需要经过立贝玛仪式之后，就可以主持宗教祭祀活动。贝玛的主要职责是主持葬礼；在各种祭祀活动中念经；为病人驱鬼和招魂。

① 毛佑全：《哈尼族原始宗教观念中的魂、鬼、神文化内涵》，《中南民族大学学报》2003年第4期。

“尼扒”则有男有女，其职责主要是为病人跳神看病，通过尼扒为病人寻魂、追魂、招魂，或者通过跳神以米卦、蛋卦为病人占卜，在进行这些宗教巫术活动时，尼扒也会给病人使用草药。尼扒的传承很有点灵异，一般是其生了一场大病，认为是尼扒鬼附在他身上，经许愿好了之后，供奉尼扒鬼，拜大尼扒为师，通过立尼扒仪式后称为尼扒。

由于哈尼族万物有灵的宗教观念，所以在日常生活中哈尼族的宗教祭祀活动非常频繁。我们按照哈尼族的神、魂、鬼的三层次信仰观念，选择重要的加以论述。

祭祀寨神：哈尼族认为每个村寨都有村寨神，是保护村寨的地方神。但不是每年都要祭祀寨神，只是在特殊情况下才会举行：比如猎到怀孕的野兽、寨子里有人生了双胞胎或者生理上有缺陷的婴儿，还有就是马鹿或者麂子等进了村寨。祭祀寨神的时间由追玛来定，届时贝玛带领大家进行祭祀。祭祀寨神的目的是保证村寨的平安和吉祥。

祭祀祖先神：哈尼族非常崇拜祖先，他们认为过世的祖先灵魂可以保佑子孙后代。祖先居住的地点有三个：祖先村、坟墓中和家中神台“阿培婆罗”。每逢年节的时候，祖先要返回其子孙的家中，为了求得祖先神的保佑，家家户户要在“阿培婆罗”这里举行祭祖活动。祭祖活动集中表现在丧葬礼俗和节日的祭祖活动中。哈尼族认为老人正常死亡之后，他们的灵魂就会成为祖先神，会保佑后代子孙。在死者的葬礼上，死者的长子要从第一代祖先一直念到死者为止，然后又倒回去再念三代，表示请前三代的祖先接死者到祖先村。死者的家属还要请贝玛来为死者的灵魂祝福、指路、排除阴间道路上的各种阻碍，保证死者的灵魂顺利到达祖先村。哈尼族的主要节日基本上都有深刻的祭祀祖先神的含义。比如嘎汤帕节，这是哈尼族最重要的节日，“嘎汤帕”的含义即为“思念祖先”，节日期间要举行两次祭祖活动。时间在公历每年 12 月底或者第二年年初。1987 年，西双版纳州将这个节日固定为公历的 1 月 2—4 日，以方便群众过节。目前哈尼族的嘎汤帕节已经成为西双版纳哈尼族的一张名片。“耶苦扎”节也是西双版纳哈尼族的一个重要节日，这个节日的时间在农历六月属牛日举行。主要内容是祭祀祖先和荡秋千。节日期间要举行两次祭祖活动，祭祀开天辟地的祖先阿陪明耶和各自家族的祖先。另外还有一项有趣的活动，人们要从深山中砍回高大挺拔的栗木，竖立秋千架，在追玛的带领下，举行荡秋千活动。因为哈尼族认为，节日期间祖先要回到家中过节，荡秋千可以消灾免难。还有一个专门祭祀祖先的节日——窝鸡祭祖，祭祀时间在农历八月，节期一天。祭祀时要家中的男主人至少念出十代以上的祖先名字（哈尼族为父子连名制，如果按照名字上溯，可以记起很多代祖先），请祖先回家共享节日快乐，保佑家中人畜兴旺，五谷丰登。

哈尼族的招魂仪式有即兴招魂、祝福招魂和为病者招魂等几种形式。即兴招魂在哈尼族的日常生活中很常见，不拘形式，不用祭品，也不受环境条件的限制。比如家长为跌倒的孩子招魂；在田间做工回家时喊自己的魂回家，等等。祝福招魂是带有祝福性质的招魂，主要是为身体健康的人保魂和固魂。有为老人的祝福招魂；为保全家健康的祝福招魂；以及每个人一生中都要举行一次特殊的招魂仪式，才能取得人生的资格，一般在年幼的时候举行。类似这样的招魂仪式很多，目的都在于保佑人健康平安。为病人招魂的形式最为多样，内容也非常复杂。哈尼族认为人生病就是因为灵魂丢失，所以生病需要将魂招回来，病即得到痊愈。所以，哈尼族有很多为病者招魂的形式，且都有名称和固定的招魂地点，需要祭品，由尼扒主持。

在哈尼族人的观念中，鬼通常都是会祸害人间的，所以也就有各种各样的驱鬼仪式。比如哈尼族非常重视寨门。竖寨门是西双版纳哈尼族的一项重要活动，这其中包含着浓厚的驱鬼的含义。哈尼族凡建新寨，一定要在村寨必经的路口上竖寨门，作为人鬼的分界线。之后，每年都要在原寨门上再增立一道寨门。立寨门的时间在每年农历的三月，由追玛主持，全寨每家都要派一个成年男子参加，同时进行祭祀。一切不吉利的东西都不能带入寨门以内，非正常死亡者的尸体也不可抬入村寨。对于非正常死亡者还要特别举行祭祀仪式，以阻挡其灵魂变成恶鬼作祟人间。平常，如果有人从野外回来，突然生病，也会被认为可能撞到了什么鬼，需要进行一定的祭祀，一般自己家人简单举行一个祭祀仪式即可，不必请贝玛或者尼扒。

三 布朗族克木人的图腾崇拜

图腾崇拜是原始宗教信仰很重要的一部分，人们通常相信自己与某一动物或者植物有血缘上的联系，因而崇拜这种动物或者植物。勐腊县布朗族克木人的图腾崇拜非常有特色，也是勐腊县各民族原始宗教信仰中值得一提的。勐腊县的克木人存在不同的氏族，各个氏族都以动物或者植物命名，比如有白头翁、小米雀、八哥、犀鸟、水鸟和秧鸡等鸟类，虎豹、青猺、夜猫、水獭和猴等走兽，以及马鬃蛇等爬行类；以植物命名比如象尾蕨和细白花树。每一个姓氏都有其来历和传说，或者说是该氏族的祖先，或者是该氏族的仇敌，或者是该氏族的祖先死于某种动植物等。这些动物或植物被作为氏族姓氏，作为本氏族的符号标记。他们相信本氏族的图腾是该氏族的祖先和保护神，禁止捕杀和食用本氏族的图腾。这种图腾崇拜，反映在婚姻上就是氏族外婚。在克木人家庭中实行女随母姓、子随父姓的双轨制，因而他们的图腾制是以父系和母系按性别传递的，这样也就出现了男性氏族和女性氏族之分，比如小米雀、水鸟、秧鸡等多为女性氏族，而白头翁、八哥、象尾蕨和虎豹多为男性氏族。同图腾，也即同一氏族不通婚。如果同一氏族的人通婚，会被认为是猪狗，不得好死，要举行“同槽就食”仪式，并用斧头象征性地从两人中间劈开，其含义是今后不被雷王劈；还要请妇女向他们身上泼一桶水，即向龙王认错。同一氏族有定期的祭祀本氏族的祖先，这是克木人最隆重的宗教活动。

勐腊县这些原始宗教信仰，在20世纪50年代之后，也都受到了很大冲击，到80年代，宗教政策恢复以后，也逐渐开始复苏，但恢复的速度远不如其他的制度性宗教，比如佛教和基督教等。到90年代和进入21世纪之后，随着旅游业的发展，为了发掘地方文化特色，开始借着“文化搭台，经济唱戏”的发展思路，民族民间文化开始复兴。因为很多民族民间文化与各民族的宗教信仰密不可分，因而这种借助旅游业的文化复兴，也成了原始宗教信仰复兴的一个契机。比如，哈尼族的“耶苦扎”节，克木人的“玛格乐”节等也在多年中断之后，重新恢复。但需要注意的是，借助于经济发展而重新复兴的这些民族文化，以及随之相伴的与原始宗教信仰的恢复，在很大程度上是服务于经济，原本原始宗教信仰的含义已经非常淡化，很多时候只是一种仪式性的表演，是在当下的社会经济发展背景下，民族文化的传承与变迁的新形式。这是需要进一步深入研究和探讨的，也是人类学当下研究的重要课题。

四 基督教

勐腊县的基督教传入时间不详，但从调查的情况来看，至少在20世纪80年代初期就有了基督教会，但是建设教堂要到90年代前后。截至

2014 年，勐腊县教堂有 15 所，聚会点 35 个，教徒 2500 人，其中聚会点信徒 750 人；另外还有复临安息日会教堂 3 所，信徒 127 人。[①]

目前主要信仰基督教的是哈尼族的碧约支系和西木罗支系，以及一部分汉族、苗族、瑶族、彝族和少量的傣族等，以哈尼族为主体。哈尼族信仰基督教的这两个支系都是 20 世纪 70 年代从墨江迁入勐腊县的，他们来勐腊县之前，就已经信仰了基督教。墨江的基督教是 20 世纪 20 年代传入的，主要为当地哈尼族的碧约支系信仰。

目前勐腊县的这 15 所教堂都是独立运作，有些教堂下面挂靠有聚会点，有相当一部分聚会点是信徒自己建立的，后来县民宗局出面做工作，从而挂靠在邻近的教堂。勐腊县没有牧师，只有长老和传道士。从教堂的建筑来看，大部分教堂都是 2000 年以后重新修建的，建筑风格都是长条形大窗，正面是尖顶，顶上竖立十字架，外墙面多贴白色瓷砖。卫生间设施齐全，有些教堂甚至还有洗浴间。教堂中音响、电子琴等配备齐全。大部分教堂有专职负责人，每周日举行主日礼拜，由传道士或者长老负责讲道，由于民族成分复杂，讲道基本上采用普通话，经书使用汉语和合本圣经。周间有各种小组聚会，比如查经聚会、祷告会等。整个勐腊县的教会长老、传道士等没有专职在教会服侍的，都是作为兼职，他们的基本生活来源靠农业生产或者做生意等。

以瑶区乡沙仁村委会光明一队的教堂为例。据该教堂负责人张光禄介绍，他是墨江哈尼族，1971 年到了勐腊县瑶区乡，在墨江时其祖父就已经接受了基督教信仰，到勐腊县之后，就将信仰带了过来。1987 年建立了第一所教堂，就在目前教堂的负责人张光禄的家中，后来因人数增加，就买了现在教堂所在的地皮，2011 年建起了面积 700 多平方米的新教堂。目前没有名称，原本打算叫作光明教堂，但是瑶区乡政府不同意，也就没有取名，大家称呼为光明一队教堂。新建的教堂非常干净明亮，有一座主堂，作为礼拜堂。此外，还有两栋平房，分别是卫生间、淋浴室和厨房。教堂包括地皮在内花费资金约 40 万元，主要花费是建筑材料和地皮，人工费是信徒出义工帮忙，一位楚雄来的兄弟负责总建筑。每周到教会参加主日礼拜的主要是沙仁村光明一队、二队和三队的村民，有七八十人，有一半是瑶族，其他是哈尼族，还有部分彝族和少量苗族和傣族。中年人占大多数，

① 数据来源于勐腊县民宗局，2014 年。

女性占大多数。最早的信徒都是哈尼族的碧约支系和西木罗支系，来自墨江，后来逐渐传给瑶族和彝族等其他民族。目前教会有长老1人，传道士1人，另有6人负责讲道，其中有两人毕业于云南神学院，年纪都比较轻。每个月和勐腊县的教堂互换一次讲员讲道。教会的日常安排如下：周日上午长老、传道士和讲员等教会同工灵修开会，下午2：00—4：00主日礼拜；主日礼拜的同时也有儿童主日学，主要目的是带孩子，以方便家长礼拜。周一和周三休息。周二和周六晚上唱诗班练唱。周四晚上是查经聚会。周五晚上是祷告会。圣餐礼拜每月一次，由长老负责分发圣餐。洗礼据长老介绍一般到勐腊县，由那里的教会同工施洗，一般都在圣诞节。教会的同工每年一次到景洪进行培训，以补充知识。每周的奉献款大约能收取300元，2013年全年的奉献款是4万多元，刚刚够教堂的运转。其中花费较大的是为教堂购置了一些必备的物品。除此之外，还有1万多元是救助贫困人员。除长老每月有400元的补助之外，其他教会同工都不在教堂领取任何补贴。长老的主要经济收入是靠出租的田地，以及家里的橡胶树。

光明一队教堂的基本情况，可以代表整个勐腊县目前基督教的活动状况。教堂建筑相对还比较好，但是缺乏教牧人员，教会牧养跟不上，加上所有同工都是兼职，因而很多事情也不能完全做到位。绝大部分的勐腊县基督教会都是登记在“中国基督教三自爱国运动委员会”（简称“三自教会”）名下，但也有一些外来的家庭聚会，这是当地民宗局和安全部门密切关注的。毕竟在边境地区，防止宗教渗透，防范邪教维护稳定的任务很重。总体来讲，勐腊县的基督教处于一个平稳发展的状态，也一直处于增长之中。

五　道教信仰

在勐腊县信仰道教的主要是瑶族，有学者认为，近现代瑶族宗教体系的主要构成部分是由本民族的原始宗教与外部传入的道教融合而成的综合体。瑶族对道教的神祇系统、宗教典籍、宗教仪式等都赋予了本民族的理解，并将之改造以适应自己的社会生态环境之需要。[①]

西双版纳的瑶族遵奉的神灵非常庞杂，首先有3/4的神灵为道教神仙，比如玉皇、三清、雷王、龙王等，其次就是本民族的祖先、英雄人物

① 徐祖祥：《瑶族文化史》，云南民族出版社2001年版，第127—128页。

和其他自然神灵，比如盘王、神农等。打斋和扫寨是经常举行的大型驱鬼祈禳仪式。打斋有全寨性质的，也有家族性质的。全寨性的打斋在寨老家举行，打斋当日，所有人均熏沐，并停止一切生产活动。若打大斋，需杀猪，由师公念诵经文，整个过程包括动鼓、动曹、招兵、请圣、召龙、安坛、解度、还筵等程序，需要一天两夜才能完成。如以家庭为单位打斋，只打小斋，在自己家中举行。打斋借用了道教的一些礼仪，是鬼魂崇拜和道教礼仪结合的宗教活动形式。

扫寨是全寨性的驱鬼活动，一般在祭龙时举行，或寨中多病多灾时择日举行。届时，家家户户清扫房屋，洗浴更衣。扫寨由师公和寨老主持，数名已经度戒的男子和一名小孩参加。先由师公带领小孩端一碗米或饭，撒于村头和村尾。然后清扫寨心和每家每户，师公手拿大刀走在前面，众男子持刀、链、粪箕、扫帚、水桶等在中间，寨老手拿草纸随后，敲锣打鼓，游行驱鬼，游至村外路口放鞭炮表示已把鬼驱除村外。

拜官、拜祭等宗教仪式，主持宗教仪式得在“寨老”家中由“目老”（“师公”）主持举行。

“度戒”是瑶族男子一生中最为重要的人生礼仪，相当于人类学所谓的“成年礼”。未经度戒或者度戒失败的男子被认为死后不能到达祖先居住的地方，得不到祖先和众神灵的承认，因此不能上祖先名册，得不到子孙的祭献，只能成为孤魂野鬼。度戒又称“过法”，一般在12—23岁婚前举行，最迟不会超过26岁，之后就不再举行度戒仪式了。即使是在今天，勐腊县的瑶族，主要是蓝靛瑶，基本上都要举行度戒仪式。度戒仪式的耗资比较大，一般三四年会举行一次，通常都是几家人合起来举办，在其中一户人家举行仪式，这户人家的花费要大于其他人家，通常要一万多元，其他人家则也要花上几千元。度戒分度师、度道两种，度师者在度戒之后可以杀生，可以驱鬼祈神；度道者在度戒之后不能杀生，不可打蛋，只能帮助人超度亡灵等。无论度师还是度道要看家中的具体情况，一般是长子次子轮流度师和度道，若是独子则度师度道都要举行。度道相对比较简单，在家中举行，由受戒师傅给其徒弟履行“度戒剪发”仪式，剪完发就算完成度道仪式了。度师比较复杂，举行的仪式比较隆重，花费也大。要请主持度戒的师公和道公，分为大师傅、二师傅、三师傅等。度师者要被父亲送到大师傅家修身养性，过三至七天的隐居生活，叫作“投坛”或者“修斋”。这期间不得有社交和各种娱乐活动，不得吃荤腥食物，每天的饭量和饮水也受到控制。晚上师傅会传授一些宗教礼仪、课目以及道教戒律，由师傅念经祈祷并按教规、教义立下为人处世誓言。之后就要举行度戒仪式，即“翻云台”仪式，其步骤是：度戒者由师公引登台上，师公作法后，受戒人两手交叉紧抱双膝，从一丈高的台上翻滚而下，落在铺有厚棉被的藤结网上，若落下时双手紧叉不放开，即算过关，师公给取一个法名，获得资格和社会地位。若双手放开即不过关，不再重来。之后还要请师傅给取名字，教授一些道教知识和戒律等，以表示成为一个懂秩序、守规矩、勇敢的人。度戒是道教传入瑶族后，渗入到瑶族社会生活各个方面的一个标志，作为瑶族成员一生中最重要的宗教仪式，度戒基本上是按照道教收授门徒的仪式进行的。另外，度戒也是瑶族男子加入瑶族族籍的仪式，只有经过度戒的人才是瑶人，才是真正的盘王子孙。当然这样的度戒仪式也就成为瑶族男子的成年礼。度戒也成为瑶族最有特点的宗教文化。

总体来讲，勐腊县的主要宗教为南传上座部，其次是原始宗教信仰，然后是基督教。进入 21 世纪之后，各种宗教面临着不同的问题：（1）南传佛教所面临的主要问题是教职人员的缺乏，尽管群众的宗教生活需求非常强烈，但由于教职人员的缺乏，造成金碧辉煌的佛寺却无僧人住持的尴尬境地。另外，新修建的佛寺大都模仿东南亚国家的佛寺建筑形式，已经与传统傣族佛寺有了较大的差别。这些都是在今后宗教事务管理中需要予以特别关注的地方。（2）原始宗教的信仰属于非制度性宗教，经历“文化大革命”多年的中断之后，这些年随着经济发展和发掘民族民间文化的需要，原始宗教信仰得以复苏，但这种复苏在很大程度上已经成为表演性质，原本的宗教含义已经大大减弱。同时，也由于掌握传统原始宗教知识的人才相继离世，年轻一代没有兴趣学习和继承原始宗教知识，原始宗教的继承和发扬也面临人才断层的问题。（3）基督教是外来宗教，20 世纪 80 年代宗教政策落实以后，开始在勐腊县有了比较大的发展。目前其发展处于一种平稳的状态，没有大起大落。但是由于基督教属于外来宗教，而且异端层出不穷，面临着如何保证基督教平稳顺利发展，避免异端蔓延的问题。目前勐腊县的这些宗教所面临的最大问题都是缺乏神职人员，一是神职人员的数量不够，二是神职人员的水平不高，这些都会造成宗教发展的不稳定，给境外宗教人士提供了进入的机会。从政府宗教事务管理的角度来讲，培养高素质高水平的本土宗教人士是保证宗教平稳发展的重要条件，否则将会面临疲于应付的被动局面。

后　记

《云南省勐腊县经济社会发展综合调查》系国家社会科学基金重大委托课题《21 世纪初中国少数民族地区经济社会发展综合调查项目》（2012）的子课题之一。勐腊县系我国两个傣族自治州之一的西双版纳傣族自治州（另一个是云南省德宏傣族景颇族自治州）所辖三个市县之一（另外两个市县为景洪市和勐海县），因此本调查报告基本可以代表 21 世纪 10 年代我国傣族自治地方经济社会发展状况的基本面貌。

勐腊县经济社会发展综合调查课题组由中国社会科学院民族学与人类学研究所、云南民族大学、云南省社会科学院、西双版纳州委党校等单位相关领域的专家组成，云南民族大学部分在读研究生也参加了课题的调研任务及报告的撰写。课题组于 2014 年暑期赴西双版纳州和勐腊县开展调研期间，得到挂靠在中国社会科学院民族学与人类学研究所《21 世纪初中国少数民族地区经济社会发展综合调查项目》办公室的指导，西双版纳傣族自治州和勐腊县政府民族宗教局等有关州县党政机关对课题调查的实施给予了具体而充分的帮助与支持，在此一并致谢！

《云南省勐腊县经济社会发展综合调查》各章节内容的调查与执笔人为：

序言：黄行

第一章：西双版纳州委党校尤启道

第二章：西双版纳州委党校杨林

第三章：北京和城咨询有限公司唐黎明

第四章：云南民族大学沈海梅和她的研究生团队

第五章：中国社会科学院民族学与人类学研究所郭宏珍

第六章：云南民族大学刀洁、中国农业大学许峰
第七章：中国社会科学院民族学与人类学研究所艾菊红

《云南省勐腊县经济社会发展综合调查》课题组
2018年6月1日